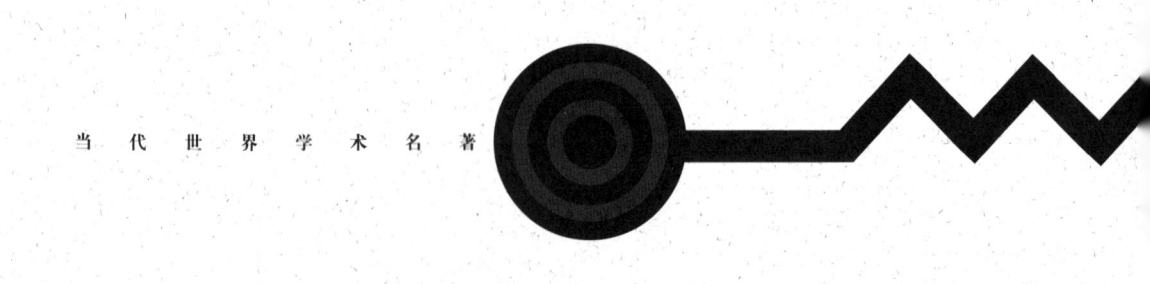

当代世界学术名著

Making News
A Study in the Construction of Reality

新闻与传播学
译丛
大师经典系列

做新闻
现实的社会建构

[美] 盖伊·塔克曼
Gaye Tuchman /著

李红涛 /译

中国人民大学出版社
·北京·

新闻与传播学译丛·大师经典系列　　　　展江　何道宽 /主编

"当代世界学术名著"
出版说明

中华民族历来有海纳百川的宽阔胸怀,她在创造灿烂文明的同时,不断吸纳整个人类文明的精华,滋养、壮大和发展自己。当前,全球化使得人类文明之间的相互交流和影响进一步加强,互动效应更为明显。以世界眼光和开放的视野,引介世界各国的优秀哲学社会科学的前沿成果,服务于我国的社会主义现代化建设,服务于我国的科教兴国战略,是新中国出版工作的优良传统,也是中国当代出版工作者的重要使命。

中国人民大学出版社历来注重对国外哲学社会科学成果的译介工作,所出版的"经济科学译丛""工商管理经典译丛"等系列译丛受到社会广泛欢迎。这些译丛侧重于西方经典性教材;同时,我们又推出了这套"当代世界学术名著"系列,旨在迻译国外当代学术名著。所谓"当代",一般指近几十年发表的著作;所谓"名著",是指这些著作在该领域产生巨大影响并被各类文献反复引用,成为研究者的必读著作。我们希望经过不断的筛选和积累,使这套丛书成为当代的"汉译世界学术名著丛书",成为读书人的精神殿堂。

由于本套丛书所选著作距今时日较短,未经历史的充分淘洗,加之判断标准见仁见智,以及选择视野的局限,这项工作肯定难以尽如人意。我们期待着海内外学界积极参与推荐,并对我们的工作提出宝贵的意见和建议。我们深信,经过学界同仁和出版者的共同努力,这套丛书必将日臻完善。

中国人民大学出版社

"新闻与传播学译丛·大师经典系列"
总　　序

　　新闻与大众传播事业在现当代与日俱增的影响与地位，呼唤着新闻学与传播学学术研究的相应跟进和发展。而知识的传承，学校的繁荣，思想的进步，首先需要的是丰富的思想材料的积累。"新闻与传播学译丛·大师经典系列"的创设，立意在接续前辈学人传译外国新闻学与传播学经典的事业，以一定的规模为我们的学术界与思想界以及业界人士理解和借鉴新闻学与传播学的精华，提供基本的养料，以便于站在前人的肩膀上作进一步的探究，则不必长期在黑暗中自行摸索。

　　百余年前，梁启超呼吁："国家欲自强，以多译西书为本；学子欲自立，以多读西书为功。"自近代起，许多学人倾力于西方典籍的迻译，为中国现代社会科学和自然科学的建立贡献至伟。然而，由于中国新闻学与传播学的相对年轻，如果说梁任公所言西学著述"今之所译，直九牛之一毛耳"，那么新闻学与传播学相关典籍的译介比其他学科还要落后许多，以至于我们的学人对这些经典知之甚少。这与处在社会转型过程中的中国的社会经济文化发展的要求很不协调，也间接造成了新闻与传播"无学"观点的盛行。

　　从1978年以前的情况看，虽然新闻学研究和新闻教育在中国兴起已有半个世纪，但是专业和学术译著寥寥无几，少数中译本如卡斯珀·约斯特的《新闻学原理》和小野秀雄的同名作等还特别标注"内部批判版"的字样，让广大学子避之如鬼神。一些如弥尔顿的《论出版自由》等与本学科有关的经典著作的翻译，还得益于其他学科的赐福。可以说，在经典的早期译介方面，比起社会学、政治学、经济学、法学、心理学等现代社会科学门类来，新闻学与传播学显然先天不足。

　　1978年以后，尤其是20世纪90年代中期以来，新闻与传播教育和大众传播事业在中国如日中天。但是新闻学与传播学是舶来品，我们必须承认,到目前为止,80%的学术和思想资源不在中国,而日见人多势众的研究队伍将80%以上的精力投放到虽在快速发展但是仍处在"初级阶段"的国内新闻与大众传播事业的研究上。这两个80%倒置的现实,导致了学术资源配置的严重失衡和学术研究在一定程度上的肤浅化、泡沫化。专业和学术著作的翻译虽然在近几年渐成气候,但是其水准、规模和系统性不足以摆脱"后天失调"的尴尬。

我们知道,新闻学产生于新闻实践。传播学则是社会学、政治学、心理学、社会心理学等学科以及新闻学相互融合的产物。因此,"新闻与传播学译丛·大师经典系列"选择的著作,在反映新闻学研究的部分代表性成果的同时,将具有其他学科渊源的传播学早期经典作为重点。我们并不以所谓的"经验学派/批判学派"和"理论学派/务实学派"划线,而是采取观点上兼容并包、国别上多多涵盖(大致涉及美、英、德、法、加拿大、日本等国)、重在填补空白的标准,力争将20世纪前期和中期新闻学的开创性著作和传播学的奠基性著作推介出来,让读者去认识和关注其思想的原创性及其内涵的启迪价值。

法国哲学家保罗·利科(Paul Ricoeur)认为,对于文本有两种解读方式:一种是高度语境化(hypercontextaulisation)的解读,另一种是去语境化(decontextaulisation)的解读。前者力图从作者所处的具体社会语境中理解文本,尽可能将文本还原成作者的言说,从而领会作者的本意;后者则倾向于从解读者自身的问题关怀出发,从文本中发现可以运用于其他社会语境的思想资源。本译丛的译者采用的主要是第一种解读方式,力图通过背景介绍和详加注释,为读者从他们自身的语境出发进行第二种解读打下基础。

"译事之艰辛,惟事者知之。"从事这种恢宏、迫切而又繁难的工作,需要几代人的不懈努力,幸赖同道和出版社大力扶持。我们自知学有不逮,力不从心,因此热忱欢迎各界读者提出批评和建议。

"新闻与传播学译丛·大师经典系列"
编委会

目　录

推荐序　也谈"读经典"/潘忠党 / 1
译者导读　从1969到1978：《做新闻》的诞生/李红涛 / 23
中文版序　报导报道者/盖伊·塔克曼 / 55

导言 …………………………………………………………… 3
第1章　作为框架的新闻 ……………………………………… 7
第2章　空间与新闻网 ………………………………………… 22
第3章　时间与类型化 ………………………………………… 46
第4章　灵活性与专业度 ……………………………………… 73
第5章　事实性网络 …………………………………………… 91
第6章　再现与新闻叙事 ……………………………………… 116
第7章　妇女运动如何成为新闻话题 ………………………… 147
第8章　事实、言论自由与意识形态 ………………………… 173
第9章　新闻作为建构的现实 ………………………………… 200
第10章　作为知识的新闻 …………………………………… 217

参考文献 / 236
索引 / 249

推荐序

也谈"读经典"

——《做新闻》的跨语境品鉴

潘忠党

盖伊·塔克曼的这部经典著作要出第二个中文版了。感谢译者李红涛教授和中国人民大学出版社的同仁,感谢他们将这个新版本带给我们。

红涛邀我为这一中文版写序。接到邀请,首先浮现在眼前的是已被时间的流逝所模糊了的情景:自己在不同学校的图书馆里,徜徉于一排排的书架之间,在那些已经覆盖了些许灰尘的书籍中,寻找塔克曼的这本书。我自己收藏的,是美国 The Free Press 于 1980 年刊印的 1978 版的简装本。它装帧粗糙,早已成了"散装版",靠着其他书的挤压,勉强立在我家的书架上。有段时间,我在以中文写作论文的过程中,不时从塔克曼这本书中获得灵感,多次运用其中的一些理论概念。其时,我辗转于不同的学校,没能随身携带自己收藏的这本书。于是,在写作中,我多次不得不到所在学校的图书馆去借阅,有时甚至就为确认一句引语在原著中的页码。时间荏苒,那是在互联网全覆盖、电子版盛行之前。

此书的第一个中文版以《做新闻》的书名在市面上流传也有些日子

了。说起来，我与它也有点儿推不掉的干系。它是华夏出版社在"传播·文化·社会"译丛下陆续推出的译著之一。我制定了这个译丛最初的书目，其中包括塔克曼的这本书，后来还应邀联系塔克曼本人，说服她将中文版的版权授予华夏。如我当时在译丛的总序中指出的，那个译本是个开端，一个必要的开端；它会推进中国学术研究水平的进一步提高，随着学者们对译著的理解进一步加深，更好的译本即会应运而生。红涛倾力翻译的这个新译本的出现，标记了这样一个学术发展的进程。

学界公认，塔克曼的这本书是新闻社会学的一部经典。那么，如何——尤其如何在中国和经验研究的语境中——阅读这部经典呢？这是个值得研讨的话题。第一个中文版问世后的这些年当中，我国的新闻社会学研究有了长足的发展，出现了一批扎实的本土研究论作，涌现出了一批优秀学者，更新了由知识积累、学者群体、知识生产方式等三方面构成的"新闻学界"。这是一个新的（相对于华夏版问世之时）新闻学知识生产的情境，凸显了第一个中文版的不足和它对经典的误读，也为新的中文版准备了必要条件。这是个学术积累的进程，也是在不同情境下、以不同的眼光阅读经典的历程。作为这个过程的亲历者之一，我就以这个"序"为平台，分享一点儿体会。

"塔克曼到底在说什么？"

我在这里挪用红涛批评华夏版译本的论文题目[1]，是为表达如下一层意思：阅读这部经典，首先要读进去，在作者的语境里理解它。这不仅需要在技术层面实现不同语言之间的互应，更需要把握作者针对经验世界而提出的问题，她用以构筑其论著的知识，并在由这些元素构成的语境中理解作者的论述，以准备在自己的经验研究中，把握并运用作者的论述。

说起来，我是在"不务正业"的探索途中，偶遇了塔克曼的经典之作。那时，我已修完博士生所有课程，通过了博士资格考试。没有了修课成绩的压力，我开始跟从兴趣听课。这年秋季，我选择了两门研讨课，一门是新闻社会学，一门是媒介与文化研究。与"媒介效果的实证研究"这个我读博时的专业相比，这两门课都属"毗邻"领域，涉足其中只为拓展自己的视野。就是在这个过程中，我接触到了塔克曼的这本书。同时接触到的还有吉特林（Gitlin，1980）的《新左派运动的媒介镜像》（*The Whole World Is Watching：Mass Media in the Making-unmaking of the New Left*），以及霍尔等人（Hall et al.，1978）的《管控危机：行凶抢劫、国家与法律-秩序》（*Policing the Crisis：Mugging，The State，and Law and Order*）。[2]

在当时的放任式阅读和研讨中，我并没有意识到塔克曼这本书有多经典，只觉得自己"啃"得不太容易。第一，我得适应这个非量化研究特有的论述方式和逻辑；第二，我得探究作者是否只是叙述了一些经验常识，譬如，新闻条线（news beats）构成了新闻网（news net），新闻生产按照一些"常规"流程而展开，记者倚赖新闻源获取信息以及他们之间的相互印证判断事实，新闻是经筛选、建构的社会知识，等等；第三，我得熟悉并细细揣摩作者运用的概念，尤其是一些感觉很抽象的概念，譬如类型化（typification），事实性网络（web of facticity），反身性和索引性（reflexivity and indexicality）等，揣摩它们如何可能深化我们对书中所呈现的经验性"常识"的理解，它们又如何被编织在一起，构成了一个内部逻辑自洽的理论叙事。庆幸的是，在两门研讨课的结构下，我得以同时阅读其他学者的论作，包括前面已提及的吉特林和霍尔等人的著作，还有因为在塔克曼书中遇到而展开阅读的伯格和卢克曼（Peter Berger and Thomas Luckmann）的知识社会学经典《现实的社会建构》（*The Social Construction of Reality*）。[3]而且，我也由此延伸出去，阅读了其他一些新闻社会学的经验研究论文和论著，包括赫伯特·甘斯（Herbert Gans）的《什么在决定新闻》（*Deciding What's News*），马克·费什曼（Mark Fishman）的《制造新闻》（*Manufacting the News*）等。[4]

其实，当时我并没有通读《做新闻：现实的社会建构》（以下简称

《做新闻》)。由于自己的懒惰及狭隘,我只细读了部分章节,粗略浏览了第6～8章。多年后,在自己的研究中,我又断断续续地为实用而反复阅读了一些章节和段落。数年的拼凑,总算让我完成了对全书的通读,也许不止一遍。我还曾根据自己的经验,包括阅读塔克曼这本书的经验,向学生们总结道:读书要将泛读、精读和结合自己的研究问题反复研读重点部位这三种方法相结合。

也是经过了多年,在教学过程中,尤其是在教授研究设计和论文写作的研究生研讨课过程中,我逐渐进一步体会了塔克曼对此书的精心构思,开始理解她所建构的内部逻辑自洽的理论叙事。一部精心构思的著作,往往开篇就引导读者窥视全书的叙述。塔克曼这本书的第一段就是这样,它为理解全书提供了一个大致的线索[5]:

> 新闻是通往世界的一扇窗。透过其窗框,美国人得以了解自己和他人,了解自己的机构、领袖和生活方式,了解其他国家和人民的情形。无论各国的城市化进程如何,新闻都取代了旧日的小镇公告员("现在十点整,史密斯夫人喜得千金"),其职责是告诉我们想知道、需要知道和应该知道的东西。

这一开篇的段落,预示了全书的主要观点和论述逻辑:

(1) 新闻古已有之,它是知识,是我们每个人反观自己、理解外部世界的事实性知识,为我们展开社会生活所需要并寻求;

(2) 新闻也是我们获得事实性知识的渠道或方法,即对事实的经验主义验证和陈述;

(3) 现代新闻是以工业生产的模式、有组织、遵循特定规则和程序而生产的;因此,

(4) 它(现代新闻)是社会地生产的、有限的、按照特定逻辑而搭建的知识;

(5) 它不断再生其自身的生产逻辑,包括社会结构、制度和组织的逻辑,使之具有习以为常的正当性;

(6) 现代新闻因此也是一种意识形态,它规定我们应当获得的知识

及其形态,相应地,"新闻实践是行动中的意识形态"(见英文原书155页)。

新闻是特定形态的知识,这似乎是对早年芝加哥学派社会学家罗伯特·E. 帕克(Robert E. Park)观点的重述。[6]但塔克曼大大推进了帕克所设立的研究议题,在经验地显示生产过程中社会结构、组织运作逻辑和实践规则/规范——它们共同构成她所谓的"新闻的潜在结构"(the latent structure of news)——的基础上,她指出,作为特定形态的知识,新闻,无论从其宣称还是生产过程而言,都是意识形态。新闻是现实的框架[7],它搭建的不仅是我们所认知的社会现实,而且是我们在由日常生活所构成的社会现实中获知的一条路径,因此,塔克曼在序言中,也将她这本书概括为"针对探究方法的一项研究";新闻还是一种视角,引导并约束我们的获知或认知;新闻也是一种模板,结构并使然社会的意义建构,包括构成这意义建构过程的人类交往。

在这本书最后的"总结陈词"中,塔克曼回到了开篇所采用的"窗口"这个比喻,并在全书的理论阐述和经验材料解读的基础上,对这个形象的比喻做出了进一步揭示。她说,"新闻讲述社会生活的故事。它是社会资源,知识之源,权力之源,也是通向世界的一扇窗"(见英文原书217页)。

至此,塔克曼完成了自己的理论分析:作为社会地生产的知识,新闻为我们所需要,为我们所运用,以实现我们的目标;作为意识形态,新闻滋生权力,其本身就是对权力的行使:新闻不仅扩散一些知识,而且抑制另外一些我们应知或可知的意念;它不仅做出何为事实的宣称,而且正当化判定事实性的日常过程,以及该过程的展开所倚赖并再生的权力结构网络,而这些过程正因其日常性而被看作合理并且正当。

如此概括塔克曼的这部经典,难免过于粗略,但据我对此书的理解,大致轮廓应当不差。如果要为之增添些塔克曼论述内部的理论积淀,那我们还需要看到,并试图阅读、吸纳她所征用的哲学和社会理论资源,包括舒茨的现象学的社会学理论,发展这一取向的伯格和卢克曼关于知识社会学的论述,发展和经验地应用现象学原理的哈罗德·加芬克尔(Harold Garfinkel)的常人方法论,与这些交织的戈夫曼的框架分析，以及女性主义社会学家多萝西·伊迪丝·史密斯（Dorothy Edith Smith）等关于知识即意识形态的"立场理论"（standpoint theory）等。

初读塔克曼时，我没有这些理论积淀，甚至没有同步接触这些文献中的大部分。我是在之后的若干年经过并非有规划的阅读逐步接触了相关的文献。这当然也就表明，我对这部经典的理解，尤其是对支撑它的理论体系的理解是有限的，很可能是不成系统的——如果"成系统"是个有意义的衡量标准的话。但对于读者们不同程度的理解，作者塔克曼显然已有预料：她在序言中特别指出，她在英文原书第9章的第185至192页对舒茨的现象学和加芬克尔的常人方法论等的综述，读者如果读起来感到不适，可以跳过，不会因此跟不上她的论述。

我当然不是在提倡浮光掠影的读经典之道，而是说，如何拓宽视野、深入阅读，以在相对完整的知识谱系中理解塔克曼的经典之作，我们每个人可能有自己行走的轨迹。只是，无论如何展开这理解之旅，我们各自都会对"塔克曼到底在说什么？"的问题有自己的答案。如果尊重作者的文本这个我们共同面对的客体存在，那么，我们至少可以就此问题展开对话，寻求多种解读的交叉和重叠。

由此观之，我们最好研读原著，但中文译本是接触和推敲原著——即初始文本——的重要中介，它引导我们在中文语境里共同打造对原著的理解和再现。这么说，绝非低估译者的努力和成就，恰恰相反，这是说，作为译者，红涛独特地具备了所需的能力，将原著与我们共享的中文语境相结合，帮助我们推敲这部经典。

特定语境中的"经典"

前面提到，在研读塔克曼这部经典时，还需阅读与它相关联的其他一些著作，其中有些是与《做新闻》相呼应的经验研究论作，有些是社会理论和哲学理论著作。烦琐但却不免多有遗漏地列举这些文献，是为了表示：一部经典，有它特定的语境，其中一个维度，就是与其他学术著作的关联。以网络为喻,一部经典可被视作学术知识网络中的一个"节点",它的意义可能来自、同时也受限于它与其他节点的相互关联。这里的关联,也可作为我们在阅读过程中展开追溯的线索,以进一步理解:在展开这部作品所报告的研究过程中,塔克曼受到什么问题意识的驱动?她感受到来自现实世界的哪些张力和冲突?她所掌握并运用的学术和社会资源有哪些主要的构成?

这是些学术史、思想史范畴的问题,我自己没有这方面的专长,也缺乏沉下心来做这种研究的耐力。这种欠缺,恐怕很多从事新闻社会学研究的学子也有。毕竟,学有所长,更有所短,我们需要做学术和思想史研究的同行们的帮助。但是,基于情景化的阅读,对这些问题形成一些基础的、有迹可循的答案,却是可以而且应当做到的。也就是说,我们需要——尽管有限——了解塔克曼这部著作的语境。

前面提到的新闻社会学的研究著作,都出版于20世纪的70年代和80年代初。同期先后出版的英美学者的著作还有:杰里米·滕斯托(Jeremy Tunstall)的《工作中的新闻记者》(*Journalists at Work*,1971),利昂·西格尔(Leon Sigal)的《记者与官员》(*Reporters and Officials*,1973),爱德华·爱泼斯坦(Edward Jay Epstein)的《乌有乡消息》(*News from Nowhere*,1973),迈克尔·舒德森(Michael Schudson)的《发掘新闻:美国报业的社会史》(*Discovering the News: A Social History of American Newspapers*,1978),菲利普·施莱辛格(Phillip Schlesinger)的《组装现实》(*Putting "Reality" Together*,1978),彼得·戈尔丁(Peter Golding)和菲利普·艾略特(Philip Elliot)的《生产新闻》(*Making the News*,1979)等。它们共同构成了人们想象"媒介社会学的黄金岁月"的核心文献。[8]

这些都是开创性的著作。譬如,霍华德·裘伯(Howard Tumber)回溯道,当英国社会学家杰里米·滕斯托(Jeremy Tunstall)在60年代中后期开始他对新闻从业者这个职业以及新闻媒体这类组织的研究时,他没有多少文献可以借鉴,可动用的学术资源是社会学对职业(sociology of occupations)的研究,那一代新闻从业者们也是前所未有地面对了社会学家探究他们职业的问卷。因此，芭比·泽利泽（Barbie Zelizer）说，滕斯托"近乎单枪匹马地创立了新闻从业者职业生涯的文献"。[9]

这些开创性的研究，基本都由社会学家们展开，虽然他们当中不少人有新闻从业的早期兴趣或职业经历。这个作者群中也有"非社会学家"，如西格尔，他的专业背景是外交政策和国际关系，但他对新闻生产的考察，集中分析了其中受雇于新闻媒体组织的记者与受命于政府部门的官员们之间的关系，他们对于这关系的处理，以及这些因素对新闻报道内容的影响。这方法的路径和理论的视角，都是正宗社会学的。可以说，这一学术群落及其论作的出现，是自拉扎斯菲尔德之后，英美社会学关注媒介（在美国更多被称为大众传播研究，英国人更多称之为媒介研究）的又一个学术高潮。[10]

但是，他们之间显然有不同研究路径的区分。如果说，滕斯托的研究更契合了职业社会学的路径，其特点是关注新闻职业群体所具备的某些共享特征，包括从业者对其职业的社会角色和行为准则的构想，西格尔的研究则更接近了塔克曼的经典研究，即考察新闻生产过程中的实践以及实践者们相互间的结构性关系。粗略点说，前者体现了"属性视角"（attribute perspective），后者则采用了"过程视角"（process perspective）。非常经典地体现前者的是美国社会学家约翰·W. C. 约翰斯通（John W. C. Johnstone）等人对美国新闻从业者展开的问卷调查，他们据此为该职业群体勾勒了首个"社会学肖像"。他们的著作出版于1976年，这个"黄金岁月"的中期，而且它影响深远，堪称新闻从业者调查的鼻祖，虽然并非今天所有做类似调查的学者都会读这本书。[11]

与关注新闻从业者的职业历程和信念以及工作条件和报酬等不同，"过程视角"的研究关注的是：新闻是如何被生产出来的？西格尔和塔克曼的著作凸显了如此设问的路径。如果把新闻作为整体，它呈现甚至宣称的是"社会现实"，那么，这里的问题也即"社会现实是如何被建构的"？这正是塔克曼此书的副标题。如此的提问，已然预设了对新闻事实性的质疑，包含对新闻专业理念及其与新闻再现之间的因果关系的质疑，对新闻作为事实性知识以及正当化它的真相的对应观（the correspondence theory of truth）——塔克曼蔑称之为"天真的经验主义"（naive empiricism）——的质疑。简单地说，这一系列的质疑指向了一个预设的立场：新闻不等于事实，新闻也不似"对事实的报道"那般简单，新闻抵达或建构事实的过程，有其结构性基础设施的支撑，牵涉各种力量错综交织的运作。

这是带有强烈而且明确的政治和意识形态立场的理论预设。塔克曼等人以之为前提，提出自己的问题，并以自己的研究，不仅驱动学术界关于新闻、新闻业、新闻与民主政治的关系等议题的讨论，而且参与60—70年代美国反思二战后的共识、批判资本主义体制、挑战权威的左翼政治。对此，多年后，塔克曼自己在为帕梅拉·J. 休梅克（Pamela J. Shoemaker）和斯蒂芬·里斯（Stephen D. Reese）一本专著的新版所写的序中透露了一些。[12] 她说，包括她本人在内的这个群体的成员都是社会学家，除甘斯外，都是新入行者，多数在写作博士论文，有的刚刚获得终身教职。他们都相互认识，有私交和/或学术交往，包括互相阅读各自的手稿，而且，她说：

> 我们都在政治讨论高度活跃和充满激情的时代开始了对新闻的研究。我们基本上都认同政治左翼，我虽然不能代言其他人的政治参与经历，但吉特林毫不隐讳自己参与学生争取民主社会（Students for a Democratic Society）的经历。我自己是布兰迪斯大学社会学系一个温和的激进研究生，周围都是民权和反战运动的深度参与者。在我们这群人看来，新闻媒体一边倒地正面报道"负责任的"政治行动者们，批评激进的社会运动；要理解为什么会这样，理解"自由新闻媒体是民主的堡垒"的信念如何由此被打造，我们就必须理解哪些力量在形塑新闻（pp. xi – xii）。

可见，塔克曼的语境是60—70年代美国——在一定程度上席卷了西方民主国家——的社会运动，以及与之相呼应的左翼学术思潮，包括各种以"后"为前缀、以群体身份认同为主义的社会、文化和政治理论。[13]"新闻社会学的黄金岁月"为这个语境所催生，也是这个反思和抵抗体制的思潮和左翼政治的构成部分。

在这个语境下，"哪些力量形塑了新闻？或更进一步，新闻所再现/宣称的社会现实？"是个实实在在的真问题，是关乎政治和意识形态抵抗面临哪些阻力的问题，在吉特林那里，它更是"抵抗运动如何被体制所消解？"这个关系到给自己这个运动的参与者有个交代的问题。[14]同时，这个问题也指向了更具普适意义的理论议题，即权力的什么时空结构，通过哪些日常的过程，经由专业从业者哪些形态和内容的自主行动，生产社会现实，或是关于社会现实的描述型知识？正是在这个更加普适的意义上，塔克曼这部著作成为经典，而且在21世纪的今天，在与她展开研究的现场远隔重洋的中国，也依然是经典。

这个学术群体的兴起，也反映了二战后美国本土和欧洲大陆的思想交融。我再次重申，我是学术史或思想史研究的门外汉，只是觉得，根据阅读中窥得的一些蛛丝马迹，我们不妨"大胆假设"。在塔克曼的书中，我们可以看到两条思想脉络的汇集，一条是来自欧洲大陆的胡塞尔的现象学，它通过二战前夕移民美国的奥地利犹太裔哲学家阿尔弗雷德·舒茨（Alfred Schutz）的表述，形成了现象学的社会学路径。舒茨的影响突出地体现在塔克曼引用的伯格和卢克曼的著作中，他们二人都曾在坐落于纽约的社会研究新学院（New School for Social Research）听过舒茨的课。从塔克曼的论述中，我们也可以清晰地看到，舒茨所携带并阐发的现象学思想还通过常人方法论的创立者加芬克尔发挥着影响。另一条思想脉络是芝加哥学派社会学：芝加哥学派的重要成员埃弗里特·休斯（Everett Hughes）是塔克曼的博士论文——也就是《做新闻》一书的初稿——委员会成员之一；塔克曼在书中重点引用了欧文·戈夫曼（Erving Goffman）的《框架分析》（*Frame Analysis*），而他不仅是芝加哥大学社会学系培养的博士，还被认为是二期芝加哥学派社会学的代表人物。[15]其实，塔克曼所在的布兰迪斯大学社会学系，在有些研究者眼中，就是当时二期芝加哥学派社会学的重镇之一。[16]

不仅如此，在很大程度上，我们甚至可以说，新闻生产社会学，至少其经验研究部分，就其作为手段的方法和作为路径的方法论而言，是芝加哥学派社会学延续第一代学者帕克的议题关怀所开辟出的一个新的研究领域。[17]不仅如此，在前面引用塔克曼的自述中，她提及了多位相互交往密切的群体成员，其中不少人跟芝加哥传统的社会学有着直接或间接的联系。譬如，最早于1974年发表新闻生产社会学经典论文的哈维·莫洛奇（Harvey Molotch）[18]，当时在加州大学圣塔芭芭拉分校任教，他于6年前在芝加哥大学获得社会学博士学位。他在论文中引用了自己指导但尚未出版的一部博士论文，作者是费什曼，而这部博士论文经过多年辗转，终于以《制造新闻》为题出版。即便是气质上貌似与芝加哥学派社会学很不同的吉特林，其实也跟芝加哥社会学有着千丝万缕的联系：他在1978年答辩通过的博士论文中，特别感谢了获得芝加哥大学社会学博士后在加州大学伯克利分校任教的威廉·科恩豪泽（William Kornhauser），他的博士论文导师。两年后，这部博士论文得以出版，即为《新左派运动的媒介镜像》。不仅如此，在这本经典之作中，吉特林吸纳戈夫曼的"框架分析"，提出了"媒介框架"的概念，将其界定为"在认知、阐释和再现中通过筛选、侧重和排除而呈现出的稳定格律，通过它，符号处理者得以借助文字或视觉形象常规性地组织话语"。[19]

蛛丝马迹还在这个群体成员的相互引用当中。比如，莫洛奇大量引用了塔克曼，吉特林也是如此，而塔克曼也大量引用莫洛奇、费什曼和甘斯。对于我这个学术和思想史的"门外汉"而言，这些线索足以说明，新闻生产社会学研究的"黄金岁月"，由这个群体所开辟，他们面对同样的政治现实及其中的张力，共享核心的思想和理论资源，展开密切的学术交流，构成了一个美国社会学家戴安娜·克兰（Diane Crane）所概括的"无形学院"[20]，它影响至今，通过经典文献，为这个研究领域的继续拓展、启迪研究问题的提出提供理论的资源，并展示成功的研究案例。[21]

在不同语境中读"经典"

理解《做新闻》的特定语境的旅途，也就逻辑地导向了这样的问题：它在不同的语境中如何可作为"经典"？或者说，我们如何在时过境迁的今天研读这部"经典"？简单地说，读经典不是"诵经"，不能以膜拜的姿态去读，不能为抄诵其中的"警世箴言"而读，当然也不应停留在走马观花、浮光掠影式的浏览。读经典，如前面所说，首先要读进去，但更需要读出来，需要与之对话。也就是说，读经典不是为引经据典，而是要拷问（interrogate）经典，以从中获得的启发，针对自己面对的现实，提出并解答问题，并在生成自己的研究问题的语境中，探究经典如何仍然相关。

今天，塔克曼等人所开创的"新闻生产社会学"研究，在卡尔森等人看来，构成了"新闻学研究"（journalism studies）成为传播学的一个研究领域这个历史过程中经验主义和社会学的"转向"。[22] 不过，塔克曼等人当年并没有这样的"学科意识"，甚至，如塔克曼所说，她和其他新闻社会学群的成员们并未意识到，他们在记录被哈林称为美国新闻业的"高度现代主义"的阶段，也就是新闻专业主义这个职业意识形态成为业界和社会的共识、沉淀于新闻生产组织结构和运作常规的阶段。[23] 但是，如前面已指出的，他们的提问，其实预设了结论。提出"新闻作为社会现实如何可能？"的问题，并经验地考察它的生产过程如何在既定权力结构的场域中、通过权力的运作而发生，似乎已经不可逆转地走向了这个结论：新闻不是事实，也不是"对事实的报道"；新闻是"社会的建构"。

这个理论运作，蕴含了一个悄然发生的吊诡，即它将一个认识论的问题转换成为一个社会学的问题。这个转换，揭示了被"真相的对应观"所禁锢着的种种预设，包括对场景/情境嵌入性（contextual or situational embeddedness）的全然无知或不顾。在社会科学的哲学层面的这种视角转换，开辟了多个新起也新奇的研究领域，引发了多种理论创新，其中包括各种形态的知识社会学，譬如库恩的历史社会学取向的科学哲学研究，拉图尔对于科学知识生产的建构主义社会学研究等。[24] 这个转换所引发或者从中得益的理论创新绝不止这两个案例，还有多种携带了或多或少"后学"色彩的理论。——叙说或者综述它们，绝非知识在我看来，这些社会情境主义的、建构主义的、立场理论的理论创新，增添并锐化了社会科学和人文学科的批判的武器，正当化了以"拷问"和"去遮蔽"等态势对待被"理所当然"地接受的种种预设，也即批判理论的基本逻辑[25]，因此释放出学术创新的巨大能量。但是，当被表达为脱离具体情境的本体论和认识论的论断时（如，事实不存在，真相只是基于特定立场的话语建构等），它们往往溢出了初始的经验观察范畴，也溢出了它们维系其各自有效度（validity）的问题语境。这样的论断，常常与科学研究的规范性承诺（normative commitments）——它们构成科学研究的建制和过程（institutions and processes）所基于的核心理念——相悖，而且侵蚀这些承诺，令一线的科学研究者啼笑皆非。[26]因此，诺贝尔物理学奖获得者斯蒂芬·温伯格将这些"社会建构"取向的批判理论统称为科学的"文化对手"（cultural adversaries）。[27]这个伴随着60—70年代的左翼政治而生长并且滋养了它的反思和批判思潮影响深远，延绵至今，已被建制化为多个新兴的学科领域、院系和著名学者，但同时也繁衍出各种并非都可被看作是提升人文情怀的文化和政治现象，包括一方面是被庸俗化为各种"政治正确"的表演和说辞，另一方面是成为"后真相"、推销"另类事实"的右翼政治操作，被其征用，为之提供学术滋养和话语包装。[28]

问题出在忽略具体语境的话语运作。它可能来自对"经典"（包括创作它们的"大师"）的膜拜，在这样的关系情境下，学术表达成为一种表演，学术功力被萎缩成抄章摘句。在我的教学和阅读中，不时遇到有人将经典转换为成语式的"经典表述"，脱口而出，并由此终止正在或可能发生的思考和对话。曾经，我在香港中文大学时的同事和师长李金铨教授，被年轻的研究生们不假思索地随时抛出"现实的社会建构"这个词组折磨得不堪其苦，索性在研讨课上宣布禁止使用这个词组。我也多次在已发表的论文中看到，作者将"客观性作为策略性仪式"，甚至"成名的想象"等当作成语式的词组，在令人啼笑皆非的上下文语境中用来组织句子。值得一提的是，塔克曼在《做新闻》这本书中，虽然用了她发表于1972年的那篇论文分析客观性的材料，但是却没有运用"策略性仪式"这个词组。回到"现实是社会的建构"，作为一个论断，它当然不错，但是，单纯做如此宣称，除了话语表演外毫无实际意义。需要思考的是，做出如此宣称是否表达了言说者的什么想法，提供了什么思路，可令我们提出研究问题，甚至更简单地，继续我们可能正在进行着的谈话？如果以为这么一个宣称，就可以很机智地解构掉我们对事实、真相、现实的客体性的预设，那么，我们如何理解塔克曼非得进入媒体，以现场考察新闻生产过程作为她生产其学术经典的必要过程？我们又如何理解阅读《做新闻》这部经典，必须首先要预设其物质性和客体性，将其作为我们共同面对的初始文本？

其实，膜拜经典实为不尊重经典。在《做新闻》一书中，塔克曼以其近10年的思考和经验考察，呈现给我们一个有着空间结构、时间节奏和常规运行脚本的新闻生产过程，该过程将权力结构和常识化、自然化该结构的意识形态编码其中，包括作为职业意识形态的新闻专业主义。因此，塔克曼说，"新闻是一种理论性的活动"，它是"正当化现状的理论活动"（见英文原书205页）。这一分析，釜底抽薪了新闻业生产"可证实的报道"这一宣称，因为它显示，"新闻专业主义的基础是搜集和处理信息的行之有效的方法，但它却无以反思这些方法如何作为人类的集体创造而生成"（见英文原书209页）。顺便说一句，塔克曼的这些论述，虽然没有引用葛兰西，但却应和了吉特林引用葛兰西对新闻生产作为意识形态霸权的过程所展开的论述。

这些文字足以让我们看到，塔克曼对于新闻专业主义这个职业意识形态采取了批判的态势，这种批判包括了对它的所谓"虚伪"的揭示，不少人正是在这个层面征用塔克曼关于"客观性是策略性仪式"这个可引用程度很高的说法。如此理解并无大错，但有时会衍化为意识形态的自我囚禁，与塔克曼所批判的对象如出一辙。譬如，在某年一次国际传播学年会上，我宣读了与陈韬文教授合作的一篇论文，讲中国新闻界出现了影响新闻实践的"专业主义新闻范式"。也许是我的表达有问题，我们这一场结束后，一位我初到美国时教过我的资深教授非常关切地问我,"潘,你一个如此聪明的人,为什么要谈新闻专业主义?"据我所知,我的这位老师从没有研究过新闻业,也没有考察过中国,但我知道,她出于好意,也是认真的。

是新闻专业主义该成为禁区?还是新闻专业主义已经"体无完肤"?抑或它根本就是个幻影,因为从未有过,所以无助于我们理解现实中的新闻业以及新闻生产过程?无论答案是什么,似乎都有悖塔克曼或吉特林的论述逻辑。既然他们在其著作中,将新闻专业主义在实践中的呈现和宣称作为经验的对象而展开分析和批判,这本身就体现了一个本体论和认识论的立场:对新闻专业主义的阐发和运用是实在的社会现象,分析它是理解"新闻如何得以生产"的重要一环。[29] 同理,就"客观性"原则而言[30],它是新闻专业主义的核心构成之一,虽然塔克曼概括其运作为"策略性仪式",但这是对它在新闻生产的具体情境中的运作逻辑和形态的一种概括,并不是对这一原则的内容及其现实存在之否定。经常有人不顾这其中的逻辑,以塔克曼的说法为论据,支持自己"客观性原则不存在"或"没有客观性可言"的论断。这是把塔克曼在特定阐释框架下的一个论点用作事实依据的逻辑操作。有人谨慎一些,用"没有绝对的客观性"这样的措辞,似乎只要谁一正面地论述"客观性",就一定是在宣称它的"绝对性"。荷兰传播学者马克·德兹(Mark Deuze)的说法也许更逻辑自洽一些:客观性原则,无论是对之的拥抱、拒绝还是批判地审视,其实都使得它继续成为新闻职业意识形态的基石之一。[31]

尊重经典也因此意味着要"读出来",在自己的问题语境中理解并运用经典。从了解《做新闻》一书的语境当中,我们也许可以读出另一个逻辑的吊诡:它分析的是非常动态的新闻生产过程,但它建构的理论阐释恰恰是非常静止的。这个动态的过程,是既有的"隐形结构"运作的结果,也是以再生、巩固该结构为指向的。换句话说,《做新闻》以及那些被概括为以"社会组织"和"文化研究"为取向的新闻生产研究[32],都是在探询"常态"如何运作并得以如此稳定。这种带着强烈愤懑和某些"生无可恋"色彩的理论化取向,在吉特林对意识形态霸权的阐发中尤为突出。[33]我们从中也许还可看到另一层的吊诡：新闻生产社会学中的建构主义论述，其意并非在"建构"，而是在"揭示"或"去遮蔽"。

"读出来"的一个方法，可能就是倒置原本的逻辑，提出这样的问题：既有"隐形结构"中的张力如何运作、迸发或被行动者所征用，使然并形塑新闻生产过程中应时而生的结构变迁？也就是说，我们可能将"现有结构为何撼动不了？"的提问路径，转换为"运动中的结构在如何不断地被重构？"；将通过考察有序的过程来理解结构的稳固，转换为通过揭示结构的不稳定特性来理解过程的发生，尤其是其中有资源、有能动性的社会行动者如何"临场发挥"和"随机应变"。这是我在20世纪90年代考察中国新闻改革时所面临的转换设问路径的挑战。我前面说了，当时曾经从包括《做新闻》在内的经典论著中获得诸多启发，在写作中运用（更恰当的说法是"征用"）了其中的理论资源。但是，我当时面对的是热火朝天的新闻改革，是变迁而非静止；是"非常规"的发明而不是"常规"得以遵循；是对新引入话语资源的创造性运用以正当化创新的举措（虽然当时我没有"新闻创新"的概念），而非以既定的职业意识形态固化常规的职业举措。在这个语境的转换过程中，针对新闻专业主义提出的问题，不是它如何作为既有权力体系和社会结构的组成部分，而是它如何作为异类意识形态和话语的资源，被用作激发并正当化社会变迁的建构性实践？

我无意兜售自己那点儿已经陈旧的微不足道的研究，其实，其他学者们以更加出色的研究，彰显了新闻生产社会学经典论著如何在不同的语境中焕发出其经久的生命力。我在此要表达的是，我们需要有自己的研究问题，并在自己的问题所处的语境中解读并运用经典。在形成自己的问题这个过程中，我们需要研读经典，此时更多的是"读进去"，在这个过程中，我们揣摩经典所运用的理论概念，尤其是这些概念与作者提出的研究问题如何契合。这个过程也许，但遗憾地说经常不会，导向第二个过程，即"读出来"。这是从研读经典当中获得启发，或者从其他路径获得启发，提出问题，并在该问题所处的现实语境中，探索经典如何可能用作明晰问题、解答问题、论证自己对问题的解答的理论资源。

我应当就此打住了，毕竟，读者们要读的是塔克曼的著作，并欣赏李红涛的译文。我相信，这一新的译本，会激发新一轮新闻社会学中文文献的发展。对此，我们有理由持十分乐观的期待。最后，我想就"读经典"概括这么几句：我们需要对经典保持"拷问"，对被冠以"大师"名号的学者保持平视，对那些被顶礼膜拜的"后学大师"们保持一些警觉。

潘忠党
2020 年 12 月 31 日改定于麦屯家中

注释

［1］李红涛. 塔克曼到底在说什么？经典迻译的语境与《做新闻》中译本的误译［J］. 国际新闻界，2018（6）：22-45.

［2］Gitlin, T. (1980). *The whole world is watching: Mass media in the making and unmaking of the New Left*. Berkeley, CA: University of California Press. Hall, S., Critcher, C., Jefferson, T., Clarke, J., & Roberts, B. (1978). *Policing the crisis: Mugging, the state, and law and order*. New York: Holmes & Meier Publishers, Inc.

［3］Berger, P. L. & Luckmann, T. (1966). *The social construction of reality: A treatise in the sociology of knowledge*. New York: Anchor Books.

［4］Gans, H. (1980). *Deciding what's news: A study of CBS Evening News, NBC Nightly News, Newsweek and Time*. New York: Vintage Books. Fishman, M. (1980). *Manufacturing the news*. Austin, TX: The University of Texas Press.

［5］文中所引的塔克曼《做新闻》的译文，来自李红涛译本。

［6］Park, R. E. (1940). News as a form of knowledge: A chapter in the sociology of knowledge. *American Journal of Sociology*, 45 (5), 669-686.

［7］有必要区分"作为框架的新闻"和"结构新闻文本的框架"。前者——塔克曼基本上是在这个意义上挪用戈夫曼的"框架"概念——指的是新闻作为特定类型的知识，在抽象层面，结构化我们对世界的感受和认知（可推演至某一新闻文本或再现某

一具体新闻事件的具体层面），也就是戈夫曼所说的用以切割现实的一隅并令之具有意义的视角或模板。而后者——多体现在对"新闻框架"及其效果的经验研究中——指的是新闻文本中的主题或信息组合模板，它可能是新闻文本内含的，或可从中被解读出，体现新闻生产者如何选材并结构叙事，影响接收者对新闻文本的解读并以之推理、形成态度或偏好甚至采取行动（包括集体行动）。塔克曼有时也在这个意义上使用"框架"的概念，所以，她后来透露，曾有人批评她误用了戈夫曼"框架"的概念。见 Tuchman, G. （2014）. Foreword. In P. J. Shoemaker & S. D. Reese, *Mediating the message in the 21st century: A media sociology perspective* （pp. ix - xii）. New York: Routledge。

[8] 参见 Tumber, H. （2006）. Journalists at work-Revisited. *Javnost-The Public*, 13 （3），57 - 68；以及注 [4]。

[9] Zelizer, B. （2004）. *Taking journalism seriously: News and the academy*. Thousand Oaks, CA: Sage Publication.

[10] 由于携带了批判的理论视角，在一定意义上，新闻生产社会学的兴起甚至可被看作是"媒介社会学"的一次"范式转换"，至少，吉特林会这么认为。参见 Gitlin, T. （1978），Media sociology: The dominant paradigm. *Theory and Society*, 6 （2），205 - 253。

[11] Johnstone, J. W. C., Slawski, E. J., Bowman, W. W. （1976）. *The news people: A sociological portrait of American journalists and their work*. Urbana: University of Illinois Press.

[12] 参见注 [7]。

[13] 对此的另一个佐证来自吉特林。在德州大学奥斯汀分校的里斯教授对他的一次访谈中，吉特林说，他们这一代社会学家（他特别提到塔克曼、舒德森和莫洛奇），都如其他"同伴们一样，清晰地意识到媒介与政治的纠缠"，至少他本人受到米尔斯、法兰克福学派的著作的影响，也有情境主义的影响。参考资料为里斯教授分享的未发表的访谈笔记。

[14] 引人遐想的是，吉特林这个当年的"新左派"学生运动领袖之一，于70年代中进入了左翼学生运动高涨的加州大学伯克利分校，并在那里转身成为成果斐然的社会学家。在学术生涯早期，他激烈批判拉扎斯菲尔德领导的"哥伦比亚学派"这个"媒介社会学的主导范式"，今天，他自己任教于哥伦比亚大学新闻学院，并领导其博士项目。在这数十年当中，他也成为一名建制化的公共知识分子和60年代的编年史家和权威解读者。

[15] Abbott, A. (1997). Of time and space: The contemporary relevance of the Chicago School. *Social Forces*, 75 (4), 1149 - 1182. 需要指出的是，学术思想的影响并非必须通过直接的教学传授。戈夫曼显然深受舒茨的影响，他在《框架分析》一书中提出并试图解答的，正是现象学的社会学问题，即人们如何解读所在情境，并依之展开日常的行动和交往。他从第 3 页起，在全书中多次引用舒茨。

[16] Reinharz, S. (1995). The Chicago School of Sociology and the founding of the Brandeis University graduate program in sociology: A case study in cultural diffusion. In G. A. Fine (Ed.), *A second Chicago School? The development of a postwar American sociology* (pp. 273 - 321). Chicago, IL: The University of Chicago Press.

[17] 参见 Fine, G. A. (Ed.). (1995). *A second Chicago School? The development of a postwar American sociology*. Chicago, IL: The University of Chicago Press。具体到方法和方法论，参见 Platt, J. (1995). Research methods and the Second Chicago School. In G. A. Fine (Ed.), *A second Chicago School? The development of a postwar American sociology* (pp. 82 - 107). Chicago, IL: The University of Chicago Press。

[18] Molotch, H. & Lester, M. (1974). News as purposive behavior: On the strategic use of routine events, accidents and scandals. *American Sociological Review*, 39 (1), 101 - 112.

[19] 见 Gitlin (1980, p. 7)。他进一步指出，新闻从业者使用框架来快速处理大量信息，并将组织包装后的信息推销给受众。"媒介框架"成为吉特林使用的一个桥梁概念，逻辑地连接葛兰西所分析的"意识形态霸权"过程与可经验地考察的新闻生产过程。可见，吉特林的著作也引入了第三个构成新闻生产社会学的思想脉络，即英国伯明翰学派的文化研究和欧洲大陆的批判学者，他对"媒介框架"的界定和对新闻生产过程中"意识形态霸权"的阐述，不仅引述了戈夫曼、塔克曼，更是引述了霍尔、葛兰西，包括霍尔当时尚未正式出版的《编码-解码》一文。

[20] Crane, C. (1972). *Invisible college: Diffusion of knowledge in scientific communities*. Chicago: The University of Chicago Press.

[21] 值得一提的是，当时在英国的伯明翰大学，霍尔等人对新闻生产的社会过程做出了文化研究的表述，他们在《管控危机：行凶抢劫、国家与法律-秩序》中的第 3 章，就以"新闻的社会生产"为题。依我的事后而且管窥之见，这本书也应是构成那个"黄金岁月"的经典之一。虽然霍尔等人在此书中没有引用美国的新闻社会学群，也运用了一些独特的文化理论的概念（如新闻源是现实的"初始界定者"，新闻从业者

是"二级界定者"等），但他们所论述的基本逻辑，与这些美国学者的论述异曲同工，不谋而合。

［22］见 Carlson, M., Robinson, S., Lewis, S. C., & Berkowitz, D. A.（2018）. Journalism studies and its core commitments: The making of a communication field. *Journal of Communication*, 68, 6-25. doi: 10.1093/joc/jqx006。他们概括了五个所谓的"转向"：规范的、经验的、社会学的、全球比较的，和社会技术的。顺便说一下："转向"（turn）似乎是当下中英文文献中一个时髦的词汇，它的使用，多少都有库恩以"范式转换"概括"科学革命"的影子。其实，很多情况下，"转向"是个不严谨的便利表达，在缺乏对前后变迁的系统分析的情况下，最多，它表达的只是研究议题、所设问题、理论关注和研究设计等方面有某种"侧重"或者某些相对醒目的特征。私以为，我们还是慎用"转向"为宜。慎用！

［23］Hallin, D. C.（1994）. The passing of the "high modernism" of American journalism. In *We keep America on top of the world: Television journalism and the public sphere*（pp. 170-180）. London: Routledge.

［24］Kuhn, T. S.（1970）. *The structure of scientific revolutions*（2nd Ed.）. Chicago, IL: The University of Chicago Press. Latour, B. & Woolgar, S.（1986）. *Laboratory life: The construction of scientific facts*. Princeton, New Jersey: Princeton University Press.

［25］譬如，塔克曼的这部经典揭示，新闻所宣称的现实，是社会建构的结果；拉图尔对实验室的民族志考察，凸显了科学事实或证据的生产过程，而非外在社会生产的存在状态或特性。二者都揭示了"天真的经验主义"事实观对此的遮蔽，分别暴露了新闻和科学事实建构过程中权力的结构和运作，以及社会关系和情景的作用。去遮蔽"常识"，或者质疑已被自然化、正当化并因此通常不被质疑的预设，将它被建构的特性以及它作为权力、意识形态工作的有机构成这一特性暴露于批判分析的强光之下，可以说是批判和建构思潮的基本分析逻辑，它引发了对西方中心主义、现代性、现代主义等的全面反思，激发了多方位的学术创新，当然更有争论。一个新近的争论案例牵涉到心理学家史蒂芬·平克（Steven Pinker）的畅销书，《当下的启蒙：为理性、科学、人文主义和进步辩护》（*Enlightenment Now: The Case for Reason, Science, Humanism, and Progress*）。这部以大量经验资料对启蒙运动所开启的理性、科学、人文和进步的赞颂，遭到一些建构主义和立场理论取向的左翼人文学者对之的批判，批判者们指出作者不仅并未直接探究表达启蒙思想的原著，而且无视正在发生的"认识论的危机"（epistemic crisis）；说他无视了启蒙思想的普适主义话语，趋向中西方和白

人中心的种族主义内涵，曲解了批判学者们对启蒙思想的批判性解读。

［26］凸显这一点的是被称为"索卡尔恶作剧"的历史事件，它发生于1996年，指的是物理学家艾伦·索卡尔（Alan Sokal）通过在《社会文本》（*Social Text*）期刊上通过匿名评审发表了一篇恶搞"论文"，调侃后现代主义的理论、文风和学风。他后来将这一学术批判拓展成为一本书，名为《时髦的胡言乱语》。见 Sokal, A. & Bricmont, J (1999). *Fashionable nonsense*: *Postmodern intellectuals' abuse of science*. New York: Picador.

［27］Weinberg, S. (2001). *Facing up*: *Science and its cultural adversaries*. Cambridge, MA: Harvard University Press.

［28］如美国哲学家麦金泰尔（Lee McIntyre）所说，"后现代主义"是"后真相"的教父。McIntyre, L. (2018), *Post-truth*. Cambridge, MA: The MIT Press.

［29］这一点，在泽利泽1993年那篇被广为引用的论文中有清晰体现。在那篇论文中，泽利泽提出了"新闻界作为阐释共同体"的阐释框架，作为与"新闻界的专业主义框架"相区别并相互补充的一个理论框架。这样的理论操作，是在批判"新闻的专业主义"框架的缺陷，却不是抹杀其现实意义。见 Zelizer, B. (1993). Journalists as interpretive communities. *Critical Studies in Mass Communication*, 10, 219-237.

［30］我搞不懂为什么中文文献中不时见到有人将之称为"客观性法则"，尤其是否定这一原则的某些批判者们，这个"法"字似乎赋予了"客观性"很多"根本""强制""铁板钉钉"等说不清、道不明的特性。英语表述中，也会有人将"客观性"表述为"根本性原则"（cardinal principle），强调其基础和重要的特性，但那也是一种非正式的表达，而且如同很多形容词和副词一样，它所意涵的判断和衡量尺度，必须在上下文的语境中得到清晰表达。我们需要警惕学术写作中那些貌似"自然流露"的形容词和副词。

［31］Deuze, M. (2005). What is journalism? Professional identity and ideology of journalists reconsidered. *Journalism*, 6 (4): 442-464. DOI: 10.1177/1464884905056815.

［32］Schudson, M. (1991). The sociology of news production revisited. In J. Curran & M. Gurevitch (Eds.), *Mass media and society* (pp.141-159). London: Edward Arnold.

［33］在里斯对他的访谈中，吉特林谈到法兰克福学派的著作对他的影响，说该学派对于行动者被笼罩在大众文化产业有着一种"阴郁的观点"（gloomy view）。从理论建构的逻辑来说，吉特林所批评的是一种不给人任何能动空间的结构决定论。参考文献见注［13］。

译者导读

从 1969 到 1978：《做新闻》的诞生

李红涛

一、引言

1969 年 5 月，盖伊·塔克曼①的博士论文《新闻，新闻人的现实》(News, The Newsman's Reality) 在布兰迪斯大学社会学系通过答辩（见图 0-1）。1978 年，脱胎于这篇论文的著作《做新闻》出版（见图 0-2）。二者之间隔了 9 年时间。这当然不能归咎于塔克曼的拖延，因为在此之间，塔克曼从博士论文中改写出多篇期刊论文。更重要的是，《做新闻》并不是博士论文的"重印"。稍微对照一下这两个理论文本，就会发现，它们无论是在篇章结构还是具体论述上，都存在着巨大的差异。正如塔克曼在中文版序中所说：

---

① Gaye Tuchman 旧译盖伊·塔奇曼，想必是依据新华社《英语姓名译名手册》。过去几年，包括笔者在内的一些研究者更多使用盖伊·塔克曼。但也有人提醒，Tuchman 是德语姓氏，应该读/译作"图赫曼"。经与本人确认，"Tuchman"其实是意第绪语（Yiddish）姓氏，原本的确是有不同的发音。但家族移居美国后，苦于美国人很难正确拼读其姓氏，故在保持原拼写的前提下，将发音改为"tuck-man"。据此，本书将其姓氏翻译为"塔克曼"。

我花了整整 9 年的时间，广泛阅读，与一众非常聪明的朋友进行了许多富有成效的对话，才终于跟当初收集的数据拉开足够的距离，从而理解了我的所见所闻。（塔克曼，2021：中文版序 66）

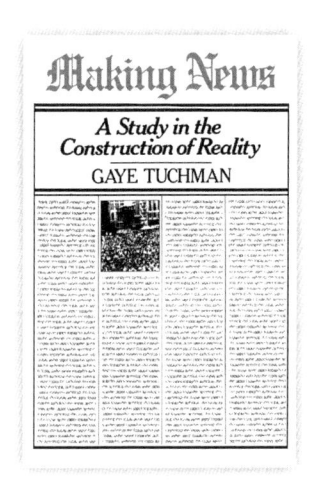

图 0-1　1969 年塔克曼博士论文封面　　**图 0-2　1978 年《做新闻》首版封面**

"整整 9 年"意味着什么？什么叫跟"数据拉开足够的距离"？塔克曼与哪些朋友"对话"？这些"对话"如何修正、重塑乃至推翻了最初的理论论述？这些问题构成了本文的出发点。本文试图回到 1969 年到 1978 年的时空背景下，聚焦《做新闻》的史前史，理解这部媒介社会学经典的诞生。因此，本文或许可以视为塔克曼这段自述的注脚。其目的并不是为了解读《做新闻》的理论意涵，更不是为了消解其持久的理论魅力，而是希望在塔克曼的中文版序止步的地方，向前再走几步，为读者接下来的阅读提供一些扩展性的参考资料。[①]

然而，无论是谁，都无法真正"回到"20 世纪 70 年代。在这种情况下，回答上述问题又谈何容易？在本书推荐序中，潘忠党教授将《做新闻》称为"'特定语境中的"经典"'"，构成了"学术知识网络中的一个'节点'，它的意义可能来自、同时也受限于它与其他节点的相互关

[①] 需要说明的是，读者完全可以跳过这篇导读，进入正文的阅读。这完全不会影响对正文的理解。

联"(潘忠党,2021:推荐序6-7)。本文呼应这一观点,在潘忠党教授详细勾勒的社会政治与学术语境之下,从学者和学术作品两个层面,为"节点"之间的关联提供一个注脚。

《做新闻》是当之无愧的经典之作,但它不应该被视为孤立的文本;塔克曼是具有高度原创性的社会学者,但她并不是踽踽独行的探索者。无论是社会建构的视角,还是新闻网等概念,都不是塔克曼凭空或向壁的创造。为了将《做新闻》放回其学术知识网络,我会把塔克曼1969年的博士论文、70年代发表的一系列论文以及1978年的《做新闻》放在同一条时间线上加以对照[①];同时,我也会纳入其他学者先后完成的著述,结合引用、致谢、学者自述等材料,考察它们之间如何相互指涉、互相影响。除此之外,在翻译过程中我还多次与塔克曼邮件往来;导读初稿完成后,又专门向其请教当年学术交往和观点转变的情况。就像一个没有任何特异之处的侦探一样,我希望透过种种"蛛丝马迹",厘清《做新闻》这部经典到底是如何炼成的。

二、入乎其内,出乎其外

《新闻,新闻人的现实》和《做新闻》出自同一位作者之手,基于大体相同的田野材料,篇幅大致相当[②],但乍看之下,却像是两本完全不同的书。譬如,从篇章架构来看,前者除"导论""结论"和"尾声"之外,正文部分只有4章,分别是:"新闻:控制的冲突和争议""电视与客观性""标准呈现形式"和"新闻人如何运用时空组织现实"。从中,我们只能隐约看到《做新闻》的影子。倘若读过《做新闻》之后再来读《新闻,新闻人的现实》,除了能看到书中大部分案

[①] 鉴于读者对《做新闻》最为熟悉,对系列论文或许相对陌生,对博士论文最为陌生,在本文的书写上,我会更详尽地复述博士论文和系列论文的内容,相对简略地呈现《做新闻》的内容。

[②] 博士论文共330页,《做新闻》原版244页。不过,博士论文的页面较窄、行间距较大。

例的原始版本①而会心一笑之外，恍然之间，会觉得前者像是一幅油画或一颗钻石，后者则更像一张素描或一块璞玉。

从1969到1978的转变当然不是塔克曼撰写《做新闻》时"毕其功于一役"。实际上，从1969年至1978年，塔克曼以博士论文为基础撰写发表了多篇论文，其中不乏经典之作。在这些论文中，对璞玉的雕琢过程就已经开始了。图0-3展示了博士论文、系列期刊论文和《做新闻》之间的对照。在《做新闻》的10章中，只有第3、5、6章来自博士论文，其余7章均为新创之作。新增章节存在两种情况。一是一头一尾的5章，塔克曼引入新的理论资源对经验材料展开再阐释和理论升华。以对框架的讨论为例。塔克曼在1976年发表论文《讲故事》(Telling Stories)，引入戈夫曼于两年前出版的《框架分析》中的相关概念，用于探讨"新闻事件的选择和界定"中的"组织原则"(Tuchman，1976：93)。②这篇论文的内容出现在《做新闻》第1章和第6章中。在更一般的意义上，塔克曼与大量新近发表或出版的文献展开对话，其结果是，《做新闻》全面更新了参考文献，1970年及其后出版的文献占比近65%。

另一种情况则是第4章和第7章，它们基于1975年中至1976年初的第二轮田野调查，围绕纽约市政厅新闻中心和报道妇女运动的纽约记者展开。塔克曼之所以决定在市政厅做田野调查，是为了弥补第一轮田野的不足。在准备将博士论文改写为专著时，她意识到，自己从滨海市的田野调查中获得的有关条线报道的信息太有限，而"纽约总是面临这样或那样的危机"，是观察条线运作的理想场景。③相关资料既构成了第4章的主干，也进入第2章对"新闻网"的讨论中。与市政厅不同，

---

① 书中很多案例都是通过作者转述来描述，博士论文中则更多使用原始的田野笔记，除了篇幅的考量外，这大概也是对田野材料的一种"改造"。

② 塔克曼在布兰迪斯大学攻读博士时，曾听过戈夫曼的讲座，他们也同在一家刊物的编委会中。塔克曼说，"有人说，戈夫曼是休斯最出色的学生……我一直都在跟踪关注他发表的所有东西"。因此，《框架分析》刚出版，她就入手了一本。（私人交流）

③ 塔克曼在滨海市做田野调查期间，也曾经观察过一个警察条线，但"我了解到的唯一东西是，那个记者是个种族主义者。我也认识到，差不多只要五年左右的时间，记者们就会接纳（内化）日常条线上的人们的观点"。（私人交流）

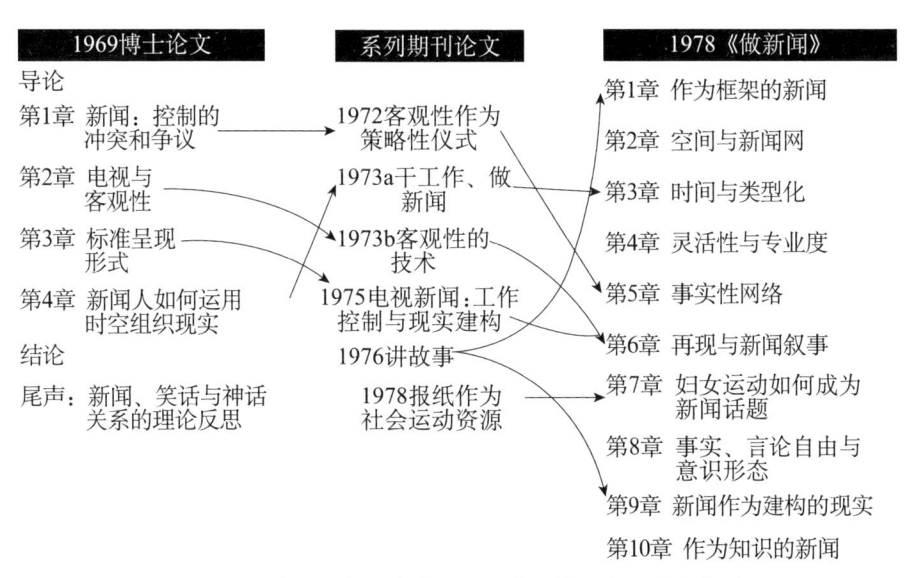

1969博士论文	系列期刊论文	1978《做新闻》
导论	1972客观性作为策略性仪式	第1章 作为框架的新闻
第1章 新闻：控制的冲突和争议	1973a干工作、做新闻	第2章 空间与新闻网
第2章 电视与客观性	1973b客观性的技术	第3章 时间与类型化
第3章 标准呈现形式	1975电视新闻：工作控制与现实建构	第4章 灵活性与专业度
第4章 新闻人如何运用时空组织现实	1976讲故事	第5章 事实性网络
结论	1978报纸作为社会运动资源	第6章 再现与新闻叙事
尾声：新闻、笑话与神话关系的理论反思		第7章 妇女运动如何成为新闻话题
		第8章 事实、言论自由与意识形态
		第9章 新闻作为建构的现实
		第10章 作为知识的新闻

图 0-3 《新闻，新闻人的现实》与《做新闻》的章节对照

对报道妇女运动记者的访谈最初并不是为《做新闻》准备的。当时，阿琳·丹尼尔斯（Arlene Daniels）获得了一笔经费，用于举办以女性和媒体为主题的学术会议。丹尼尔斯请塔克曼撰文探讨新闻对女性的报道，于是她就做了一轮访谈，聚焦女记者和妇女运动。这篇文章以《报纸作为社会运动资源》（The newspaper as a social movement's resource）为题收录在由塔克曼、丹尼尔斯和詹姆斯·贝内特（James Bénet）主编的论文集《壁炉和家：大众传媒中的女性形象》（*Hearth and Home: Images of Women in the Mass Media*）中。鉴于文章多少也跟"条线"有关，她就将其列为《做新闻》第 7 章。她说，"如果不是当时阿琳叫我写这个题目，我是肯定不会写的"（私人交流）。

然而，即便是《做新闻》的第 3、5、6 章，也不是照搬自博士论文的章节，而是存在大量删改和修订。这当中到底发生了什么？塔克曼如何经由一系列论文的中介，从 1969 走到了 1978？除了更新或增加经验材料、与新近文献展开对话之外，这当中投射出的，实际上是一趟先"入乎其内"再"出乎其外"的学术旅程。所谓"入乎其内"，指的是塔克曼试图在田野调查和博士论文写作阶段从新闻生产的局外人变成局内人,努力呈现"新闻人怎么想怎么做",揭示出"新闻和现实的深层观念……重构新闻人的关切和他们的世界"(Tuchman,1969:17);而"出乎其外"则意味着跳出田野和新闻人的世界,从研究者的视角揭示"新闻的潜在结构"(Tuchman,1978:ix)[①]。

"入乎其内"首先与研究方法层面的考量有关。在讲述"新闻台"[②]的田野经历时,塔克曼指出:

> 我很快就发现,对于很多事情,新闻人都没办法给出解释。他们经常说,是"直觉"和"经验"决定了新闻报道……编辑决策——如果他们算得上"决策"的话——仿佛一座迷宫,迷宫中的种种考量都被归入"直觉"和"经验"之类的词语中。要想理解观察到的东西,我就必须穿过这座迷宫,搞清楚世界在新闻人眼中是什么样子。本研究就是在这种尝试中诞生的。新闻人跟我说,我必须学会像新闻人那样思考……随着我对"规则"越来越了解,新闻人的解释也变得越来越具体。(1969:11-12)

这段自述不仅有方法论层面的意义,也牵涉到研究的问题意识。塔克曼博士论文的标题是"新闻,新闻人的现实"。在论文开篇,她就抛出了与标题相呼应的观点:"新闻是一幅图画,描绘出新闻人对社会和政治现实的感知,被他视为理所当然的观念以及新闻工作的组织所形塑"(1969:1-2)。她指出,尽管报纸和电视媒介存在非常大的差异,但新闻人共享着"对社会和政治现实的感知"(p.33),而她关心的是"这套共同感知如何被翻译为两种媒介各自的语言"(p.33)。相应地,博士论文聚焦的研究问题包括:"(1)新闻人如何看待现实?(2)尤其是电视新闻人,他们如何将这套感知翻译为影像?(3)电视和报纸新闻人如何运用时间和空间来组织现实?"(p.33)。三个问题分别对应论文第1章、第2章和第3章,以及第4章。

---

① 对《做新闻》原著的引用皆为原始页码,对应本书的边码。
② 在博士论文中,塔克曼使用"KNEW"和"*the Byzantium News*"指代她研究的两家媒体,为避免造成混淆,这里均转换为《做新闻》中使用的化名。

在资料呈现和分析中，塔克曼通过揭示并重构新闻人的"本地范畴"将这种"入乎其内"展现得淋漓尽致。以第 3 章为例。该章聚焦"标准呈现形式"，讨论电视新闻如何将一帧帧的画面剪辑组合为连贯的影像。她指出，"新闻人用来描述影像呈现的两个标准范畴是'片段'（piece）和'段落'（package）"（1969：185），前者是较短的影像单元，包含一两处画面剪辑或拼接；后者则容纳更多视听元素，由若干"片段"组合而成。在第 3 章第 2、3 节，塔克曼对各种剪辑方式及其延续性和视觉变化展开了详尽的"技术"讨论。在第 4 节，塔克曼又引入了新闻人在讨论影像剪辑时提到的"两种时间类型，包装时间（packaging time，片段或段落在节目中占据的时长）和功能时间（functional time，剪辑要花的时间）"（1969：216），以此讨论影像剪辑和工作组织之间的关系。

在 1975 年发表的论文《电视新闻：工作控制与现实建构》（TV news：The control of work and construction of reality）中，塔克曼沿用了这两组本地范畴，但大大压缩了论述篇幅。这些内容后来进入《做新闻》第 6 章"组装电视新闻叙事"一节。只不过，"片段"和"段落"①、"包装时间"和"功能时间"这两组本地范畴都被舍弃。这不单单是出于篇幅上的考量，因为 1975 年的论文篇幅也不过 5 页。更重要的原因或许是，这两组范畴在理论层面并不是非常重要。离开它们，塔克曼转而聚焦"事实性网络的视觉演绎"（1978：107），强调"对于电视新闻人而言，专业主义意味着遵循特定的叙事形式，既体现出延续性，又展现出变化"（1978：128），唯此，他们才能"将任何一件独一无二的事情转化为合乎惯例的新闻事件"（1978：132）。

"入乎其内"的例证当然不止上面提到的两组本地范畴。更为我们熟知的，是新闻人的客观性观念，以及他们对不同类型新闻的区分。沿

---

① 在《做新闻》表 6-1 中，作者用"基本单元"和"复杂叙事"替换了"片段"和"段落"。该表最初在 1975 年的论文中出现，用来提炼"片段"和"段落"各自涵盖的叙事结构和单元。在表格下方的注释处，作者只用时长差异对二者做了非常简单的区分："基本单元时长 15 到 45 秒，复杂叙事时长在 1 到 8 分钟之间。"（1978：127）

着从1969到1978的线索，在接下来的两节中，我将以博士论文第1章和第4章的"雕琢"为中心，更详细地考察塔克曼如何对同样的田野材料展开再阐释，在"入乎其内"的基础上"出乎其外"。

三、客观性的再阐释

如图0-3所示，塔克曼在博士论文第1章的基础上撰写了《客观性作为策略性仪式：新闻人的客观性观念》（Objectivity as strategic ritual: An examination of Newsmen's notions of objectivity，Tuchman，1972），发表在《美国社会学刊》（American Journal of Sociology）上。这篇文章构成了《做新闻》第5章"事实性网络"的基础。塔克曼对第1章的改造体现在两个方面：一是内容的删减调整，大体上1972论文只改写了博士论文第1章第2节"新闻报道中的客观性"，而第3节"新闻人对新闻、政府、舆论之关系的理解"和第4节"何为新闻价值？"则被删除；二是对原始经验材料的再阐释，对此我们将在下文详细说明。经过这样一番打磨，论述的焦点从宽泛的"新闻人对社会和政治现实的看法"（1969：39），聚焦到"新闻人如何界定并捍卫客观性"（1972：662），进一步转到"事实与消息源的相互构成"（1978：216）。

在博士论文第1章第2节开头，塔克曼即指出，对客观性的"专业定义处在新闻事业的核心"（p.42），绝大多数新闻人相信"事实会自己说话，传递'客观真相'"（p.41）。该节主体部分聚焦"新闻人如何操作化客观性"（p.43），包括如何在具体的报道中处理客观性、如何区分纯粹的新闻和新闻分析。塔克曼发现，在具体报道层面，对客观性的专业界定包括三个要素：第一，新闻人相信，"事实"是实实在在的存在，可以被观察到或加以验证。同时，新闻人强调自己的角色是"过滤（filter）真相，而不是判定（determine）真相"（p.45），因此，他们只需要报道"A说了x"并呈现对立的言论或观点，而无须判定x的真假。此外，新闻想要立得住，就要提供"支撑事实"；第二，提供补充性的事实，将新闻人从报道中剥离出来，无须自行判定事实真相；第三，客观性意味着以恰当顺序呈现事实，让它们自己说话、传递真相。

在1972年的论文中，塔克曼大体沿用了上一段的案例和论述，但对新闻人的想法和做法进一步提炼，由此对报道中的客观性做出了全新的解释。塔克曼将影响新闻人界定"客观事实"的因素区分为内容、形式和组织间关系三个维度。对"内容"的讨论呼应上一段对事实"验证"的强调；在"形式"层面，塔克曼提炼出四种强化客观性的策略性程序：一是呈现相互冲突的可能性，在这一小节，塔克曼将博士论文中有关"A说了x"的数行讨论大大扩充，变成围绕美苏军事竞赛的假想案例①；二是"呈现支撑证据"；三是"对引号的审慎运用"，塔克曼强调，"引号"既可以用来呈现支撑证据，也可以用来表达"所谓"之意，进而去正当化"新左派"等异议团体；四是"以适当顺序组织信息"，大体对应上一段中的第三个方面。

1972年论文触及的客观性的最后一个维度是"组织间关系"，这个维度在1969年博士论文中并不存在。在讨论客观新闻与新闻分析的差别时，塔克曼（1969）指出，新闻人区分二者的依据之一是"在多大程度上宣称的事实与对故事背景的了解'相匹配'"（p.55），紧接着引述父亲疏于照管导致女儿病死的案例②加以分析。在1972年论文中，塔克曼将相关讨论放在"组织间关系"的维度之下，强调新闻人对警方程序的了解让他们做出恰当的判断。在此基础上，塔克曼创造性地提出了新闻人围绕组织间关系的三项概括："大多数消息源个体都别有所图……某些个体所处的位置让他们知道的比别人更多……机构和组织都会设置特定程序，用于保护机构以及与机构打交道的人"（Tuchman, 1972: 672）。

这三项概括被《做新闻》原封不动地照录，但却不是放在"组织间关系"的维度之下，更不是引为区分客观新闻和新闻分析的依据。塔克

---

① 关于这个案例，参见本书第5章第2节"无法验证的事实"，98～99页。
② 关于这个案例，参见本书第5章第2节"无法验证的事实"，102～103页。

曼将三项概括列在"事实归因或评估"之下，探讨新闻人如何借助这些预设对无法验证的事实做出评判。她指出，"记者和编辑处在制度化的新闻网当中，他们会积累关于复杂组织及组织间关系的经验。这些经验成为隐含在新闻判断中的神秘知识"（1978：93）。与1972年论文一样，塔克曼指出，"新闻人将这三项概括混在一起，运用直觉判断哪些事情'讲得通'"（1972：672；1978：93）；但不同的是，在《做新闻》中，塔克曼进一步强调，这些概括"关乎如何开展新闻工作、寻找事实"（1978：93），而父亲急忽的案例显示出"新闻人更青睐制度化的消息源，而不是由普通百姓或当事人提供的信息"（1978：93），由此带出消息源运用可能产生的意识形态后果。

上面的文本对照展示出从1969到1972再到1978的旅行中，塔克曼如何抽丝剥茧，对早期经验材料进一步概念化。除此之外，1972对1969的另一项改造是提出了"客观性作为策略性仪式"①这个重要的理论命题。塔克曼指出，"新闻程序作为报道和报纸的形式属性，实际上构成了策略。经由它们，新闻人保护自己免受批评，也宣称达到专业上的客观"（1972：676）。这些程序的"仪式性"表现在，它们未必能够达到追求的目标，"在追求的目的（客观性）和使用的手段（所述的新闻程序）之间也没有明确的关系"（1972：676）。策略性仪式的概括让塔克曼可以批判性地审视新闻人的客观性观念，而不是止步于对他们所想所为的描述。这个命题的提出，很明显是与工作社会学对话的产物。在论文中，塔克曼引述了埃弗里特·C.休斯（Everett C. Hughes）的经典之作《工作者及其工作》（*Men and their Work*，1964），并称自己的发现证实了休斯的观点，也可以用来理解其他行业专业人士的客观性观念。

不过，有趣的是，"客观性作为策略性仪式"这个论断在《做新闻》中却彻底消失了。塔克曼用事实性网络取代了"策略性仪式"，并以它

---

① 这是论文的标题，但这个表述可能会带来误解。实际上，塔克曼要讲的并不是客观性理念是策略性仪式，而是说用来达成客观性的新闻程序是策略性仪式。

来统摄对客观性、再现与新闻叙事（第6章）的讨论。从《做新闻》的索引可见，"事实性网络"不仅贯穿第5章的论述，也频繁出现在后续章节当中。与策略性仪式相比，事实性网络更好地捕捉了消息源和新闻事实之间的相互构成，也触及各类新闻生产常规和叙事惯例。换言之，它让塔克曼将报纸记者的做法与电视新闻对镜头的运用整合起来。此外，相比策略性仪式，"事实性网络感觉更好……我可以把事实看成相互支撑的构造物，就好像蜘蛛网，或者中世纪大教堂的拱顶一样。我喜欢这个意象。我喜欢有视觉感的想法"（私人交流）①。借助事实性网络概念，塔克曼跳脱了客观性的目的和手段之间的落差、跳脱了各类常规对新闻人自身的重要性，在更根本的意义上建立起探讨新闻意识形态运作机制的基础，即事实性网络无形之中正当化了社会现状。

四、从分门别类到类型化

《干工作、做新闻：常规化意外之事》（Making news by doing work: Routinizing the unexpected）是塔克曼的另一篇经典论文，1973年刊登于《美国社会学刊》。如图0-3所示，这篇文章修改自博士论文第4章，并成为《做新闻》第3章"时间与类型化"的主体。无论是1969博士论文还是1973期刊论文，都从工作控制的视角出发，强调"新闻人需要常规化自己的活动"（1969：5）、"新闻范畴镶嵌在新闻人预测和调控自己活动的需要当中"（1969：242），或者"新闻人划分事件的方式降低了新闻机构处理的原材料的多样性、推动了常规化"（1973a：112）。二者不同的是，在博士论文中，塔克曼"入乎其内"，全面呈现新闻人的分类（categorization）与不同时空系统的关联；在1973论文

---

① 此外，塔克曼还提到了一个有趣的事实。在一次教职工讨论中，一位同事反对聘任一位求职者，理由是后者把学术论文中的某些观点发表在了政治杂志上，因此不够"客观"。这让塔克曼大受刺激，她出于义愤，只花了一天时间就完成了1972论文的初稿。后来写作《做新闻》的时候，她早已冷静下来。（私人交流）

中，塔克曼则"出乎其外"，跳脱这些分类，对其展开更深层的概念化。不过，1973年论文和《做新闻》第3章除了一个开篇从工作控制入手，一个从新闻生产的时间节奏和时空交织入手之外，在主体论述（1973a：113-129；1978：47-63）部分大体一致。因此，下文的讨论将围绕从1969到1973的转化展开。

博士论文第4章从前几章对报纸和电视新闻人观念的讨论转到"新闻人的工作"。塔克曼指出，"新闻是在特定时空背景下发生的，新闻人的工作牵涉到四种类型的时间和空间"或"时空系统"（time-space system）（1969：242）。它们分别是：客观时空（物理意义上的时空，事件在特定时间发生在特定地点）、功能时空（新闻人的工作按照时间和空间来安排）、包装时空（新闻占据一定的版面空间或电视时段）和消费者时空（新闻人推断受众在特定时间/时段对特定新闻感兴趣）。这四种时空系统看似独立，但在新闻人提供的新闻定义和具体的新闻报道中，它们相互影响、彼此交织。

在第4章第3节，塔克曼详尽论述了时空系统与专业界定之间的关系。在这里，她引入了"分类"的概念："无论是报纸新闻人还是电视新闻人，都会把专业界定应用在特定报道上。这些界定构成了分类（categorizations），同时描绘出（1）'一则故事的本质'，（2）完成故事所需的工作要求，以及（3）故事可能的生命历程"（1969：255）。在这些类别（categories）中，最基本的是硬新闻，突发新闻和连续报道是硬新闻的两个子类别。它们之间的区别主要体现在功能时空，即"新闻人能否预测事件走向，以便常规化工作"（1969：266）：新闻人知道火灾总会发生，但却不知道它会在何时何地发生；而连续报道中的个别事件则是预先安排好的。塔克曼进一步讨论了突发新闻和发展中的新闻，强调对事件的感知受到媒介形态的影响，并以马丁·路德·金遇刺事件的处理为例，说明"每一种媒介都具有不同的能力来应对紧急情况，并将有关这些紧急情况的'事实'传递给受众"（1969：270）。从中我们已经可以看到后续的论著中对"预测"和"技术"的相关讨论的雏形。

在上述分析的基础上，博士论文第4章结论指出：

> 客观时空、功能时空、包装时空和消费者时空同时出现在对新闻的一般定义和对具体报道的考量中，并相互依存……经由专业界定，一则故事被加以类型化（a story receives its typification），这个过程会受到新闻人认为适用于它的时空系统的塑造。当中，最经常被新闻人运用的系统是功能时空系统。（Tuchman，1969：279）

在这段论述中，塔克曼使用了"类型化"（typification）这个表述。不过，这是该章唯一一处使用这个术语，塔克曼也没有对其做任何额外的说明。从相关表述可以看出，它的意义基本等同于"分类"，与1973论文和《做新闻》中的用法和意义有所不同。

博士论文第4章中相当多的内容，包括金遇刺的案例，都被1973论文沿用；同时，1973论文也围绕着新闻人用来划分不同新闻的范畴展开。但二者之间的家族相似也就到此为止。在1973论文中，塔克曼几乎颠覆了博士论文中的架构，对经验材料做出了重新阐释。这表现在两个方面。第一，塔克曼放弃了四种时空系统的概念。或者更准确地说，她舍弃了对客观时空、包装时空和消费者时空的讨论，聚焦在功能时空——也就是"新闻工作的时间和空间安排"。但即便如此，在1973论文和《做新闻》中，"功能时空"这个词也不见踪迹。博士论文第4章的问题"新闻人如何运用时间和空间来组织现实"也由此被新的"谜"取代，那便是，鉴于原材料的多样性会妨碍常规化，组织又必须通过常规来控制工作流动，那么，新闻人要如何常规化不可预料之事？

对这个问题的解答牵涉到第二个层面的转化，即将新闻人的分类（categorization）重新概念化为"类型化"（typification）。在论文中，塔克曼先是辟专节讨论"新闻人眼中的新闻类别"，这部分基本上沿用了博士论文对"地方范畴"的介绍，重构了新闻人如何区分硬新闻和软新闻、突发新闻和发展中的新闻以及连续报道。但塔克曼强调，这些区分存在颇多问题，譬如，不同范畴可能相互重叠；这些分类很难一以贯之地应用到实践当中。更重要的是，新闻人坚持认为这些分类建立在新闻内容或事件主题上，但有时候又会引入其他因素，宣称"特定类型的新闻事件倾向于以特定方式发生"（1973：116）。

正是在这里，塔克曼迈出了重要一步，由此跳出了新闻人的分类。她指出："新闻人坚持认为事情发生的方式对他们的分类体系很重要，这说明，我们需要重新考虑这些分类与工作安排之间的关联"（1973：116）[①]。因此，这些分类不应该被视为形式化的"类别"，而应该被视为类型化。所谓类型化，是指"与分类相关的特征对解决眼前的实践任务至关重要，它们就构成并扎根于日常活动之中"（1973：116-117）。对新闻生产而言，相关的实践议题包括事件如何安排、传播是否紧急、技术是否影响感知以及能否做出未来预测。从这些议题出发，塔克曼回到最初的"谜"，强调"沿着与其工作相关的实践任务的各类维度，新闻机构将看似不可预料的事件类型化，由此常规化对它们的处理流程"（1973：117）。具体而言，硬新闻牵涉到新闻工作的流动和时间安排，而资源配置、媒介技术差异和预测的可能性则导致了突发新闻、发展中的新闻和连续报道之间的区分。

塔克曼对类型化的精彩论述，可以参见《做新闻》第3章。限于篇幅，在此不再赘述。或许需要稍微荡开讨论的问题是，塔克曼将新闻人的本地范畴重新概念化为"类型化"的灵感从何而来？首先，毫无疑问，"类型化"概念来自舒茨的著述，是其现象学社会学中最重要的概念之一（Kim and Berard, 2009）。在论文中，塔克曼指出，在"类别"和"类型化"之间的理论区分非常重要，因为类型化彰显出现象学的视角（1973：116）。在当页脚注，她引用舒茨的观点，指类型化有助于常规化我们生活其间的世界。但值得注意的是，在同一条脚注的前半部分，她还引用了唐·齐默尔曼（Don Zimmerman）、亚伦·V. 西库列尔（Aaron V. Cicourel）、罗伯特·埃默森（Robert Emerson）等人的著述，指出他们探讨了类型化与组织的实践任务之间的关联，这些文献实际上扮演了从舒茨到塔克曼的桥梁角色。塔克曼将他们都笼统地列在现

[①] 《做新闻》相关部分则删掉了这句话，以及后面一段对鲁·布赫（Rue Bucher）灾难研究的评述，直截了当地引用舒茨的阐释社会学观点，主张将这些分类看作类型化。参见本书第3章第4节56页。

象学的视角之下，但更准确地说，至少齐默尔曼和西库列尔，其实是常人方法学的健将。再者，与1972论文类似，塔克曼在1973论文的开篇就提到了休斯的著述，并扩展到芝加哥学派①的其他成员，包括霍华德·贝克尔（Howard Becker），用以强调组织如何通过常规化实现工作控制。

落在论文纸面上的这些名字和引述，固然给出了大致清晰的理论化线索，但却可能会遮蔽文献阅读及引用背后的"对话"，以及塔克曼本人从博士到"青椒"阶段与同行的互动。其一，塔克曼在博士阶段接触到了舒茨的著述和思想，正如她在中文版序中所说，"我读博士的时候，修过几门理论课程，包括库尔特·沃尔夫②关于阿尔弗雷德·舒茨和现象学社会学的著名研讨课"（塔克曼，2022：中文版序65）。其二，1972和1973两篇论文都大量引述休斯的观点，这当然不仅因为休斯对工作和职业的研究堪称经典，还因为休斯是塔克曼博士论文委员会成员，在理论和方法层面都对她产生了巨大影响。与此相关，无论是霍华德·贝克尔，还是1973论文致谢中特别感谢的鲁·布赫、艾略特·弗雷德森（Eliot Freidson）都曾在芝加哥大学社会学系求学③，受到休斯的影响（Strauss, 1996；Budrys, 1986）；文中引用的埃默森则是塔克曼在布兰迪斯大学社会学系的同学，与她一起参加了美国国立精神卫生研究所的田野训练项目，也是休斯的弟子。换言之，这些学者与塔克曼都有师承或学缘上的渊源。

这些信息绝不是无关紧要的学术轶事或八卦，从中浮现的是一张以塔克曼为中心节点的学术交流网络——上一节的蜘蛛网或教堂拱顶意象，或者一座"无形学院"（invisible college, Crane, 1972）。它提醒我们，围绕《做新闻》的"侦探"工作不应该止步于对理论文本的梳理

---

① 塔克曼自己的用语，见Tuchman, 1973a：110。
② 库尔特·沃尔夫（Kurt H. Wolff, 1912—2003），德裔美国社会学家，1939年移民美国，1959—1982年执教布兰迪斯大学社会学系，研究专长包括知识社会学、现象学社会学。
③ 霍华德·贝克尔于1951年获得芝加哥大学社会学博士学位；鲁·布赫于1961年获得芝加哥大学社会学博士学位，曾参与休斯的研究项目；艾略特·弗雷德森于1952年获得芝加哥大学社会学博士学位。

和参照。套用塔克曼对类型化的表述,我们还应该将理论文本"放回它们的日常情境",考察正式和非正式的学术互动,以及它们对《做新闻》理论观点的影响。

五、塔克曼的学术互动网络

上一节初步勾勒出 1973 年这篇论文中折射的学术互动的情形。若将这种观察延伸到《做新闻》的全部章节,放大到 1969 年至 1978 年整个时段,甚至前移到 1966 年田野工作的开端,其间的互动会更为复杂。它贯穿了塔克曼的早期学术生涯:从撰写完成博士论文到毕业之后先后任职于纽约州立大学石溪分校、纽约市立大学及其研究生院。① 本节聚焦这些学术互动,试图描绘出塔克曼的学术互动网络。

任何著述都可以看作此前或长或短的一段学术旅程的终点。从理论文本反推,无论是正式的参考文献、"私人交流"之类的引证还是出现在致谢中的名字,都折射出学术互动的样貌。如前所述,《做新闻》大量引述 1969 年之后出版的文献。譬如,第 2 章借用利昂·西格尔的内容分析结果阐述新闻网的影响,第 8 章借助迈克尔·舒德森的著作和彼得·达尔格伦(Peter Dahlgren)的博士论文建立起对美国新闻业的历史讨论。有趣的是,达尔格伦的博士论文前一年刚刚答辩通过。塔克曼之所以可以读到它,是因为达尔格伦就在纽约市立大学研究生院攻读博士。至于舒德森的《发掘新闻:美国报业的社会史》,塔克曼则曾在出版前先睹为快。除此之外,她与其他研究者也有着深入而广泛的交流:

> 我记得写博士论文的时候,曾经跟甘斯教授有过一次交流。我读过舒德森的书稿,我相信他也读过我的书稿。我和吉特林在纽约

---

① 塔克曼于 1969 年至 1972 年在纽约州立大学石溪分校(The State University of New York at Stony Brook, SBU)任助理教授,1972 年至 1976 年于纽约市立大学(The City University of New York, CUNY)皇后学院任助理教授,1977 年至 1981 年于皇后学院及纽约市立大学研究生中心(CUNY Graduate Center)任副教授,1981 年升任教授。

一起吃过午饭，当时我把《做新闻》初稿中有关"框架"的讨论拿给他看。马克·费什曼还在跟着哈维·莫洛奇念博士的时候，就读过我的论著初稿，我也曾读过他精彩的博士论文的篇章，这篇博士论文后来以《制造新闻》为题出版。在莫洛奇到纽约州立大学石溪分校社会学系担任访问教授的那一年中，我们有过非常多的交流。跟他的学生玛丽莲·莱斯特（Marilyn Lester）一起，我们合教了一门非正式的研究生研讨课，主题是现象学社会学和常人方法学；这或许影响到他们后来于 1974 年刊登在《美国社会学评论》（*American Sociological Review*）上的经典论文《新闻作为目的性行为：常规事件、事故和丑闻的策略运用》（News as purposive behavior: On the strategic use of routine events, accidents, and scandals）。(Tuchman, 2014: xi)

这是一段非常生动且十分重要的记述（更准确地说是"追忆"，多少受到了这些学者或著述后来江湖地位的反向影响）。它让我们跳出跨越十年的理论文本，进入到文本背后的世界。

结合这段记述和论著中的致谢等材料，并参考塔克曼本人的意见①，我绘制出塔克曼在 1966—1978 年间的学术交流网络（见图 0 - 4）。塔克曼居中，左侧是博士论文的三位指导教授和四位博士班同学；右侧则是先后对其论文和著作初稿给出反馈的学者。需要说明的是，这张图无意于——也不可能——穷尽网络上的所有节点，而意在呈现其大致结构。因此，塔克曼在上文提到的甘斯和舒德森被排除在外，因为他们的影响"无迹可寻"②。此外，鉴于本文的焦点是塔克曼的著述，我只在图中以单向箭头展现了其他学者对塔克曼的影响，略去她对其他学

---

① 我将网络图的初稿发给了塔克曼，她建议我拿掉其在纽约市立大学的同事罗尔夫·梅尔森（Rolf Meyersohn），增加阿琳·丹尼尔斯及她的几位博士班同学。此外，她还提到了在皇后学院时经常交流的两位同事，分别是罗兰·伍伯特（Roland Wulbert）和哈利·莱文（Harry Levine），前者是一位常人方法学者。不过，由于无法判断他们具体对本文讨论的著述产生了什么影响，因此不列入交流网络。

② 塔克曼在《做新闻》的致谢中提到了吉特林，但没有提到甘斯和舒德森。当然，不在图中，不表示不存在任何影响。

者的影响。但学术交流和影响多半是双向的，对此我将在具体论述部分稍微兼顾。

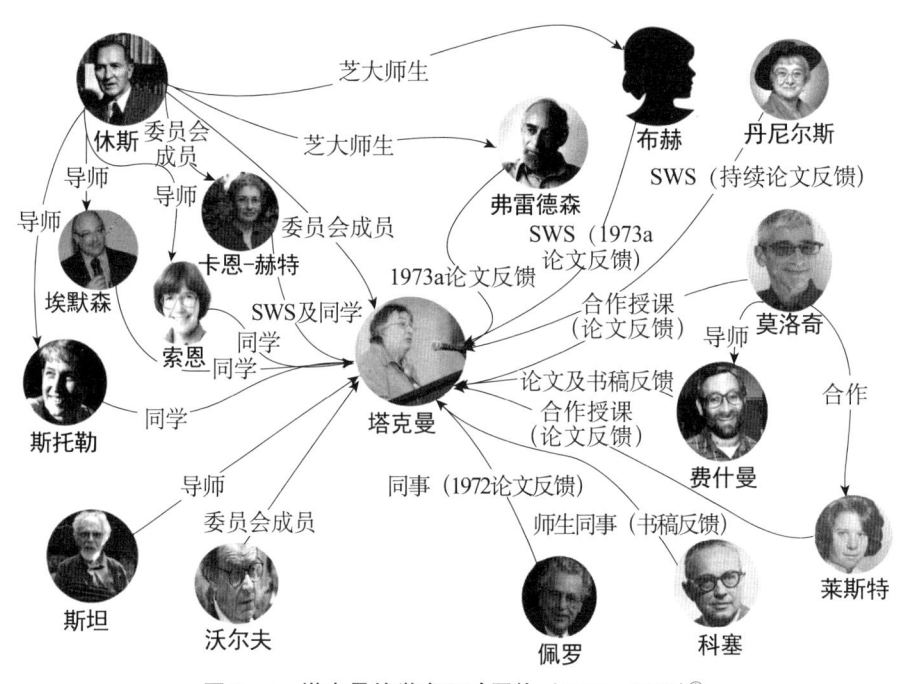

图 0-4 塔克曼的学术互动网络（1966—1978）①

从图 0-4 我们可以看到，塔克曼的学术互动大概可以分为两个阶段，一是博士论文阶段，二是后期的论文和《做新闻》成书阶段。两阶段大体上相互分离，譬如沃尔夫、莫里斯·斯坦（Maurice Stein）只指导了她的博士论文，而右侧的大多人——譬如莫洛奇、费什曼以及她在纽约州立大学的同事查尔斯·佩罗（Charles Perrow）——只在后半段与她互动。但前后也有延续或重叠，譬如，休斯明显对塔克曼产生了持续的影响，而刘易斯·A. 科塞（Lewis A. Coser）先是塔克曼在布兰迪斯大学的老师、后来成为纽约州立大学的同事②，是《做新闻》书稿最初的三位读者③之一。

---

① 鲁·布赫于 1985 年辞世，无法在互联网中找到其肖像照片，遗憾只能以人物剪影替代。
② 科塞于 1951—1968 年在布兰迪斯大学任教（参见本书中文版序），1968 年转任纽约州立大学石溪分校社会学系杰出教授。
③ 另两位是费什曼和梅尔森，参见本书导言。

与其他学者一样,塔克曼的学术交流网络也基本上由师生、同事和同行构成。我们可以将图 0-4 中的学者大致区分为三个阵营:

一是休斯及其弟子,包括布赫、弗雷德森及埃默森、南希·斯托勒、巴里·索恩(Barrie Thorne)、雷切尔·卡恩-赫特(Rachel Kahn-Hut)。① 他们主要集中在工作和职业社会学领域,向外扩展到芝加哥大学和布兰迪斯大学的学缘网络,其中,后者又是芝加哥学派余韵所及之处(Reinharz,1995)。

二是丹尼尔斯、布赫及卡恩-赫特,她们通过 SWS② 彼此连接起来,并延伸到其他女性学者。这当中尤以丹尼尔斯最为重要。丹尼尔斯于 1960 年获得加州大学伯克利分校社会学博士学位,早期学术生涯坎坷,1975 年后任西北大学教授。丹尼尔斯参与了 SWS 的创立,并于 1974—1976 年担任 SWS 主席。塔克曼和卡恩-赫特都曾积极参与 SWS 的活动(Tuchman,1985),前者组织创立了 SWS 纽约分部,后者与丹尼尔斯一起创立了 SWS 湾区分部(Roby,1992)。在其职业生涯中,丹尼尔斯不遗余力地帮助女性社会学家在学界立足与发展。③ 塔克曼称她为"好朋友和常年读者","那些年,她几乎读过我写的每一篇论文的每一稿"(私人交流),"让我远离被动语态和面目可憎的社会学腔调"(Tuchman,1978:xi)。

三是 20 世纪 70 年代活跃的新闻学者。正如潘忠党教授所说,这些研究者"面对同样的政治现实及其中的张力,共享核心的思想和理论资源,展开密切的学术交流,构成了一个美国社会学家戴安娜·克兰所概括的'无形学院'"(2022:推荐序 11)。鉴于上一节已经对休斯及其弟子的影响做了简短讨论,接下来我将以塔克曼与莫洛奇、莱斯特以及费

---

① 南希·斯托勒(Nancy Stoller),曾用名南希·斯托勒·肖(Nancy Stoller Shaw)。埃默森、索恩、斯托勒、卡恩-赫特分别于 1968、1971、1972 和 1974 年获得布兰迪斯大学社会学博士学位。

② SWS 全称 Sociologists for Women in Society,直译为"致力于研究社会中女性的社会学家"协会,成立于 1971 年,是一个非营利的专业女性主义组织,致力于通过推动女性主义社会学研究和行动,提高女性在学术界和社会中的地位。协会网站参见 https://socwomen.org。

③ 参见加州大学伯克利分校社会学系讣告:https://sociology.berkeley.edu/arlene-daniels-1952。

什曼的互动为中心，讨论无形学院的构成及其影响。

六、无形学院：塔克曼与莫洛奇、莱斯特的互动

在评述美国媒介社会学者时，玛丽亚·冈萨雷兹（González, 2017）将塔克曼与莫洛奇、莱斯特、费什曼归为一组，强调他们"对新闻生产抱持类似的看法，而且对彼此产生了直接的影响"（p.15）。塔克曼自己也认同这个判断（私人交流）。有趣的是，这三位学者都来自加州大学圣塔芭芭拉分校。莫洛奇1967年之后一直在该校任教，他于1968年获得芝加哥大学社会学博士学位。莱斯特和费什曼都曾在该校就读，并先后于1974年和1977年获得博士学位。他们之间的交往非常密切，莱斯特曾与莫洛奇合作，并在后者的影响下选择新闻生产作为博士论文[①]；费什曼则直接师从莫洛奇完成博士论文。在不同的机缘下，莫洛奇、莱斯特及费什曼都曾与塔克曼有过深入的交流，在新闻建构现实、新闻常规及其意识形态后果等方面，对彼此的著述产生了深入的影响。

正如塔克曼在上文所述，莫洛奇曾经到塔克曼任教的纽约州立大学石溪分校任访问教授[②]，他们与莱斯特一起合开了一门研讨课。塔克曼与莫洛奇和莱斯特之间的影响是双向的。莫洛奇原本的研究领域是社区和都市社会学，他对圣塔芭芭拉原油泄漏事件中新闻报道的关注（Molotch and Lester, 1974），或许受到了塔克曼的启发。在这篇文章中，两位作者也感谢了塔克曼和费什曼。莱斯特在其博士论文中详尽综述了塔克曼的学术观点，特别是她对类型化以及新闻是"控制的冲突与争议"的论述（1974：135-144）[③]，强调"塔克曼的研究为自己的分析框

[①] 见莱斯特（1974）博士论文致谢。
[②] 据塔克曼（私人交流）回忆，那应该是1970—1971学年。
[③] 莱斯特也对塔克曼的类型化提出了一些批评，认为塔克曼用类型化来指代与行动者意图有关的构想（construct），其实更接近"分类"（categorization），而她自己使用的类型化是"流动的，会随着其运用和可能的运用而发生改变"（1974：136）。塔克曼自己也承认，她的类型化用法与舒茨有所不同。参见本书第3章69页注释[9]。（书保留，期刊删除。）

架奠定了基础。很明显，与她之前的任何一位前辈相比，塔克曼都更多地开始推导出一套有关新闻如何完成的理论"（1974：143-4），并坦承自己的论述"部分借鉴了塔克曼的工作，部分有所扩展"或"重新表述"（1974：144）。

对塔克曼来说，经由共同授课经历和论文反馈，莫洛奇和莱斯特的影响主要体现在将新闻视为现实建构以及引入常人方法学的思想。二者都是《做新闻》中非常重要的理论元素，正如吉特林在一篇短评中所说：

> 在新闻的社会建构这个议题上，《做新闻》毫无疑问是美国社会学家迄今为止完成的最全面的著作……塔克曼（与哈维·莫洛奇和玛丽莲·莱斯特一起）做了大量的工作，建构起一个（大体上的）常人方法学范式，在这个范式下，新闻被当作建构的现实。（Gitlin, 1980：99）

吉特林明确点出了塔克曼与莫洛奇和莱斯特在现实建构上的相互影响。冈萨雷兹（2017）将莫洛奇和莱斯特称为媒介研究中"现实建构论的先驱"（p.15），莱斯特（1974：160）自己也认为，莫洛奇和她"或许是最早将新闻视为建构现象的学者"。她们所指的，都是1974年刊登在《美国社会学评论》的论文《新闻作为目的性行为：常规事件、事故和丑闻的策略运用》。在这篇论文中，莫洛奇和莱斯特抱持着相当激进的建构论立场。在摘要第一句，他们便指出，"本文悬置这样一种观念，即存在一个客观的世界供媒体报道，转而将新闻视为建构的现实"（1974：101）。

莫洛奇和莱斯特对新闻建构的论述直接受到了常人方法学的影响。在正文中，他们借助加芬克尔、西库列尔、齐默尔曼和波尔纳（Melvin Pollner）发展出针对新闻的分析框架。在结论部分，他们指出：

> 我们认为，媒体所反映的并不是彼处的世界，而是那些有权力决定他人经验者的实践。加芬克尔对他所调查的临床记录也提出了类似的观点：与其说一个机构的记录完美反映了实际发生过的事

情,不如说从这些记录中可以看到以常规的方式做记录的人们参与其间的一整套组织实践。加芬克尔的结论是,"糟糕的临床记录背后,总有好的组织理由"。而这些"好的理由"正是研究的选题,因为它们揭示出诊所的社会组织。与之相似,大众传媒也应该被视为糟糕的临床记录……(只有这样,我们才能)理解产品是如何变成这样的,即那些"好的理由"是什么。(Molotch and Lester, 1974: 111)

值得指出的是,莫洛奇和莱斯特对常人方法学的引述不仅是文献和理论层面的借用,同样折射出深入的学术互动。这篇文章引述的常人方法学者中,除了加芬克尔长期执教于加州大学洛杉矶分校之外,齐默尔曼和西库列尔当时都在或曾在加州大学圣塔芭芭拉分校任职①,是莫洛奇的同事,而波尔纳则于1970年于该校获得博士学位。当时,加州大学圣塔芭芭拉分校堪称常人方法学重镇,更是全美极少数开设相关课程的院系,正是在这些课程中,莱斯特接触到了"这个颠覆了大多数正统社会学前提的全新范式"(1973: 12)。更重要的是,齐默尔曼还是莱斯特的导师,导师组成员 D. 劳伦斯·威德②也是重要的常人方法论学者。这些正式和非正式的交往无疑影响了莫洛奇和莱斯特的著述,也进一步影响了塔克曼有关现实建构的观点。

当然,这绝不是说在塔克曼的早期著述中现实建构的观点付之阙如。实际上,在博士论文中,塔克曼便致力于探讨"现实的社会建构"。在结论的开篇,她指出,"对美国社会学而言,无论是对现实社会建构的理论探讨,还是经验研究,都相当边缘"(1969: 286),各种有关现实的"先入之见让新闻人和受众将新闻等同于客观时空中的事情",而

---

① 齐默尔曼于1966年获得加州大学洛杉矶分校博士学位,加芬克尔在其论文委员会上。齐氏博士毕业后一直在加州大学圣塔芭芭拉分校任教。西库列尔于1957年获得康奈尔大学博士学位,1966—1970年于加州大学圣塔芭芭拉分校任教授,之后转任加州大学圣迭戈分校教授。
② D. 劳伦斯·威德(D. Lawrence Wieder)于1969年获得加州大学洛杉矶分校博士学位,之后在加州大学圣塔芭芭拉分校任教,1975年转任俄克拉荷马大学。他曾将自己在1964—1965年对一家新闻机构的田野笔记慷慨提供给费什曼,后者在十年后对同一家机构做了田野观察。

"本研究意在削弱这些先入之见"（1969：286）。其结论是：

> 新闻人并不是在"过滤"现实。他遵循着对恰当分类（categorization）的专业理解、组织的需求、推断的新闻消费者兴趣以及所在媒介运用的语言，将现实翻译为新闻故事。（Tuchman，1969：289）

不过，这段表述其实折射出塔克曼早期的现实建构观点的两面性：一面强调"新闻是新闻人精心建构的产品"（1969：5）、"作为文化产品，新闻无须与现实有任何关联，它就是它自己的现实"（1969：111），另一面则强调"新闻和它要描述的现实之间存在差异"（1969：108），因而预设存在着被新闻人翻译或转化的"客观现实"。这种两面性突出体现在前面提及的四种时空——客观时空、功能时空、包装时空和消费者时空——的区分上。莱斯特即曾指出，"我们不确定塔克曼是否认同客观性的假设。在一些作品中，她似乎暗示新闻的建构要借助新闻人的类型化来完成。在其他地方，她似乎又认为新闻描述的是'实际上发生的事情'"（Lester，1974：144）。

通过对照1969博士论文与后续论文及《做新闻》中的相关论述，我们可以大致看到塔克曼的现实建构观点的变化：

> 新闻人需要将发生在"客观现实"中的事件转化为可以容纳在新闻产品中的故事……新闻是一幅图画，描绘出新闻人对社会和政治现实的理解（Tuchman，1969：5，289）；

> 电视新闻人对日常现实中发生的事件的重构，独立于、先于任何意识形态、政治或社会偏见的带入……对很多人来说，新闻人对现实的建构就等同于"现实"，是日常生活和社会记忆的重要组成部分（Tuchman，1975：153）；

> 新闻和所有的公共文件一样，是建构的现实，具有自身的内在效度……作为公共文件，新闻将世界摆在我们面前（Tuchman，1976：97）；

> 新闻生产活动就是在建构现实，而不是在描绘现实的画面。新

闻工作将各类事情转化为新闻事件（Tuchman，1978：12）。

这些变化很大程度上是因为塔克曼的后期著述受到了莫洛奇和莱斯特的影响，引入了常人方法学的视野和观点。塔克曼读博时就接触过加芬克尔的作品，也在博士论文中引用了他。但她坦承，"要是没有哈维，没有我们和玛丽莲一起合开的那门课，我永远也不会理解常人方法学。哈维向我介绍了西库列尔和齐默尔曼的研究，指出我问的问题，也正是齐默尔曼感兴趣的"（私人交流）。

在这段旅程的终点，在《做新闻》的字里行间，我们可以清晰地捕捉到莫洛奇和莱斯特的印记。其一，《做新闻》第九章标题为"新闻作为建构的现实"，与莱斯特博士论文第5章的标题吻合。其二，塔克曼在论述"事实性网络"时强调，"对事实的验证既是一种政治成就，也是一项专业成就"（1978：83），这也叫人想到莱斯特的博士论文标题"新闻作为一项实践成就"。其三，莱斯特在博士论文中借助一对夫妻的对话来讨论日常生活中事件的建构（1974：156-159），塔克曼在《做新闻》中沿用了这个例证，将之改造为女教授和丈夫之间的一场虚构对话，用来说明"新闻生产是一项协商性的事业"（1978：6）。其四，塔克曼在《做新闻》中对"事情"（occurrence）和"事件"（event）做了明确的区分，但这种区分在博士论文中并不存在。比较与类型化有关的前后期理论文本，我们可以看到其间"事件"用法的改变：

> 尽管（在客观的时空当中）实际发生的事件（actual event）保持不变，但故事则不断变化（Tuchman 1969：268）；
>
> 尽管实际发生的事件（actual event）保持不变，但相关的报道（account）则不断变化（Tuchman 1973：121）；
>
> 尽管实际发生的事情（actual occurrence）保持不变，但相关的报道（account）则不断变化（Tuchman 1978：55）。

可以看到，塔克曼一方面在后期的理论文本中放弃了"客观的时空"概念，另一方面则逐步带入了"occurrence"这个表述。这明显受到了莫洛奇和莱斯特的影响。他们在1974论文中明确对"occurrence"

和"event"做出区分,前者是指"任何意识到的事情",后者则指被人们用来以创造性的方式划定时间的事情(Molotch and Lester, 1974: 102)。在他们的基础上,塔克曼将《做新闻》的研究问题凝练成"本书……意在探究新闻的社会建构过程,理解日常世界中发生的事情如何被转化成新闻报道,在新闻世界中占据一席之地"(1978: 2)。这个问题之所以重要,是因为"新闻在将寻常之事转化为具有公共讨论价值的事件时,赋予这些事情以公共性"(1978: 3)。

七、无形学院:塔克曼与费什曼的互动

费什曼的博士论文题为《制造新闻:媒介新闻生产的社会组织》(Manufacturing the News: The Social Organization of Media News Production),于1977年完成。在此之前,塔克曼和费什曼就经莫洛奇的介绍认识了对方。不过,塔克曼并没有出现在费什曼的博士论文致谢中,可见此前双方并没有多少交流。但在1980年出版的《制造新闻》(Manufacturing the News)中,费什曼则感谢塔克曼"宝贵的意见和有益的建议",将其与导师组成员托马斯·P. 威尔逊(Thomas P. Wilson)和齐默尔曼并列。这说明,塔克曼曾阅读费什曼完稿后的博士论文,这或许跟费什曼于1974—1975年在纽约市立大学布鲁克林学院社会学系任讲师、1975年之后在该校任助理教授,两人同在纽约任教有关。塔克曼回忆说,"我住在曼哈顿,在皇后学院教书。马克工作和居住在布鲁克林……我们偶尔能见上一面"(私人交流)。

与莱斯特类似,塔克曼对费什曼的影响显而易见。在《制造新闻》中,他在十几处与塔克曼的观点展开对话,特别是有关客观性和类型化的讨论。费什曼无疑也对塔克曼产生了影响。在《做新闻》的"前言"中,塔克曼曾四次提到费什曼,感谢他前期给论文和书稿章节提供反馈,"仔细通读了定稿……(并)提出了非常详尽的意见"(1978: xi)。这种影响主要集中在新闻生产的常规——特别是对"条线"的讨论——

及其意识形态后果上。

作为莫洛奇的学生，费什曼延续了对"公共事件"的关注，并和莫洛奇、莱斯特和塔克曼共享或共同推进了新闻生产的社会建构视角。在博士论文开篇，费什曼就指出，"本研究关注一个非常特殊且重要的现实的社会建构过程，这个现实就是大众传媒新闻的公共现实"（1977：3；1980：4）。费什曼从新闻的选择性转到"新闻的创造"，聚焦"新闻人用以接近——用威廉·詹姆斯（William James）的话来说——一个'嗡嗡作响、盛开奔放的特殊世界'的常规以及他们将这个世界转化为新闻故事的方法"（1980：13）。在此过程中，他同样借助了常人方法学的理论资源，而这或许也跟齐默尔曼是其论文指导委员会成员有关。

费什曼全面讨论了新闻生产的常规，其中对"条线"的讨论尤其具有原创性。费什曼指出，"条线是新闻人的概念，扎根于记者实际的工作世界之中"（1977：87）。他从三个方面阐明条线的内涵以及条线报道的独特性：第一，新闻机构中条线的历史要比个体的职业生涯更长久；第二，记者负责报道条线，但条线并不归记者所有，它更像是一个部门；第三，条线是复杂的报道对象，涵盖发生在新闻室之外的一系列活动构成的领域。在费什曼看来，条线具有二重性（duality），一方面，"相互关联的活动构成了特定话题，在条线中反复出现。久而久之，这些话题界定了条线"，另一方面，这些活动之所以相互关联"是因为它们发生在同样的物理地点，由同一批人操持，受制于同一套标准操作程序"（1980：29）。正因为此：

> 新闻记者的条线观念中真正意义上的二重性，体现在**从话题（topical）和领地（territorial）的角度界定条线**①。从新闻工作者谈论条线的两种方式上，我们可以很容易看到二者之间的区分：有时候，他们将条线当作要去的地方和要见的人，有时候则将条线看作自己有责任报道的一系列话题。（Fishman，1980：29）②

---

① 强调为引者所加。
② 此处引述的是专著《制造新闻》中的表述，但其博士论文采用了基本一致的表述。

接下来，费什曼还讨论了条线的相互重叠，以及领地管辖权（territorial jurisdiction）和话题管辖权（topical jurisdiction）之间的可能冲突。

相比之下，在1969年的博士论文中，塔克曼并没有对条线做系统的讨论，而只有一些初步的想法。譬如，在第4章讨论不同时空系统时，塔克曼指出，"客观空间始于对地方空间（地方新闻）和全国-国际空间（国内-国际新闻）的区分"（1969：258）。她强调，"新闻人预设，受众更关注发生在地方空间中的事件"（1969：258），因此，即便是在处理国内或国际新闻时，新闻人也致力于聚焦或挖掘事件的地方维度或影响。这种区分也体现在功能空间中："本地新闻就是由本地记者报道的新闻，国内-国际新闻就是由通讯社记者报道的新闻……在新闻机构内部，报道由谁阅读（处理）决定了报道的分类"（1969：265）。

这些初步讨论与《做新闻》对空间的精彩论述相去甚远。如前所述，这一方面是因为原始材料中有关条线报道的材料有限，而第二轮田野调查丰富了这方面的经验材料；另一方面，塔克曼在《做新闻》中对条线的分析明显受到了费什曼上述观点的启发。《做新闻》针对费什曼的索引共有7条，其中前5条都出现在第2章"空间与新闻网"中。具体而言，塔克曼引述了费什曼提到的小镇记者评估加州大火影响的例子。她借用费什曼的观点，将条线界定为"一连串的日常活动，通过这些活动，记者能够找到新闻，新闻掮客也能找到记者"（Tuchman，1978：19）。更重要的是，在费什曼条线二重性观点的基础上，塔克曼提出了"新闻网"这个充满"视觉感"的概念。她指出，新闻机构运用地理领地、组织专门化和话题专门化这三种方式，将"新闻网在空间上抛撒出去，聚焦特定组织，凸显特定话题"（1978：25）。新闻网由此"变成了一个框架，它将秩序和规整性加诸社会世界之上"（1978：38）。

塔克曼和费什曼之间的互动与相互影响还体现在新闻常规的意识形态后果上。在博士论文的摘要中，费什曼指出：

> 美国新闻生产系统遮蔽了社会中的一系列现象——从草根社会运动到各类机构不为人知的侧面。本文的结论是，新闻带有意识形

态属性,因为新闻工作容纳其间的,不仅包括了解世界某些部分的程序,也包括遮蔽(not knowing)其他部分的程序……新闻有助于维持现状,但这不是因为新闻工作者有偏见,也不是因为政治上的掌权者频繁干预控制新闻生产。这种干预没有必要,因为新闻工作如此这般的安排,已经是在为现状利益服务,这一切都独立于记者、编辑和消息源的态度和意图。(Fishman, 1977: viii - ix)

一言以蔽之,费什曼认为,新闻生产的常规导向了"维持现状"的意识形态后果,这与塔克曼《做新闻》中的论述相互呼应。此外,有趣的是,在讨论新闻的意识形态后果的时候,费什曼和塔克曼都高度依赖多萝西·史密斯的观点,即意识形态作为遮蔽的手段或程序。塔克曼指出,她自己是在丹尼尔斯的介绍下接触到史密斯的著述,她们二人是加州大学伯克利分校的同学;而费什曼应该是自行接触到了史密斯的论著(私人交流)。不论如何,在塔克曼和费什曼的密切互动与相互影响之外,这种观点上的"契合"或许也折射出那个时代的学术/政治氛围。

八、1978 以后:代结语

塔克曼的博士论文与《做新闻》之间的时间差以及二者之间的巨大差异,让我们在四十年后有必要也有机会考察一个理论文本的诞生,重访一位学者并不孤单的旅程。1978 年,《做新闻》出版,本文回溯的这趟旅程也就到达了终点;此后,这本书踏上了另一段"经典化"的旅程。至于塔克曼本人,尽管她仍然关注媒介研究领域的进展,但对新闻业的系统研究则告一段落。

一本书的生命旅程,不仅独立于它的创造者,也会跳脱原来的社会政治与学术情境,再以不同的方式进入新的环境。对于《做新闻》漂洋过海的理论旅行而言,这个中译本或许只是当中一个小小的节点;但对于译者本人来说,这是一趟持续十几年的阅读历程中的重要一站。2013 年,在我为《做新闻》撰写长篇"导读"时,完全没想过有朝一日会来翻译它；哪怕是在2018年，当我不揣浅陋斗胆商榷上一个译本时，也并没有动过重译它的念头。直到2019年底，中国人民大学出版社翟江虹老师告诉我拿到了《做新闻》的版权，邀我承担翻译工作。我没有片刻犹豫，就答应了。

2020年年初，在新冠肺炎疫情肆虐之际，我开始了这本书的翻译；2021年初，翻译工作告一段落，新冠肺炎疫情却仍然没有离人类而去。我现在还记得，疫情最严重的那几个月，常常夜里失眠、清晨早起，之后便开始长达十几个小时的伏案翻译工作。要谢谢这本书，让我在一段艰难的时光中保持了平静。译稿完成后，我又从头到尾校订了三遍。之后，我请浙江大学国际文化和社会思想研究所博士生杨蕊馨、袁桐、韩婕、张馨月和硕士生徐婷、赵东山各自试读一至两章，感谢他/她们，帮我订正了译稿中的若干笔误和误译。

在翻译的过程中，我去信身在美国的塔克曼教授和潘忠党教授，请他们为中文版撰写序言。两位老师不仅慨然应允，而且洋洋洒洒挥就万言。对此，我不胜感激。倘若没有他们的两篇序"刺激"，恐怕也就不会有这篇冗长的"导读"。在撰写"导读"的过程中，蒙塔克曼教授往来数封邮件为我解惑，蒙"文献帝"白红义教授提供塔克曼和莱斯特的博士论文全文，特此致谢。

2006年秋冬，我刚进博士班，就囫囵吞枣啃完了《做新闻》的英文原版；如今十几年过去，从带着学生读到翻译期间一遍遍地读，至少完整读过五六遍了。记得念博士的时候，导师李金铨教授曾叮嘱我们，"找几本性之所近的'经典'，反复研读和揣摩，直到将作者看世界的方式内化成为自己看世界的方式，将作者解决问题的方法变成自己解决问题的方法"。学海无涯，我岂敢说自己已经内化了塔克曼"看世界的方式"，但至少，或许可以说，在我的书架案头，总算有了一本"性之所近的'经典'"吧。

李红涛

写于2021年3月

注释

[1] 塔克曼. 中文版序：报导报道者 [M] //塔克曼. 做新闻. 李红涛，译. 北京：中国人民大学出版社，2022：55-68.

[2] 潘忠党. 推荐序：也谈"读经典" [M] //塔克曼. 做新闻. 李红涛，译. 北京：中国人民大学出版社，2022：1-21.

[3] Budrys, G. (1986). Rue Bucher: An appreciation. *Sociology of Health & Illness*, 8：187-193.

[4] Crane, D. (1972). *Invisible Colleges：Diffusion of Knowledge in Scientific Communities*. Chicago：University of Chicago Press.

[5] Fishman, M. (1977). *Manufacturing the News：The Social Organization of Media News Production*. Unpublished dissertation. University of California, Santa Barbara.

[6] Fishman, M. (1980). *Manufacturing the News*. Austin：University of Texas Press.

[7] Gitlin, T. (1980). Review on *Making News*. *Contemporary Sociology*, 9(1)：99.

[8] González, M. (2017). *The Newsroom：A Space of Decision Making*. Oxford：Peter Lang.

[9] Hughes, E. C. (1964). *Men and Their Work*. Glencoe, Ⅲ.：The Free Press.

[10] Kim, K. K. and Berard, T. J. (2009). Typification in society and social science：The continuing relevance of Schutz's social phenomenology. *Human Studies*, 32(3)：263-289.

[11] Lester, M. J. (1973). Alumna profile：Marilyn Lester. *The Pitzer Participant*, Spring issue (pp. 12-13). Retrieved from https：//www. pitzer. edu/archives/wp-content/uploads/sites/34/2014/09/1973-Spring-Participant. pdf.

[12] Lester, M. J. (1974). *News as a Practical Accomplishment：A Conceptual and Empirical Analysis of Newswork*. Unpublished dissertation. University of California, Santa Barbara.

[13] Molotch, H. and Lester, M. (1974). News as purposive behavior：On the strategic use of routine events, accidents, and scandals. *American Sociological Review*,

39 (1): 101-112.

[14] Reinharz, S. (1995). The Chicago school of sociology and the founding of the graduate program in sociology at Brandeis University: A case study in cultural diffusion. In A. F. Gary (ed.), *A Second Chicago School? The Development of a Postwar American Sociology* (pp. 273-321). Chicago: The University of Chicago Press.

[15] Roby, P. (1992). Women and the ASA: Degendering organizational structures and processes, 1964—1974. *The American Sociologist*, 23, 18-48.

[16] Strauss, A. (1996). Everett Hughes: Sociology's mission. *Symbolic Interaction*, 19 (4): 271-283.

[17] Tuchman, G. (1972). Objectivity as strategic ritual: An examination of Newsmen's notions of objectivity. *The American Journal of Sociology*, 77 (4): 660-679.

[18] Tuchman, G. (1973a). Making news by doing work: Routinizing the unexpected. The *American Journal of Sociology*, 79 (1): 110-131.

[19] Tuchman, G. (1973b). Technology of objectivity: Doing "objective" TV news film. *Urban Life and Culture*, 2 (1): 3-26.

[20] Tuchman, G. (1975) TV news: The control of work and construction of reality, *Politics*, 10 (2): 149-154.

[21] Tuchman, G. (1976). Telling stories. *Journal of Communication*, 26 (4): 93-97.

[22] Tuchman, G. (1978). *Making News: A Study in the Construction of Reality*. New York: The Free Press.

[23] Tuchman, G (1985). Iremember well. *SWS Network*, 14 (2): 5-6.

[24] Tuchman, G. (2014). Foreword. In P. J. Shoemaker & S. D. Reese, *Mediating the message in the 21st century: A media sociology perspective* (pp. ix-xii). New York: Routledge.

中文版序

报导报道者
——《做新闻》的田野故事
盖伊·塔克曼

大多数博士生的博士论文都不会出版。大多数中年男性都不会把矮墩墩的年轻女士放在眼里。这两项"事实"大体上解释了我如何收集到博士论文数据，这篇博士论文构成了《做新闻：现实的社会建构》的基础。[1]

当然，我并没有什么证据可以支撑这两项"事实"。我只是单纯相信它们应该是真的，我猜测，大多数自认女性主义者的女性学者都会赞同我的看法。我之所以提到这些"事实"，是因为本书处理的一个核心问题就是：一件事情如何变成一项事实？此外，我相信，我之所以能够完成这项研究，是因为在我所观察的某些新闻人眼中，一个忙于写论文的女博士不会对他们造成什么威胁。倘若他们面对的是年长的严肃男性，为写书收集材料，而且有可能在书中批评他们的所作所为，他们有可能就会感到威胁。当然，真正威胁到他们的，是由上层主导的公司重组，牵涉到合并和关张。我猜测，报道人之所以容忍我的存在，其中一个原因是他们不想触怒准许我入场的高层。[2]

我在《做新闻》中运用的研究方法是老派的参与观察，先是发现问题,选择田野地点,获准入场,而后泡在田野中,观察人们的行为举动,偶尔抛出一两个问题。在这类研究中,研究者就是最重要的研究工具。从1965年到1969年,我在布兰迪斯大学社会学系攻读博士,这套田野调查方法正是当年系里传授的方法。布兰迪斯大学是一个特殊的地方,而社会学系,则是一个特殊的系。布兰迪斯大学的创立部分是为了回应反犹主义。1965年,这所大学建校还不到二十年的光景。当时,无论是大学还是社会学系,都带有左倾色彩,以不太传统的方式探究不太正统的问题。这种倾向实非偶然。

1966年,我开始在"新闻台"观察新闻生产,当时我只有23岁。一年后,我开始在《滨海日报》做田野。关于那段经历,我现在记不住所有相关的"事实"(细节)。用"新闻话"① 来说,我既不记得谁在何时何地出于何种原因对谁说了什么、做了什么,也不记得谁在什么时候出现在哪个房间。我现在手头上并没有这些信息。[3]因此,我只能脱离田野笔记来撰写这篇中文版序,我的叙事建立在当下的想法和追忆之上,包括五十多年前自己的样子,在美国最激进的社会学系之一接受社会学训练的情景,以及跟田野中的男性新闻人的互动。无论是我当时的生活,还是研究,都与布兰迪斯大学分不开。

布兰迪斯社会学②

布兰迪斯大学创建于1948年,是一所由犹太人资助的无宗派大学。建校之前的几十年间,犹太社群一直讨论要建立这样一所大学。但经历了二战和犹太大屠杀,犹太商人和学者才愈发意识到学术界反犹主义的存在。当时,跟基督教徒——特别是富裕的白人盎格鲁-撒克逊新教

---

① 在本书正文中,塔克曼用到"news-speak"这个说法,来形容新闻人的套话或行话,参见第6章的讨论。——译者注

本书脚注均为译者注,以后不再一一列明。作者的原注排在文末。

② 除"布兰迪斯社会学"之外,中文版序的其他小标题均为译者所加。

徒——相比，犹太裔的学生愈来愈难进入大学，声誉卓著的学府尤甚。同时，主流学术界的文化也开始蔑视犹太学者。20世纪30年代到40年代初，大量犹太裔教授被德国和德国支配的大学开除，他们逃离希特勒治下的欧洲，远渡重洋到美国找工作，但几乎总是被拒之门外。极少数拥有国际声誉的学者，或许会引起大学校方或相关院系的注意，但总体而言，即便是那些受人尊敬的欧洲学者和科学家也多半跟其他犹太人一样，走上了通往集中营之路。左翼学者本来就不受学术界待见，40年代末到50年代的反共狂热让他们的处境更加雪上加霜，其中很多都是犹太人。在被迫离职之后，这些男性学者（学者几乎都是男性）通常都无法找到其他职位。

布兰迪斯大学的创校校长艾布拉姆·L. 萨查尔是一位精明的商人。[①] 他意识到，要想迅速建立起一支一流的师资队伍，就要延揽其他机构敬而远之的欧洲移民和左翼学者。因此，他将生计受到反共浪潮损害的学者招募到自己麾下。其中包括科学家、社会科学学者，以及活跃在人文和艺术领域的人士，他们都是一流的知识分子，很高兴搬到波士顿区域，找到一份好工作。萨查尔本人并不是左翼，一些布兰迪斯学者声称，他还在任内努力约束校内的左翼员工。话虽如此，1951年，他从伯克利引进了一位年轻的讲师——刘易斯·科塞（Lewis Coser），请他主持创立社会学系。

科塞教授生长于柏林，父亲是一位犹太银行家，母亲是新教徒。当时，他正在哥伦比亚大学社会学系攻读博士学位，彼时的哥大社会学系自诩位列全美社会学系三甲之列。科塞的博士论文由罗伯特·默顿指导，探讨社会冲突的功能。科塞是一位左翼知识分子，曾在巴黎索邦大学求学，也曾在法国和美国发表政论文章。他通晓欧洲社会和政治理论，赞同质性研究，包括历史、文学和参与观察式的研究，在纽约左翼圈子享有盛名。1954年，他与布兰迪斯大学英美文学教授欧文·豪

[①] 这是一个比喻，并不是说萨查尔的身份是商人。艾布拉姆·萨查尔（Abram L. Sachar, 1899—1993），历史学家，长期在伊利诺伊大学担任历史学教授，1948—1968年出任布兰迪斯大学创校校长。

(Irving Howe)一起创办了《异议》(*Dissent*)杂志。这两位创始人希望借助《异议》杂志在保守主义和共产主义之间开辟一条道路。

在科塞教授的主持下，布兰迪斯大学社会学系推崇批判思想、社会批评和质性研究（我相信，这些观念都渗透在《做新闻》中）。在当时的美国，没有哪家社会学系以此为目标。为了实现这些目标，科塞大力延揽左翼青年学者，受人尊敬的欧洲移民学者，以及拥有显赫资历的资深学者。在20世纪50年代，系里甚至引进了一位女学者。60年代中期，资深的民族志学者埃弗里特·休斯（Everett C. Hughes）从芝加哥大学社会学系退休，布兰迪斯大学向他抛出了橄榄枝。在他的帮助下，社会学系获得了美国国立精神卫生研究所（National Institute of Mental Health，NIMH）的一笔经费，用于训练民族志学者。我有幸加入了项目，选择研究新闻生产。

我当初进入布兰迪斯大学社会学系求学，并不是因为自己有左翼倾向。完全不是。我生长在一个保守的犹太家庭，之所以选择布兰迪斯大学社会学系，是因为它让我产生家一般的感觉；在布兰迪斯大学，我的边缘感不像在别处那么强烈。这种边缘感相当重要。边缘人更有可能看清楚机构或社会的特征，因为他们不会将公认的规范视为理所当然。

我本科就在布兰迪斯大学就读，但并没有很好地融入当时的社会环境或政治环境。高中毕业的时候，我之所以申请了布兰迪斯大学，是因为父母对高等教育知之甚少。我母亲为了嫁给父亲，从蒙特克莱尔州立师范学院退学（当时已婚女性无法进入大学就读）。我父亲14岁辍学，养家糊口。他们只听说过本州的公立大学和著名私立院校，譬如七姐妹女子学院。我们家遵奉犹太伦理传统，热爱艺术和思想，但却远离政治和社会批评的风险。在麦卡锡时期，我父母建议我远离政治。在他们看来，政治异议对犹太人来说尤其危险。我当时申请了一些著名的女子学院和布兰迪斯大学，后者杰出的现代建筑曾经登上过我们家订阅的《时代周刊》(*Time*)杂志。其中一所阔气的学院打电话到我所在的高中，询问我父亲的职业（他开了一家面包店，我母亲建议我称他为"商人"）。另一所女子学院录取了我，但在父母的鼓励下，我决定选择男女同校的布兰迪斯大学，主要原因是它由犹太人创建，而且当时该校学生几乎全都是犹太人，当然，现在的情形已经大不相同。我没什么冒险精神，而且我们根本不知道在布兰迪斯大学声名显赫的学者中，很多都是左翼人士，学生中也不乏左翼。我现在还清晰地记得，开学第一周，一位室友的朋友从家乡来探望她，她问了我一个有关共产主义的问题。我当时很震惊，跟她说，自己"宁死勿赤"。室友和她的朋友被我的话吓得目瞪口呆，只能勉强保持着礼貌。

进入田野

尽管我打小远离政治，但我铆足劲完成的博士论文，却带有政治性。我当然想跟各位说，我在博士二年级加入参与观察训练项目时，就清楚地知道自己想要研究什么。但是，那并非实情。在第一次项目会议上，教授要求我们选择一处田野地点，获准进入田野。我喜欢看电视，想着或许可以一边看电视，一边写点东西。那样的话，我就不用接触陌生人，争取进入田野，而后花大把时间跟更多陌生人打交道。但我的如意算盘很快落空，教授直截了当地告诉我：必须观察活生生的人。

大学附近的城市是一个主要的收视市场，当地电视台制作两类节目，分别是新闻节目和少儿节目。我选择了新闻。毕竟，当时美国在越南发动了一场战争，而我本科时认得的教授和学生几乎无一例外，都在谴责这场战争。当初，在我入学不久的某一周，一些教授甚至决定停课，这样学生就可以参加本地游行，抗议镇上伍尔沃思商店午餐柜台的种族隔离政策（这些游行在全国范围内展开）。此外，我最尊敬的研究生，都是反战和反种族主义者，系里的一些老师对这些议题也都直言不讳。我想要观察的那家电视台，附属于一家电视网，我父母常常收看后者的新闻节目。

我拖拖拉拉了至少一个星期，才鼓起勇气给电视台母公司的董事长写了一封信。直到今天，我仍然不知道他为什么会回信。他建议我联系电视台台长,并补充说,我可以打着他的旗号。我照办了,之后受邀面谈。

休斯教授之前告诉我们,在争取进入田野的时候,强调自己对报道人面对的问题感兴趣将会大有帮助。在给电视台台长的信中,我提到了布兰迪斯大学,政府奖学金,以及我对新闻人面对的问题的兴趣。在面谈中,我大谈特谈新闻的重要性,强调新闻人频繁地遭到批评,因此,理解他们面对的问题就显得尤为重要。对方告诉我,多数对新闻的批评都有失公允;我回应说,批评者需要知道新闻工作有多困难。我当时应该既没提到越战报道,也没提到民权运动报道。之后我获准进入新闻室。用新闻媒体现在的话来说,我将要"嵌入"我所研究的群体之中,报导报道者。

观察新闻生产

我记得,负责广播新闻和 6 点钟电视新闻的各位男性[4]对我客客气气,但也谈不上多高兴,尽管最开始我都是安静地坐着观察他们工作。无论是在报社,还是电视台,我几乎都是新闻室里唯一的女性。我闯入了一个男性的圣殿,他们或许一直都在琢磨,上司干吗给自己找这么大的麻烦。幸运的是,我是一个身材矮小,看起来毫无威胁的年轻女性。田野第一天,我把新闻室布局和新闻部所处的楼层画了个草图,整个过程中,根本没人搭理我(11 点新闻工作人员的办公区在大厅对面,剪辑人员在转角处。后来我才知道,每个人的等级决定了他们坐在哪张桌子后面)。最后,新闻室中最年轻的男性,一位 30 岁上下的电视新闻撰稿人,主动跟我打招呼。那场对话似乎意味着大家接纳了我,尽管我怀疑新闻编辑室的主管仍然担心,在我寸步不离的情况下,他和他的同事到底要如何自处。很显然,我对新闻行当一无所知。

现在我意识到,我当时的无知其实是一种优势。尽管我熟知公众对新闻媒体的批评,但对新闻生产却没有任何先入为主的想法。新闻人决定教我。我就像一张白纸，他们教什么，我都照单全收。后来我才意识到，他们教给我的所谓真理，实际上揭示出了事实的本质。我不会拿自己的先入之见来衡量这些事实。相反，我可以拿自己观察到的"事实"跟想象中的报道相对照。[5]

这些记者对我非常慷慨。我第二次去台里的时候，最先跟我打招呼的小伙子去剪辑室审片子，他主动带上了我。第二周，记者们问我愿不愿意跟着一位中年记者兼播音员出现场，当时他正要和一位摄像师出门采访（如果我跟着他们，就要离开新闻编辑室，其他人也就拥有了隐私）。我和这位记者一起坐在采访车的后座，他一路都在向我传授如何为报道选择合适的画面。那之后，我慢慢了解到单篇"报道"（story）和一组"编排的新闻"（package）之间的区别，学会如何组合声音和无声片段，如何挑选背景，摄像机的内部结构又会如何影响剪辑。这些记者也跟我讲到当地政治，教我如何判断政治人物之间的关系，如何提出一个好问题。他们也会跟我解释电视和报纸之间的竞争，强调电视人更重要（下一年，报纸记者将会告诉我，白纸黑字才更重要）。一言以蔽之，这些新闻人教给我的，都是他们觉得要想欣赏他们的工作，我必须知道的东西。

随着时间推移，我学会了一些技巧，让观察变得更加容易。我通常都会坐在新闻室中间、电台撰稿人的前面，在那里，我能清楚地看到黑板。选题调派编辑会在黑板上跟踪报道的进展，并常常用粉笔写下幽默、简短的故事提要。[6]我请一位女裁缝帮我做了一件暖和的披肩，冬天坐在车后座上，把手袖在厚厚的布底下，用铅笔在本子上做笔记。我在台里的时候，会去卫生间草草写下几个字，等我回家之后，它们可以唤起我的记忆。如果我感觉到，记者觉得他对我说的话特别重要，我就会当着他的面做笔记。在新闻发布会现场，我会记下一些词（我相信，记者们希望我记笔记，他们也的确如此。但我记录的经常是有关田野地点和新闻人行为的信息）。每天晚上回家后，我都会把所见所闻打出来。换言之，我也在学习。

有时候，我的观察日特别漫长。我可能早晨10点到办公室，晚间

11点新闻播出后离开,半夜才到家。为了坚持下去,我缩短了某些观察日。有时候,我会第二天再把田野笔记打出来,尽管这意味着我可能会忘掉一些有意义的细节。后来我不再撰写对当天观察的分析,因为我太想上床睡觉,或者让自己的生活回到正轨。我觉得,放弃了每一天的分析,导致我最终试图将观察放入理论情境的时候,困难重重。

闯入者与局内人

很快我就消化吸收了报道者告诉我的东西,而且常常也接纳了新闻人的说教中隐含的政治。有时候,这让我自己的同伴感到困惑。我还记得,一位研究生同学批评一篇越战报道的偏见,我起而为记者辩护,跟他解释新闻人会如何看待这种情况,他脸上随之露出难以置信的神情。这位同学一定在想,我到底出了什么毛病。此外,我也习得了记者的写作风格。在参与观察开始数周之后,我要写一篇有关新闻的文章,提交给项目的讨论会,供研究员讨论。我想在文章中引用戴维·理斯曼(David Riesman)的观点,原因是什么,如今已经想不起来。但我没有遵循学术引用的规范,使用"Riesman(1957)"这样的表述,而是模仿起了新闻话的笔调,写道:"根据哈佛大学社会学家戴维·理斯曼的观点"。在田野中,当我提醒一位撰稿人,剪辑师在面对存在某种问题的镜头时会采用什么补救方法时,我感到由衷的高兴。或许我最自豪的时刻,是在当年总统初选的一次新闻发布会上,《纽约时报》(New York Times)的一位记者漏记了几个词,我从笔记中找到了相应的引语念给他听(当时磁带录音机还不是报道标配)。

当然,对于很多记者的政治观点,我并不赞同。就像任何群体一样,他们也各有各的观点。有些人是自由派;有些人是保守派;有些人厌倦其他人的种族主义言论;有些人则无动于衷。但跟新闻工作者相处,就跟在节日晚宴上与大家庭的成员讨论政治一样。当中有一些隐性的规则:不要激烈地批评长辈;不要挑起事端;学会何时闭嘴,保持沉默。

不幸的是，我一向不擅长把自己的观点憋在肚子里。不过，在跟报纸夜班编辑坐在一起，观察他们排版、拟标题时，我觉得很放松。当然，这并不意味着所有人都容忍我的存在。一个外人可能会跟我母亲和她姐妹一起参加每一次重大节日聚会，可能会晓得家里所有的笑话，可能会从其中一些人手中拿到独家配方（她们互不分享的秘方）。外人甚至还有可能了解到家族内一些羞于启齿的秘密，但所有这些成就都不大可能让这个闯入者变成局内人。我在田野中听说过不少记者犯下的错误（报社花了不少钱把一位记者派到越南，让他去采访来自当地的士兵。他把采写的报道寄回报社，但编辑压根就没打开过那个信封）。我听说过某些人的烦恼（一位非常善良的记者的妻子患上了脑瘤）。我听说过办公室里的争议（一位本地新闻助理编辑拒绝刊登当地教会一位要人对马丁·路德·金的溢美之词，在金遇刺当晚，这位要人亲自接听了编辑的电话）。后来，一位编辑透露了他们如何解决了这场纠纷（本地新闻编辑声称，这位要人服用了大量药物，意识不到他的回应意味着什么；另一位记者奉命打了第二通电话，这次是要人的公关专员接听的电话，他给出了"正确的回应"）。

然而，这些秘密并没有让我成为团体的一员。相反，很多男性对待我的方式，跟他们对待任何侵入男人地盘的笨拙女人的方式并无二致。让我举个例子。我在报社观察的时候，管理层决定在报社的新闻编辑室播报部分11点钟新闻，用报纸的版面编辑和撰稿人做背景。摄像机刚一架好，我就从编辑们环坐的马蹄形桌子后走开了。没有人要我这么做。我只是知道，自己不应该出现在画面里。有一天晚上，在新闻节目开播之前，我注意到摄像师把我毛茸茸的小腿的画面传到"新闻台"控制室里。窘迫之余，我之后开始留意并改善自己的妆容仪态。

如今回忆起我当初在田野中犯的其他错误，还禁不住心有余悸。其中一件事情特别恐怖，它充分体现出我对美国主流文化男女交往规范的陌生和边缘。我之所以提到这件事，是因为例外常常彰显出规则和支配性的规范，而我当时正在努力学习新的规范。当时，一位在6点钟新闻工作的中年电视记者带我参观州立法机构大楼,他时不时停下脚步把头伸进办公室,跟室内的秘书打招呼。他跟我说,这些秘书是重要的信息来源。我就恭维他说,"喔唷,你还真有女人缘(ladies' man)",说这话的时候,我完全没意识到这等于在说他是花花公子,甚至在暗示他滥交或婚姻不忠。他受到了极大的侮辱,转头向上司投诉,这让那位上司愈发把我看成眼中钉,是上级强加给他的累赘。我差点被踢出田野。由于担心自己无法完成博士论文,我患上了严重的荨麻疹(那是我平生第一次也是唯一一次得荨麻疹)。那位中层主管当晚也一夜无眠。他的老板把我托付给他,他想按照老板的吩咐行事。万幸,我的口不择言,换来了一个正面的结果。第二天我见到他,他并没有详细数落我的不是,而是建议我多花点时间观察 11 点钟新闻的运作。在他的鼓励下,我的研究范围得以扩大。

在报社观察的时候,我犯的错误没这么多,但也有一些(人人在研究中都会犯错误,但不少人从来不承认他们犯过错误)。特别是我刚到报社的最初几天,我根本没意识到,报社的男记者多么紧密地留意我的行踪。一位资深记者问我,为什么我要浪费时间和吉姆这个老写手混在一起。报社的副总编跟我说:"听说你在写本书。你当初跟我说是在写博士论文。"我回答说,希望论文最后能够出版。我意识到,书会被严肃对待;论文则不然。有一次讨论出版社的时候,有人问我,我的书里会不会有争议。

我在报社犯的错误之所以更少一些,是因为我当时积累了更多的田野经验,此外,报社新闻编辑室的物理布局也有所不同。《滨海日报》编辑部非常宽敞,在大清早分配报道任务之前,有些记者会闲坐着聊天,等待分配任务,其他人则会翻阅报纸。我的座位挨着两位最年轻的男记者,这意味着有时候我也可以加入他们的对话。譬如有一回,他们一边逐页翻阅当天的报纸,一边讨论相关报道的新闻价值配不配得上它们的版面位置。在"新闻台",6 点钟新闻和广播新闻共用的新闻室要小得多。新闻室没有办公桌,只有一排排长桌子,跟一些现代大学里的大教室差不多。新闻人没有指定的座位;我的存在更引人注目,也更有可能被看成累赘或负担。

诸如此类的田野寓言——错误，让人骄傲的故事，恐怖的故事——就跟"田野战利品"一样，常常都会构成参与观察者讲述的田野传说的一部分（在我的田野观察大体上告一段落，准备开始写作的时候，我把报纸首印版带回去做纪念，当天报纸的头版是林登·约翰逊宣布不再竞选连任）。这些寓言也是新闻工作者的特征，他们也会讲述类似的故事，譬如，"我报道布林克大劫案[①]的时候……天呐，那都是多久以前了……"（这句话让我了解到，新闻人会以他们在特定年龄报道过的事件，来标记时间，或者度量自己的职业生涯）。尽管这些寓言让人们了解到人类学家或社会学家如何收集信息，它们却无法阐明信息的意义。为此，我们需要一个框架，一个视角，以及对既有文献一定程度的掌握。

从田野到理论

我读博士的时候，修过几门理论课程，包括库尔特·沃尔夫关于阿尔弗雷德·舒茨和现象学社会学的著名研讨课。在布兰迪斯大学读本科的时候，我修过一门文学社会学课程，这门课长长的阅读材料清单中有不少今天被称为文化研究经典的著作，包括雷蒙德·威廉斯（Raymond Williams）、马歇尔·麦克卢汉（Marshall Mc Luhan）的作品。在做田野的间隙，我也读了不少当时能找到的文献。但我此前从来没读过有关新闻社会学的主流研究。写博士论文的时候，我读了一些，但我并没有埋首在有关把关人的文章里，而是徜徉在有关谣言、八卦、艺术和意识形态的文献中。在为帕梅拉·休梅克（Pamela J. Shoemaker）和斯蒂芬·里斯（Stephen D. Reese）合著的 *Mediating the Message in the 21st Century* 第三版（2013）撰写的序中，我曾写道，我最终意识到，我的数据牵涉到知识社会学和工作社会学的交叉。在博士论文中，我能够看

[①] 劫案发生于1950年1月17日。

到体现这些交叉的一些观点,包括形式和内容相互定义;新闻与所有的故事一样,都是对现实的建构;现实大多蕴含着连贯性,而事实则是建构物。

1969年,我完成了博士论文。1978年,《做新闻》出版。我花了整整9年的时间,广泛阅读,与一众非常聪明的朋友进行了许多富有成效的对话,才终于跟当初收集的数据拉开足够的距离,从而理解了我的所见所闻。我不知道其他人为什么可以如此迅速地思考,但我的确认为,不了解相关的学术文献,对我而言,既是劣势,也是优势。如果我知道以往有关新闻的文献,我可能会在解释新闻人如何理解世界时,止步于简单的答案。又或者,如果我在每天晚上打出田野笔记之后,还能写下对当天观察的思考,或许我可以更快地发展出出色的分析。然而,就跟记者一样,我在打字的时候,并没有质疑自己。我只是在打出每个人都知道的事情,却没有意识到,所谓的"每个人"其实是某个特定群体的成员,他们相信,自己写下的不过是常识,因此显而易见是真的。正如舒茨所说,"常识"指的就是像我这样的"每个人"知道的东西。我的所作所为,跟一个记者毫无二致。

就像新闻记者不会质疑他们自己的常识一样,我也花了好几年才开始质疑他们的真相。我接纳了他们采集信息的方式,收集了有关新闻工作的"事实",但却没有充分地理解新闻工作。在事实和理解之间,是缺失的分析。幸运的是,在我开始做田野的时候,其他年轻的英美社会学家也通过观察或访谈新闻人来撰写博士论文。[7]尽管我们的理论框架有所不同,但他们的研究发现证实了我的结论。无论是菲利普·施莱辛格(Philip Schlesinger)讨论新闻采集和客观性、在英国引发震动的《组装现实》(*Putting Reality Together*),还是马克·费什曼(Mark Fishman)在《制造新闻》(*Manufacturing the News*)中对官僚制和意识形态的讨论,都触及现实建构这一问题。

对我而言,我们这些人在20世纪60年代和70年代所做的田野调查,证实了我在1965年博士一年级上埃弗里特·休斯的参与观察课时,他在第一节课上所说的话。当时,15位博士生和5位老师讨论接下来一学期的安排，有人问休斯教授，他怎么知道自己收集的数据是准确的。他回答道，"我敢打赌"（I betcha）——我敢打赌，别人如果跟我一样，在同样的时间、同样的地点，观察同样的活动，也会看到同样的东西。当然，休斯教授知道自己是在夸大其词。研究告诉我们，面对同一场犯罪，不同目击者报告的"事实"并不相同。而两个理论框架完全不同的人，未必做得出相似的观察，甚至有可能南辕北辙。然而，休斯的"我敢打赌"仍然能够引发共鸣。它凸显出，仔细观察和记录其他人的言行举止，能够发现其他社会学方法无法得出的社会学洞见：观察可以让我们理解这个世界，看到其他方法看不到的东西。不过，尽管大多数人依靠自己对世界的理解（或欠缺理解）来开展这项工作，大多数人还是必须在教导之下，才能够看见。

我相信，我在田野中的所见所闻以及我分析数据的方式，终究受到了下面这些因素的影响：我收集数据时的身份，身为边缘人的感受，我试图理解这些数据时美国的样子，以及我在20世纪60年代在布兰迪斯大学社会学系念博士这份好运气。

盖伊·塔克曼

2021年1月

注释

［1］在博士论文数据的基础上，我还补充了在纽约市政厅长达数月的田野调查，以及对一家主要的美国报纸（即《纽约时报》，参见本书第1章及第7章。——译者注）女性记者和编辑的电话访谈。

［2］我发现，这一段堆砌了一个又一个推测，由此创造出事实性的光韵。

［3］2016年，我把博士论文田野笔记和草稿捐给托马斯·多德研究中心（Thomas J. Dodd Reasearch Center），该中心收藏着康涅狄格大学图书馆的档案。很遗憾，由于新冠肺炎疫情席卷美国，大学严格限制人员进入校园。疫情期间，该研究中心处于关

闭状态。

［4］在电视台和报社，我只见到过 3 位经常出入新闻室的女性。"新闻台"的一位女性主播负责播报午间新闻，后来遭到开除。那之后，她曾经回到办公室，嘴里咕咕哝哝说着"这个地方""对女人的态度"，还有些尖酸刻薄地瞥了我一眼。报社有 2 位女性记者，其中一位在女性版工作，也做一些娱乐报道，另一位做机动报道。此外，我也一直是新闻室里最年轻的人。

［5］例如我在第 2 章"空间与新闻网"开篇虚构的场景。

［6］譬如，我最开始坐在新闻编辑室的时候，黑板上列着一个臭名昭著的连环强奸犯和杀人犯的审判提要。上面写着："出来混迟早要还。"

［7］这些社会学者几乎都是犹太人。马克·费什曼和菲利普·施莱辛格之所以闪现在我的脑海中，是因为他们的田野研究和我的研究差不多同时出版。迈克尔·舒德森当时正在收集史料，撰写新闻客观性的论文。数年之后，托德·吉特林加入这个群体，聚焦新闻媒体对激进分子的报道。最后，加入这个行列中的，不仅有博士生，还包括哈维·莫洛奇（Harvey Molotch）。这个规则有两个例外。其一，玛丽莲·莱斯特（Marilyn Lester）的博士论文研究主题是新闻，但她和哈维·莫洛奇一起发表了研究成果。其二，赫伯特·甘斯（Herbert Gans）在研究新闻之前，就已经是一位非常有地位的社会学家。除了边缘性这个因素，以及很多人都曾在高中或大学校报工作之外，我实在想不出为什么如此众多的质性研究者都是犹太人。

所谓的新闻自由，只掌握在拥有报章的人手中。

——A. J. 雷伯林（A. J. Liebling）

好坏姑且不论，编选校订是编辑的天职，而这自然牵涉到材料的挑拣和选择。

——首席大法官沃伦·E. 伯格（Warren E. Burger）

《每日新闻报》今天的头条，以大写字母赫然写着，"褐发女郎遇刺身亡"。在头条下面，是一篇小写字母的报道，"伊朗地震造成 6 000 人遇难"……我很好奇，这些地震遇难者的头发是什么颜色。

——艾比·霍夫曼（Abbie Hoffman）

导　言

1954 年，陆军-麦卡锡听证会（the Army-McCarthy hearings）[①] 的画面闪烁在全国上下的电视机荧屏上，风头一时盖过了肥皂剧、娱乐节目和日间电影。跟当时的很多学童一样，每天一放学，我就回家观看这一出新型的日间连续剧。而在之后的家庭聚会上，大人们也总是会讨论相关的话题。12 年之后，这段回忆仍然萦绕在我的脑海，再加上围绕越战的种种争议的刺激，我开始着手研究新闻。在我看来，新闻媒体为公民讨论公共事件设定了框架，而公共辩论的品质必然取决于讨论者能够获取的信息。因而，我希望探究新闻工作者如何决定何为新闻，为什么他们只去报道某些事情而不报道其他，他们如何决定读者想知道什么。概言之，我希望揭示出社会学家所说的新闻的潜在结构。

在过去十来年间，我尝试理解新闻如何建构现实，本书就是这一尝试的产物。本书探讨新闻工作受到的限制和新闻工作者调用的资源。在

[①] 1953 年，美国共和党参议员约瑟夫·麦卡锡（Joseph McCarthy）因反共而声名显赫，当年秋天，他发起对美国陆军的调查和攻击，召开了美国历史上第一次电视转播的听证会——陆军-麦卡锡听证会。听证会于 1954 年 4 月 22 日开始，6 月 17 日结束，电视台进行了总计 188 小时的全程实况转播，观众人数高达 2 200 万左右。听证会的电视直播让麦卡锡的声誉急转直下，是麦卡锡主义走向衰败的转折点。

本书中，我将新闻工作者视为专业人士，将报纸和电视新闻室看作复杂组织。同时，我也致力于讨论一种特殊的知识探究方法：新闻工作者如何判定事实、如何架构（frame）各类事件和论争。这一切，都与我们共享的公民生活息息相关。

在研究初期，我认为新闻媒体会为公民讨论公共议题设定情境，尽管我无法证明这一推测，但却始终相信这一点。此外，受到参与式观察的启发，我也直觉感到新闻对政策制定者和政治人物影响更大，但我同样无法证明这一点。只不过，我始终觉得，新闻是政治人物和政策制定者与新闻工作者及其上司之间的互动，而剩下的我们只不过是那一场绵延不断的对话的偷听者。更擅长媒介效果研究的学者，或许可以在其他论著中探讨新闻的这些侧面。希望本书提供了充足的材料，可以推动他们的研究工作。

除了呈现对新闻工作的具体描述、例证和分析之外，本书也触及一些理论论争，牵涉到意识在社会意义建构和经验组织中所扮演的角色。在本书的第185~192①页，我简要评述了阐释理论。除此之外，全书的讨论即便是社会学门外汉也能够搞懂。不关心这些技术议题的读者，可以跳过这几页，仍然能够把握本书的核心观点。

在开始这项研究的时候，我还是布兰迪斯大学的博士研究生。感谢美国国立精神卫生研究所的田野训练奖学金，让我启动本研究最早的参与观察工作。塞缪尔·华莱士（Samuel Wallace）是该项目的负责人，他常常阅读我的田野笔记。埃弗里特·C. 休斯、莫里斯·斯坦和库尔特·H. 沃尔夫是我博士论文委员会的成员。罗伯特·韦斯（Robert Weiss）和一众学生研究员，包括娜塔莉·阿隆（Natalie Allon）、芭芭拉·卡特（Barbara Carter）、罗伯特·埃默森（Robert Emerson）、罗伯特·劳弗（Robert Laufer）、南希·斯托勒·肖（Nancy Stoller Shaw）、杰罗尔德·斯塔尔（Jerold Starr）和巴里·索恩（Barrie Thorne）对我的鼓励与批评，我仍记忆犹新。

---

① 正文中提及的页码均为原书页码，即译著的边码。

在早期工作完成之后，一众好友和同事为我提供了很多及时的批评意见。众多师友都曾经阅读过原始论文的初稿，包括：霍华德·贝克尔（Howard Becker）、詹姆斯·贝内特（James Bénet）、鲁·布赫（Rue Bucher）、刘易斯·A. 科塞（Lewis A. Coser）、罗丝·劳布·科塞（Rose Laub Coser）、霍华德·爱泼斯坦（Howard Epstein）、罗伯特·埃默森、卡罗琳·埃瑟里奇（Carolyn Etheridge）、肯尼思·A. 费尔德曼（Kenneth A. Feldman）、马克·费什曼（Mark Fishman）、艾略特·弗雷德森（Eliot Freidson）、托德·吉特林（Todd Gitlin）、弗雷德·戈德纳（Fred Goldner）、埃里克·古德（Erich Goode）、罗伯特·卡普西斯（Robert Kapsis）、梅尔文·科恩（Melvin Kohn）、玛丽莲·莱斯特（Marilyn Lester）、哈维·莫洛奇（Harvey Molotch）、查尔斯·佩罗（Charles Perrow）、多萝西·E. 史密斯（Dorothy E. Smith）、大卫·斯特里特（David Street）、巴里·索恩和罗兰·伍伯特（Roland Wulbert）等。阿琳·卡普兰·丹尼尔斯（Arlene Kaplan Daniels）是我长期的读者和编辑顾问，是她让我远离被动语态和面目可憎的社会学腔调（sociologese）。阿伦·西克雷尔（Aaron Cicourel）、尼娜·克雷斯纳·科布（Nina Kressner Cobb）、马克·费什曼、米尔顿·曼科夫（Milton Mankoff）和琼·瓦内克（Joann Vanek）各自阅读了问题较多的一章的初稿。刘易斯·A. 科塞、马克·费什曼和罗尔夫·梅尔森（Rolf Meyersohn）仔细通读了定稿，马克·费什曼提出了非常详尽的意见。

其他机构和个人也为我提供了帮助。1976年，通过沃尔特·华莱士（Walter Wallace）和托尼·克莱因（Tony Cline）牵线，我获得了罗素·塞奇基金会（Russell Sage Foundation）的一笔资助，用于分析参与报道妇女运动的记者的资料，收集纽约市政厅新闻中心的比较数据。1971年，格拉迪丝·托普基斯（Gladys Topkis）建议我写一本书。1977年，我终于下定决心，她非常支持。杰拉尔德·巴雷特（Gerald Barrett）在录入书稿的时候，提出了很多中肯的意见。纽约城市大学研究生院平日午餐的同伴和周末在伍德斯托克（Woodstock）附近住所陪我打网球的室友，让艰苦笔耕的整个夏天，变成了一段愉快的日子。

若是离开我访谈和观察的那些新闻工作者的宽容和友谊，本书绝无可能完成。此刻，我后悔自己曾向他们承诺匿名，令我无法以更个人化的方式感谢他们。

如今我还能满心欢喜地回忆起，父亲杰克·塔克曼（Jack Tuchman）在她的宝贝女儿为小学随笔作业中的"随笔"（essay）字眼儿不知所措时，替她写下开篇的句子。我母亲伊夫琳·塔克曼（Evelyn Tuchman）一直都很鼓励我。我的姊妹菲莉丝·塔克曼（Phyllis Tuchman）总是为我的成就自豪，我也为她感到骄傲。亨利·埃德希特（Henry Edelheit）和SWS的亲密朋友，以及SWS的存在本身，都让我感到，自己能够我手写我心。

对所有这些人，我愿献上最诚挚的谢意。

第1章 作为框架的新闻

新闻是通往世界的一扇窗。透过其窗框，美国人得以了解自己和他人，了解自己的机构、领袖和生活方式，了解其他国家和人民的情形。无论各国的城市化进程如何，新闻都取代了旧日的小镇公告员（"现在十点整，史密斯夫人喜得千金"），其职责是告诉我们想知道、需要知道和应该知道的东西。

但是，就跟其他勾勒世界轮廓的框架一样，新闻框架或许也存在问题。透过窗口看到的景致取决于窗子的大小、窗格的多寡、玻璃的透明度，窗口正对的是街道还是后院。在观察者面前展开的场景，也取决于他/她站在什么位置，是远是近，是脖子扭到一边去，还是目光凝视前方，与环绕窗子的墙壁平行。

本书将新闻视为框架，探讨这一框架如何构成，新闻工作和新闻工作者又如何组织起来。在书中，我将报纸和电视台视为复杂组织，受制于某些不可避免的过程；将新闻工作者视为抱持专业考量的专业人士。本书关注的并不是新闻工作者的私人关切和个体偏见，这些议题最好还是留给心理学家和社会心理学家来处理。相反，本书致力于讨论组织需求如何造就专业主义，又如何导向特定的编辑决策。它意在探究新闻的社会建构过程，理解日常世界中发生的事情（occurrences）[①]如何被转化成新闻报道，在新闻世界中占据一席之地。在这样的理论定位之下，本书不仅是一项有关大众传播、组织、职业（occupations）和专业（professions）的社会学经验研究，也是一项知识社会学的应用研究。

通过传播人们想要、需要和应该知道的信息，新闻组织不仅扩散知识，也形塑知识。研究（例如 McCombs and Shaw，1972）发现，新闻媒体参与设定新闻消费者的政治议程。新闻媒体最关注的话题，往往也正是受众眼中当下最急迫的议题。对议程设置的初步研究显示出，媒体对话题优先性的排序有可能影响到新闻消费者对相同话题的排序。[1]此外，越是针对受众知之甚少的话题，新闻媒体越能够形塑他们的观点。譬如说，有一年西雅图很多汽车的挡风玻璃上突然莫名其妙地出现了一堆堆凹坑，新闻媒体提出了一些可能的解释，而这些解释被当地居民照单全收，当作事件的"起因"。[2]其他研究（例如 Halloran, Elliott, and Murdock，1970）也指出，新闻对事件的解释或许会构成新闻消费者辩论事件意义的语境，即便事件当事人对同一件事情的理解与新闻大相径庭，也是如此。今天，对反战运动的讨论仍然折射出媒体的语言。例如，人们通常把拒绝在越战中服役的年轻人称为"逃避"兵役者（draft "evaders"）（媒体的用词），而不是"抵制"兵役者（draft "resisters"），后者是当事人更愿意接受的称呼。对这些年轻人而言，"逃避者"和"抵制者"表达出不同的政治倾向，也以不同方式建构出他们与国家和战争之间的关系。

本书强调新闻是一种知识，这并不是说新闻报道是形塑日常世界理解——特别是对新兴现象的阐释——的唯一大众媒介。传播研究者（参见 Klapper，1960）早已指出，新闻对舆论和态度的影响或许相当有限。学界也广泛认可，大众娱乐——特别是电视——也会影响政治和社会态度。20 世纪 60 年代中期，电视节目中出现了嬉皮士的身影，60 年代

[①] occurrences 是本书中非常重要的一个表述，通常被翻译为"事件"，但作者对 occurrences 和 events 做出了明确的区分，我们可以将 occurrences 理解为日常世界中发生的事情，它们有可能成为新闻的原材料并转变为新闻事件（news events），因此，将其译为"事情"。

末、70年代初，女权主义者也厕身其间。对于那些从来没见过嬉皮士或女权主义者的观众而言，这些电视节目的影响或许堪比新闻，甚至比新闻更为重要。对年轻白人的研究（例如 Greenberg，1972）发现，他们对黑人的看法更多来自电视，而不是父母。对于青少年女性而言，如果她们是重度电视观众、父母受过大学教育，电视娱乐也能够降低她们的教育和职业抱负（Gross and Jeffries-Fox，1978）。研究者（Robinson and Zukin，1976）发现，在（实验或统计层面）控制了社会阶级和教育程度等变量之后，与轻度电视观众相比，重度电视观众在政治上仍然更趋保守。可见，电视很有可能是这些差异背后的原因。众所周知，大受欢迎的电视情景喜剧《全家福》（All in the Family）①强化了观众的保守政治观点（参见 Vidmar and Rokeach，1974）。[3] 概言之，娱乐似乎会对观看者的态度和信念产生巨大的影响。

我想强调的是，新闻在将寻常之事（mere happenings）转化为具有公共讨论价值的事件时，赋予这些事情以**公共性**（public character）。罗伯特·帕克（Robert Park）（Park and Burgess，1967）之所以在现代新闻与旧时小镇公告员之间画等号，正是要强调新闻的这种特质。帕克指出，在村庄或小镇当中，火灾是重大事件；城镇公告员对火灾、降生或死亡的报告，让居民得以跟踪了解邻居们的情况，并相应地提供帮助或发起批评。城镇公告员散布的新闻更多是小道传闻，但它也是一种知识。不过，帕克继续写道，不断加深的城市化进程降低了城市居民彼此保持联系的可能性。比方说，一座城市每天会发生很多场火灾。市民不可能了解到每一场火灾的消息，也不是每一位市民都对每一场火灾或者每一座教区教堂发生的事情感兴趣。报纸（和如今的新闻杂志、电视和广播）让地理上分散的个体对彼此、对相关种族和邻里团体、对团体生活中的事件多一些了解。套用拉斯韦尔（Lasswell，1948）的说法，新

---

① 又译《一家子》，美国 20 世纪 70 年代经典电视情景喜剧，1971 年 1 月 12 日在 CBS 电视网首播，到 1979 年 4 月 8 日，连续播出九季。剧集使用反讽手法，以一位歧视黑人及其他有色种族、反堕胎、反嬉皮的工人阶级保守人士为主角，剧中出现了大量社会争议话题，包括种族主义、妇女解放、越战等。该剧被认为是美国最为成功的电视连续剧之一。

闻让人们接触到原本无法获取的信息，由此协调复杂社会中的各种活动。它告诉纽约市民堪萨斯州的飓风灾民需要帮助，它让南达科他州小城弗米利恩的居民对城市问题有所了解，它让南方黑人知晓北方黑人的生存处境，它让各类机构协调各自的活动，它令官员得以预见拟推行政策可能招致的回应。例如，国务卿可能会以"可靠消息源"的身份通过大众传媒抛出一个想法，试探内阁成员、参议员或公民对争议项目的反应。

正因为新闻赋予各种事情以公共性，它应该被视为一个社会机构。一来，新闻是一种制度性方法，它将信息提供给消费者。消费者之所以购买报纸，是因为他/她想要看漫画，阅读桥牌专栏，查询天气预报和影院排片表，或者了解洪水、火灾及社会生活的种种狂乱之处。二来，新闻是正规机构（legitimated institutions）①的盟友。国务卿可以通过新闻媒体抛出一个想法，但平头百姓则不可能拥有这样的机会。普通市民手里也没有什么权力，可以像拥有正当性的政治人物和政府官员那样，将自己对新闻的反应转化为公共政策和计划。再者，新闻是由供职于特定组织的专业人士发现、采集和传播的。因此，它必定是新闻工作者调用机构过程、遵照机构实践的产物。[4]这些实践必定会牵涉与某些机构的关联，而这些机构的新闻都会得到常规的报道。新闻是社会机构的产物，镶嵌到与其他机构的关系当中。它是专业主义的产物，声称自己有权为民众和其他专业人士解释日常的事情。

一说到新闻工作者是组织中的专业人士，社会学家的脑海中立刻会唤起一个理论的幽灵。社会学家通常认为，专业人士的利益和组织的利益相互冲突。根据他们的观点，受雇的专业人士与管理者或所有者会彼此斗争，争夺工作控制权，争相界定工作应当如何完成。最开始，我也从社会学理论预测出发，期待着发现记者与管理层之间的冲突。我的确找到了一些。比如说，记者和编辑不乐意甚至会抗拒刊发与报纸或电视

---

① legimated institutions 直译为"正当化的机构"或者"具有正当性的机构"，即政府部门等政治和社会机构。此处从简洁和中文语意角度，将其译为"正规机构"。

台高层和管理者的朋友有关的报道。但更普遍的情况是，新闻专业主义的发展与现代新闻组织的崛起并行不悖，专业实践服务于组织需求。尽管二者偶尔争夺对工作过程的控制，或者争相将自己与新闻自由和言论自由挂起钩来，但它们总体上相辅相成，正当化社会现状，强化当代社会安排。

我的研究取径将新闻与其他故事相提并论，因为它们都是文化资源和积极协商的产物。因此，"很久很久以前"明显是童话故事的开头，而"军方发言人称，利比亚一处空军基地遭埃及战机狂轰滥炸"则明显是新闻报道的开头。"很久很久以前"意味着接下来的故事是神话和虚构，是一段文化幻想，而新闻报道的导语则宣称接下来的故事基于事实，毫不含糊，是对世间事物的真实记录。但是，在根本意义上，无论是童话还是新闻报道都是故事，都会被传递出去，被评头论足，被回忆起来，成为落实到个体层面的公共资源。它们都具有公共性，因为它们都向所有人开放，构成文化装备不可或缺的一部分。它们都从文化中汲取资源。亚洲童话必定与西方童话不同，而美国报纸与当代中国的墙报肯定也存在差异。无论是童话还是新闻报道，都会挪用社会和文化资源，并将它们转化为公共品：杰克·肯尼迪①和魔豆传说②的主角杰克都是文化迷思或神话，只不过前者在世间走过一遭，后者没有。西方社会成员调用其文化传统，在两个"杰克"的故事之间划出清晰的界限，遮蔽了它们在公共性和社会建构方面的共性。

设想一下孩子央求父母讲故事的情景。其间父母和孩子的互动，生动说明了童话的社会建构本质。当孩子不喜欢某一处情节转折时，父母就会做一些改动。当孩子发出会心的微笑，父母就会进一步阐发相应的主题。我们都觉得是父母在讲故事，却不曾承认在故事的建构过程中孩

---

① 杰克·肯尼迪（Jack Kennedy, 1917—1963），全名为约翰·菲茨杰尔德·肯尼迪（John Fitzgerald Kennedy），通常被以首字母称为 JFK，昵称杰克（英文名 John 和 Jack 同源，Jack 是 John 演化而来），美国政治人物，1961 年当选美国第 35 任总统，1963 年 11 月遇刺身亡。作者在这里使用杰克·肯尼迪的称呼，是为了与童话故事杰克与魔豆的主角"杰克"相对照。

② 即英国童话故事杰克与魔豆，讲述贫穷的年轻人杰克通过一头奶牛换的魔豆所种出的巨大藤蔓爬到巨人国，运用自己的智慧获得财富的故事。

子扮演着多么积极主动的角色。

接下来,让我们想象一场对话,看看为什么说新闻生产是一项协商性的事业。[5]一位大学教授结束了一天的工作回到家中,她丈夫问道:"今天过得怎么样?"那一天包含众多细节("详情")。她可能会说:"我开车回来的时候,在主路上一连赶上了三个绿灯。"一个乐于记录生活中这类细节的司机,或许会对连赶三个绿灯这种罕见的事情非常感兴趣。但这却未必是适合夫妻对话的话题。丈夫可能会恼羞成怒,觉得妻子用这么微不足道的事情来敷衍自己。他可能会重复自己的问题,借此了解那一天到底发生了什么。他也可能会透过妻子的回答来把握那一天的总体情况:"这么说,今天还不错,一切顺利。"又或者,妻子可能会抓住丈夫特别感兴趣的话题说:"你知道那个混蛋乔吧?你知道今天系务会他跟我说了什么?"如果夫妻二人都觉得乔是个混蛋,都想知道他又怎么给自己添了堵,那么,教授的这一回应或许就会成为讲出"当天新闻"的适当方式。不论是连赶三个绿灯,还是乔可恶的话,都是对"今天过得怎么样?"的回应。然而,在这个特定的婚姻场景之下,只有一个答案称得上"新闻"。与此同时,"具有新闻价值"的答案将这一天转变为共享的(因而便是公共的)经验。将来某个时候,夫妻一方或许会对另一方说:"你还记不记得乔在系务会说那番话的那一天?"这一天由此从随随便便的一天变成了"乔说那番话的那一天",这就好比父母和子女协商之下诞生的故事可能会变成"那个善良小女孩的故事",并在其他场景下被一而再、再而三地讲述出来。

我们给子女讲述、与孩子一起创造出的故事,可能会有其他的情节或结局;与之类似,我们也可以想象出其他的方式,让教授将绵延不断的事情的截片(strip)组织(架构)起来,正是这些将她这一天遇到的事情构造为具有新闻价值的事件。[6]在上文设想的两个版本中,相关细节或详情都是亲身经历;都处在她最切近的时空范围之内。[7]但选择这两个细节便意味着,她将绵延不断的经验截片中的其他细节排除在当天的故事之外。

设想一下这位教授可能忽略的某些事情或细节。有些事情尽管与她的工作相关,她自己却蒙在鼓里,自然无法将之讲述出来。比方说,当天发生了两场对话,对此她一无所知。其一,大学校长和教务长开会讨论辞退年轻的教员,以便缓解经济压力。其二,她课上的一位学生雇了个"枪手"代写课程论文。教授不可能将这两场关起门来的对话当作当天的新闻讲述出来,只不过,它们最终都有可能跟她的生活发生关联。她可能会被炒鱿鱼,或者发现并毙掉剽窃的论文。

其次,教授也无法讲述当天活动截片中那些她没有留意到的事项或细节。司机通常不会把其他车辆的特征当成值得记住的事实。因此,她不大可能跟丈夫说:"当时还有三辆车也一路绿灯。一辆蓝色大众,一辆红色道奇 Dart,还有一辆灰色雪佛兰,都是 1974 年的车型。"她也不大会留意到,当天系里开会的时候,系主任坐在会议室长桌的上首。无论是她丈夫还是她自己,都会将之看作小型会议中理所当然的事情,因此也就不会当成新闻来讲述。此外,这位教授也不会讨论自己参加系会的权利和义务,因为这理所当然,是其专业职责所在。她对这些会议的理解(就像她区分优秀论文和不及格论文的能力一样)构成了专业技能的一部分。

概言之,特定事项必须与讲者和听者有关联,才会被认为具有新闻价值;此外,它们也必须在这一天当中被呈现在讲者面前。换言之,其他事项之所以无法从日常事情的截片中浮现出来,是因为:它们被认为不相干(车的颜色);被理所当然地视为恰当的职业技能(对应该如何开会的理解);或者处在讲者可触及的时空范围之外(校长和教务长的对话以及学生的期末论文交易)。

倘若我们继续对教授这一天展开想象式的重构,便可以找到一些情景,它们足以改变我们对尚未提到的事情的评估。譬如说,那辆 1974 款的灰色雪佛兰有可能会在经过第三个绿灯的时候撞上教授的车。每一个类似的修正,都会改变我们所描述的情景,让它在夫妻对话中多少有些新闻价值。在理论层面,这些事情的新闻地位变动不居非常有趣,因为它揭示出,对于个体体验而言,日常生活中的每一个细节要么独一无二、难以忘怀(我的车被一辆 1974 款灰色雪佛兰给撞了),要么就是被视而不见（当时还有其他车在现场）。就夫妻之间一场想象的对话而言，这一切似乎显得微不足道。但针对正式组织中的专业人士所从事的新闻生产，我们也可以提出同样的问题：

1. 镶嵌到绵延不断的活动截片中的片段如何落入记者的时空视野之中？

2. 某些事项或片段之所以没有被报道，是不是因为知识本身镶嵌在社会分层体系之中（教授既无权参与位高权重的校长和教务长的对话，也无法获知权力较低的学生的对话）？

3. 某些事情之所以没能引起注意，是不是因为它们被视为社会世界理所当然的一部分？

4. 又或者是因为新闻人的专业视野与眼光，以及过度训练导致的无知无能？

5. 倘若每一个片段或细节都被当作独一无二的现象，个体和机构又如何能够处理关乎社会世界的信息？

我通过在四个田野地点展开调查，来回答这些问题。

田野调查的地点

本研究的主要方法是参与式观察和访谈，跨度十年。

田野地点一：在 1966—1967 学年，我每周至少花一天在"新闻台"（NEWS）观察新闻过程，"新闻台"是滨海市（Seaboard City[①]）——一个大都市区域和重要的电视市场——一家电视台的化名。从 1967 年 6 月到 1969 年 1 月，我继续在"新闻台"观察，有时候断断续续，有时候则每天如此。

"新闻台"的母公司是一家大型媒体机构，但它只拥有一张电视牌

[①] 此处原文为 Seabord City，参照下文对田野地点二的说明，应为 Seaboard City 的笔误。与"新闻台"一样，"滨海市"也是化名。

照，用于运作这座甚高频（VHF）电视台。"新闻台"附属于一家电视网，每晚播出其晚间新闻节目。此外，它每天制作并播出至少两档新闻节目。傍晚新闻节目时长半小时。另外一档节目在黄金时段之后播出，在我调研的第一年时长一个小时。在1967—1968电视季，这档晚间新闻节目被砍到半小时。同一年，电视台引入了一档半小时的午间新闻节目，以及一档命途多舛的早间新闻节目。电视台的员工同时为所有节目供稿，因为在一档新闻节目播出的新闻可能会在另一档节目重播，不过，员工的报道职责各自分立。同一批员工也制作纪录片，通常时长为半小时。跟其他地方电视台一样，"新闻台"播出的大多是电视网节目、联播电影①和影视剧重播。除了新闻和公共事务报道之外，"新闻台"的自制节目只有一档儿童节目和一档每月一期的综艺节目。

新闻部门的规模随着节目时长和数量而变化，但大体稳定，核心人员包括27②名男性[8]，其中7名记者（包括主播）、6名撰稿人、1名编辑主管、2名编辑技术人员、6名摄像师、2名执行编辑、1名采访调派编辑和2名编导（不包括没怎么接触过的技术人员和管理层行政人员）。新闻部曾有一位女记者，工作几个月后便声称遭到性别歧视而辞职。

田野地点二：本研究的第二处田野地点是同处滨海市的一家日报，此处化名《滨海日报》（*Seaboard City Daily*）。毋庸讳言，劳动密集型的印刷技术令《滨海日报》的员工规模比"新闻台"更为庞大。该报是一家家族企业，掌控在创始人的后代手中，部分股份由公众持有。

我在该报的观察（从1967年10月到1968年4月，几乎每天进行，后来在有必要或适当的时候回访）聚焦编辑团队、日间记者、本地新闻部和夜班人员。包括主编在内，编辑团队由4名撰稿人和1名漫画师构成。《滨海日报》雇用了大约20名机动记者、条线记者、驻记者站记者和改稿员（不包括文化版撰稿人、教育版编辑、周日报职员和体育、财经、女性版的采编人员）。所有记者当中，只有1名女性。编辑管理层

---

① 联播电影（syndicated movies），指同时出售给多家媒体并在这些平台播出的电影。
② 原文为26位，但列举的不同职位人员累计为27位，此处据此改为27。

由 7 名男性构成，包括主编、主编助理、助理主编、地方新闻编辑、电讯编辑、综合版版面编辑和出版商的联络人。此外，还包括 4 名本地新闻部采编；6 名文字编辑。再加上大约 10 名摄影师和一位摄影编辑，这就是我所观察的新闻采编的全班人马。在观察编辑工作期间，我还与 3 名排字工人、1 名生产经理，以及周日报的职员做过一些简短的交流。跟在电视台的情形一样，我在报社观察报道任务的分配过程，列席旁听编前会，跟记者一起跑任务，跟踪新闻故事的流程，直到它们最终变成铅字并传播出去。我也观察了新闻生产过程的每一个部分，仿佛它们各自独立。尽管我很乐意追踪一则报道从任务分配到印刷刊登的整个流程，但每天从早晨 8 点延续到凌晨 2 点的研究工作，实在叫人苦不堪言、无法承受。

田野地点三：1975 年夏天，我再一次进入田野，访谈曾经或正在报道妇女运动的纽约报纸记者。受访者包括纽约《每日新闻报》《纽约邮报》和《纽约时报》（*News*，*Post*，and *Times*）的记者，其中《纽约时报》的新闻工作者是最重要的访谈对象。受访者将我介绍给其他记者（总计 10 名女性），等到我拿不到新名字时，访谈便告一段落。某些访谈持续了长达一个半小时。这些记者的评论支持并呼应了《滨海日报》女性版采编人员的观点，在报道大选结果期间，我曾经与他们零星地、非正式地交谈过。

我也曾与纽约女权运动领袖交流。这不是正式的访谈，相反，我在非专业活动的场合遇到她们，自然而然地聊到新闻媒体对运动的报道。这当中最深入的交流发生在我和贝蒂·弗里丹①之间，1975 年春季学期，我每周一次从皇后区载她到曼哈顿。我的同事辛西娅·爱泼斯坦②

---

① 贝蒂·弗里丹（Betty Friedan，1921—2006），美国当代作家，著名女权运动家和社会改革家，其思想为广大女性走入社会主流和公共空间提供了理论基础。1963 年出版《女性的奥秘》（*The Feminine Mystique*），引起巨大反响，被广泛认为点燃了 20 世纪美国第二波女权运动。1966 年，共同发起成立"美国全国妇女组织"（National Organization for Women，NOW），担任首任主席。

② 辛西娅·爱泼斯坦（Cynthia Epstein），纽约城市大学研究生院社会学教授，曾任美国社会学协会（American Sociological Association）主席，以对性别和工作的研究——特别是法律职业女性的研究——而闻名。

在便餐当中分享了不少回忆。小格雷丝·阿特金森①跟我提到过早期的媒体报道,当时我们在讨论一桩针对女性社会学家的歧视,并打算成立 SWS 以便提供协助。其他早期的和始终活跃的女权主义者也为我提供了有关社会运动报道的信息,巴里·索恩也给我提供了不少信息,当时我在观察滨海市的新闻生产,而她正在研究反战运动。

田野地点四:纽约市政厅新闻中心是最后一处田野地点。在那里,我对下列媒体展开了观察:一家发行量远超《滨海日报》的日报的 9 人报道团队(包括 1 名女性),该报的条线摄影师,纽约其他两份日报派驻新闻中心的记者和摄影师;《新闻日报》(Newsday)和《长岛日报》(Long Island Press);美联社;合众国际社;一些新闻杂志;以及各类广播和电视台。这群人的规模每天都在变,但大体维持在 20 到 25 人。我的观察从 1975 年 10 月延续到次年 1 月,当时,纽约的财政危机从城市事务日益转变为全国性的议题。

在这段时间,我每周观察一天;在学校的圣诞假期和寒假当中,则更为频繁。在另外三个研究场景下,我和新闻工作者建立了和谐融洽的关系;但在新闻中心,受访者几乎无法容忍或接纳我的存在。中心空间和办公设施有限,我显得碍手碍脚。(空间局限变得如此严重,以致市政厅不得不在主新闻中心楼下的地下室设立了一个辅助性的新闻中心。在我主要观察的 9 名记者中,有 5 名的办公桌在地下室,在地下室办公的还包括该报竞争对手的几名记者以及 1 名电视新闻工作者。)此外,记者们也很不情愿讨论或透露他们的消息源。尽管新闻中心的这轮观察不太理想,但它的确补充了我之前(1969)对新闻工作的观察和结论,因此,我在写作本书时也援引了这些资料。实际上,参与式观察者都知道,观察者遭遇到的困难,恰恰能够提供对所观察的活动的洞见。

除了报道妇女运动的纽约记者和编辑,以及那些允许我使用其真实姓名的新闻工作者,本书中出现的其他姓名皆为化名。

---

① 小格雷丝·阿特金森(Ti-Grace Atkinson),美国激进女权主义者、作家,出生于路易斯安那州一个显赫的家庭。以祖母的名字命名,而 Grace 前的"Ti"是"卡津法语"(Cajun French),意为"小的"。因此,此处将其名字翻译为"小格雷丝"。

本书结构

  贯穿本书的核心主题是,新闻生产活动就是在建构现实,而不是在描绘现实的画面。新闻工作将各类事情转化为新闻事件。它从日常生活中汲取资源来讲述故事,它将"我们"呈现给我们自己,由此充当社会行动的基础。但是,新闻生产过程并非发生在真空之中。因此,本书的第二个主题是,专业主义强化了新闻工作嵌入其间的制度过程,从而服务于组织利益。[9]

  第 2 章和第 3 章从新闻工作最基本的安排——记者和编辑在时间和空间层面的排兵布阵——入手来探讨上述两个主题。第 2 章聚焦新闻机构如何安排记者,以便挖到各类素材,并将之转化为新闻故事。在这一章中,我将讨论用于追踪和掌控各类事件的官僚权威链条,围绕相互重叠的报道职责的协商,以及对当天刊发新闻的协商性的选择。我认为,正是这些集体协商赋予日常发生的事情以"新闻价值"。

  第 3 章讨论新闻工作者、新闻机构和时间的社会安排。我指出,记者的排兵布阵固然获得了足够的素材来填充新闻版面或时段,但也导致了信息过剩,必须簸去杂物、披沙拣金。不过,更重要的是,为了处理这些素材,新闻机构建立起客体化的截稿期限和创制好的工作节奏。运用与新闻事件打交道的过往经验,新闻工作者创造出围绕具有新闻价值的事情的分类体系。这些分类让新闻工作者赋予特定事情以新闻价值,也降低了作为新闻原材料的各类事情的独特性。

  然而,正如第 4 章所论,这些分类仍然为新闻报道的灵活性留下了大量的空间。此外,尽管新闻报道经过编辑之手,因而也会受到监管,但报道工作的其他方面则相对较为自主。作为专业人士,新闻记者会与所在机构同事和其他机构的同行展开协商,协商的焦点既包括具体事件的报道,也包括适当的新闻实践。这些协商也延伸到对信息和消息源的分享抑或囤积。

最后，第 5 章指出，消息源和新闻事实相互构成，因为新闻网（news net）将某些消息源和机构认定为适当的事实所在，将其他消息来源和机构排除在外。此外，当新闻记者找不到拥有正当性的领袖人物获取事实时，新闻实践还会创造出具有准正当性的领袖人物来充当消息源。第 5 章聚焦各类报道手法，正是它们创造出"事实性网络"（web of facticity），维系着新闻的公信力。此外，这一章也致力于解释事实性网络如何正当化现状。

第 6 章深入分析电视新闻片，以此探讨事实性网络的再现风格。讨论既涵盖具体的镜头，也包括叙事结构。本章进而讨论，面对自然灾难、暴动骚乱、示威游行和具有正当性的领袖，这些镜头和叙事的运用有何差异。此外，第 6 章还会探讨电视如何将记者呈现为公正中立的社会现实仲裁者。这一章也会解释处理电视新闻片的专业实践如何满足组织的需求。

第 7 章把上述主题——专业主义、组织常规以及与正规机构的联系——整合起来加以讨论。在本章中，我会聚焦新闻媒体对妇女运动的报道，试图阐明该运动的制度化与相关报道的发展齐头并进。本章的重心是专业层面的桎梏和组织层面的限制，正是它们让新闻媒体最初对运动视而不见，后来又将其激进议题转化为改良式的主张。贯穿本章的线索是，妇女运动如何被创造为新闻话题。

第 8 章将新闻视为正当化意识形态，从而为本书的讨论增加一个历史维度。本章强调，新闻、新闻机构和新闻专业主义的出现与 19 世纪资本主义对殖民重商主义的挑战密不可分。后续的发展则将新闻专业主义和新闻机构与公司资本主义的出现联系在一起。此外，本章亦指出，新闻自由实际上是媒体所有者和新闻专业人士独立的言论自由诉求的正当化。最后，本章强调，这些主张或诉求跟常规新闻实践一样，将新闻构造为意识形态，让它变成遮蔽现实、混淆视听的手段，进而正当化相互交错的政治和商业活动。

第 9 章综述了阐释社会学对社会行动者的理论立场，来理解日常实践如何变成遮蔽的手段。本章对围绕新闻工作的传统分析路径和阐释路径加以比较，试图解释隐含在前述实证章节中的诸多概念。这包括阿尔弗雷德·舒茨（Alfred Schutz，1962）的"自然态度"（natural attitude）概念；常人方法学者的"反身性"（reflexivity）和"索引性"（indexicality）概念（Garfinkel，1967）；戈夫曼（Goffman，1974）对"框架"和"截片"的讨论；以及伯格和卢克曼（Berger and Luchmann，1967）对"现实的社会建构"的论述。

这些理论概念，连同第 8 章中的历史材料，第 2 至 7 章中的田野观察，构成第 10 章的基础。这一章提出本研究的结论，并对"新闻即知识"展开理论讨论。第 10 章把新闻跟其他类型的知识——特别是自然科学和社会科学知识——做比较。从社会科学哲学的新近发展出发，本章也会对新闻对事实性的宣称作出评估。我提出一种新的理论框架，将新闻视为社会建构和社会资源。我认为，这一框架同样适用于其他形式的组织化和专业化生产的知识。最后，我的结论是，新闻生产指向一整套常规实践，新闻专业人士声称有权裁定知识、呈现真实的记录，正因为此，新闻将现状正当化。

注释

[1] 这项研究并没有建立起因果联系。

[2] 参见拉森（Larsen，1964）的研究。不过，人们对未知事物解释的回应也可能采取不同的方式，参见涉谷保（Shibutani，1966）有关日本人对广岛和长崎原子弹爆炸解释的反应的研究。

[3] 维德马和罗克奇（Vidmar and Rokeach，1974）认为，选择性接触和选择性感知都在其间发挥了作用。保守主义者比自由主义者更有可能观看《全家福》。保守主义者青睐男主角阿奇（Archie），自由主义者则更喜欢女婿麦克（Mike），而两边的观众都倾向于认为，自己青睐的角色战胜了对手。

[4] 我在这里将"机构/制度"（institution）和"组织"（organization）视为可以互换的概念。不过，总体上来说，"机构/制度"指的是实现特定功能的常规化的交易或行为。因此，新闻作为一个机构，让消费者得以了解社会世界。"组织"这个术语大体上是指复杂的社会建制（social establishments）。不过，复杂组织就是正规的社会机构。

[5] 莫洛奇（Molotch，1978）最早讨论了这个例子，此处稍有扩展。

［6］依据戈夫曼（Goffman，1974：10 - 11）的观点，框架是指"特定的组织原则，它们统辖事件——至少是社会事件——以及我们在事件中的主观介入"。框架组织日常世界的"截片"（strips），而所谓截片是指"从连绵不断的活动溪流中任意截取的切片"（Goffman，1974：10）。相应地，我在本书中讨论框架如何将各类**事情**（occurrences and happenings，日常世界的截片）转化为轮廓分明的**事件**（events）。对这些概念的详述，参见英文原书第192～195页。

［7］对社会世界作为时空经验之物的讨论，参见英文原书第187页。

［8］在本书中，"他"指特定男性。"她"指特定女性。"他/她"则用于泛指。本书沿袭报纸的做法，用"press room"指代"新闻室"或"新闻中心"，用"press conference"指代"新闻发布会"，电视记者则更倾向于使用"news room"和"news conference"。

［9］新闻工作者的头衔和具体职责在不同新闻机构当中有所不同。比如说，有些报纸设置主编（managing editor），有些则设置总编辑（executive editor）。除非特别说明，我遵循《滨海日报》的用法和做法。

第 2 章　空间与新闻网

"由于我们无法控制的情况，今天没有任何新鲜事发生，因此，CBS①决定取消今晚的《晚间新闻》节目。沃尔特·克朗凯特②将于明天回归——前提是明天发生点有趣的事情。"在一个运用"即时性"[1]的客观标准来界定新闻的虚构社会系统中，我们或许能听到这么一段假想的通告，或者类似的声明。一则新闻要想在这样的社会得到传播，或许需要借助统计上的指标来评判其重要性、显著性和趣味性。譬如说，一位编辑可能会运用对新闻事件的过往评估，发展出新闻价值的回归方程，然后给一件事情的重要性、显著性和趣味性赋值，并将它们代入回归方程，再拿导出的数值来判定是否应该传播相关的报道。

又或者，在其他社会和文化环境下，上述假想的情景也有可能变成现实。赫德里克·史密斯（Hedrick Smith，1976）等新闻记者曾深入

---

① 即哥伦比亚广播公司，原文中因为是节目播报且考虑到句意简洁，直接将其简称为 CBS。
② 沃尔特·克朗凯特（Walter Cronkite，1916—2009），美国著名新闻记者、电视新闻的先驱人物。从 1962 年到 1981 年，担任 CBS 晚间新闻主播长达 19 年之久，报道了 20 世纪后半叶大量历史性的事件。在 20 世纪 60 年代至 20 世纪 70 年代，他被誉为"美国最值得信赖的人"。1981 年，美国总统吉米·卡特（Jimmy Carter）授予其总统自由勋章。

讨论苏联貌似陌生或奇怪的新闻定义。在那里，高层官员每天都会收到跟我们的日报类似的要闻概览，但最终提供给一般大众的新闻则会将关键的条目剔除，而这些条目在美国的媒体上多半会得到广泛的传播。与之相似，默里·戴维斯（Murray Davis，私人交流）曾经跟我说过，在20世纪60年代初，他常常听加州伯克利市一家非营利的反主流文化电台的午夜新闻节目，有一晚，他听到电台广播说，当天没有任何新闻发生。戴维斯说，这真是叫人难以置信，就好像你买了一份报纸，结果发现报纸上开满了天窗，其间点缀着生动的广告。[2]

在美国的情境下，由于新闻匮乏而暂时停播一档电视网新闻节目或者报纸开天窗是不可能的，这是因为新闻媒体声称自己兜售的就是新闻。它们坚持认为新闻才是头等大事，即便新闻消费者可能会发现广告比新闻更为生动有趣（McLuhan，1964），即便是广告收入而不是消费者在补贴新闻产品、创造收益。美国主要日报的发行人都声称自己不在乎新闻采集的开支（Sigal，1973），对电视台近年试图以娱乐化的方式呈现新闻、以便扩大观众规模吸引广告商的做法更是大加挞伐。[3] 然而，所有的新闻媒体都必须提供新闻报道，哪怕只是为了堆积一些素材，将赚钱的广告塞进去。每逢周六，报纸都必须囤积足够的信息，因为周日版塞满了广告，它们必须把相应的新闻栏填满。在广告比较少的日子里（特别是从圣诞到2月1日这段时间的工作日），编辑们可能不得不丢弃某些信息，而它们原本可以登在周日版上。相似地，电视台的晚间新闻也必须日复一日地填满预先设定的播出时间，这样才能让广告时段看起来合理正当。前文提到的伯克利那家广播电台之所以可以取消午夜新闻节目，正是因为它压根儿不播任何广告。这档节目也没有被嵌套进一整套严格的节目表当中，而公共广播电台等机构则没有这么自由。这些电台需要提前确定节目时间表，而且必须在节目编排方面履行对公司承销商和其他人的义务。

通过扩散新闻来满足财政考量，是相对比较新的现象。小镇公告员并不需要不间断地脱口而出一连串信息，以便在同事愉快地宣布"享受清凉一刻"① 时稍事休息。美国最早的时事通讯也不刊登广告，尽管它们的确会刊登具有商业价值的信息。殖民地报纸竞争激烈，争相刊载船只到达的消息，列出船只承载货物的清单。它们派出一些男孩子站在山岗上俯瞰海港望风放哨，将船只抵港的消息传递给等候中的小船，后者会出海收集信息（Mott，1952：62）。这些通讯通常都无法定时出版，其出版日期取决于来自英国的船只何时到来，这些船上满载着货物和英国政治的消息。

19世纪初的报纸也不登广告。这些报纸的出版更规律，通常每周一期。它们与政党捆绑在一起，依靠订阅，在政党成员中发行。它们的版面充斥着我们今天称之为新闻分析的文章，包括对反对派领袖粗鄙恶劣的攻击。报纸的目标读者是城市精英，订阅费用过于昂贵，劳动者和普通人无力承受。[4]

美国早期报纸还具有一项共同的特征，即它们都颇为依赖中心地点或场所，这具有一定的理论意义。城镇公告员之所以可以传递新闻，是因为他在四处巡查的时候能够收集到信息。最早的新闻通讯由邮政局长、港务长或者偶尔由百货商店东主出版。这些出版商所处的位置，正是信息交换的社会焦点。随着广告被引入报纸，中心地点对于新闻采集的重要性日渐提高、愈发完善。

《纽约太阳报》（以下简称《太阳报》）② 是美国第一份针对平民百姓的报纸，于1833年创刊。得益于印刷技术的进步，该报只售一便士，并刊登专利药物和早期（原始）百货商店货品广告。《太阳报》瞄准新的读者群，将其注意力出售给广告商，这重新定义了新闻。它保留了一些政治报道，尽管它们并不像早期政党报刊那般党派化或者那么复杂，毕竟后者的目标读者是富裕的、受过教育的商人。它引入了人情味新闻

---

① "享受清凉一刻"（the pause that refreshes）是可口可乐的一句经典广告语，最初出现于1929年。此处指广告时段。

② 《纽约太阳报》（*New York Sun*），1833年创刊，美国最早的成功的便士报，亦是美国最有影响力的报纸之一。1950年停刊。2002年，另一份《纽约太阳报》创刊，但其印刷版于2008年停刊，之后以电子版的形式出版。

故事，大量报道轰动的、骇人听闻的事件，其重心在于讲故事（telling stories）。[5]德弗勒（De Fleur）指出，《太阳报》刊登的

> 尽是贩夫走卒觉得刺激、富有娱乐性或者有趣的新闻。该报甚至炮制了一出精心设计的骗局，一板一眼地报道了有关月球生命的"科学发现"。当骗局被另一份报纸戳穿，（《太阳报》的）读者一笑置之，因为他们觉得相关的报道读起来很搞笑。①（1966：13）

随着更多大众报纸加入《太阳报》的行列，围绕故事素材的竞争日益加剧。为了拿到耸人听闻的话题，记者们离开办公室到城市中寻找新闻。跟邮政局长和港务长出版的早期报纸不一样，大众报纸的出版周期是每天，不是每周，因此，它们不能坐等新闻上门。不过，新闻记者在城市中的分布既非随机也非任意。相反，城中有几处合乎逻辑的地点，记者有望在那里找到新闻。这些地方包括警察总局和法院，它们处理各类犯罪事件，有可能挑起城市大众的兴趣。在这些地方，记者有可能系统地获得各类事情和素材，这些素材加工之后，正符合并界定了新兴的大众新闻概念。

此后的美国新闻史继续向我们展示出系统化地点的重要性。在19世纪与20世纪之交，早期的扒粪者之所以会出现，是因为记者们长期蹲守夜间法庭报道所见所闻。同样，对集中化的消息源的寻找和确认也推动着当代的新闻工作。马克·费什曼（1977）曾经描述过一位小城记者试图确定加州大火造成的损失时面对的困境。他不可能联系无家可归者来确定财产损失的总额。因为这些人流离失所，记者根本无从找到他们。联系本地的每一家保险公司询问索赔申请则既花时间，又没效率。但所有保险公司都需要将索赔申请提交给一个中央机构，找到这个中央机构，就可以顺藤摸瓜，迅速地定位新闻生产中必不可少

---

① 即"月球大骗局"（The Great Moon Hoax）。从1835年8月25日开始，《太阳报》连续刊登了一组6篇报道。这组报道借《爱丁堡科学杂志》（*Edinburgh Journal of Science*）的名义，声称英国著名天文学家赫歇尔在好望角用一架新型望远镜在月球上观测到长着翅膀的人形生物乃至文明。报道让《太阳报》一时洛阳纸贵，高峰时日发行量达到近2万份。

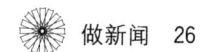

的数据。

新闻采集的集中化

新闻媒体围绕发行量和广告收入的竞争日益加剧，这让它们发展出集中化的消息源，就好像脐带一样，将新闻室与其营养来源连接起来。为了吸引新读者并从其他报刊手里抢夺读者，19世纪的大众报刊致力于寻找独家新闻——读者想知道但其他报纸尚未报道的故事。财力雄厚的报纸会将记者系统地安插在州府或首都，在这些地方建立一些条线。所谓条线，用费什曼（1997）的话来说，就是一连串的日常活动，通过这些活动，记者能够找到新闻，新闻掮客也能找到记者。这些报纸还会将记者送到内战等重大事件的现场，通过邮政或电报将新闻从前方发回报社办公室。斯坦利代表一家报纸踏上寻找利文斯通博士之旅的故事①，无疑是个中著例。当然，那些经济上捉襟见肘的报纸则无法参与这类活动。

面对激烈的竞争、有限的电报服务、高昂的电报费率，加上担心电报公司掌控信息渠道，"纽约最重要的六家报纸的十位代表，于1848年5月初的一天围坐在《太阳报》办公室的一张桌子前……他们是这座城市报纸世界的统治者，此前没有任何一个房间大到可以将他们悉数容纳其间"（Gramling，1940：19）。为了共同的利益——应对驿马快递的紧急情况、对抗电报公司的权力——他们成立了第一家合作式的通讯社，即美联社。此后，美联社将电讯稿卖给《巴尔的摩太阳报》（*Baltimore Sun*）等渴求新闻的外地报纸。该社将记者派往更远的地方，为成员报

---

① 利文斯通（David Livingstone）博士是著名的探险家，横越非洲大陆的第一位欧洲人。1866年3月，利文斯通率领探险队，踏上寻找尼罗河源头之旅，但此后则失去踪迹。1871年，《纽约先驱报》（*New York Herald*）派年轻记者亨利·斯坦利（Henry Stanley）专程到非洲寻找利文斯通，并做独家报道。当年3月斯坦利启程从非洲沿海向内陆进发，当年11月，他终于找到利文斯通，两人的见面被称为"探险史上最著名的相聚"。后来，斯坦利完成利文斯通的未竟之志，成功寻找到尼罗河的源头。

纸和《费城纪事报》(*Philadelphia Ledger*)等订阅其电讯服务的客户收集信息。同时，那些无法购买美联社电讯服务的报纸则要么眼巴巴地渴望远方的消息，要么使用步美联社后尘的不太可靠的通讯社。其他通讯社的建立如此迅速（参见 Gramling，1940），显示出为满足新闻栏胃口的竞争何其激烈。

这些通讯社当中，有些由特定报系创立，有些则是不同报纸之间合作的产物。有些由参与报纸共同投资、共享信息，有些则依靠订阅，也有些二者兼而有之。不过，所有模式都显示出，集中化作为一种方法迅速发展起来，令报纸能够以最少的投入获得尽可能多的信息。合而观之，这些通讯社最终构成了一个全球性的新闻网，将天下大事网罗其中。今天，在新闻媒体和它们试图覆盖的世界之间，通讯社是首要的连接手段，因为通讯社分社——整合起来的条线——的使命便是捕获新闻故事。

从两类新闻实践中，我们可以看出通讯社在为媒体供给养料中的重要性。其一是一种在专业层面被鄙视的做法，常见于规模较小、财务困难的广播台和电视台。这种做法被称作"撕下去、读出来"（rip and read），即先将新闻稿从合众社或美联社的电传打字机（它们将新闻报道喷印在连续的卷纸上）上"撕下去"，而后在广播中原封不动地"读出来"。另一种做法是使用由美联社和合众社制作，每天分发给订阅者和合作媒体的"日志簿"（Day Books）。日志簿列出当天城中要发生的事情，媒体可以据此决定哪些事情自己要亲自上阵报道，哪些可以采用通讯社的电讯稿。无论是公关公司还是个人，都希望正在推动的事件能够进入日志簿，以确保订阅通讯社的媒体的报道。[6]《纽约客》(*New Yorker*，1976）曾刊文指出，在合众社纽约分社日志簿所列事件与地方媒体报道之间存在着高度相关性。当然，到底是大都会区域的报纸和电视台基于日志簿展开报道，还是它们独立了解到这些事情并对其相对重要性作出类似的评判，还有待查证。然而，不论是"撕下去、读出来"还是日志簿，都显示出中央地点和机构在新闻采集中扮演着重要角色。实际上，我们或许可以把每一家通讯社想象为一张蜘蛛网，从中央办公室向外呈扇形散开，将分社和条线联系起来，也把形形色色的新闻媒体连接到一处中央地点。每一家合作媒体，拥有各自的通讯社订阅、分社与条线，可以被看作较小的蜘蛛网，从中央办公室向外扩张开去。所有这些蛛网都宣称要"覆盖全世界"，以满足人们对新闻的渴望。

新闻毯还是新闻网？

就搜集素材填满日报版面和电视播出时间的能力而言，新闻毯（news blanket）和新闻网（news net）之间存在着重大的差别。无论是毯还是网，都能够捕捉到新鲜的信息，进而确认并强化"旧闻不是新闻"这句老话（跟面包和蛋糕一样，新闻也会发霉；它是易折耗的消费品）。但是，网有洞，其捕获能力取决于网格的密度和网线的拉伸强度。网格越密——"网"越像"毯"——捕获越多。当然，编织一张更加昂贵的窄网就是为了捕捉到小鱼，而不是为了将它们抛回变动不居的世事洋流之中。

今天的新闻网是为大鱼准备的。或许诸位还记得那位年轻教授没能告诉丈夫的事情（第1章中假想的对话）。新闻网更有可能了解到大学校长和教务长针对裁员的讨论，而不是学生的剽窃。因为，就像早期的报纸将记者安插在警察局报道膻色腥案件一样，今日的新闻媒体也将记者派往正规机构，在那里，吸引新闻消费者的故事有可能被捕捉到。以纽约为例，这些地方包括警局总部、联邦法院和市政厅，在这里，记者通过日常报道接触到官方会议、新闻通稿和官方文件，譬如财政评估委员会（Board of Estimate）的议事日程。除了派驻这些机构和类似地点的记者所收集到的信息之外，新闻媒体也会监听警方和消防部门的广播调度信息，派遣驻守编辑部的其他记者跟进教育委员会、社会福利部门和纽约大都会运输署等正规机构的活动。值得注意的是，所有这些机构都保留着集中化的信息文档，这些信息的搜集至少部分是为了为记者所用。同样重要的是，将记者派驻这些地点或分配相应的报道任务再一次确认并强化了这些机构的公共正当性。新闻记者轻而易举便能耳闻目睹的那些事情,更可能被界定为新闻。[7]

报道职责和经济报酬的递减让新闻网变得更加精细完善。媒体延揽特约记者或通讯员来报道地方院校等更专门的机构和郊区等拥有有限但明确的发行价值的地理区域中发生的事情。[8] "通讯员"(stringer)① 这个名字透露出它与新闻网之间细若游丝的关系,只不过,它仍然彰显出渔网或蛛网②的意象。

最后,新闻网通过电子方式向外扩张。通讯社将新闻室与其他地理区域联系起来。电话线缆则将附属台与电视网新闻室联系起来,将无法登上电视网晚间新闻节目的新鲜故事(所谓"动态信息")发送给附属台。电话线缆也将遥远的分社或记者站与新闻室联系起来,以近乎即时的速度(传输速度是每页三分钟)传递录入和编辑好的新闻稿。这些连接可能会彼此重叠。譬如说,纽约的日报通常都会在华盛顿设立分社,而通讯社的电讯也会提供有关华盛顿的信息。

细网格(通讯员)、拉伸强度高的网线(记者)和钢链(通讯社),三者相互交错,仿佛织就了一张新闻毯,将所有潜在的新闻网罗其中。但通讯社和新闻媒体的触角往往彼此重叠而不是相互补充。新闻媒体从通讯社电讯得知某件事情,然后派记者前往事发现场(Danzger,1975;Sigal,1973)。对于已经被通讯社报道过的全国性事件,它们则会派记者挖一挖事件的本地视角(Altheide,1976)。通过补充通讯社的报道,它们再次彰显了通讯社的睿智和远见,正是后者最初将一件事情确认为新闻事件。此外,它们把记者安插在不同机构的方式,与通讯社大同小异(*New Yorker*,1976)。它们相互之间也会"借用"新闻故事。譬如说,早报夜班编辑会拿到竞争对手的初版,看一看自家记者错过了哪些新闻,然后在必要的情况下改写对手的报道。因此,新闻媒体和通讯社各自的努力并没有覆盖整个世界,而是在新闻网上留下同样的漏洞,而

---

① stringer 的字面意思为"细网格"。

② 此处原文为 the imagery of the net or web,net 和 web 翻译为中文都是"网",这里将它们补充为"渔网"(fishnet)和"蛛网"(spider's web),以对二者稍做区分。

一整套在专业层面共享的新闻理念则让这些漏洞变得合理正当。[9]最后，新闻实践当中一种普遍做法进一步强化了相互重复的可能性：无论是在分社、条线，还是新闻现场，记者常常会与来自竞争新闻机构的同行分享信息（Tunstall，1971；Crouse，1972）。在理论层面，新闻记者排兵布阵的网状结构相当重要，因为它构成了新闻建构过程的"基调"（key）。[10]在空间层面，新闻网被锚定在集中化的机构场所，构成了框架的一部分，它将日常现实的截片勾画为新闻。[11]

空间与新闻的构造

新闻网赋予社会世界特定秩序，令新闻事件在某些地方而不是其他地方发生。很明显，倘若一件事情因其社会位置而隐藏在记者视线之外，他们便无从对之展开报道。这里的位置，既可能是地理位置，也可能是社会阶级位置。譬如说，派一位受薪记者去市政厅，意味着市政厅产出的新闻更有可能被报道；而那些未被覆盖的地点发生的事情，比如工人阶级成员对无人问津的社会运动中特定议题的辩论则多半得不到关注。

同样重要的是，新闻网是一个由信息采集者构成的等级体系，因此，记者在新闻网中的地位或许会决定谁的信息才会被当作新闻。较之于特约记者或通讯员，编辑更青睐受薪记者撰写的报道，这纯粹是因为，前者计件工作而且赚得少，而在后者身上，新闻机构则投入了不少财力。譬如，某家纽约日报的教育版编辑指派地方学院的通讯员到市政厅报道一场新闻发布会，这让该报市政厅记者站负责人大为光火，因为（除了其他原因之外）他手上正好有个记者在跑这条新闻。这位负责人对教育版编辑说，"我手上有9个记者"，他们在这儿的目的很明确，就是撰写类似的稿件。不过，总体而言，避开通讯员就意味着将"小鱼小虾"丢在一边。因而，在这套做法之下，新闻媒体在哪些机构设置记者站或对应的条线，便会强化这些机构的正当性。

相较于集中化的通讯社，编辑更愿意刊发或播出自己的员工采写的报道。罗森布鲁姆（Rosenblum，1978）指出，在新闻图片的选择中即存在这一模式。她在二家主要的纽约报纸从事参与式观察后发现，图片编辑几乎不会选取通讯员的摄影作品。面对同一事件的两幅图片，一幅由报社的专职摄影师拍摄，另一幅来自通讯社，他们无一例外，都会选择自家的图片——即便通讯社的图片质量更胜一筹，也是如此。

我在电视台的新闻室里也观察到同样的模式。如果电视台的摄制组拍到了素材，他们便基本不会使用集中化的服务商（电视台附属的电视网的新闻部门）提供的更好的片子。不过，电视台会拿电视网高品质的新闻片来训斥自己的摄制组水平低下。[12]类似地，只有在十分紧迫的情况下，电视台才会延揽特约记者或通讯员。譬如，在夜半时分毫无预警地爆发了一场骚乱，编辑就只能从通讯员手里买片子，因为他们没有派摄制组去现场。但只要编辑可以提前安排报道，他们就不会雇用通讯员。

最后，用于安排记者的复杂官僚系统之间的协作，令新闻网将特定框架强加在各类事情之上。官僚等级体系内部的互动，记者和编辑彼此间的勾心斗角，都有可能决定何为新闻。记者相互竞争报道选题，编辑之间也会展开竞争，为自己手下的记者争选题，为稿子争版面或时段。正如一位市政厅记者站负责人所说："我手下的记者都希望自己的署名出现在报纸上，我也希望如此。"编辑之间的竞争友好而激烈，他们代表着各自的封地，彼此讨价还价、钻营谋取，但他们也拥有一个共同的目标——为所在机构生产新闻。要想理解这些竞争性的协商对新闻构造的影响，就必须对新闻网详加考察。

新闻网最初的设计，是为了捕捉集中化的地点生产出的适当的故事，以便吸引①读者的兴趣。因而，新闻网体现了有关读者兴趣的三项假设：其一，读者对发生在特定场所（localities）的事情感兴趣；其二，他们关心特定组织的活动；其三，他们对特定话题感兴趣。[13]

---

① 原文此处为 to attracted，为 to attract 的笔误。

相应地，新闻网在空间上抛撒出去，聚焦特定组织，凸显特定话题。在这三种排布记者的方式当中，地理上的领地权（geographic territoriality）最为重要。（参见 Fishman，1977）

地理领地权：首先，新闻媒体将世界分割成与报道职责对应的领地区域。特定新闻机构的分割方式，反映出该组织对自身新闻使命的理解——它觉得目标读者对什么新闻感兴趣，它的财力又能给读者带来什么样的新闻。[14]譬如，无论是纽约《每日新闻报》还是《纽约时报》都设有华盛顿分社。它们各自都设有大都会新闻部，其领地一直延伸到纽约州首府奥尔巴尼。不过，《每日新闻报》的自我定位是地方报纸，它在自治市镇和新泽西等邻州派驻了比《纽约时报》更多的记者。相反，《纽约时报》的自我定位是全国报纸，它拥有更多全国和国际分社，《每日新闻报》则不然。在《每日新闻报》，地方记者最终对大都会编辑负责，由距纽约 50 英里①之外的特派记者采写的稿件和通讯社电讯都会汇总到合并在一起的国内-国际新闻部。《纽约时报》设有三个平行的新闻部，分别是大都会、国内和国际新闻部，每个部门都由一位资深编辑负责，他们彼此竞争，为手下记者的报道寻求一个好的版面位置。

地方电视台的新闻节目运用类似的系统。在"新闻台"，采访调派编辑与 6 点钟新闻主编和 11 点新闻的地方编辑一起，将摄制组和记者派往全市各地。国内和国际新闻的选择则由主编和 11 点新闻的"电讯编辑"（对应报纸中的通讯社电讯编辑）一起负责。6 点钟新闻节目几乎不会播发任何国内和国际新闻，因为这档节目过后便是电视网的晚间新闻节目，专门报道国内和国际事务。

毋庸讳言，一则报道到底是地方新闻还是全国新闻，其实并不总是那么清晰（参见 Fishman，1977）。例如，时任越战巴黎和谈首席谈判代表亨利·卡伯特·洛奇（Henry Cabot Lodge）访问滨海市，"新闻台"的一位员工便对事件的分类表达了异议。11 点新闻节目通常都会拿全国性的事件作头条。节目主编打算把洛奇来访的新闻作为当天的头

---

① 1 英里约合 1.6 千米。

条，其依据是全国性的新闻工作者出现在滨海市机场报道洛奇抵达的消息。但节目主播则认为，洛奇没有说任何重要的东西，电视网也没有播自己拍的片子，而且将这则新闻放在了节目的最后。主播因而认为，这则新闻只是地方报道，另一则新闻才应该被当作头条。新闻的分类会影响到播出过程中的处理方式——在本例中，体现在由哪一位主播播报这条新闻——并进而变成电视节目或报纸版面结构的一部分，围绕故事编码的讨论和协商可能会非常激烈。[15]

组织专门化：第二种排布记者的方式，是在掌控集中化信息、提供新闻素材的组织设立记者站和条线。譬如，纽约市的众多日报都会有记者专责报道联合国、市议会、市长办公室、警察局、惩教中心和州政府。记者可能会被派驻相关组织总部，也可能在报社本地新闻部跟踪事件的发展。例如，《每日新闻报》的某些记者会在本地新闻部报道政治话题，而其他记者则有可能被派驻市政厅的新闻中心。前者由大都会编辑和本地新闻助理编辑直接管理；后者则由市政厅记者站主管管理，该主管则向大都会编辑负责。市政厅新闻中心还有其他《每日新闻报》记者，他们负责报道自治市镇的政治新闻，由市政厅记者站主管和编辑部的市镇新闻主管管理。这两位"主管"的级别都在大都会编辑之下。

与报道职责的地理划分类似，特定报道到底"属于"哪一个分社，也并不总是泾渭分明。相关冲突的解决方式显示出，一方面，领地权比组织专门化更具优先性；另一方面，有关职责分派的决定嵌入官僚体系的分野之中。下面的田野调查例证清晰地说明了这一点。

在《纽约时报》，凡是不负责报道专门选题（例如体育、财经、家庭/风格）的记者，最终都听命于大都会编辑。这当中只有一个例外：负责报道联合国的记者，则处在国内新闻部的庇护之下。这位记者向国内新闻部而不是国际新闻部负责，这揭示出官僚制解决方案的力量。国际新闻部只负责驻外记者，该部门的预算为驻外记者提供各类保障。然而，只要这位报道联合国的记者或任何其他记者到美国本土以外采访，他/她的稿子就得发往国际新闻部，因为只有该部门才有国际差旅预算。在这种情况下，新闻稿不会发给通常监督该记者工作的编辑。比如说，

《纽约时报》的乐评人巡回采访欧洲各大歌剧院,稿子就得传给国际新闻部的编辑。

再以州参议院和州众议院委员会在曼哈顿的世贸中心召开公开听证会为例,当中同样可以看到领地权的优先性。在《每日新闻报》,州政府的活动由奥尔巴尼分社负责报道。但世贸中心距市政厅不过咫尺之遥,《每日新闻报》在那里设有一个大型分社,负责报道下曼哈顿区的所有活动。[16] 倘若世贸中心召开的州听证会看起来比较重要,市政厅分社和奥尔巴尼分社就都希望将选题据为己有。但如果听证会预计会很沉闷,记者在现场坐上一整天,最后只能写一篇六段的稿子,分社便巴不得把选题甩给另一方。尽管大都会编辑每一次都要就任务分配展开协商,但只要市政厅记者眼下没有别的任务,他/她就更有可能被派去报道一场沉闷的听证会,原因很简单,市政厅毕竟离新闻现场更近(参见Fishman,1977)。

田野观察中所得的其他证据也能够证明地理领地权的重要性。这一证据来自一位市政厅记者(通过日常访问和电话查询)发展出的内部条线。艾伦·海德(Alan Hyde)在被派到市政厅之后,很快就发现,新来的记者只能拿到小打小闹的选题,而且只能靠自己挖掘(或者说"开拓")"好故事"。海德不想跟分社的其他8位记者和市政厅新闻中心其他媒体的25位记者竞争,运用正统而艰辛的方法——通过常规任务缓慢累积——来发展政治信息的消息源。相反,海德开始在每天早上给那些无人负责的机构打电话,问对方:"你们有没有什么料给我?"就这样,他最终在市政厅分社内部发展出自己的条线,涵盖水务及税务委员会、特别检察官办公室和市法院。与此同时,他仍然是市政厅分社的一分子。当他在市政厅附近找不到报道选题的时候,就会被派去报道市内政治活动。海德之所以能够成功地发展出自己的条线,是因为他以常规方式将市政厅的物理领地扩展到步行可达的市政机构。倘若海德在两三英里之外的曼哈顿中城区发展出某些联系人,他便无法完成在市政厅分社的工作,因为中城区是本地新闻部记者的官方保留领地。

话题专门化:这套方法在19世纪末的发行战中被正式引入,它在媒体内部体现为独立的部门，拥有自己的预算。相关部门的编辑直接向主编负责，绕过以领地为基础的新闻部门。这些专题性的报道领域包括财经、体育、家庭/风格或者所谓的女性议题，以及文化和教育。[17] 由于这些部门每天都会绕过各个层级的新闻部，它们的编辑通常会被告知所在部门需要填充多少栏或版，而《纽约时报》的女性版和体育版还可以自行选择图片（而不是交由为新闻部选择图片的图片编辑来选择）、自行决定版面设计。最后，当助理主编规划（"模拟"）新闻产品模样的时候，文化版编辑可能会告诉他，文化报道需要多少版面。例如，每天晚上《滨海日报》的电视编辑都会从她的办公室冒出头来，告诉助理主编自己负责的内容的长度。她的办公室与本地新闻部隔开，其他专版编辑也是如此。

电视编辑隔开的办公室，也象征着她相对于领地新闻部门的独立性。本地新闻部的办公室通常都很安静空旷。办公桌之间没有任何隔断，每个记者都能够掌握其他人的行踪。大都会编辑、本地新闻编辑和本地新闻助理编辑只需要迅速扫视大办公间，就能够即刻决定谁有空跑选题。一位本地新闻助理编辑曾经跟我坦白，他经常忘了给一个叫布鲁斯·安德伍德（Bruce Underwood）的年轻见习记者派任务，因为他的桌子被一根支撑高天花板的柱子给挡住了。盖伊·特里斯（Talese，1966）也指出，《纽约时报》的记者彼此争夺可以被注意到的好位置。但是，专版编辑们则安然待在隔开的办公室里，不必置身于长久的观察之下。

尽管如此，专版编辑始终处在领地编辑的下风，我在市政厅新闻中心目睹的一次差错清晰地说明了这一点。当时，纽约市立大学宣布成立篮球联赛，在市政厅新闻发布会的传统地点——蓝厅——举行新闻发布会。事件信息提前发布给了所有都市类报纸的教育版、体育版和市政厅分社。其中一家报纸的体育版编辑派了城市学院的一位通讯员前去报道，他径直来到新闻中心询问蓝厅的位置，没有跟市政厅分社主管报备（这一表面上的礼仪让分社主管在任何时刻知晓他手下有哪些记者在理论上有空，或者他们处在市政厅的什么位置）。此外，这位分社主管手上刚好有2位年轻记者可以报道这桩事件。主管怒不可遏，立刻抄起电话,告诉教育版编辑市政厅分社的权利和能力。他很快带着手下的一名记者赶到蓝厅,结果发现自家的一位体育记者也在那儿。他立马给教育版编辑和体育版编辑打电话,告诉他们现场的混乱状况,并提醒他们,除非自己提前知情,否则他们的记者再也不要踏入市政厅半步。[18]

  毋庸赘言,对相互重叠的报道选题的协商要求记者和编辑具有较高的灵活度。作为复杂的官僚组织,新闻机构可以制定一般性的规则,涵盖某些报道职责重叠的情况,但它没办法预先想到所有可能的问题。它也不愿意这样做,因为僵硬死板地划定责任,可能会导致组织无力应对日常世界中各种无法预料的情况和问题。如前所述,《纽约时报》规定,任何记者在海外采访都需要向国际新闻部报告,但国际新闻部恐怕无法向记者所属部门巨细无遗地说明其报道职责。在海外旅行期间,记者多半既需要找到他/她自己的部门主管感兴趣的报道素材,也需要给国际新闻部提供信息,因而,他/她或许需要将采写的报道发给两边的编辑。灵活的协商是组织不可或缺的一部分。

  在第4章中,我会讨论新闻机构如何通过维系专业规范来提高灵活度。在第7章中,我将探讨这些专业规范如何影响了新闻记者的判断,让他们将某些事情认定为新闻事件。在这里,我们只需要强调,将新闻网抛撒开去的各类方法之间存在冲突,它们创造出一个复杂的官僚体系,其内部协商将各类事情构造为新闻事件。

协商新闻价值

  前文已经指出新闻网对新闻机构的重要性,因为新闻是易折耗的消费品,必须每天新鲜制作,而且有赖于绵延不断的活动提供原材料。此外,必须要有人负责了解新闻网捕获了什么。领地新闻部门的负责人和专门化的专题部门的负责人共同分担这项责任。

  然而,对这些负责人来说,在特定时刻掌握手下记者的行踪,不足以让他们作出理性的规划。国内新闻编辑可能会让派驻丹佛的记者针对特定选题写一篇长篇报道，他以为头版会有大量版面留给这篇稿子。可是，这位编辑或许并不知道，本地新闻编辑派出了5名记者报道当地机场发生的炸弹爆炸案，这起突发事件也同样希望登上头版。所有领地编辑和专版编辑都向同一个人（通常称为主编，有时候叫作总编辑①）汇报，这在一定程度上缓解了难题。主编负责协调领地编辑和专版编辑的活动，随着时间的推移，他需要不断调整对于当天报纸或电视新闻节目的规划和想象。作为协调人和新闻产品的负责人，主编也主导着各类协商，决定哪些报道才是真正重要的新闻。

主编或总编辑手上掌握着几种正式的工具，能够帮助他评估各类事情的流动，形塑日常的新闻产品。通讯社每天都会给自己的客户发一个预算表，列出记者当天的报道活动。[19]预算表用"嵌条"（slug）——一个单词或"标签"——标明报道的选题，附带着一句话的阐述和稿子预期的长度。[20]新闻部编辑也会准备类似的预算，将属下条线和分社传来的预算整合在一起。在《滨海日报》这家早报，主编时刻跟踪预算的修订。每天晚上六点，他都会与助理主编私下碰头，提醒他注意有些尚未完成的稿子可能也相当重要。他们一起评估新闻的相对重要性，讨论哪些稿子适合放上头版。

而后，在初步的工作完成之后，助理主编坐在编辑部里，转头问区域编辑和电讯编辑："你们手上有什么？"此前，区域编辑和电讯编辑都已经看过预算，浏览过一些稿子，相互交流过看法。这时候，他们每个人都会提出两到三篇"看起来相当不错"或者"可以好好打磨"的稿子。助理主编可能会问一下某些事件的进展，比方说，"有没有关于越战的好稿子？"或者，他会说："我已经厌倦了（马丁·路德·）金②遇刺的后续报道。读者肯定也是。我们已经大张旗鼓地报道了两个礼拜，

---

① 原文为 managing editor 和 executive editor。在同时设置这两个职位的媒体（例如《纽约时报》或《洛杉矶时报》），executive editor 是比 managing editor 更高的职位。参照中文语境中的称呼，将前者译为主编、后者译为总编辑，稍做区分。

② 马丁·路德·金（Martin Luther King, Jr, 1929—1968），非裔美国人，出生于美国佐治亚州亚特兰大，牧师、社会活动家、著名黑人民权运动领袖。1964年被授予诺贝尔和平奖，1968年4月4日，遭种族主义分子刺杀，终年39岁。

该降降温了。"

假想一下，区域编辑和电讯编辑可能会质疑助理主编的判断。譬如说，他们或许会说："金遇刺的消息还是非常重要。"又或者，区域编辑可能会不大赞成把越战报道排在市政厅新闻的前面。但这些都不过是假想，而不是现实。

我当时每周至少两天列席《滨海日报》的讨论会，在长达六个月的时间里，我从来没有看到过哪怕一次对助理主编的质疑。区域编辑和电讯编辑也从来没有直接挑战过对方。实际上，尽管区域编辑曾经参与竞争助理主编的职位，但夜复一夜，这三位男性一直友好地并排坐在一起。区域编辑和电讯编辑每次拿出来的报道量都差不多，每一位都小心谨慎，避免冒犯到对方。只不过，他们之间偶尔也会有分歧（我之所以知道这些分歧，是因为区域编辑有时候会私下跟我抱怨说，要是他，可能就会采取与助理主编或电讯编辑不同的做法）。很明显，随着时间推移，他们找到了权宜之计（modus vivendi），一整套妥协之道，因为他们三位注定要一直坐在一起评估新闻报道，直到有人高升或者跳槽。然后，新的三人组将会找到另一套妥协方式。

西格尔（Sigal，1973）也曾指出，绵延不断的妥协和协商在新闻价值评估中非常重要。首先，依据特里斯（Talese，1966）描述的《纽约时报》的情形，西格尔指出，刚刚走马上任的编辑总是希望将所在领地新闻部的稿子尽可能地推上头版，来展现自己的魄力。其次，西格尔描述了《纽约时报》和《华盛顿邮报》（*Washington Post*）的日常编前会，并系统分析了两报的头版。他强调，两家报纸的头版报道都展现出了某种对称或平衡。在《纽约时报》和《华盛顿邮报》每天的编前会上，领地编辑、专版编辑和主编一起判定稿子的重要性。[21]在会上，他们一起规划头版，对各类事情的新闻价值做出最终的评判。

电影《总统班底》① 再现了水门事件期间《华盛顿邮报》的编前

---

① 《总统班底》（*All the President's Men*），由艾伦·J. 帕库拉执导，达斯汀·霍夫曼和罗伯特·雷德福主演，于1976年4月上映。

会，刻画出这类讨论的气氛。每位编辑都会带着他/她手下记者当天的选题到会上来。主编会逐一问这些编辑："你手上有什么稿子？"本地（或大都会）编辑、国内编辑和国际编辑率先开头，向其他人介绍重磅稿子。有时候专版编辑也会主动跳出来，说他们手上有不错的稿子可以考虑放上头版。譬如，如果正逢赛季，体育版编辑就可能提供有关世界职业棒球大赛（World Series）或超级碗（Super Bowl）橄榄球赛的报道。如果英国再度考虑贬值英镑，财经版编辑就可能推荐一篇有关金本位制的稿子。

有时候，这些讨论也会带上几分火药味。在《总统班底》当中，《华盛顿邮报》国际编辑和国内编辑就联手否决了大都会编辑提交的一篇水门报道，后者此前派记者卡尔·伯恩斯坦（Carl Bernstein）和罗伯特·伍德沃德①报道这桩正在发展的丑闻。在电影当中，国内编辑还希望将选题重新分配给他手下的记者，而不是留给大都会新闻部。每一位编辑都希望在每天的新闻产品上给自己的记者采写的稿子谋一个好位置。

然而，编辑的这种狂热是有限度的。换言之，编辑部存在着相互决定的边界，关乎哪些报道能够被推到头版上。倘若一家大报的大都会编辑建议将一处废弃车库发生的小规模火灾放上头版，或者体育编辑提议将一场常规的大学篮球比赛放上头版，肯定都会遭到同事的嘲笑。[22]实际上，专版编辑之所以只会偶尔提议将稿子放上头版，或许就是担心被嘲笑新闻判断力低下（同行对专业技能的负面评价）；倘若他们真的提出这样的动议，他们的意见常常都会受到重视。1976年，时任《纽约时报》家庭/风格部门负责人琼·惠特曼（Joan Whitman）跟我说，她很少提议自己部门的稿子上头版（或许每个月一次），但成功率相当高。不过，我们必须意识到，这些协商设定了边界，确定哪些报道在任一特

---

① 罗伯特·伍德沃德（Robert Woodward），常用名鲍勃·伍德沃德（Bob Woodward），全名罗伯特·厄普舍·伍德沃德（Robert Upshur Woodward），1971年入职《华盛顿邮报》，1973年与卡尔·伯恩斯坦一起凭水门事件报道获得普利策奖，2002年因"9·11事件"报道再度获得普利策奖。

定时刻可以被看作重要的新闻。边界并不是绝对的，也不是客观的标准。专版编辑尊重或听从领地编辑对新闻重要性的判断，他们由此参与到一场相互的判定过程中，承认政治（领地报道职责）既优先于家庭，也优先于财经事务（专版报道职责）。

为了避免讨论的火药味过浓，编辑们必须小心翼翼地维持平衡，因为内部失调会影响到团体任务的达成。新闻价值的构成靠的是编辑之间的共识，他们努力维持着人际平衡。这套隐含的理解需要所有编辑不断地更新强化，才会造就西格尔（1973）在头版所发现的持续不断的对称或平衡。

要想理解西格尔的分析，我们需要暂且假定，在新闻报道重要性、显著性和趣味性当中，存在着客观的等级次序。同时，我们假定，受事件影响的人群的规模，会在上述三项因素的评估中占据重要分量（这一假定基于编辑对新闻报道评估依据的解释）。在这样一个系统之下，随着时间推移，国际新闻、国内新闻和大都会新闻登上头版的频率会呈现出特定的模式。国际新闻会出现得最为频繁，紧接着依次是国内新闻和大都会新闻。又或者，我们可以假定，重要性被随机分配到新闻故事上。随着时间推移，概率法则影响之下，三类新闻会在头版上大致平均分布。但是，正如西格尔（1973：30）所说，概率"几乎无法解释（三类新闻）日复一日的平均分布趋势"。西格尔将任何一天的平均分布称为"理想的平衡状态"。

为了了解报纸到底是维持一种宽松的（概率）平衡、完美的平衡，还是根本没有任何平衡可言，西格尔统计了1970年《纽约时报》和《华盛顿邮报》头版上的所有报道。他认为，"如果头版刊登了12篇报道，而每个新闻部有4篇报道，这就是（理想的）平衡；头版14篇报道，国际、国内和都会按5-5-4分配，也算是（理想的）平衡"（Sigal，1973：30）。在剔除财经和体育报道以及篇幅短于2英寸[①]的豆腐块之后，西格尔基于头版实际分布和理想平衡之间的差异，建构了一个

---

① 1英寸约合2.54厘米。

平衡变差索引：

> 例如，如果头版刊登 16 篇报道，国内、都会和国际新闻之间理想的平衡应该是 6-5-5，而实际的数量是 8-5-3，在这种情况下，平衡变差就是 $|8-6|+|5-5|+|3-5|=2+0+2=4$。此外，其中只要有一个新闻部没有任何稿子登上头版，这一天的报道就会被归类为"不平衡"。（Sigal，1973：30）

如表 2-1 所示，西格尔的数据显示出，《纽约时报》和《华盛顿邮报》的头版日复一日地保持着高度的平衡。换言之，在超过半数的日子里，平衡变差等于或小于 4：只需调整一到两篇报道，就能够在大多数时间达成理想的平衡。当然，如果我们知道头版报道量的平均值，可以更好地解释相关发现，但无论如何，我们仍然能够看到，这种平衡源自绵延不断的编辑协商。

表 2-1　　　　　　　　　　　头版的平衡变差，1970

平衡变差	为达到理想平衡需移动文章数	《华盛顿邮报》(N=365)*	《纽约时报》(N=365)*
0		12.9%	16.4%
2	1	31.0%	37.0%
4	2	26.0%	24.7%
6	3	13.2%	16.4%
8	4	3.0%	1.9%
10	5	0.3%	1.4%
12	6	—	—
14	7	—	—
16	8	—	—
不平衡		13.7%	2.2%
		100.1%†	100.0%

资料来源：修改自 Leon V. Sigal, Reporters and Officials (Lexington, Mass.: D. C. Heath, 1973), p.30, 使用获得出版商许可。

* 百分比为占 1970 年全年头版总数的比重。

† 舍入误差。

西格尔的数据也让我们看到，编前会如何设定边界。他指出，绝大多数的不平衡都是因为头版没有任何都会新闻。《华盛顿邮报》开设都会新闻专版,这可以解释它与《纽约时报》在"不平衡"报道比重上的差异;因为《纽约时报》没有相应的都会版来容纳地方新闻。我在《滨海日报》的观察也确认了西格尔的推论。《滨海日报》的第三版留给地方(大都会)新闻,从内容到版式设计都由相关编辑负责。如果助理主编从头版拿掉一篇本地新闻,他就会跟地方编辑说:"这篇稿子(放在由你操持的三版)可以有更好的显示度。"有时候,助理主编也会问起都会新闻预算上的某一篇稿子为什么还没提交头版,地方编辑可能会说:"我本打算用那篇稿子做(三版)头条。"

最后,西格尔认为,头版上国内新闻略多于国际新闻和都会新闻,这反映出《纽约时报》和《华盛顿邮报》官僚体制的核心特征,特别是它们都存在的官僚制模式。在这两家报纸,国内记者的数量比国际记者更多。我猜测,在任何平常时日或者长期而言,这一模式都会导致国内新闻部的报道量预算高过国际新闻部,因为这正是我在观察《滨海日报》期间所发现的通讯社预算的模式。[23]此外,《纽约时报》和《华盛顿邮报》都会为各自的客户提供电讯服务,当中除了特写和专栏文章之外,还包括从头版挑选出来的部分报道。因而,它们像其他电讯服务商一样,为客户提供更多国内新闻,听起来也合情合理。总而言之,对新闻价值的评估是一个协商过程,它在复杂官僚体系的活动中展开,而该体系的设计目的,便是监督新闻网的运作。

我们或许可以说,由于新闻网呈现出向正规机构集中的趋势,它将某些事情排除在考量范围之外;新闻网当中的生产者之间也存在着身份差异,是记者还是通讯员,内部员工还是美联社记者,都会影响到相关报道的优先次序。此外,新闻网被锚定在复杂的相互重叠的报道责任当中,受到官僚制的编辑等级牵制。在判定新闻网渔获的相对价值时,编辑不断创造和再造协商的判断标准。在达成这些判断的过程中,编辑一再确认锚定新闻网的整套实践的有效性,其结果是,新闻网变成了一个框架,它将秩序和规整性加诸社会世界之上。在第1章中,我们提到那位年轻的教授和她丈夫相互协商决定当天最重要的新闻("你知道那个混蛋乔今天在系务会跟我说了什么？"），与之类似，编辑们也通力协作生产新闻。

注释

［1］罗胥克（Roshco，1975）试图将即时性（immediacy）界定为美国新闻业的核心要素。

［2］邮政规定，报纸刊登的广告不能超过特定比例，否则便无法享受廉价邮寄费率。联邦通信委员会对电视作出了相应的规制。

［3］不过，在19世纪80年代竞争激烈的发行大战中，我们能够看到同样的模式，即通过提供娱乐来扩大读者规模。实际上，连环漫画的人物形象"黄孩子"（The Yellow Kid）促使人们将当时的报纸称为"黄色新闻业"。

［4］女性即便拥有财产，也会被剥夺公民权（Ryan，1975），被排斥在政治过程之外，这既包括政党政治，也包括新闻消费。

原文"普通人"用的是"average men"，特别强调新闻消费者的男性身份，因此有此条注释。——译者注

［5］舒德森（Schudson，1978）区分出19世纪80年代的两种报纸写作方式。一种是他所谓的"讲故事"，其典型是今天的《问询者报》（*Enquirer*）这类花边新闻报刊；另一种是《纽约时报》所代表的"信息型"（informational）。不过，他也指出，这两种写作方式都调用并制度化了同一套事实采集和处理方法，因而推动了当代新闻实践的发展。

［6］例如，我曾咨询皇后学院的公关专员，怎么样才能让媒体关注SWS主办的一场会议。他给我提了若干建议，其中之一便是让会议进入美联社纽约分社的日志簿。

［7］斯奈德和凯利（Snyder and Kelley，1977）试图确认暴力事件的哪些客观特征会让它们被媒体报道。他们发现，小城镇的报纸更有可能报道酒吧斗殴，而遭遇过骚乱的城市则不太可能报道其他城市的骚乱事件。但很可惜，与丹茨格（Danzger，1976；参阅Tuchman，1976）一样，这些研究者都没能探讨新闻机构如何将各类事情转变为新闻事件和故事。

［8］新泽西州州长曾威胁吊销纽约市电视台的执照，因为它们播出的有关新泽西的新闻实在太少。新泽西缺少商业电视台，同时，纽约电视台的大量观众都来自新泽西，这让州长的责难师出有名。这些电视台随后增加了对新泽西政治和其他方面的报道。我之所以说郊区读者的"价值有限"，是因为郊区报纸不断发展，但都市报则日趋衰落。以纽约为例，为了和《新闻日报》（*Newsday*）争夺市郊的皇后区读者，《每日

新闻报》（*Daily News*）在皇后区设立了一个记者站，并建立了复杂的郊区特约记者系统。

[9] 参见本书第 4 章和第 7 章的相关讨论。

[10] 戈夫曼认为，所谓基调，就是"一系列惯例（conventions），通过它们，在某些初始框架中业已具有意义的特定活动被转化为以原初活动为蓝本的事物，但在参与者眼中，它被视为另一回事……在这个过程中，我们能够看到一个粗略的音乐类比"（1974：43，44）。

[11] 在这里，我使用"锚定"一词，是希望借助当中的视觉类比来展现渔网的重量。这些重量提供了某些稳定性。因而，新闻网锚定在机构化的地点，为针对新闻事件的流动搜寻增添了几分稳定性，也降低了被捕捉到的事情的多样性。

[12] 这件事牵涉一则全国性的民权事件报道。电视网雇用了当地的一名摄像师充当摄制组成员。由于那位摄像师声名不佳，事件引起的斥责比平常更严厉："电视网用他当摄像都能拍出更好的片子，为什么我们就不行？"

[13] 读者也被认为对特定人士感兴趣，这些人要么出现在特定地点（"新闻人物"），要么扮演特定角色（总统和第一夫人）或者与特定话题相关联（例如电影明星和电视"名人"）。

[14] 现在很多电视台会基于专门收集的调查数据来判断观众的收视兴趣。这些调查既可能针对新闻报道，也可能针对新闻播音员的受欢迎程度。每当一家电视台雇用了一位新的播音员或者开辟了一个新的报道类型，比如消费者新闻，专门的顾问公司就会通过在购物中心等地放映录像带等方式来试销相关的创新作品。

[15] 两位主播中，一位负责播报全国新闻，另一位负责播报地方新闻。1967 年，国内主播的年薪是 6 万美元，而地方主播的年薪是 2.6 万美元。此外，前者也会自己撰写评论，在新闻室中拥有更多权力。

[16] 华尔街在部分程度上是这一规则的例外。通常情况下，华尔街的新闻是财经版的报道对象。不过，在纽约财政危机期间，某些华尔街的活动成为政治新闻，因而落入市政厅分社的报道职责范围。

[17] 直到 20 世纪 60 年代初，《纽约时报》的文化记者仍"属于"本地新闻部，而科学记者则属于国内新闻部。

[18] 分社主管认为，这则新闻更多属于体育口，而不是教育口，因为它跟篮球有关，跟学习无关。（参见第 7 章对特定话题如何变成新闻的讨论。）

[19] 正如家庭预算会列出支出和节省资源的计划一样，新闻预算也会规划其资源——记者和版面空间或播出时间——该如何支出。报纸的预算具体列出每一位记者

预期的"份额"（以三倍行距的稿件页数计）；电视预算则会列出每一个摄制组预计会用到的有声片或默片的英尺数。

［20］所谓"嵌条"（slug）是一个印刷行业术语，是指将金属片插入到一列列铅字之间。新闻工作者使用这个表述，来形容一则新闻的标签。每则报道的"嵌条"贴在与报道有关的纸张上，包括排字文稿。在排字间，嵌条被拿掉，排印好的标题会粘在稿子上。选择"嵌条"就意味着决定故事的本质。譬如说，1967年有关战事的报道，嵌条无一例外，都是"越战"。政治演讲的嵌条通常是演讲的主题或者做演讲政治人物的姓名，持续进行的新闻事件则多半会被日复一日地贴上同样的嵌条。

［21］这里的描述较为粗略，因为每一家报纸、每一个电视台的情况都会有所不同。在这里，我使用统一的头衔来称呼编辑，但具体的头衔会因为新闻机构的不同而有所不同。

［22］这些新闻报道都不具有新闻价值，除非某些条件或要素发生改变。譬如说，如果车库位于加州小镇，紧挨着一座医院，当时正处旱季，那么这场火灾可能就会更有新闻价值，它就会被拿来代表无处不在的危险。赋予发生在正规机构的新闻以重要性，强化了这些机构在社会中的地位，这就跟预设小规模火灾或轻微犯罪算不上新闻一样。与之相似，具有新闻价值的谋杀案中存在的一般模式——郊区白人的死亡会比城区黑人的死亡更受关注——也强化了社会地位：白人比黑人更重要（参见 Cox，1977）。

［23］大多数美国报纸刊登更多国内新闻，而非国际新闻，这一模式与通讯社报道一致。我怀疑这种一致源于二者之间的相互调适，但我不知道其具体机制为何。

第 3 章 时间与类型化

作为合格的社会成员,我们凭借常识都知道,时间和空间相互交织。我们会说家庭时段①,在这段时间里,家人聚在同一个空间做同一件事情。我们会用时间术语来测量空间,比方说,某个地方开车要两分钟、步行要十分钟。当我们说"时间长度"的时候,实际上运用了空间隐喻。专门研究时间运用的学者发现,我们会用时间来测量距离。不同社会都试图调节或控制从家到工作场所花费的时间,不论二者之间的距离有多远。换言之,驾车上班的美国人花在交通上的平均时间,跟采用公共交通工具的欧洲人大致相当(Robinson,Converse,and Szalai,1972)。

不过,"空间化的时间"(spatialized time)这个隐喻其实相当深刻,因为它凸显出,对时间和空间的社会安排处在组织化的人类活动的核心。一些社会学家对时间计量的社会机制展开了研究。罗斯(Roth,1963)聚焦一家肺结核疗养院的病人,考察他们如何构造时间表,这本

---

① 家庭时段(family hour),通常是指晚间父母和子女一起观看电视的黄金时段,在这个时段,电视也会更多播放合家欢的节目。

书叫人想起托马斯·曼①的小说《魔山》(Magic Mountain)。在更早的一篇经典论文中，索罗金和默顿（Sorokin and Merton，1937）指出，日历是社会构造物，契合集体活动的节奏。他们发现，不同社会的"星期"长度各异。在农业社会，一个星期有几天要依集市日的频率而定。在农业生活日复一日的常规杂务中，带着农产品到集市交易，是难得的休整。泽鲁巴维尔（Zerubavel，1977）则进一步指出，只有被社会机构正当化，日历才能够协调社会活动。譬如，法兰西共和国成功采纳了公制度量衡，但却未能推行合乎理性的公制日历②。尽管国家立法引入了这套日历，但其编年框架和对每一天的细分无法取代教会生活主导的社会节奏，最终，这套日历尽管"合乎逻辑"，却仍然被废弃。

索罗金和默顿（1937）以及泽鲁巴维尔（1977）的论述都暗示出时间和空间的相互交织。从农舍到市集的物理移动，界定了非基督教农业社区的"星期"；去教堂做礼拜的身体移动，则标示出活跃的法国基督徒的"星期"。实际上，在某些宗教共同体当中，带有特殊空间特性的集会也会将一天分割为相互独立的单元。譬如说，海尔曼（Heilman，1976）发现，正统派犹太会堂的教众会通过早晚集会一起祈祷来显示其虔诚。在这些清早或傍晚的集会中，教众散落在会堂当中的方式，与安息日礼拜也有所不同。

在新闻网的锚定过程中，时间和空间也以类似的方式相互交织。[1]以上一章讨论的记者的空间安排和编辑的活动为例。首先，之所以要开编前会，是因为编辑们未必知道其他地理领地同步发生的事情，而这些事情都在争夺媒体的注意力。其次，主编会随时追踪正在发生或即将发生的事情，留意它们在哪里发生，这样，一旦爆发重大突发事件，他就

---

① 托马斯·曼（Thomas Mann，1875—1955），德国著名作家，1929 年度诺贝尔文学奖得主，著名作品包括《布登勃洛克一家》(1901)、《魔山》(1924) 等。长篇小说《魔山》以一处疗养院为故事发生场景，因此，作者在这里说，罗斯的著作叫人想起《魔山》。

② 公制日历（metric calendar），又称法国大革命日历，与公制度量衡同时创立。公制日历将一年划分为 12 个月，每个月 3 个星期，每个星期 10 天，全年剩余的 5 天被作为专门的庆祝日。公制日历将法兰西第一共和国创立年份——1792 年——设立为日历元年，而每一年的新年则从秋分开始（9 月 22 日或 9 月 23 日）。公制日历于 1793 年被法国正式采纳，1806 年被拿破仑废止。

能相应地修改当日新闻产品的规划。与之相似，一家纽约报纸的市政厅分社主管也会密切留意手底下的记者有多少在市政厅区域活动，有多少可以投入突发事件报道。用舒茨（Schutz，1962：69）的话来说，这种时间上的规划令社会行动变为"筹划"（project）。换言之，社会行动按照将来完成时展开。行动被抛入未来，这样，倘若一切都按照预期向前推进，行动者便能够达成那些将会发生的事情。

社会时间和社会空间相互交织的其他例证也说明，新闻是一项达成的筹划。[2]20 世纪 70 年代中期，《纽约时报》欧洲和非洲的稿件，一直都由伦敦分社负责，因为伦敦所处位置让这些稿件在纽约的工作日开始前即可以编辑完成（Adler，1971）。编辑工作在伦敦所在时区（地理位置）完成，这一事实混合了时间和空间的隐喻，它意味着纽约的文字编辑在正式开始一天的工作之前，有些工作就"已经完成了"。或许我们可以说，新闻媒体小心谨慎地赋予时间和空间特定结构，以便让它们达成每一天的工作，同时规划未来一段时间的工作。与空间层面的新闻网一样，对时间的结构化也同样会影响到新闻价值的评估。

新闻生产的节奏

每一天的节拍（tempo）：记者一方面会通过空间意义上的中心场所来寻找新闻事件，另一方面也会在时间上集中。在晨报，大多数记者会在上午 10 点至 11 点到办公室，这时候，那些有可能产出新闻的机构或部门已经准备就绪。大多数记者在傍晚 6 点到 7 点离开办公室，那时候消息源已经下班。在都市报，早上 8 点就会有一到两位记者到办公室，"以防有些事情在上班前发生"。极少数员工会留守到晚上 11 点或 12 点，以便应对突发情况。之后，通常会由一位助理本地编辑值"夜班"（lobster shift）[3]，修改报纸的最新版本，在必要的时候召集记者到岗工作。早上 8 点，另一位助理地方编辑会跟夜班编辑换班，其他人 10 点到岗，开启新一天的新闻工作，如是周而复始。

新闻组织对记者的安排与各类机构的办公时间步调一致，即便是周末的日程安排也是如此。周末时，本地新闻部只有不到半数的办公桌前还有人工作，其中一些还是平时在外面跑条线的记者。一家纽约日报市政厅记者站的工作方式，清晰展现出时间上的同步。从周一到周五，会有8到9名记者在办公桌前办公，其中包括7名周末休息的常驻人员。9人当中，有一位周二到周五待在市政厅、周六待在本地新闻部；另外一位，周一到周四待在市政厅，周日待在本地新闻部。市政厅周末不上班，后两名记者空间位置的变化和9名记者的时间安排清晰展现出市政厅政治人物工作周的节奏。

工作时间的同步带来了一个后果：工作日上午10点之前或傍晚7点之后，没什么记者在岗报道新闻，周末就更是少之又少。这项社会安排会影响到对各类事件新闻价值的评估。一位纽约记者指出，如果有人在傍晚举办活动又想被媒体报道，那他最好有一个"棒得不得了的故事"。[4] 毕竟少数在岗的记者，还要随时准备去现场报道紧急情况。正如这位纽约记者所说："他们之所以守在那儿，是为了应对紧急情况，比方说，有人在拉瓜迪亚机场放置了一枚炸弹。"派留守记者去报道傍晚发生的事情，有可能削弱新闻机构应对重大事件的能力，而正是这样的突发事件决定了记者的工作时间。

电视记者的工作遵循着与报纸同行不同的时间节奏，但背后的原则大同小异。在我刚开始观察"新闻台"的新闻生产流程时，就发现，它播发的新闻或许只能涵盖上午10点到下午4点之间发生的事情，因为要赶上傍晚6点的新闻节目，胶片最迟要在下午4点拿去冲洗、编辑。[5]

在记者扎堆儿出现的时段，新闻室里有没有可以跑任务的记者也会影响到对各类事情的评估。同样一件事情，如果发生在上午11点，或许就值得记者跑一趟；但如果是下午3点过后，恐怕就抽不出人手到现场报道。到下午3点，少数没有报道任务留守编辑部的记者，要留着应对突发事件。与此同时，他们还要撰写讣告和小稿子，比如改写新闻通稿，这些任务在办公室打几通电话就可以完成。除非新闻机构提前获知傍晚会有"大事"发生，不然的话，不会有大牌记者留下来做报道。在中午之前，这些记者就已经拿到了报道任务，或者自行挖到了当天的选题。[6]

吉伯（Gieber，1956）也发现，新闻工作的内部时间安排会影响到报社电讯编辑对新闻价值的评估。晨报的电讯编辑在傍晚选择稿件。他手上握着通讯社的报道预算，会很快着手选择稿件来填充分配给他的版面空间。相应地，一件事如果在晚间发生，就必须展示出非凡的竞争优势，才能被纳入当天的新闻产品。

一段时间的规划：最后，为了将工作投射到时间长河之中，由此掌控工作节奏，新闻媒体也会对一段时间内的工作做出规划。下面这段文字，是一位法庭记者写给本地新闻编辑的备忘录，写于当年11月中旬：

> 养老院老板伯尼·伯格曼（Bernie Bergman）、其子斯坦利（Stanley）及会计桑达克（Sandak）等三人涉案的重大盗窃罪审判，已经确定明年1月5日选择陪审员。审前动议……会在12月15日提交给曼哈顿最高法院……州政府的审判结束之后，紧接着是对伯格曼一家逃税的联邦审判。
>
> 重大盗窃罪的审判预计会旷日持久，耗费记者大量的时间。因此，新闻部最好能尽快确定由谁来报道这场审判。我的想法是，拿到这个选题的记者，在审判期间都不要承担其他报道任务，不然可能会影响到法庭线日常报道的质量。

或者，让我们看一下那位周五和周六休息的市政厅记者每周的工作计划。每周四，他都会尝试找到两个报道选题，其中一个周四当天完成并交稿，另一个留到周日完成，因为周日他要留守本地新闻部办公室，而周日又很难找到有新闻价值的选题。当然，这位记者的先见之明意味着，周日发生的事情要想见报，就必须拥有足够的竞争力。不然的话，这位记者不会改变他的时间分配；换言之，他不会改变"自己的"故事。

归根结底，新闻网锚定在时间和空间之中，这意味着，记者和新闻机构必然要面临"原材料过剩"的情况，他们必须从中作出选择，填充新闻产品。无论是在条线还是分社，每个新闻记者都会把自己的任务解读成"每天（至少）完成一篇报道"（Roshco，1975）。有些人甚至想完成更多，他们经常会跟同事吹嘘自己当天写了多少。编辑案头的大量稿件，并不是每一篇都能见报或播发，选择不可避免。落在记者和编辑办公桌上的大量新闻通稿——光是纽约市政厅记者站每天或许就有50条——也需要披沙拣金，方能对记者的时间作出精心的安排。新闻媒体试图通过提前规划来应对原材料过剩，由此建构出一套将各类事情分类为新闻事件的体系。

时间与原材料过剩

在第2章中，我指出，新闻媒体需要找到潜在的新闻故事，以便填满日常新闻产品。现在，我想强调的是，新闻网生产的故事供过于求，无法被悉数处理。每一篇报道都可能会消耗新闻机构的时间和人力资源，每一件事情都可以说是独一无二：社会、经济、政治和心理力量以特定的方式组合在一起，让它变成"这一件独特的事情"，不能与大千世界中任何已有的事情混为一谈。

然而，倘若每一条原材料都是独一无二的存在，组织层面的生产将无从展开。跟其他复杂组织一样，新闻媒体也无法处理独一无二的现象。它必须将所有现象化约为已知的分类，就好比医院要将每一位病人"化约"为一系列症状或疾病，好比教师要依据与学习相关的范畴来看待每一个学生。如果机构把每一个现象都当作"自在之物"来处理，那它就只能无比灵活，以致根本无法维持正式组织的形态。换言之，组织必须找到介于灵活和僵化之间的某些方法（March and Simon，1958）。

将记者的工作时间集中起来，也不能保证他们可以应对各类独特的事情。我们不妨做一个比较。在周末和节假日晚上，医院急诊室通常都会安排比平时更多的医生值班，但这并不能保证重症和重伤患者都能得到及时的救治，即便这一安排已经考虑到工作和休闲的日常节奏（周末医院会收治更多事故伤患，包括酒吧斗殴和长时间的密集互动导致的家庭纠纷），仍然于事无补。为了能够及时对病患展开救治，医院会采取特殊的常规。譬如说，它们可能会将所有择期手术①都安排在工作日下午 5 点之前，手术室的日程表也会考虑到预期实施的手术程序所需时间。因此，病人眼中的个人医疗紧急状态，对医院而言，更多是常规状况。唯此，它们才能规划人力和物力，控制工作流。在配置每周的资源时，有些医院甚至会查看危重病患的清单，以此预估停尸房工作人员的工作量（Sudnow，1967）。

医院工作人员根据疾病所需的组织资源对其分门别类，而新闻人也必须依靠他们拥有的资源来对各类事情做出预判。为了掌控工作，新闻人发展出一套类型化（typifications），将各类事情区分为不同的新闻故事。[7]［这里所谓"类型化"，是从实践性的意图行动中浮现出的分类（classifications）。］新闻类型化镶嵌在时间的运用之中，勾画出新闻故事的样貌；这就好比新闻网，锚定在空间之中，刻画并构造出新闻价值。

类型化在时间中的嵌入，与新闻价值在空间化的新闻网中的锚定，存在两个共同点。无论是新闻类型化，还是新闻价值的评估，都跟新闻内容没什么关系。如前所述，新闻价值更多是协商的结果，而不是将独立推导出的客观标准应用在新闻事件上。同样，新闻类型化取决于事件**如何发生**，而不是发生了**什么事情**。当然，所谓与内容无涉是相对的，而非绝对，因为有些事情倾向于以特定方式发生，不同的事情拥有不同的时间节奏。譬如说，医院通常都可以预先部署剖宫产手术，新闻机构也能够提前规划审判报道。但无论是医院还是新闻机构，恐怕都无法预料一场四级大火会在何时何地发生，并作出相应的工作安排。

不过，正如新闻工作者声称自己是根据具体的内容标准来评估新闻价值（例如，多少人受到事件影响）一样，新闻工作者也坚持认为，他

---

① 择期手术（elective surgery），指可以选择适当的时机实施的手术，手术时机的把握不致影响治疗效果，比如对良性病变进行的手术、整形类手术等。

们对新闻的分类（categorization）完全取决于故事的内容。

新闻人眼中的新闻类别

在新闻工作中，记者和编辑经常提到五个新闻类别（categories）：硬新闻、软新闻、突发新闻（spot news①）、发展中的新闻（developing news②）和连续报道（continuing news）。教科书和报道人解释说，这些术语区分出不同种类的新闻内容或新闻事件主题。当被问到这些分类的定义，新闻人慌了神，因为他们完全将这些分类视为理所当然，很难给出明确的定义。[8]在具体阐述这些定义时，新闻人常常会给出落在特定分类内的具体例证。他们倾向于以同样的方式将同样的故事分门别类。其中有些故事出现得如此频繁，以致可以被当作原型，纳入下文的讨论当中。

硬新闻与软新闻：新闻人的主要区分建立在硬新闻及其对立面——软新闻——之上。他们认为，硬新闻牵涉到值得分析或解释的事情，是对拥有新闻价值的事情的"事实呈现"。再进一步逼问，报道人就会说，所谓硬新闻"只不过是"构成新闻版面或节目的素材。譬如，当我问一位电视编辑什么是硬新闻时，他给我罗列了一堆基本的新闻故事："硬新闻就是州长在立法会做报告，总统在国会发表国情咨文，火车卡车相撞，谋杀，银行抢劫，立法议案……和明天的火灾。"

这位编辑和其他报道人主动将硬新闻与软新闻——或者说特写或人情味故事（参见 H. M. Hughes，1940）——相对照。他们提到的软新闻例子包括：一座大城市的一位公交车早班司机跟每一位乘客愉快地说

---

① 又译"现场报道"。不过，spot news 强调的是 "up-to-date immediately reported news"，因此译为"突发新闻"。

② 指与事件相关的信息尚未全部浮现，某些事实仍然有待验证，故事不断更新，处在"发展"过程中的新闻。字面直译为"发展新闻"，但中文中的"发展新闻"（development journalism）指的是围绕"发展"议题的报道。为避免混淆，翻译为"发展中的新闻"，亦可译为"持续更新的报道"。

"早安";一只孤独母熊的特写故事;几个子女租了一个月的广告牌祝"爸爸妈妈,结婚纪念日快乐"。

为了在上述两个清单之间作出区分,新闻人指出,硬新闻是"人们感兴趣"的故事,而软新闻之所以"有趣"是因为"它处理的是人们的生活"(Mott,1952:58)。或者,他们认为,硬新闻牵涉到知情公民需要了解的信息,而软新闻则关系到人类的弱点和"人类生活的肌理"(Mott,1952:58)。最后,新闻人也可能直截了当地说:硬新闻牵涉到重要的事情,而软新闻则关乎有趣的东西。

这些各自独立但彼此相似的尝试,都希望能够区分硬新闻和软新闻,但它们都存在着同样的问题,即这些分类相互重叠。很多时候,我们很难——虽说并非不可能——判断事件到底是有趣还是重要,抑或是既有趣又重要。实际上,同一桩事件既有可能被当作硬新闻,也有可能被当作软新闻。在长达两年的时间内,我看到有些事情被"新闻台"处理成特写报道,而其竞争对手则将之当作硬新闻来播报,反之亦然。

突发新闻与发展中的新闻:新闻人对突发新闻和发展中的新闻的区分也存在类似的问题。最重要的问题是,在区分过程中,新闻人一定程度上放弃了自己的立场,不再将分类建立在新闻事件内容或主题之上。

在被要求界定突发新闻时,新闻人指出,它是硬新闻的一种(一个子类别)。他们把火灾当作突发新闻的原型。(报道人偶尔也会提到其他例子,比如抢劫、谋杀、事故、龙卷风或者地震。)所有这些例子都牵涉到冲突,冲突的对象可能是大自然,技术,或者刑法典。

在问起何为发展中的新闻(硬新闻的另一个子类别)时,新闻人提到的是同样的例证。如果再问突发新闻和发展中的新闻有何区别,报道人便会引入一个新的元素,即他们在特定时刻掌握的信息量的多寡。当他们获悉一件突发事件,事件就会被当作"突发新闻"。如果需要经过一段时间他们才能够收集到"突发事件"的相关"事实",事件就是"发展中的新闻"。只要"事实"仍然不断涌现,不断被收集,相关报道就依然是"发展中的新闻"。当我点出来,之前他们说事件的主题决定了相关报道的分类,新闻人便会强调,两种说法都有道理。他们会说,本质上，特定类型的新闻事件倾向于以特定方式发生（火灾的发生总是不可预料，但很多示威游行则是预先安排好的）。正因如此，新闻人也就刚巧会以特定方式了解到这些事件。

连续报道： 在被问到何为连续报道时，新闻人转头讨论新闻事件的主题。他们指出，所谓连续报道是指有关同一主题的一系列报道，相关事件会持续一段时间。新闻人援引立法议案作为连续报道的原型。他们解释道，法案的通过是一个复杂的过程，会持续好一阵子。尽管关于法案在立法迷宫中穿行的报道每一天都不同，但所有这些报道处理的都是同样的内容——法案的条款以及它们最终是否会颁布。在此意义上，新闻人认为，有关立法议案的故事，"连续"作为"报道"而存在。（报道人提到的其他例子还有审判、竞选活动、经济事务、外交和战争。这些例子大多发生在正规机构内部或之间，牵涉到对抗，也都是复杂组织的产物。）

在这里，新闻人再一次部分修正了他们的说法。在强调特定类型的新闻内容倾向于落入"连续报道"类别之外，他们也指出，特定类型的内容（譬如有关立法议案和审判的报道）"只不过是"倾向于持续相当长的一段时间。

新闻类型化

从类别到类型化： 新闻人对上述类别的界定，提出的原型例证和故事清单，的确削弱了新闻原材料的多样性，降低了它们的独特性，但很遗憾，这些界定很难应用到实践当中。更重要的是，在讨论突发新闻、发展中的新闻和连续报道的过程中，新闻人似乎引入了一个外部因素——我们在比较医院和新闻机构时曾提到这个因素——即特定类型的新闻事件倾向于以特定方式发生。正因为此，记者和编辑"刚巧"得到预警，得以以特定方式来处理这些事件。

新闻即框架，同时，组织针对日常世界展开工作，借此理解日常经验。这意味着，新闻人的分类方案植根于时间运用的节奏。从舒茨的阐释社会学出发，新闻人的分类体系应该被视为类型化，而不是一般意义上的类别。所谓"类别"是指按照人类学家所说的"形式分析"（formal analysis）对物件做出分类，其依据是分类者认为重要的一个或多个相关特征。使用"类别"这一表述，意味着研究者需要通过报道人了解事物的定义，并将这些定义按照特定维度排序。而在"类型化"所对应的分类体系中，相关特征对解决眼前的实践任务或问题至关重要，它们就构成并扎根于日常活动之中。运用"类型化"这一术语，意味着将报道人的分类放回它们的日常情境，因为类型化镶嵌在使用场景和促成其使用的时机当中，也从这些场景和时机中获得意义。[9]

新闻人的类型化嵌入实践性的任务当中，令新闻工作与潜在新闻事件的时间表保持同步。如表3-1所示，新闻人对硬新闻和软新闻的区分反映了时间安排（scheduling）的问题。突发新闻和发展中的新闻之间的区分，则牵涉到跨越时间的资源配置，以及新闻采集过程中技术的运用。而围绕"连续报道"的类型化则嵌入到对新闻事件进程的预测之中。

表3-1　　　　　　　　　新闻类型化中的实践议题*

类型化	事件如何安排？	传播是否紧急？	技术是否影响感知？	能否作出未来预测？
软新闻	不定期的	否	否	是
硬新闻	事先未安排的或预先安排的	是	有时	有时
突发新闻	事先未安排的	是	否	否
发展中的新闻	事先未安排的	是	是	否
连续报道	预先安排的	是	否	是

＊类型化具有灵活性，而且会不断发生转变（McKinney and Bourque, 1972: 232）。因此，理论上，正如林赛·邱吉尔（Lindsey Churchill）（私人交流）所说，用表中这种方式来记录类型化，会将它们转化为类型学（typology）的元素，因为它将这些类型化与它们嵌入其间的绵延不断的情景分割开来。

硬新闻：新闻工作流动与时间安排。新闻是易折耗的消费品，对新闻人来说，"新闻的本质"就是"快马加鞭"（H. M. Hughes, 1940:

58；Roshco，1975）。如果新闻人动作迟缓，硬新闻在登上今天的新闻节目或者明天的报纸之前，就已经过时了。用罗伯特·帕克的话来说，旧闻"只不过是信息"而已（Park and Burgess，1967）。

相较之下，软新闻则无须"及时"采集发布。报纸周日版塞满了新闻特写，多半是当周早先发生的事情。在"及时性"这一点上，新闻人能够作出明显的区分。他们解释说，某些内容（硬新闻）比其他内容（软新闻）更容易过时。在这种区分之下，不定期的（nonscheduled）事件变成了软新闻，而预先安排的（prescheduled）和事先未安排的（unscheduled）事件则被当作硬新闻来处理。

那些不定期的新闻事件（event-as-news[①]），其发布日期由新闻人决定。而预先安排的新闻事件，则由主办方敲定日期并提前宣布，相关报道需要在事发当日播出或次日见报。事先未安排的新闻事件是指突发事件，相关报道需要在事发当日或次日播发出来。不同新闻事件在时间安排上的差异，会影响到新闻工作的组织。

大多数硬新闻关乎预先安排的事件（立法议案辩论）或事先未安排的事件（火灾）。预先安排的事件和事先未安排的事件的报道何时发布，由不得新闻人来决定。他们也不会决定不定期的硬新闻要何时收集"事实"、何时发布相关报道和解释。这类硬新闻通常牵涉到调查报道。譬如，《纽约时报》刊登"五角大楼文件"[②] 便是典型的不定期的硬新闻。当时，该报把文件攥在手里好几个月，之后才开始发表文件的片段、摘要和分析。在处理不定期硬新闻的过程中，新闻机构要掌握时机，应对

[①] event-as-news，直译为"可以被新闻报道的事件"或"充当新闻素材的事件"，考虑到表述简洁，将其翻译为"新闻事件"。不过，作者在有些地方也用到"news events"，中文亦翻译为"新闻事件"，二者含义略有不同。

[②] "五角大楼文件"是美国国防部的一项机密研究报告，内容有关 1945 年至 1967 年美国在越南的政治和军事介入。参与研究的军事分析师丹尼尔·埃尔斯伯格（Daniel Ellsberg）将报告影印并于 1971 年 3 月寄给《纽约时报》。从 1971 年 6 月 13 日开始，《纽约时报》刊登了一系列头版报道，披露五角大楼文件中的内容。随后，美国司法部申请临时禁制令，禁止《纽约时报》刊登五角大楼文件内容，《华盛顿邮报》等媒体则跟进事件，刊登相关报道。6 月 30 日，美国最高法院以 6 比 3 裁定美国政府有关国家安全的诉求不成立，并以宪法第一修正案对新闻自由的保护为依据，准许《纽约时报》和《华盛顿邮报》等媒体刊登相关文件。由史蒂文·斯皮尔伯格执导、梅丽尔·斯特里普和汤姆·汉克斯主演的电影《华盛顿邮报》（*The Post*，2017）对事件做了还原。

工作流程。

至于软新闻，新闻人几乎总是能够掌控工作时机和流程。软新闻极少牵涉到事先未安排的事件，前文列举的特写报道清单清晰地说明了这一点。另一个软新闻的典型是《纽约时报》刊登的"新闻人物"（Man in the News）系列报道。就像名人讣告一样，这些"事实"经常都是提前收集、撰写、编辑，以备将来发布之用。预先安排的软新闻还包括年复一年的"二月新闻"，它们以华盛顿和林肯的生日[①]以及情人节为报道主题。记者提前好几天就会领到相关的报道任务，而报道中的具体信息可能在发表前数天就已经收集、撰写和编辑完成了。

当然，规则总有例外。不过，新闻机构应对这些例外的方式，其出发点仍然是节省人力，保持对新闻工作流的掌控。譬如说，如果特写报道的主题是一场重要审判的现场氛围，其中的"事实"当然无法提前收集，而火灾等事先未安排的事件，其中的特写信息也只能在现场采集。然而，这些充当特写素材的事件对人员配置的影响微乎其微。在第一个例子中，记者可能提前好几天就被派去采写审判的"特写角度"，他的名字就不会出现在当天可以跑突发的记者名册当中。在第二个例子中，同一个记者通常既负责采写火灾硬新闻，也负责从软新闻的角度进行报道，以此节省新闻机构的人力。

突发新闻：资源配置与技术运用。跟医院的情形一样，对新闻工作流的掌控牵涉到的远不止时间安排。它也牵涉到资源的配置，以及通过预测控制工作节奏。这些实践任务激发出或导致了突发新闻、发展中的新闻和连续报道之间的区分。

突发新闻关乎事先未安排的事件，它们倏忽之间突然出现，必须迅速处理。报道人提供的例子显示出，突发新闻是在**具体层面**无法预见的新闻事件。譬如说，尽管新闻人可以预估火灾发生的概率，但他们无法预测火灾具体会在什么时候、什么地方发生。新闻人无法对某些事件做

---

① 乔治·华盛顿（George Washington）生于 1732 年 2 月 22 日，亚伯拉罕·林肯（Abraham Lincoln）生于 1809 年 2 月 12 日。

出精准预测，这影响到新闻工作的流动。如果在临近截稿期限的时候发生了一场三级火灾，记者就必须比平时更快地采集、编辑信息。如果火灾发生地距地方新闻部 50 英里之遥，交通问题就会影响到收集和处理"事实"所需的时间，进而影响到火灾报道的资源配置。

某些落入"突发新闻"类型中的事件如此重要，即便它们发生的概率非常小，新闻人还是会作出稳定的社会安排，以便预先做好准备。大多数主要日报的地方新闻部都有人全天候值班，以防突发新闻事件发生。再比如说，美国总统也会受到二十四小时关注，以备不时之需。新闻机构持续作出诸如此类稳定的社会安排，不仅需要更大规模的资源配置（派一名员工在地方新闻部值夜班），也需要在必要时随时重新调配资源（从其他报道中抽调记者）。

每一种新闻技术，都对应着不同的时间节奏。电视人可以在一个小时内拍摄、编辑、播出新闻片；印刷技术则更为笨重、耗时。因而，无论是考虑到技术对工作组织的影响（Hage and Aiken，1969；Perrow，1967；Thompson，1967），还是考虑到时间节奏对类型化的影响，电视台的资源配置都会与报社有所不同。印刷是劳动密集型技术，电子技术则不然。在《滨海日报》，地方新闻部的 20 名机动记者和改稿员中，至少有 3 名要从上午 10 点一直待到午夜时分，处理各种次要但必要的任务。但在"新闻台"，除了下午 4 点到 6 点、晚上 9 点半到 11 点，几乎不会预留记者，更不会预留摄像。在上述两个时段，记者和摄像通常都完成了报道任务，带着片子回来剪辑。他们要么等着报道突发新闻，要么就准备下班。如果其他时间发生无法预见的事件，电视台就只能：付加班费；从不那么重要的报道中抽调记者和摄像；将独自报道一则"无声片故事"的摄像抽调回来；雇用自由职业摄像师；抽调播报员（staff announcer）①，让他们暂且放下播报电视台呼号之类的日常职责；或者在获得工会许可后，派撰稿人充当记者。这些替代选项的选择取决于具体的情况，即在特定时刻摄制组和相关事件在时间和空间

---

① 早期电视台雇用的职员，他们的职责是播报电视台呼号、介绍节目或报时。

中的分布。

发展中的新闻：技术与事件的感知。与技术及其节奏相关的实践问题非常重要，以至于会影响到新闻人对突发事件的感知，让他们决定到底要不要把"发展中的新闻"这一类型套用在相关事件上。在处理发展中的新闻的过程中，技术提供了一个视角，新闻人透过它来感知新闻事件。[10]

发展中的新闻关乎"正在浮现的情况"。譬如，一架飞机坠毁。尽管这件事情出乎意料，但它所能容纳的"事实"毕竟有限。编辑总归不太可能编发一篇稿子，称所有遇难者都死而复生。他们多半也不会刊登报道，称官方否认飞机坠毁。报道牵涉到的核心"事实"包括：下午2点一架飞机在艾伦公园坠毁，起因是一侧引擎起火、另一侧引擎失效，8人遇难，15人受伤，两座房屋被毁。其他的事实，都是对核心事实的扩充。由于**具体的**飞机坠毁是意料之外的事情，记者不可能在现场"准确地"记录"事实"。"事实"必须被重构出来，收集的信息越多，"事实"就会越"准确"。尽管实际发生的事情保持不变，但相关的报道则不断变化，或者，用新闻人的话来说，"故事处在发展当中"，是谓"发展中的新闻"。[11]

大多数突发新闻都是发展中的新闻。鉴于二者都会提出相互关联的工作要求，报纸从业者经常不加区别地交替使用它们。电视工作者在更严格的意义上使用"发展中的新闻"，纸媒记者眼中的某些"发展中的新闻"在他们看来只是突发新闻。[12]技术在其中扮演着"基调"角色，每一种技术都对应着集中化机构中不同的节奏，令后者以不同的方式满足新闻网的需求。以马丁·路德·金遇刺身亡为例。对《滨海日报》和"新闻台"这两家新英格兰地区媒体而言，这件事情带来了不同的实践难题，而相关的报道过程清晰地展现出两种媒体之间的差异。[13]

在《滨海日报》，金遇刺受伤随后死亡被认定为"发展中的新闻"。不断更新的新闻稿持续涌入，需要编辑，更需要不断修订规划好的版式。助理主编在获悉金遇刺的消息之后，就着手规划头版版式。在通讯社报道金情况危殆之后，他赶紧对版式作出修订，这影响到头版上半版的其他报道。最后，通讯社新闻简报报道金宣告不治①，如此一来，头版上半版的其他报道全都撤到了下半版。不仅如此，头版上的每一篇报道的标题字号都要加以调整，其中一些报道的导语需要使用更小的字号，就连报纸内页也同样受到了影响。

"新闻台"附属的电视网把马丁·路德·金遇刺当作发展中的新闻来处理，时不时中断其他节目插播新闻简报。但对于地方电视台的员工而言，金遇刺则是一条突发新闻。很明显，11点新闻的节目流程在傍晚就做了修订。鉴于电视网先前的新闻简报，金遇刺的消息（不管最后情况如何）必然是当晚节目的头条。在《滨海日报》，生产经理和排字工人抱怨当天要排三个头版，每一次重排都对应着事件的重大发展。生产部门的所有人都要加班。但在电视台，生产计划的重新调整意味着工作量变得更少，而不是更多。通过预先安排，"新闻台"深夜新闻节目给电视网预留了开头的几分钟，用来讲述金遇刺身亡的消息。同样的情况也发生在几个月前，当时电视网也是预先占用了"新闻台"五分钟的时间，报道阿波罗号三位宇航员不幸罹难②的消息。[14]

连续报道：通过预测来掌控工作。无论是突发新闻还是发展中的新闻，都是在特定工作安排中构成的，这些安排意在应对事发前可以具体预测的信息量。由于这些事件的发生出乎意料，可预测的信息要么非常少，要么压根儿不存在。与之不同，连续报道牵涉到的事件一般都是预先安排的，新闻工作因此变得更加可控。新闻人将连续报道界定为"有关同一主题的一系列报道，相关事件会持续一段时间"，这当中就暗含着事件的"预先安排"。[15]此外，这一界定中也暗含着预先安排的变化。譬如说，对特定立法议案在国会中进展情况的报道，致力于记录持续的时间序列中一系列前后相继的事件。序列中任何时刻发生的事情，都会对后续事件产生影响。

---

① 马丁·路德·金于田纳西州孟菲斯市洛林汽车旅馆二层阳台外遭枪击，时间是当地时间傍晚6点左右，送医一小时后，于7：05宣告不治。

② 1967年1月27日，美国阿波罗1号任务在做地面测试时指令舱突发大火，三位宇航员葬身火海。

正因为连续报道是预先安排的,新闻人和新闻机构得以调整其活动安排,腾出人手来应对无法具体预知的紧急情况。以立法议案为例。每一项议案都需要经过众议院、参议院和行政部门。报道这一系列新闻事件的记者,必须相当熟悉立法过程,这种熟悉度甚至会成为"手头专业库存知识"①(参见 Schutz,1964:29 页以下)的一部分。无论是相关委员会成员的观点,还是参众两院及其委员会内部的权力格局,记者都要有所了解。此外,记者还要掌握其他立法议案的进展。借助手头累积的这一整套库存知识,记者不仅能够预测议案的最终命运,包括在立法过程中走过的具体路线(比如议案将会在众议院筹款委员会陷入停滞),而且可以在某一天权衡到底应该报道眼下的议案,还是应该去报道另一件议案。手头掌握的"专家"或"专业"库存知识,让这位记者、其他记者编辑以及新闻机构得以掌控其工作活动。

连续报道是记者的福音,让他们可以掌控工作流程,做出具体的预判,并通过将事件投射到常规之中来消除未来的问题。实际上,新闻人之所以乐意报道连续报道,就是因为它们可预测、易报道。新闻机构通过预测未来的后果对连续报道展开常规处理,这让它们可以从容应对突发事件。至少,连续报道让地方编辑得以作出如下安排:"从星期二开始,乔·史密斯(Joe Smith)整个礼拜都没空跑突发,他要去报道伯格曼审判。"

类型化的后果

凭借类型化,新闻人将大千世界中独一无二的事情转化为原材料,并运用常规手段加以处理和发布。类型化是在各种实践问题中构成的,这当中就包括新闻工作与新闻事件的发生发展之间的同步。类型化赋予新闻原材料特定秩序,由此应对原材料的过剩,降低其多样性(独特

---

① stock of knowledge at hand,现象学社会学术语,又译"手头的知识库"。

性)。它们也会将特定框架加诸日常生活的截片,引导新闻人以特定方式感知日常世界。

作为新闻框架的组成元素,类型化将新闻事件从某一个多重现实①"调音"②到另一个多重现实、从日常世界转移到新闻产品构造的世界。不过,我们并不知道这个过程是否会带来重要的后果。类型化真的很重要吗?除了理论意义之外,它们还有什么价值?

延续舒茨(Schutz,1962,1964,1966,1967)的讨论,伯格和卢克曼(Berger and Luckman,1967)③指出,制度导致知识客体化。观念一旦客体化,便无法持续修正和重构,而是有可能以一成不变的方式应对世界。新闻类型化是新闻时间与新闻网相互交织的产物,它们变成了记者手头的专业库存知识。换言之,要想成为一名专业记者,就必须娴熟地运用类型化,调用适当的报道技术,应对各类独特事件。这跟医疗领域的情况颇为相似。[16]作为一名医生,意味着掌握必要的专业知识,将各种症状类型化为不同的疾病,依据支配资源配置的适当诊疗程序对病患加以诊治。在记者看来,他们的分类体系是客观的类别或范畴,或者说客体化(objectifications)[17],就好比医生将症状分门别类,客体化为明确的疾病。在后续章节中,我会指出,记者和编辑的专业知识在很大程度上是新闻机构时间和空间运作的产物。在第7章中,我也会提到新闻类型化的其他后果。这里只用一个例子,来说明类型化的运用所导致的专业知识的客体化。知识的客体化可能会造成差错,就好像把有关"罪犯外貌"的刻板印象运用到现实当中,有可能会将一些人错

---

① multiple reality,现象学社会学术语,参见舒茨论文《论多重现实》(On Multiple Realities,1945)。舒茨认为,社会世界由多重现实构成,每一重现实都有其独特的逻辑的、时间的、身体的和社会的维度。其中,日常生活现实最为重要,是最高或至尊现实(paramount reality)。日常生活现实围绕"此时-此地"组织起来,是一个主体间的世界。

② 参见本书第2章尾注[10]。此处 key 为动词,指的是戈夫曼所说的将赋予特定行为或活动以意义的一套组合转换为赋予同样行为以不同意义的其他组合的过程。根据原文带有的音乐隐喻,参照潘忠党在论文《架构分析:一个亟需理论澄清的领域》(《传播与社会学刊》,2006年第1期,17-46页)中的译法,翻译为"调音"。

③ 该书中译本可参见伯格和卢克曼的《现实的社会建构:知识社会学论纲》(吴肃然译,北京大学出版社,2019年版)。

误地标签为罪犯或者靠不住的人一样。在某些情况下，预测过程中的专业差错会影响到对新闻价值的评估。

更确切地说，类型化一旦被客体化，就会带有诱惑性。由于新闻人不得不作出预测和规划，他们可能会情不自禁地运用人所共知的分类，也就是新闻人都认同的知识。新闻人手头掌握着集体性的库存知识，关乎各类事件如何发生发展；他们也拥有一套类型化体系，部分建立在具体预测的实用性之上。在这套知识和体系之下，他们难免作出错误的预判，威尔逊-希思（Wilson-Heath）竞逐首相[①]和杜威-杜鲁门（Dewey-Truman）总统大选[②]是这类误判的经典案例。[18]

一旦预判失误，新闻人就必须对工作流程作出重大的计划外变更。跟突发新闻一样，这些预判失误的事件未经安排，无法具体预知。跟发展中的新闻一样，对事件的感知也会受到特定技术框架的影响。跟连续报道一样，它们是一连串事件中的一桩事件，既牵涉到先见之明（prediction），也牵涉到后见之明（postdiction）。它们挑战着记者和编辑视为理所当然的知识与常规。

面对预判失误的事件，记者和编辑会调用一种特殊的类型化："惊天大新闻"（What-a-story!）[③]。这种类型化看似非同寻常，但它仍然是常规的一部分，其存在就是为了应对这类情况。新闻人连这些事件都加以类型化，无疑体现出类型化在新闻工作中的中心地位，也说明，类型化在很大程度上就是新闻工作的产物。

当记者和编辑发出"天啊，这真是大新闻！"（*what-a-story*）的感

---

① 指1970年英国大选，时任首相詹姆士·哈罗德·威尔逊（James Harold Wilson）对阵保守党领袖爱德华·希思（Edward Heath），保守党在大选中获胜，希思得以入主唐宁街10号，于1970—1974年任英国首相。

② 指1948年美国总统大选，时任总统哈里·杜鲁门（Harry Truman）对阵共和党总统候选人托马斯·杜威（Thomas Dewey），选前杜鲁门的支持率非常低，盖洛普等各大民意机构也纷纷预测杜鲁门必败无疑，而《新闻周刊》50位专业政治评论员一致预言杜威将取得大选胜利。大选日当晚，《芝加哥论坛报》在选举结果出炉前就抢先印刷了号外，头版头条赫然写着"杜威击败杜鲁门"。但杜鲁门最终击败了杜威，创造了美国大选历史上最大的逆转。

③ 或可直译为"天啊，这真是大新闻！""多么劲爆的新闻！"或"叫人惊掉下巴的新闻！"，是记者和编辑在获知新闻时出于震惊，对相关新闻的形容（见下文描述）。考虑到表述简洁，翻译为"惊天大新闻"。

叹时，总会伴随着特定的言语和体态。这让我们得以在象征层面捕捉到这一类型化的常规程度。新闻人的声调和手势相当契合人们的刻板印象。第一个单词"what"总是被拉长强调。据我观察，新闻人还会通过其他方式来表达激动之情，比如，他们会拖慢语调，点头微笑，摩拳擦掌，或者兴奋地拍拍同事的肩膀。

新闻媒体如何依照常规作出非同寻常的安排以应对"惊天大新闻"？以约翰逊总统1968年3月31日发表的电视演说①为例。从《滨海日报》员工对事件的反应中，我们可以看到其间的逻辑。在听到约翰逊宣布放弃竞选连任之后，新闻人迅速启动了他们视为理所当然的常规，调用过往类似的情况，用以应对这一桩"惊天大新闻"。

约翰逊的演说是预先安排的事件。跟其他媒体一样，《滨海日报》也提前拿到了演讲稿的预览版，当然，其中漏掉了约翰逊"出人意料的声明"，即他放弃寻求连任。约翰逊在电视直播的演说中宣布会逐步降低美军轰炸的规模，编辑们则正在等待各路政治领袖对暂停轰炸的反应。通讯社会收集这些反应，报纸头版的版式也已经初具雏形。头条是越战军事形势（标签为"暂停轰炸"），标题已经拟好，编辑完成，送去排印。头版上还有一篇大选报道，但版面位置不太显著。其他几篇有关政治形势的稿件已经送去排印，其中包括社论版和专栏版对1968年大选选情的分析；一幅政治漫画，图中约翰逊对着电话那头说"好的，鲍比"②；还有一篇小文章推测罗伯特·肯尼迪到底会不会仿照尤金·麦卡锡（Eugene McCarthy）③，挑战总统，争夺民主党候选人资格。至

---

① 林登·约翰逊（Lyndon Baines Johnson，1908—1973），美国第36任总统。1963年11月，肯尼迪遇刺身亡之后，时任副总统的约翰逊继任美国总统。1964年约翰逊赢得总统大选，1965年1月宣誓就任总统。1968年3月31日晚，约翰逊发表全国电视讲话，原定主题是讨论越战形势，但约翰逊在宣布局部暂停美国的轰炸之后，也宣布自己不会争取竞选连任，震惊全美。

② 罗伯特·弗朗西斯·肯尼迪（Robert Francis Kennedy，1925—1968），昵称"鲍比"。第35任总统约翰·肯尼迪的弟弟，在肯尼迪总统任内担任美国司法部长，并在继任的林登·约翰逊总统任内留任至1964年。1965年当选美国纽约州参议员，1968年3月16日，罗伯特·肯尼迪宣布参选总统，文中所说的政治漫画当是与此有关。1968年6月5日，罗伯特·肯尼迪遇刺身亡。最后，时任副总统休伯特·汉弗莱成为民主党候选人，但当年大选共和党候选人理查德·尼克松获胜。

③ 尤金·麦卡锡（Eugene McCarthy，1916—2005），来自明尼苏达州，美国参议员，以反对越战著称。1967年11月，宣布参加民主党总统候选人初选，挑战时任总统林登·约翰逊，其初选对促使约翰逊最终放弃寻求连任起到重要作用。

此，在第一版截稿期限——夜里 11 点——之前，报纸已经初具模样。

尔后，情势急转直下，陷入一片混乱。一场预先安排的演说，主题是僵持不下的"越战问题"，原本只会引起有限的关注和猜测，结果却演变成一场重大意外，带有军事、政治和外交后果。一位助理地方编辑一直在报社娱评人的电视机前观看演讲。忽然，他大喊大叫着冲进地方编辑部。他的反应或许比总统的声明更难得一见。[19] 助理主编的电话响起来。主编打电话来讨论对演讲的报道。尽管主编之前已经打过电话做例行查问，但助理主编抄起电话还没等对方开口，就说，"你好，泰德。"[20]

接下来，接到加班电话的记者，自告奋勇的编辑，雪片般的通讯社电讯稿，源源不断地涌入编辑部。在极其仓促的时间里，修改工作即告完成。其间详情，实在难以备述。但编辑和记者们的评论非常重要，值得在此引述。编辑们抬起头来接听电话，吼叫着发号施令，不断澄清指令的内容，嘴里还不停地嘟囔着："这真是天大的新闻！……百年一遇……这一晚上！……说出来谁信？……从柯立芝①放弃竞选连任以来，就没发生过这种事儿。"

这些评论很能说明问题。首先，它们显示出，类型化同样建立在被视为理所当然的假设之上，对此我们将会在后续章节中讨论。《滨海日报》的首席政治记者在报道新罕布什尔州初选②的时候，就曾在编辑部里打赌，约翰逊最终不会竞选连任。但当时几乎没人接招，因为那就跟"从婴儿手里抢钱"差不多。[21]

其次，这些评论显示出，在很大程度上，工作常规可以用常规的方式加以修正。约翰逊当晚的演讲本来是要重估越南的军事形势、外交形势，特别是成功和谈的可能性，以及美国的政治形势。主编和助理主编

---

① 约翰·卡尔文·柯立芝（John Calvin Coolidge，1872—1933），美国第 30 任总统。1923 年，时任总统沃伦·哈定在任内病逝，柯立芝接任总统。1924 年大选连任成功。1928 年，柯立芝决定不再争取共和党党内提名寻求连任。

② 在 1968 年 3 月 12 日举行的新罕布什尔州初选中，约翰逊总统以 49% 的选票赢得初选，麦卡锡虽然输掉了这场初选，但表现极佳，特别是赢得了反战年轻人的支持，获得 40% 的选票。

还专门提醒勤务工留心通讯社电讯中对这些议题的分析。在没有收到任何通知之前，编辑就"知道会有"相关的分析文章。此外，处理相关报道需要大篇幅修订版式，并对资源配置作出重新调整。重要的是，所有编辑都将这些重新调整视为理所当然，根本不需要讨论哪位政治记者需要回来工作。至于哪些机动记者要从家里返回编辑部，也只需要稍作讨论便能敲定。

再次，与柯立芝的类比（提到他的那位编辑觉得，其他人可能太年轻根本不记得这件事）让新闻人意识到一个不寻常的常规。换言之，通过引用另一桩"惊天大新闻"，新闻人得以调用统辖"惊天大新闻"报道的规则。实际上，调用柯立芝的案例，就是为了降低新闻原材料的多样性，因为这一类比说明，眼下的"惊天大新闻"跟多年前的另一桩事件"如出一辙"。

然后，个别"惊天大新闻"的类型化和常规化程度，也可以从助理主编对以往"惊天大新闻"的回顾中窥见端倪。他拒绝了另一位编辑的帮助，因为他说在之前处理另一则"惊天大新闻"的过程中，该编辑帮不上忙净添乱。几个月之后，在斟酌罗伯特·肯尼迪遇刺身亡的新闻标题铅字字号时，这位编辑回想起圣诞节以来发生的种种事情，感叹道："这一年啊，这一年！……新年攻势①，约翰逊的演讲，金遇刺身亡……现在又是这一出。"[22]

最后，在纽约市宣布市政陷入财政危机甚至有可能引发财务拖欠时，市政厅记者并没有在报道中运用政治条线的连续报道常规，而是"自然而然"地挪用了突发新闻常规。换言之，他们修正了日常的常规，引入了其他报道模式。正如一位市政厅记者站主管所说，"我们的报道方式更像是在报道灾难，比如飓风或地震，我们四处撒开人马"，而不是守在市政厅这一处地方。[23]长岛报纸的一位记者骄傲地说："真是惊

---

① 新年攻势（Tet Offensive），1968年1月30日起由越共和北越人民军发起的大规模突袭军事行动，行动开始当天正值越南新年（Tét holiday）第一天，因此被称为新年攻势或春节攻势。行动针对南越各大城市，特别是西贡，以及美军和南越军队的军事设施。尽管行动在最初的成功之后被击退，但新年攻势动摇了美国民众对战争的支持，被广泛认为是越战的转折点。

天大新闻!"他说自己最早了解到纽约预算出了岔子。邻桌的记者们都说自己知道"该做什么",知道如何应对与其专业预判相悖的事件,如何四散开来,应该寻找哪些信息。

概言之,作为专业人士,新闻人知道如何建立与新闻工作节奏相呼应的常规。同时,作为专业人士,他们也熟悉新闻机构的需求,包括生产新闻故事、控制过剩原材料的多样性,后者要求它们将新闻网抛撒在时空中,并在其上安插记者。新闻机构要处理各类独特事件,它们因而面临各种困难,专业主义由此被带入进来。对此,我将在下一章中详加讨论。

注释

[1] 上述这些例证显示出,在日常生活中,社会行动者通过工作将社会活动中的时间和空间特征联系起来。(参见英文原书第185～187页对工作作为"有意向的意识"的讨论。)这项工作既是在日常谈话和思考(比如"那儿离这里十分钟")也是在可观察的行为(犹太会堂中的空间安排)中达成的。新闻工作者作为社会行动者,也致力于建立这样的联系。此外,新闻网在将新闻工作常规化的过程中也会将这类联系制度化。那些有可能成为新闻事件的事情不仅要在特定地点发生,而且要在特定时间发生。或者,至少可以说,新闻工作的节奏让它们能够捕捉到在恰当的时间、恰当的地点发生的事情。这些组织安排因而将时间和空间客体化,或让它们变得坚固。

[2] "达成的筹划"(accomplished project)有其专门含义。首先,舒茨将行动看成是过往的经验和当前的关切向未来的投射(project or projection)。因此,"筹划"意味着意识的意向性。其次,在常人方法学者的用法中,"达成"(accomplished)意味着筹划是人的成就。

[3] 这里的"lobster"(龙虾)指的是疲惫的新闻工作者下了夜班之后血红的双眼看起来像龙虾一样。

[4] 对电视台而言,报道傍晚发生的事件甚至比报纸更困难。如果它们在报道中使用胶片摄像机,而不是便携式的录像带,那就还得冲洗胶片。无论使用哪种拍摄手段,都得尽快处理素材。现在,有些电视台运用小型的远程摄像机对新闻节目播出期间发生的事件做现场直播报道,不过,现场直播中有一些问题必须解决。譬如说,路人可能会闯到镜头前面或者骚扰记者。

[5] 爱泼斯坦(Epstein, 1973)指出,新闻也存在空间层面的局限性。在他研究

的时期，电视网更容易在洛杉矶、芝加哥、纽约、华盛顿等大城市做报道，因为这些城市铺设了连接电缆。此外，来自越南的新闻报道时效性不能太强，因为必须把胶片从西贡空运到纽约才能进行编辑。不过，新技术在一定程度上创造出了更大的灵活度。

[6] 政治人物和公关人士对新闻工作节奏的熟悉让他们时不时可以操纵新闻工作者和新闻机构。一位纽约政治记者曾跟我讲过一件事。当时，纽约州州长休·凯里（Hugh Carey）和纽约市长亚伯拉罕·比姆（Abraham Beame）打算联合宣布成立市政援助公司（Municipal Assistance Corporation，MAC）。他们毫无预警地召开了一场紧急新闻发布会，发布会的时间就安排在早报和6点钟新闻节目的截稿期限之前不久。发布会设在曼哈顿中城一家酒店的套房，没有电话。发布会的时机和酒店没有电话，达成了两件事情：其一，记者没有充足的时间来查证政治人物的说辞，因为稿子要赶在截稿期限之前完成。其二，现场没有电话，记者便无法告诉编辑稿子的核心内容。如果记者可以打一通电话，编辑就能够安排其他记者去查证官员对财政危机的解释，在截稿期限之前收集到相关信息。当然，新闻记者既不喜欢也不信任那些经常操纵他们的新闻推广者。

[7] 我的意思是，新闻人发展出类型化，是为了掌控组织中的工作流。不过，一般而言，这个意义上的"掌控"常被归于组织过程，而不是专业实践。然而，我在这里的讨论具有理论依据。齐默尔曼（Zimmerman）指出，"我们似乎可以说，对特定（组织）规则或一整套规则的'娴熟运用'取决于组织成员对下述问题的熟练掌握，即在特定场景下，哪些特定做法能够维持正常状态的常规再生产（1970：237）"。

[8] 参见吉登斯（Giddens，1976）的相关讨论，他认为，报道人经常无法清晰地阐发客体化的被视为理所当然的分类系统。

[9] 近年来，研究者（Zimmerman，1970；Cicourel，1968；Emerson，1969；Emerson and Messinger，1977；Sudnow，1967）对涉及人工处理的组织中类型化与实践任务的关系多有讨论。例如，标签化（labeling）理论研究者通过分析类型化的生产，凸显出支撑处置越轨者的若干道德和职业预设。这让他们发掘出家庭、警方、法官、医生和社会工作者赖以标签化越轨者的**实践**考量（参见 Emerson and Messinger，1977）。正如舒茨（Schutz，1962）所说，类型化有助于常规化我们生活其间的世界。它们浓缩了日常生活的常规基础，令我们可以作出有限的预测（投射），进而作出规划，展开行动。不过，舒茨使用的"类型化"与这里的用法略有不同。在有些地方，舒茨使用"类别"来描述社会科学的概念。在其他地方，他将类别看成类型化的一个子类，其运用取决于被分类的现象的特殊性（亦可参见 McKinney，1970）。

[10] 在很大程度上，这些有关技术与感知的分析建立在我自己的观察之上，而不

是被观察的记者的观点。不过，它们受到新闻人讲述的同行之间打交道的情况的启发。譬如，"新闻台"一位记者跟我说，在他跟一些"纸媒"记者（"ink" reporters）一起一小时接一小时、一天接一天地旁听一场审判，百无聊赖地等待陪审团宣布审判结果时，这些纸媒记者开始对他以礼相待。（通常情况下，电视台认为这类报道任务就是在浪费记者的时间，因为记者可以上午报道其他事件下午再来"搞"这个审判。）一位前通讯社记者从"新闻台"的写作团队辞职（尽管电视台的薪水更高），回到原来的通讯社。他说，他怀念持续不断的截稿期限带来的兴奋感，因为在通讯社，他们需要给分散在不同时区的早报和晚报不间断地供稿。在这两个案例中，我们能够清晰地看到，不同媒介对应着不同的节奏。

[11] 尽管新闻人认为只有这种类型的新闻才会不断地变化，但阐释理论坚持认为，对所有时间的所有类型的新闻而言，这一变化过程都是绵延不断的。一言以蔽之，发展中的新闻是新闻索引性（indexicality，参见英文原书188～191页）的典型例证。

[12] 霍华德·爱泼斯坦（私人交流）指出，发展新闻还会给报纸造成另外一个问题：到底要在哪个点上"切断"一则新闻故事，留给后续版本来报道。譬如说，是不是应该将邮寄版推迟15分钟，以便将一场演说的开头放进去，还是说应该把相关报道留到后出的上门投递的版本？与电视的竞争让这类决定变得更困难，但在某种程度上也变得"毫无意义"，因为不管报纸编辑决定怎么做，电视新闻节目都会更早播发演讲新闻。

[13] 我在《滨海日报》观察了对马丁·路德·金遇刺身亡的报道过程。"新闻台"的报道活动是根据刺杀发生后三天内我与该台职员的交流重构的。

[14] 我用技术这个概念比较不同的地方媒体。在这里，技术是一个粗略的概念，它也意味着，每一种地方媒介与全国新闻网的关联都有所不同，对应的资源也各异。很明显，电视网为地方附属台提供了素材，对电视网而言，金遇刺身亡是发展中的新闻。

[15] 参见费什曼（Fishman，1977）对新闻人如何构造"同一性"（sameness）的讨论，以及对我的新闻类型化分析的批评。

[16] 不过，这个类比不是太精确，因为医生在医院中主宰一切，有权掌控其他医护人员的工作。新闻记者则无法"控制"编辑、广告或生产人员的活动（参见Engwall，1976；Freidson，1971）。

[17] 客体化的过程还带来了另外两个议题：客体化在什么时候、如何变成物化（reification）？客体化的类型化在什么时候、如何变成刻板成见？

[18] 我们很容易将误判（inaccurate predictions）当作错误（mistakes）。"错误"

是一个庶民用语（E. C. Hughes，1964）。正如施特林和布赫（Stelling and Bucher，1973）所说，在专业社会化的过程中，这种观念被抛诸脑后，并被强调完成工作之过程的概念所取代。即便存在集体性的误判，新闻人仍然强调，他们是获知、收集和处理"一般知识"或"常识"（general knowledge）（Kimball，1967）的专家。如果他们的预测是集体性的，那这些预测必定是准确的，因为它们建立在共享的专业技能之上。新闻人由此认为，既然他们的库存知识是准确的，那必然是相关的情势（situation）出了"差错"。换言之，情势的变化方式令他们无法预估。在威尔逊-希思竞选中，希思"出人意料地战胜"了威尔逊，各大日报事后给出的解释是：威尔逊胜券在握，未能全身心投入竞选活动，而希思则抱着哀兵必胜的心态，全力投入竞选。这支持了我们在这里提出的解释。一个依赖具体知识的类似过程，或许也能够解释阿格尼丝（Agnes）——一位宣称自己是跨性别者的易性症患者——如何骗过了她的医生（Garfinkel，1967：116 - 185，285 - 288）。依据手上的库存知识，医生们假定，一个小男孩不可能懂得如何在正确的时间自我施用正确剂量的正确激素，以此干预"正常的"性发育。他们不知道的是，在阿格尼丝还是个小伙子的时候，就开始服用开给他妈妈的激素药物。

[19] 要知道，新闻人一向对编辑部里的安静气氛颇为骄傲。一位曾在《纽约时报》工作的编辑说，当诺曼底登陆的消息传来，时报编辑部里人们都是低声细语地扩散这则消息。

[20] 这件事和前一件事我都没能亲眼看见，不过，当晚有 5 位不同的新闻人跟我讲起这两件事情。

[21] 当时媒体上也刊登了类似的故事，显示出华盛顿的记者们对约翰逊争夺党内候选人资格抱有同样的假设。库尔特·沃尔夫（Kurt H. Wolff）（私人交流）提出的一个问题，让我对"惊天大新闻"产生了更学术化的解释。我们或许可以说，"惊天大新闻"的内容极大地挑战了新闻人对社会世界理所当然的假定，以致威胁到他们维持"自然态度"的能力。用于处理"惊天大新闻"的常规则可以被看作新闻人重建其自然态度的过程。还有另外一种分析视角。前文讨论过的五种类型化让新闻工作者得以处理他人的紧急情况。而在面临"惊天大新闻"的时候，新闻人自己被置于紧急状态之中。而他们立刻调用各类常规手段应对"惊天大新闻"，再一次凸显出，类型化的运用扎根于常规之中，用于达成实践任务。在这里，牵涉到的任务，可能既包括处理信息，同时也包括从组织紧急状况中脱身出来。参见英文原书 186～188 页相关讨论。

[22] 马丁·路德·金的去世被回溯式地处理为"惊天大新闻"。当时，新闻人神色黯然地摇着头，有些人悄悄议论着某些职员的种族主义。罗伯特·肯尼迪身亡的那

一天，在"新闻台"发生的一件事，让我们清晰看到"惊天大新闻"在多大程度上受制于常规的影响。大多数新闻人早上6点就被叫到办公室（肯尼迪遇刺的时间是1968年6月5日凌晨，遇刺26小时后身亡），有几位没有来，因为他们要在深夜11点钟的新闻节目播出时还能保持清醒。下午3点左右，一位出镜记者来到办公室，问另外一位早上到的记者，"我们拿到跟往常一样的回应（报道）了吗？"然后，他意识到这个问题对于局外人而言显得有点粗鲁，因此，他请我不要将他的问题写在田野笔记里。（在第5章中，我会讨论回应报道作为正当化的手段。）

[23] 达尔格伦（Dahlgren，1977）指出，新闻会将经济力量和经济过程物化（reified），也就是说，将它们描绘成自然现象。

第 4 章 灵活性与专业度

1963 年 11 月,约翰·肯尼迪(John Kennedy)遇刺,电视网报道铺天盖地,露丝·利兹·洛夫(Ruth Leeds. Love,1965)对此做了有趣的分析。她和哥伦比亚大学应用社会研究所同事从对电视网员工的访谈中发现,电视网报道"一切照旧",只不过比平时更甚。其间唯一的不寻常之处在于,新闻报道源源不断,技术设施不堪重负。当时的条件相当困难:

> 评论员脱稿播报,指挥系统被忽略或简化,沟通管道缩短。但是,新闻报道又是一切照旧,这体现在新闻部门运用影片、现场直播和解说来报道事件……体现在几乎每个人都在做分内的工作……体现在新闻部积累了丰富的经验,引导其作出反应……最后,新闻专业的规范和价值观大体上跟其他时候一样有效。(Love,1965:76,77)

遇刺案报道牵涉到的,不仅仅是将遇刺类型化为"惊天大新闻"、让新闻网就位。作为新闻原材料,肯尼迪遇刺独一无二。在降低其独特性的过程中,新闻专业主义也发挥了至关重要的作用。

专业主义在刺杀案的报道中充当关键因素，这不足为奇，新闻人用专业"直觉"来形容他们当天的报道活动和判断（Wicker，1965）。组织社会学和专业社会学认为，原材料的多样性、组织的灵活性和专业主义相互关联。简言之，原材料越多样，组织的灵活性就越大，相应地，劳动者的专业度①也就越高。[1]在这里，专业主义意味着自主权，也就是劳动者有权掌控自己的工作（Freidson，1971）。很多时候，这种掌控通过援引各类规范来实现，而这些规范通常由组织之外的专业部门制定（E. C. Hughes，1964）。

对新闻机构而言，通过新闻事件的类型化来降低原材料的多样性，并不足以维持对工作的掌控。单是将火灾和谋杀归类为突发新闻，不足以让记者明白该如何收集相关的信息。倘若一位硬新闻专家被派去采写特写故事，报道火灾的知识恐怕就派不上用场。如果突然发生了一场四级大火，而编辑部里唯一有空的是一位政治专版记者，那么他的政治知识对眼下的火灾报道恐怕也帮不上什么忙。最后，由于大多数收集信息的报道工作要么发生在编辑部之外，要么通过电话进行，编辑也无法监督整个过程。[2]对工作过程（而不是产品）的直接监管需要更大规模的组织投入，招募更多的编辑人员。因此，新闻机构竭力避免其官僚体系变得过于复杂，它们鼓励记者提高专业度，以此维持灵活性，节省成本。对记者而言，专业度意味着，懂得如何拿到新闻，满足组织的需求和标准。

本章聚焦纽约市政厅记者站9名记者的日常活动，探讨新闻专业主义与组织灵活性之间的关系。我关心的问题是，新闻记者如何在实践性的日常活动中达成灵活性，完成他们的工作？这9名记者供职于一份经济状况良好的报纸。他们的日常活动，凸显出灵活性对新闻工作的重要性。因为，在这个场景中，我们能够看到，作为专业人士的新闻记者，如何围绕领地、机构和话题等相互重叠的报道职责范围展

---

① 专业度，此处原文作者用的是 professionalism，通常翻译为"专业主义"。在本书中，译者交替使用"专业主义"和"专业度"这两个译法，当作者指的更多的是一套专业理念时，翻译为"专业主义"；当作者在较为具体的实践层面使用这一概念时，翻译为"专业度"。

开协商。

市政厅记者站

1975年秋和1976年冬，我对这9名记者做了观察。当时，他们是派驻市政厅的所有媒体中规模最大的一个团队，也被公认为纽约日常政治报道的最强团队。其中4名记者在新闻中心的主办公室办公，其他5名则在楼下地下室的附属办公室办公。[3]来自8家新闻机构的大约25名记者共用这两间新闻室，其间还会有其他机构的记者偶尔出现。几乎所有记者都供职于报纸或通讯社。这9名记者的身份和报道职责如下：

1. 亚当斯（Adams），记者站站长：分派记者、构想新闻选题，负责财经和政治新闻报道。

2. 巴特勒（Butler），记者站经理（前署理记者站站长）：对提交给地方编辑的稿件进行文稿编辑，撰写政务专栏和各类选题报道。

3. 考尔德（Calder），记者：财经报道。

4. 戴顿（Dayton），记者：市议会报道。

5. 爱德华（Edwards），记者：负责财政评估委员会、规划委员会和其他市政机构，报道布鲁克林区和皇后区的政治，撰写市镇政治专栏。

6. 富兰克林（Franklin），记者：负责报道财政评估委员会针对布鲁克林的举措，一般的政治报道；同时也是布鲁克林专版编辑和地方编辑的部属。

7. 格林（Green），记者：负责曼哈顿区和斯塔顿岛，具体职责与富兰克林相同。

8. 海德（Hyde），记者：负责市法院（刑事与民事）、水务委员会、特别检察官办公室、地方检察官及其他。①

---

① 参见第2章中对海德的相关讨论。

9. 艾弗斯（Ivers），记者：各类政治议题报道。

此外，三位地方新闻部的政治记者与他们有着相互重叠的报道职责：

10. 杰克逊（Jackson）：当时被指派报道财政危机；与考尔德共享报道题材，但主要负责州长在中区的办公室及其活动。

11. 路易斯（Louis）：前记者站站长，现任政治专栏作家，每周担任两天助理地方编辑。

12. 莫里斯（Morris）：前市政厅记者，与路易斯一样，每周担任两天助理地方编辑。

正如第 2 章所述，市政厅记者站也会负责下曼哈顿的所有政治事件，例如世贸中心举行的州议会听证会，除非奥尔巴尼分社（纽约州政治条线）对特定新闻的归属提出异议。

在观察这些记者工作的过程中，我发现，在必要的时候，记者的专长会被忽略，每个人都能够应付其他人的工作。套用考尔德的话来说，记者站的最终目的跟报纸一样，都是把活儿干完。如果每个人都固守他/她自己的专业，新闻网就可能出现漏洞。要想报道所有有价值的选题，每个专家都必须是通才，反之亦然。好几位记者都告诉我，每个人都必须"成为专业人士"，有能力报道一切，因为每个人都可能在任何时候拿到任何选题。如果巴特勒生了病，就得由其他人来写政务专栏，比如考尔德就代过班。如果考尔德正忙于追踪财政危机的复杂线索，杰克逊另有任务，其他人可能就会被派去报道财经领域的突发新闻。正如莫里斯所说，"我们都曾经在不同时间点跑过'财经'选题"。[4]

掌握消息源

当一名记者意味着，要知道如何找到跟自己在新闻网上的位置相契合的报道选题。对市政厅记者站的记者而言，想找到选题就得掌握消息源。地方新闻部里资历浅的机动记者会被分配任务，但条线记者和资深记者则多半要自己找选题。格林是记者站里的年轻记者，之前在地方新闻部工作。他曾经在记者俱乐部的年度圣诞聚会上跟一位前同事说，市政厅记者站不好干。作为进入新条线的新手，你必须认识新闻中心里的各路人物；除此之外，你还得认得市政厅里那些头头脑脑。

只要认得足够多的消息源，记者便能够最大限度地发挥才干，每天完成一篇报道，证明自己的工作能力。手攥选题是专业能力的表现，这在每天一早就可以看得很清楚。在记者们到岗之后，记者站站长就会例行公事地询问资深记者，包括一位在地下室办公的资深记者："你今天有什么选题？"他之所以这么问，是因为他知道，这些人手上都攥着一堆消息源，从他们那里可以拿到新闻。有时候，这些问题纯粹多余。在前一晚离开办公室的时候，这些资深记者可能就已经琢磨过第二天要写什么稿子。[5]

消息源也可以带来专业地位。譬如，海德就这样评价路易斯："他是纽约最好的政治记者。他拥有的消息源，比任何人都多。"而市政厅新手格林则说，爱德华在新闻中心待了十年，累积起数量庞大的消息源，对此她深深折服。爱德华和戴顿都是新闻中心的老兵，他们对对方的消息源了如指掌，可以在对话中轻易抛出不那么出名的政治人物的姓，根本无须提到其他身份信息。[6]在跟记者站其他同事解释自己的报道时，他们会提到这些政治人物的关系网、办公室或者俱乐部（但未必会讲出他们的名字）。

消息源的地位越高，职权范围越大，记者的地位越高。[7]众所周知，跟新闻故事一样，消息源和记者当中都存在等级秩序。在全国广播公司（National Broadcasting Company，NBC）对参议院水门事件听证会的日间报道中，"明星"记者和"明星"消息源之间的关系，展现得淋漓尽致。当时，约翰·埃利希曼①到场作证，中场休息时，主播约翰·钱塞

---

① 约翰·埃利希曼（John Ehrlichman，1925—1999），1969年起担任美国总统尼克松国内事务顾问，与白宫幕僚长哈里·霍尔德曼（Harry Haldeman）一起充当所谓"宫廷侍卫"，将尼克松与公众和政府其他成员隔绝开来。成立并负责"水管工"行动小组，1972年6月17日，小组成员潜入水门大厦民主党全国委员会办公室时被捕，拉开水门事件序幕。在水门事件中，埃利希曼充当同谋，提供伪证，妨碍司法公正，事后被判监禁。

勒①跟政治记者道格拉斯·凯克（Douglas Kiker）、司法通讯记者卡尔·斯特恩（Carl Stern）讨论各自与尼克松的高级幕僚埃利希曼和霍尔德曼②的接触经历。在这三位记者当中，斯特恩在 NBC 新闻部的地位最低，他偶尔才出现在晚间新闻当中。主播钱塞勒每晚都会坐镇演播室，而凯克则会每周出现若干次。钱塞勒坐在演播室里，谈到埃利希曼和霍尔德曼的个性差异。他说，自己一直觉得埃利希曼很友善、肯合作、乐于助人，而且很幽默。埃利希曼会回他的电话，但霍尔德曼则不会，他会刻意跟新闻人保持正式的距离。然后，钱塞勒问站在听证室外门厅里的斯特恩，他是不是也有同感。斯特恩吃了一惊，空气瞬间凝固，过了好几秒，他才回过神来说，自己从来没给其中任何一位打过电话。凯克赶紧加入对话，帮斯特恩打圆场，说自己很赞同钱塞勒对尼克松两位幕僚的描述。凯克说话时的神态，像是在帮别人掩盖社交上的失态，就好像对方是在初次见面的场合无意间受到侮辱或者被人戳到痛处。

在市政厅新闻中心，我们也能够看到类似的现象。9 名记者当中，没有人固定报道市长，不过，财经记者考尔德倒是几乎每天都会给市长的新闻秘书提好几个问题。每当市长的首席新闻秘书踏入新闻中心，至少会有一位记者就手上的稿子向他询问相关信息。跟考尔德相比，亚当斯既不会问更多问题，也不会更频繁地打电话。而且，鉴于市长召集的正式新闻发布会多半都与财政危机有关，因此几乎每次都是由考尔德出马。然而，在每一年年末，市长都会与各家报纸的记者会面做专访。这时候，代表报社出马的就变成了亚当斯，另一家报社派出的也是其站长。那位主管跟亚当斯一样，都不是财经条线的专家。只不过，最终见

---

① 约翰·钱塞勒（John Chancellor，1927—1996），美国著名新闻记者，电视新闻领域的先驱人物，职业生涯中的绝大多数时间在 NBC 新闻度过。曾赴 50 多个国家做报道，曾采访过杜鲁门之后的每一任美国总统、克莱门特·艾德礼（Clement Attlee）之后的每一任英国首相、果尔达·梅厄（Golda Meir）之后的每一任以色列总理。1970 年至 1982 年，担任"NBC 晚间新闻"节目主播，此后直到 1993 年，担任节目的评论员。

② 哈里·霍尔德曼（Harry R. Haldeman，1926—1993），绰号鲍勃（Bob），在尼克松任内担任白宫幕僚长（1969—1973）。在水门事件中，参与掩盖事件真相，1973 年初辞职。1975 年因同谋、作伪证和妨碍司法公正，被判入狱。

报的专访又都聚焦财政危机，讨论市长和州长的政治关系会如何影响到危机的解决。

消息源累积的逻辑，跟科学界的荣誉分配机制差不多。套用默顿（Merton，1973）的描述，其中都存在"马太效应"（Matthew Effect）：一个人拥有的越多，得到的就越多。"大新闻"总会落到大牌记者手中，即便那意味着破坏现有的专业分工。1975年11月，纽约主要的监狱——里克斯岛（Riker's Island）监狱——爆发了一场骚乱。[①] 亚当斯曾经在警方条线跑新闻，他被派去搜集事实，因为"正牌"警方条线记者忙于报道案件的其他侧面，分身乏术。不过，亚当斯对里克斯岛骚乱的跟踪报道持续了差不多一个星期，其间他还曾请富兰克林帮他跑腿。尽管富兰克林和亚当斯一起署名，但他承认报道是亚当斯的。他感叹道，自己一年到头也能碰上几个不错的选题，但亚当斯的好选题则多得多。

亚当斯总是能够拿到好选题，这让艾弗斯妒火中烧。对于亚当斯对里克斯岛监狱骚乱的处理，艾弗斯很不满。在事件发生数周之后，他才被派去做一篇小的后续报道，他本想写一篇杂志风格的分析文章交给报纸周日版发表（记者写这类稿子，可以拿到额外的计件报酬）。在文章中，艾弗斯希望呈现囚犯们的观点，他们称，当局对待囚犯的方式违背了宪法。他们将保释金提高到囚犯根本负担不起的额度，让《权利法案》（The Bill of Right）形同虚设，据说这才是骚乱的导火索。不过，亚当斯已经就骚乱事件给周日版写了一篇稿子。他在稿子中引述警方和惩教署的消息源，宣称骚乱的起因是监狱中的生活条件，譬如过度拥挤。艾弗斯知道亚当斯跟周日版编辑交情甚笃，抱怨自己的稿子永远也不可能见报。他很不高兴，觉得无论自己在报社内晋升到什么职位，亚当斯总是在自己前头，总是会让他自己的稿子更有分量。[8]

艾弗斯对亚当斯完成的稿件数量也多有抱怨。每天早上，当亚当斯问手下的资深记者都有什么选题时，他会迅速地翻阅新闻通稿。包括亚

---

① 骚乱发生于1975年11月，600名囚犯劫持5名狱警作为人质，抗议监狱糟糕的条件和不合理的法律安排，在与当局达成协议后，5名狱警被释放。

当斯在内的资深记者通常都能拿到两个好选题，而资历浅的记者只能拿到一个。这边厢，亚当斯既要做两篇稿子还要回复地方编辑的电话，忙得焦头烂额；那边厢，艾弗斯无所事事，坐在地下室的办公室里玩填字游戏。

对于职权的分配，艾弗斯也心存不满，他觉得这会拉大记者在消息源上的差距。亚当斯作为记者站站长可以发展出更好的消息源。政治人物更乐意跟负责人亚当斯而不是普通记者艾弗斯会面。尽管他们俩同时从其他条线转到市政厅记者站，但亚当斯的消息源数量迅速超过艾弗斯。艾弗斯坐在地下室的办公室里，更难认识头脑人物，也几乎没机会撞上到新闻中心打招呼的消息源。

对消息源的熟悉，也会将记者带入共同的报道文化当中。譬如，纽约州检察长路易斯·莱夫科维茨①做了一项绝妙的出人意料的政治举动，楼上和楼下的记者都禁不住拍手称快。楼上，记者们纷纷称赞"路易"（Louie）过往的功绩。楼下，年轻的记者则称他为"莱夫基"（Lefky），这其实是报社标题作者给他起的绰号。② 使用错误的昵称或绰号，显示出楼下记者较为边缘，与检察长素无往来。

而参与到新闻中心的文化中，则让记者与消息源更为密切。记者一旦被接纳到这套文化中，便可以上前跟踏入新闻中心的消息源打招呼。他们可能还会受邀为《核心圈》（Inner Circle）撰稿，这是纽约政治记者操持的一份年度音乐评论，专用于讽刺挖苦政治人物。在此过程中，他们可能会从同事那里获得有关政治和政治人物癖好的信息。或者，他们也可能受邀一起打红心牌戏。每天发稿完毕下班之前如果还有时间，他们经常都会打会儿牌，有些政治人物也会跟记者一起打牌。其中有一位是市议会某重要委员会的主席和所在市镇政治生活中的头面人物，他无疑是颇有价值的消息源。[9]

---

　　① 路易斯·莱夫科维茨（Louis Lefkowitz，1904—1996），自 1957 年至 1978 年担任纽约州检察长，是该州历史上任期最长的检察长。
　　② Louie 是检察长名字 Louis 的昵称，而 Lefky 或许是因为标题作者嫌其姓 Lefkowitz 过长而给予的简称。Louie 和 Lefky 的对照，体现了与消息源之间亲疏远近的分别。

最后，掌握消息源令记者可以游刃有余地开展工作。每天下午1点过后，无论一位记者的专长是什么，负责人都可能会问他："你在忙活什么？"（有空做个报道吗？）一大下午，记者站的报道安排已经报给地方编辑，曼哈顿记者拿到一个皇后区选题，布鲁克林记者拿到一个曼哈顿选题，而财经记者则被派出去帮地方新闻部的记者收集政治信息。[10]这些安排受到新闻工作节奏和任务分配与记者地位之间的关系的影响，虽然打乱了记者的专长，但也并不是什么了不得的事。实际上，尽管有时候财经专家考尔德乐于夸耀自己的才干，但在他看来，当天他被派去帮地方新闻部同事实在是"再正常不过"。考尔德中午代表记者站参加一位总统候选人的午餐吹风会，下午来到办公室，他当时既没拿到也没挖到当天的选题。在协助其他人的时候，他觉得自己是在满足组织对灵活性的需求，而他也会利用自己的消息源找到所需信息。对于消息源较少的记者而言，晚一点拿到选题会带来更多麻烦；如果在搜集信息的时候碰到困难，他们可能会错过截稿期限。

假设一下，如果记者错过了截稿期限，编辑就没法按时将报道发给排印员排版（假定报社还没有引入计算机排印技术）。这样，排印员就必须加班，而根据工会合约，报社就要支付排印员一倍半的加班费，加班的排字工和印刷工也是如此。运送报纸的卡车无法按时出发，报纸无法按时送到报摊和订阅者手上，读者于是购买了竞争对手的报纸。他们可能会发现，自己更喜欢竞争对手的产品。报纸发行量和广告收入可能会下滑。诚然，这里的推论听起来有点像那则旧谚语：坏了一只蹄铁，折了一匹战马；折了一匹战马，亡了一个国家。不过，错过截稿期限的确有可能造成经济损失，而一份报纸在送到读者手上之前，的确也需要依照特定顺序经过很多人之手。

消息源独占与信息分享

某些记者拥有比其他人更多的消息源，这也意味着他们会踏入其他人的专长领域，因为任何私底下想出来的选题或拿到的信息，都是其提出者的私有财产。我曾经目睹过好几次这种"财产权"的例子。譬如有一次，格林想到了一个有关财政问题的选题，但她手上的消息源少得可怜。当时，邮政局决定提高邮政资费，她建议报道新资费对市政开支的影响。她的态度和其他人的帮助清晰地显示出，这个选题是她的。在做这篇稿子的过程中，格林斗志昂扬，因为她终于挖到一个让编辑感兴趣的选题。而考尔德则教她如何阅读市政预算，如何从一大摞笨重的文件中找到她想要的信息。

与之类似，爱德华的很多消息源都提醒他，市议会的权力结构将会发生变化，而市议会本来是戴顿的地盘。当时我问他，为什么是他而不是戴顿在写这篇稿子，他看上去很惊讶。他耸耸肩，解释道，他比戴顿更早知道消息，而且（出于专业礼貌）他也将消息告诉了戴顿，但稿子是他的。告知戴顿也降低了重复劳动的风险。针对报道线索牵涉到的财产权，莫里斯给出了更清晰直白的解释。她说："假如说，我发现了一则与市议会有关的大新闻，我会告诉戴顿。戴顿不会介意的。实际上，如果我需要的话，他还会帮我拿到一些额外的信息。"在所有人眼里，戴顿都是一个专业的好同事，深谙新闻室的各种规范。

当然，尽管同事们之间会相互协助，但其他人有可能侵入自己的地盘，这让记者之间的竞争加剧，也让他们努力维系自己的消息源。当消息源把故事给了别人，即便是同一家机构的同事，他们也会禁不住问对方："你怎么没把这个料给我？"或者会抱怨："我还以为你会把料给我呢。"譬如，海德就曾经给奥尔巴尼的一位消息源打电话，问他为什么没把消息透露给自己。在记者俱乐部的年度圣诞聚会上，爱德华跟一位消息源打招呼，问他为什么把线索给了另一个记者，让他作出一篇得奖报道。而在另一段愉快的聊天中，他拿到了一个独家专访的机会。在我观察的所有案例中，记者的举止都显示出，一则选题不仅是报社的，还是他自己的。记者当然受雇于新闻机构，但在跟消息源打交道这件事上，他们将自己视为自主的专业人士。实际上，如果一个记者跟另一个记者打听匿名消息源的姓名，他就违背了专业规范（很不幸，我是从记者的闪烁其词和冷冷的目光中意识到自己违背了这一规范；参见 Fishman，1977）。后来我发现，当消息源造访记者站的时候，记者们通常不会问同事他姓甚名谁。记者通常也不会将消息源介绍给自己的同事。类似地，如果另一家机构的竞争者认得消息源，他可能会眼里闪烁着光芒，对来访的人说："你好吗，约翰？"以此显示自己的专业人脉。[11]

不过，如果我们因而觉得，记者的专业自主性只体现在囤积消息源和分享信息这两个方面，那恐怕难免有点轻描淡写、避重就轻。在相对独立于编辑监管的情况下，记者发展出一整套复杂的规范，这些规范可能与组织意志相抵触。倘若记者只不过是官僚机构的雇员，根据所属机构的规则和需求行事，他们就应该对竞争对手隐瞒信息，并与自己报社的同事分享信息。但实际上，在行使自主权的时候，他们可能会与竞争者分享信息，却对自己人三缄其口。到底是将信息视为所在部门的财产，还是个人财产，取决于记者工作控制的需要。[12]

与竞争对手分享信息。尽管媒体机构规定不得与竞争对手分享信息，但记者常常以同袍之谊为由与竞争对手交换讯息。[13]不过，他们分享的更多是唾手可得的信息，很少共享私底下挖到的猛料。对记者来说，无论是要求私人挖掘的信息，还是拒绝分享很容易拿到的材料，都是很无礼的做法。让我们来看下面这三个例子：

我所观察的报纸提前得知市议会要召集一场委员会会议，因为它的地方编辑是一家公民团体的成员，该团体由市长任命，负责清理时代广场。格林拿到这个选题之后，进入了闭门会议的现场并在那儿待了几分钟。之后，有人请她离开会场，并告诉她随后会有吹风会向所有记者说明情况。当她离开新闻中心的时候，正赶上一位通讯社记者抱怨自己分身乏术（他当时正在做另外一篇稿子），但记者站站长告诉他格林很快就会回来。格林回到新闻中心之后，没有询问任何人的意见，就直接跟通讯社记者简单介绍了会议的情况。这位通讯社记者接着把信息给了另一家通讯社竞争对手和另一份纽约报纸。同时，格林试图找到地方编辑（他当天休息）了解跟会议有关的情况。但她没能联系上对方，这让她十分烦躁不安，不过，记者站同事告诉她，地方编辑会回他电话（他的确也在一小时内回了电话)。格林后来跟我解释说,她之所以把信息告诉其他人,是因为新闻秘书很快就要跟大家通报情况,之后所有人都会拿到这些信息——而她的报道一定会比竞争对手更胜一筹,因为她在跟地方编辑沟通时可以拿到独家信息。

在另外一个例子中,记者们相互交换轻易收集到的"事实"。一位《纽约时报》记者和一位《每日新闻报》记者都在跑同一条财经新闻。时报记者在新闻中心给新闻报记者打电话,询问"那些债券的利率是多少?"新闻报记者回复了标准信息,还自告奋勇告诉他截至特定时间成交的债券数量。时报记者说,他拿到的数字不太一样,他回头再去查一查。在打完查询电话之后,他告诉新闻报记者最新的数字。这里的信息交换展现出同行之间的友谊。新闻报的记者人缘不错,几个月前从新闻中心转到其他条线。时报记者给他打电话,显示出他仍然是新闻中心文化的一分子。

而第三个例子则显示出,在被专业分享圈接纳和拒绝的记者之间,存在着清晰的界限。一天清早,新闻中心收到警局裁员的新闻通稿。三位记者(分别来自两份报纸和一家通讯社)分工合作,打算对通稿中的数据做一些统计上的概括。然后,他们开始分头打电话。下午三点多钟,一位年轻记者临时代班一位生病的老记者,到新闻中心询问相关信息。报社记者甲递给他通稿概要,然后告诉他:"其他信息就得靠你自己打电话了。"十分钟之后,新闻中心的一位电台常驻记者问记者甲要打字稿的第一页。记者甲回答:"我还在写呢。"甲所供职的报纸的一位资深记者乙脸上露出生气和责备的神情,记者甲便交出了自己的稿子。电台记者是圈子里的一员,他欠对方一个人情,以后总要还给人家。

这种分享建立在有可能跟组织偏好抵触的专业自主性之上,这一点清晰地体现在记者乙的职业生涯中。记者乙跟所有记者的关系都很好,是《核心圈》音乐评论的明星撰稿人。他在市政厅新闻中心待了超过15年,最早供职于一家已经停刊的报纸,之后加入一个较大规模的市政厅记者站。电台记者跟他的交情很深,两个人在新闻中心共事的时间,比与他自己的同事记者甲共事的时间更长。当他喊勤务工出去买咖啡的时候，常常都会问坐在身旁的记者甲和这位电台记者要不要来一杯。[14]

在新闻中心，供职于竞争新闻机构的记者们抬头不见低头见。他们一起参与并打造出日常的工作生活。相比之下，他们很少见到所在机构的同事（参见 Gieber and Johnson，1961）。实际上，刚刚转到市政厅记者站的记者，常常感到自己与世隔绝，既见不到单位的同事，也见不到先前条线上的竞争对手。在记者俱乐部的圣诞聚会上，刚从地方新闻部转到记者站的格林，就提到自己很怀念与前同事和同桌聊天的日子，很高兴在聚会上见到他们。另一位最近转到市政厅的记者则抓住机会与地方编辑攀谈，希望借此留下一个好印象。这位记者私下跟我说，地方编辑的好感对职业发展大有助益，而他自己之前从来没见过他。此外，担心"眼不见，心不念"，这位记者还打算定期去地方新闻部转一转。其他记者也指出，编辑对其才干的了解建立在相当有限的观察和判断之上，譬如读他们写的稿子，从各路人士那里听来的八卦，包括记者站站长、消息源、一周在地方新闻部工作一天的记者站成员以及在聚会上碰到的几家新闻机构记者等。编辑无法直接观察到记者是否遵从组织的指令，他们只知道，记者写的稿子够不够专业，有没有给自己找麻烦。

记者在报道上的合作绝不仅仅是接近性这么简单。在部分程度上，相互协助更像是与人方便，与己方便。莫里斯跟我说，如果一个竞争对手去上洗手间，刚巧市政厅宣布举行一场重大的新闻发布会，所有记者匆忙离开新闻中心，这时候，她就会去捶洗手间的门提醒对方等下要去哪里。而她也希望，如果什么时候自己错过了一个非常重要的通知，别人也可以去找找她或者留个便条。除此之外，这当中还牵涉到更一般的同僚合作原则。[15]

跟其他专业人士一样，记者在其职业生涯中，也会从一家机构跳到另一家机构谋求升职、加薪和更高的地位。彼此之间社交，参加同一些聚会，记者们即便没有面对面的接触，也会通过业内声誉相互了解对方。一个人拥有乐于分享的专业声望有助于职业流动，也更容易被新同事接纳。记者离开地方新闻部到新闻现场采访时，会与同在现场的竞争对手分享信息。在回到办公室之后,他们也可能互致电话寻求有限的帮助。此外,当所有人手上都没什么信息的时候,他们可能会联手拼凑"事实"。肯尼迪遇刺的时候,汤姆·威克(Tom Wicker, 1965)和几位《纽约时报》的同事都在达拉斯现场。他清晰地记得,在那场全国性的危机和新闻报道的危机当中,所有人都毫无保留地跟其他人共享信息。当然,这种专业合作最终满足了最重要的组织需求:及时拿到新闻,发布出去。

组织内的共享。 前文提到一种记者站内部共享的形式。当记者挖到落入其他人专长领域的选题,被挖的一方要遵循专业规范,允许别人做这个选题,并尽可能提供帮助,这就像被取代的医生要心甘情愿地将病人的病历转给新任医师一样。其他形式的合作则没这么正式,而且绵延不断。譬如,记者可能在打字间隙抬起头来,问周围的人,"那谁谁的中间名缩写是啥?""这个词怎么拼?""约翰杰伊刑事司法学院(John Jay College)在哪条街上?""M. A. C. 债券①的利率是多少?"任何知道答案的人都会回答,显示他们的团体成员身份,并赢得乐于助人的声誉,这就跟学术上的竞争者彼此提供参考文献信息一样。任何记者都能够找到所需信息,就像任何学者最终都可以找到相关的文章和著作。但寻找这些次要的"事实"费时费力,而且会打乱写作的节奏。对记者来说,写作很多时候就是在跟截稿期限赛跑。同僚之间互换中间名缩写和姓名拼写,服务于组织的需求,可以让记者按时完成工作。

不过,在根本意义上,记者总是会努力维护自己的专业自主性,一方面,他们尽力保护自己的私有消息源和专长领域,不让他人染指;另一方面,他们又会去别人的地盘上寻找素材。记者站的资深记者也可能会建议新手去采访城市规划委员会的主席,因为他猜测这个人未来可能会掌握更大的权力。考尔德就曾建议格林这样做,后来这位主席也的确被擢升为副市长,这让格林跟一位非常显赫的消息源搭上了线。

---

① M. A. C. 是纽约市政援助公司(Municipal Assistance Corporation)的简称,公司成立目的是为陷入财政危机的城市提供融资援助和财政监督。M. A. C. 债券是该公司在处理纽约州市政财政危机过程中所发行的债券。

在亚当斯履新记者站站长的时候，他想要踏足奥尔巴尼分社的地盘，这就跟新任大都会编辑第一次参加编前会时拿出超出其份额的稿件一样（Sigal，1973）。当时，他让年轻记者格林做一篇报道，报道主题是州议会中的纽约市成员在市府官员的要求下提议增加通勤者的个人所得税。为了完成任务，格林按照她认定的常规流程展开采访。她打电话给奥尔巴尼分社社长，跟对方要重要的州议员的电话号码。没承想遭到了对方的斥责，格林就只能说，自己初来乍到，奉命行事。奥尔巴尼分社社长意识到格林的确不太懂规矩，他抄起电话，对着亚当斯一通咆哮，以便重建分社之间的恰当关系。据称，他这样问亚当斯：市政厅记者站的记者打电话给州议会领袖干什么？要是奥尔巴尼分社踏入你的地盘，给市议会主席打电话询问纽约市的法案，你做何感想？奥尔巴尼分社社长既是在保护自己的地盘，也是在保护作为私有财产的消息源，使他们免受未来的侵扰。

有些社会学家可能会说，最后这个例子并不是专业自主性的证据，因为复杂官僚体系经常会为部门间的斗争所困。特别是在官僚职责相互重叠的组织当中，每个部门都希望以牺牲其他部门为代价，攫取更多权力。不过，奥尔巴尼分社社长处理冲突的方式，体现的更多是专业规范和礼节。他直接给亚当斯打电话，而不是向他们共同的上司——地方编辑——打报告，后者如果给出警告或训诫，也是基于等级化的组织权威。与之类似（参见第2章相关讨论），当教育版通讯员和体育版记者同时出现在市政厅新闻发布会上，署理记者站站长也是自行斥责教育版和体育版编辑，而没有诉诸更高的权威。实际上，他专门提到记者站的人员规模，并强调只要任何一位编辑有需要，他都可以派手下记者帮他们采写市政厅的稿子。尽管巴特勒的警告是为了保护自己的地盘，追踪手下记者的动向，但他对未来报道的承诺，则可以被解释成一种专业礼数。

分社负责人青睐的交换系统，让后一种解释看起来更合理。当某个分社所需的信息处在其他分社的羽翼之下，分社负责人就会跟记者一样，将彼此之间明确的、非正式的交换视为"合约"。[16] 譬如，圣诞节前，皇后区分社社长想在皇后区版上做一篇插页报道，讨论儿童玩具的危险性。他没有打电话给消费者事务局，而是打电话给市政厅记者站：记者有时间的话，可不可以联系一下消费者事务局，问问哪些玩具不安全。尽管双方没有明确说出来，但他们都心知肚明，作为交换，如果未来市政厅记者站有相应的需求，而皇后区分社记者又有时间，那么后者就要投桃报李，帮前者收集信息。

这样的"合约"很像是医疗专家之间的会诊与合作，而戴顿只需要打一通电话给消费者事务局的消息源。在亲切的寒暄过后，他问道，"你记不记得去年我们做过一篇关于危险玩具的报道？皇后区版今年还想做一篇。你手上有相关的信息吗？"不到两分钟，他就挂了电话，告诉记者站站长，消费者事务局会把清单整理好发过来。记者站收到清单后，即刻电传（三分钟一页的速度）给皇后区分社。在半个小时内，戴顿就打电话给皇后区分社社长，告诉他"合约"履行完毕。

尽管这类合作建立在专业理解的基础之上，它们也有助于组织生产。消费者事务局派人把材料送到市政厅，再马上传给皇后区分社，要比将材料邮寄给皇后区分社快得多。不论是将这种"合约"看成专业规范，还是组织层面的互换，这些互助都显示出，记者和分社都必须相当灵活。新闻机构要想找到具有新闻价值的事件，就得保持新闻网的灵活性。同时，记者既要有能力报道一切，还得赶得上截稿期限。他们必须知道在哪里才能以最便捷的方式找到信息。

很明显，记者问谁要信息，会影响到他能拿到什么。在本章中，我的分析显示出，市政厅记者站的记者们更多围着集中化的消息源、政治人物和官僚打转。我从来没有看到过这些记者主动联络社会运动领袖。他们也不会去接触草根领袖，而是更青睐地方政治俱乐部的头头脑脑。他们通过每个政治俱乐部实际掌握的权力，对各类俱乐部作出清晰的区分。他们会联络有权有势的人，譬如手握资源能够帮他/她实现野心的政治人物，而不是纯粹的异见者或批评者。有权有势者更有可能充当消息源，这会影响到新闻人挖掘到的信息，对此，我将在第 5 章中详加讨论。

此外，新闻记者当然也必须知道该问消息源什么问题，该寻找哪些"事实"。如果对问题的核心和故事的主旨没什么想法，那每一件事情都可以宣称自己应该受到特殊对待，由此增加新闻原材料的多样性。知道要问什么，也就意味着知道该去问谁：对消息源的选择和对"事实"的搜寻相互决定、彼此影响。在下一章中，我将讨论二者如何相互作用，让新闻框架充实起来。

注释

[1] 参见斯汀康比（Stinchcombe，1959）对建筑行业专业主义的讨论。新闻工作中的专业主义不应该与世界主义导向（cosmopolitan orientation）相混淆。参见斯达克（Stark，1962）对新闻工作者世界主义和地方主义导向的研究。新闻专业主义也不意味着小型机构中的新闻工作者会认同专业协会。但这些规模较小的组织常常是全国记者的训练场。例如，丹·拉瑟（Dan Rather，1977）就指出，他曾在一些小规模的广播和电视台工作，这为他在 CBS 的工作提供了进身之阶。

[2] 有些记者不愿意晋升到编辑职位，比如助理区域编辑，因为这会削弱他们与消息来源的联系。一个人做编辑越久，他/她跟消息来源就越不熟悉。不过，晋升到主编或者更高的职位，则可能让他们接触到位高权重者。譬如，《纽约时报》的管理层和全国政治人物活跃在同一个圈子里。

[3] 两位"楼上"的记者站成员工作日休息时间不同。在其中任何一位休息的时候，楼下的资深记者爱德华会到楼上来工作。跟前述章节一样，除非特别说明，本章出现的所有人名均为化名。我偶尔会将某一位记者的行为张冠李戴到另一位记者身上，以此更好地确保他们的匿名性。

[4] 在第 7 章中，我们将会讨论作者的身份对相关话题建构的影响。

[5] 资深记者也会谋划自己将会在接下来的日子里聚焦一篇连载报道（running story）的哪个侧面。譬如说，有一天考尔德跟巴特勒说，他打算把那一天的稿子中的一段放到第二天的另一篇报道里。

[6] 爱德华和戴顿有时候会在我面前讨论消息源，因为他们知道我根本不清楚他们在说谁。消息源也会往这些记者家里打电话。拉瑟（1977）也提到，他的上司不会问自己的消息源。

[7] 这一规则也有例外。譬如说，秘书的地位并不高，但他们对办公室发生的事情一清二楚。因此，他们或许是非常好的信息来源。

[8] 跟其他记者相比,艾弗斯在政治上更偏自由主义。尽管记者们多半都是自由主义者,但新闻室中的氛围却并不那么自由主义。在我观察过的每一个新闻室,很多办公桌都贴着政治贴纸。当中透露出的,多半是支持越战、反对枪支管制及其他保守主义倾向。我从来没在任何一张桌子上看到过自由主义的贴纸。

[9] 在这里,我们再一次看到空间的社会分布所具有的社会意义。

[10] 换言之,市政厅记者站内部的领地和机构报道职责完全被打乱了。

[11] 来自其他机构的竞争者可能跟自己的消息来源很熟悉,这也是为什么记者常常用电话来进行扩充采访。在新闻中心里看到某一位消息来源,竞争者很容易便能猜出这位记者到底在做什么选题。即便是在只拥有一份报纸的城镇中,对消息源的竞争也会带来冲突。这种竞争或冲突争夺的是地位,而不是经济收益,后者是相互竞争的新闻机构的动机。

[12] 在水门事件中,竞争对手千方百计(包括撰文猜测)想知道"深喉"——伯恩斯坦和伍德沃德最主要的消息源——的身份,这显示出消息源更多被视为私有财产。

[13] 丹茨格(Danzger, 1975)认为,分享也是验证信息的一种方式,记者的确也是这样做的。不过,分享也可能会导致以讹传讹。克劳斯(Crouse, 1972)指出,被拒绝共享信息的记者,可能被迫发展出新的选题线索,由此发掘出"更好的"故事。

[14] 在新闻中心之外,媒体之间的合作则更少见。20 世纪 60 年代初,报纸记者会故意拔掉电视摄像机的插头,并从正在拍摄的摄像机前走过。在滨海市,报纸记者也试图维持他们的专业支配地位,贬低电视记者,称呼他们是"靓仔"。在纽约,1977 年,报纸记者会对在市政厅举行的电视访问录音,以便收集更多事实。报纸记者通常站在摄像机镜头拍摄不到的地方,然后伸出录音机。

[15] 在 1977 年夏天观察记者报道肯特州立大学示威游行时,贝蒂·基施纳(Betty Kirschner, 私人交流)发现,电视摄制组会共享设备,包括胶卷和录像带。很明显,有些摄制组并没期望拍到大新闻,因此带得不够。不过,一旦事件被认为告一段落,记者就会迅速离开,希望能在其他人前面抢到电话。在滨海市,我就看到一位记者在两位同事收集信息的时候,将三部电话绑在一起,防止竞争对手使用它们。在肯特州立大学事件的报道中,我们似乎可以看到两项原则发挥作用:其一,在你未来也可能需要帮助的领域展开合作;其二,抢在竞争对手前面拿到新闻故事。

[16] 一位城市报纸的记者询问一位郊区报纸的记者,能不能找一个印刷商朋友帮自己印一些圣诞节卡片,他当时也用到了"合约"这个词。

第 5 章　事实性网络

"山姆这是咋了?"一位同事注意到山姆在办公室没精打采地晃来晃去,开口问道。对方可能会回一句:"哦!他迷上了跟他约会的那个女孩子,两个人正闹矛盾呢。"这个回答预设对话双方对"那个女孩子"都略有了解,而这可能会紧接着带出一个问题:"啥矛盾?"或者"现在什么情况?"

在我设想的这段对话中,问话者想要了解的,是包含解释的信息。不过,如果放在新闻世界的情境之下,这段对话想要的就不单单是未经查证的信息,而是实打实的事实。这里所谓的"事实",是指运用可靠的专业方法收集到的相关信息,而这套方法会具体阐明"所知"(what is known)与"如何知晓"(how it is known)之间的关系。哲学和科学等其他的探究方法也同样关注现象和认知之间的关系。但新闻生产的流程,既不是哲学式的沉思冥想,也不致力于判定事物的本质,无法预测和确认公理式的论断。跟更严谨和反思式的事实性(facticity)① 取径不

---

① 关于"事实性"的论述,可以参考伯格、卢克曼《现实的社会建构:知识社会学论纲》绪论。两位作者指出:"社会确实带有客观的事实性(objective facticity),但它也确实是由表达主观意义(subjective meaning)的行动所建立起来的。涂尔干(Durkheim)了解后者,正如韦伯明白前者。借用涂尔干的另一个重要术语来讲,由客观事实性和主观意义性所构成的二元特征恰恰使得社会成为一种'自成一类的现实'(reality sui generis)。由此,我们就能针对社会学理论提出如下核心问题:主观意义如何成为客观事实?"(英文原版第 18 页,中译本第 24 页。译文取自中译本)。

同，新闻工作是一项实践活动，围绕着截稿期限打转。事实的挖掘必须非常迅速。但对新闻人（以及科学家）来说，仅目睹一件事情，尚不足以将观察界定为事实。对科学而言，事实性的问题镶嵌在验证和复证过程当中。对新闻而言，对事实的验证既是一种政治成就，也是一项专业成就。

莫洛奇和莱斯特（Molotch and Lester，1975）曾讨论过一个案例，其中，提供给记者的新闻事实与他们的所见所"闻"① 大相径庭。1969年1月，尼克松总统前往加州圣塔芭芭拉一处海滩视察。这片海滩在之前的大规模原油泄漏②中遭到污染，尼克松到达现场，就是为了向外界宣布海滩已经洁净如初。尽管区区百码之外便是水面浮油和各色垃圾，但所有的全国媒体都宣称海滩已经被清理干净。怎么会发生这种事？莫洛奇和莱斯特认为，专业新闻实践服务于政治利益。

但新闻人的看法有所不同。他们强调，记者在寻找事实的过程中，需要将自身从故事中移除，以彰显公正性。公正性意味着，新闻人竭尽所能确保事实的准确性，以此维系公信力，规避上司的责难和无所不在的诽谤诉讼风险。本章探究"寻找事实"和"运用消息源"之间的关系，并致力于回答下面这个问题：新闻人的实践是否会强化新闻网的既定偏见，进一步将某些事情排除在新闻事件的考量范围之外。

事实、消息源与公信力

正如英国新闻播音员安东尼·史密斯（Anthony Smith）所说："在

---

① 原文为 what newsworkers saw and smelled，其中"smelled"是指记者闻到石油泄漏的气味，因此翻译为"所见所'闻'"，但在"闻"上加引号，表示不是"听闻"，而是"闻到的气味"。

② 1969 年 1 月在加州圣塔芭芭拉发生的原油泄漏事件，是美国历史上严重的环境污染事件。海上石油钻井平台的爆炸导致多达 3 百万加仑（1 加仑约合 3.79 升）的原油泄漏到海中，在加州海岸造成长达 35 英里的海面浮油带，杀死数以万计的鸟类、鱼类和海洋哺乳生物。事件对美国当代的环境保护运动产生了深远的影响，也让尼克松政府在事后通过了美国国家环境政策法案（National Environmental Policy Act，NEPA，1969），要求对环境影响作出评估。

受众的心目中，没有公信力，就谈不上新闻。"① （引自 Glasgow Media Group②，1976：7)。我在刚开始访谈时，就意识到公信力的重要性。那次的访谈对象是"新闻台"的新闻副总裁。当时我问他："我要研究新闻，需要知道些什么？"他递给我一本诽谤法法律文本。[1]基础的新闻学概论教材会辟专门章节讨论诽谤。譬如，其中一本（Hohenberg，1962）用一章讨论新闻组织的结构，一章讨论新闻报道的导语，一章讨论诽谤，无形中将诽谤视为新手记者需要应对的重要议题。在跟《滨海日报》和"新闻台"采编的交流中，只要我问到新闻机构面临的问题，他们立马会提到诽谤诉讼。在讨论职业生涯中遭遇到的困难时，他们也会主动提到诽谤诉讼。举凡有可能摊上官司的报道，譬如有关当地黑手党头目的稿件，在提交给文字编辑之前都要先拿给报社律师过目。通常情况下，新闻机构都会保存原稿，一旦遭到诽谤诉讼，便可以拿来解释报道意图，或者说明见报报道在哪些地方有删节。

诽谤诉讼堪称新闻行业的风险，而且还浪费金钱。尽管它们不太常见，但一旦发生，就有可能将新闻机构置于财政上的危险境地。此外，陷入诽谤诉讼，可能也会危及涉事报纸的声誉。如果相关诉讼变得人尽皆知，它们可能会损害组织的公信力，因而有可能降低销量和收益。这解释了为什么大多数诽谤诉讼都在庭外和解，即便新闻机构能够自证清白，也是如此。诽谤诉讼要求涉事员工出庭，这打破了新闻室常规，也会造成对新闻网的消耗。

在被问到如何规避诽谤的时候，《滨海日报》记者间接提到了维系公信力的一个核心因素——事实和消息源的相互决定。他们强调，新闻人必须借助消息源来查证事实。在上一章中，我们没有对"消息源"这个词详加讨论；从字面上来看，消息源叫人想到源泉或起点。也许有人会问，如何确定信息的适当源头？什么样的社会位置才能被称为"消息源"？这些消息源如何让新闻人迅速搜集事实，以便赶上截稿期限？

---

① 原文 Credibility is the sine qua non of news，直译为"公信力是新闻的必要条件"。
② 即格拉斯哥媒介研究小组，原文误写为 Glascow Media Group。

倘若新闻记者认为所有消息源都很可疑，他们就必须投入时间验证其陈述。让我们看看下面这则虚构的故事，它彰显出对消息源的质疑导致的种种荒谬之处："罗伯特·琼斯（Robert Jones）和他声称的妻子菲伊·史密斯·琼斯（Fay Smith Jones），昨天在据说是他们家的地方——滨海城格兰街87号，举办了一场他们称之为鸡尾酒会的聚会，据说，聚会是为了欢迎约翰·史密斯（John Smith）夫人，大家都认为这位夫人是自称女主人的菲伊·琼斯的姑妈。"要想验证第一项事实，即罗伯特·琼斯和菲伊·史密斯·琼斯的夫妻关系，记者就要大费周章，去找婚姻登记处这个可能的消息源查证。或者，新闻人可以将这对夫妇当作信誉良好的消息源，接受他们是一对夫妻这一陈述。

很明显，寻找恰当的消息源和决定是否要加以验证取决于特定的情境。譬如说，一位名叫格洛丽亚·怀特·琼斯（Gloria White Jones）的女子，自称也是罗伯特·琼斯的老婆。她闯到聚会现场，指控琼斯犯有重婚罪。这样的话，记者就必须打电话给婚姻登记处了。不过，在这种情况下，报道的主题就不再是一场鸡尾酒会，而变成了琼斯涉嫌重婚罪。重婚罪之类的犯罪指控需要严加查证，因为它有可能导致诽谤诉讼。此外，如果琼斯夫妇可以证实自己的婚姻关系，记者还说菲伊·史密斯·琼斯"声称"自己是罗伯特·琼斯的妻子，就可能有诽谤之虞：使用"声称"或"宣称"这类词汇就是在质疑琼斯夫妇的诚实度和社会（道德）声誉。

因而，媒体一方面需要无懈可击的消息源，另一方面要确保能够找到这些消息可靠人士，这背后存在一系列规则，这些规则镶嵌在对日常世界及其制度的结构化理解当中。卡尔·伯恩斯坦和罗伯特·伍德沃德对水门阴谋的调查报道是这方面的一个极端案例，它凸显出这种镶嵌性。伯恩斯坦和伍德沃德（1974）曾提到水门事件报道的编辑政策，即每一项宣称的事实都需要由两位独立消息源证实。很明显，如此严苛的规定在新闻工作中非常少见，当时之所以提出来，是因为事件共谋者位高权重。事实上，根据后来披露的资料，白宫的确曾讨论吊销由伯恩斯坦和伍德沃德的雇主《华盛顿邮报》持有的电视执照（Porter，1976）。

事件中对事实查验的极端运用是报纸和电视台用以自保的防卫策略，它再一次显示出，专业实践可以满足组织需求。此外，伯恩斯坦-伍德沃德的报道显示出，对事实的识别和发掘植根于日常方法当中，正是这些方法赋予社会现实以意义。

让我们对照一下伯恩斯坦-伍德沃德的报道与有关琼斯夫妇的虚构故事。罗伯特·琼斯和菲伊·琼斯之所以被认定为夫妇，而不是"宣称的夫妻"，是因为他们相互达成了一段历史，与自我呈现的夫妻身份吻合。只要他们的行为举止符合人们对已婚夫妇的期待，那就没什么必要查证他们的夫妻身份。但是，伯恩斯坦和伍德沃德挖掘出来的任何事实，却都与位高权重的政治人物的自我呈现和普遍理解相悖。譬如，他们的报道将总统认定为骗子，如果我们把这个事实当作一个"指示物"（或者用常人方法学的术语，索引性的殊相①），它很明显与表示责任和权力的其他指示物相矛盾。[2] 此外，人们普遍认为，"骗子"和"总统"这两种身份水火不容，各自对应着风马牛不相及的种种殊相。鉴于"总统是个骗子"这一事实与常识相悖，就需要对额外的事实展开额外的验证工作，唯此方能将总统抛入全新构造的身份之中。

换言之，为了充实某一条宣称的事实，新闻人需要累积一大堆宣称的事实，而这些事实在被整合到一起的情况下，就可以在个体和集体层面自我确认与验证。它们通过相互指涉，共同构筑起一个事实性网络（web of facticity）：个别事实合理化整体（故事是真实的），反过来，整体（所有事实）证实个别事实（特殊的指示物）。这些事实彼此相互验证，让新闻人只需要谈论骗子总统，便可以说总统是个骗子。这种相互啮合、内在一致的事实性，将总统视为个体，而不是职位或机构；进而将总统这个骗子建构成"阴险狡诈"（一系列道德特质）的典型。

我们也可以换一种方式来看待总统是骗子这一表述，以此把握事实、消息源和共识三者之间的相互啮合。假设一下，我们或许无须搜集

---

① 索引性的殊相（indexical particular），殊相（particular）与共相（universal）相对，大致等同于特殊和一般。关于常人方法学及索引性概念，参见本书第9章相关讨论。

与该总统相关的相互自我确认的事实,而是力图重塑总统职位的社会和道德属性。譬如说,人们或许可以剥夺这一要职的神圣性,对总统职位加以去正当化;又或者,人们可以说,总统办公室也只不过是一个政治部门(尽管更有权势),就跟设在芝加哥选区的民主党俱乐部负责人办公室差不多。[3]在这种去神圣化的情境之中,人们将总统与选区跟屁虫相提并论。由此,事实被用来保护人们免遭有权有势者的打压,而不是拿来维持媒体公信力,对抗将总统视为正当领袖的日常理解。[4]

无论是伯恩斯坦-伍德沃德的报道手法,还是我们设想的可能的替代方法,记者都是在从事特定的理论活动,通过建构意义来理解世界。但第二种替代性的方法,即剥夺总统职位的正当性,却会危及新闻工作的根基。挑战掌控集中化信息的机构的正当性,将会令新闻网土崩瓦解。倘若整个官场都腐败不堪,它的事实和事情也就只能被看作宣称的事实和宣称的事情。相应地,要想填满新闻产品的版面或时段,新闻机构就只能运用替代性的、经济的方法,寻找能够充当新闻的各类事情和事实。譬如,如果日常生活的各类机构都丧失了正当性,那么由婚姻登记处提供的事实也就会变得可疑。记者也就不能再致电婚姻登记处,查证罗伯特·琼斯和菲伊·史密斯·琼斯到底是不是夫妻。概言之,累积相互自我确认的事实,既让新闻人完成新闻工作,同时也将日常世界中的种种存在,包括政府部门与工厂、政治与官僚、公交时刻表与班级花名册,重构为历史给定之物。[5]

诚然,上面这两个例子比较极端,而且它们也没有触及事实对于维持公信力和赶上截稿期限的必要性。[6]指出人们并不会挑战琼斯夫妇的婚姻,但却要求相互确认的事实来指认总统是个骗子,确实是在就显而易见的问题多费唇舌。而伯恩斯坦-伍德沃德对水门事件的报道更多是不定期的报道,而不是突发新闻。这一切都不无道理。不过,这两个案例的对比凸显出,新闻本质上仰仗对社会世界的公认理解。

孤立地来看,个别事实没有任何意义。实际上,即便是"2+2=4"这么简单的命题,也只有在特定的数学体系或理论中才成立。只有通过将由其他有序事实所构成的框架加诸其上,我们才能确认事实性,并赋予事件以意义。在伯恩斯坦和伍德沃德的报道中，可以看到对事实的特定理解。这类理解在受制于截稿期限的新闻业随处可见。在以下这两个例子中，新闻人都通过提供补充性的证据来赋予新闻报道以事实性。

一天晚上，《滨海日报》助理主编看到一篇"音乐大师"逝世的讣告，他跟本地新闻编辑说，讣告能不能"更客观一点"。他问对方，"我们怎么知道"逝者是一位"大师"，而不是跟小镇乐团一起表演的"微不足道的音乐人"？本地编辑回复说，讣告的后半段提到，这位已故的音乐人曾经和约翰·菲利普·苏萨①一起表演。两位编辑都同意，这一额外的事实合理化了"音乐大师"标签，让它成为事实陈述。[7]

在第二个案例中，搜集更多事实也被当作确认个别事实的手段。一篇见报的新闻说，在1968年的学生示威游行现场见到"共产主义宣传品"。一位记者读到这篇报道后，批评编辑对稿件的处理很"糟糕（不客观）"。她认为，这篇稿子应该囊括更多"事实"，比如具体有哪些宣传品、书名都是什么。尽管这位记者也觉得"共产主义宣传品"这个标签可能无法准确描述每一部作品，但她还是坚持认为，这种呈现方式更"客观"。它可以为最初宣称的真相提供"事实"（书名）支撑。此外，这些宣传品的名称也可以让读者自行评估"共产主义宣传品"这一描述是否准确，是否反映了事实。

当然，人们或许会问，什么样的书籍材料才能贴上"共产主义宣传品"的标签：是《资本论》《共产党宣言》，还是学生争取民主社会组织（SDS）②的小册子？但哪怕只是抛出这个问题，其实也就是在确认我们习以为常的假设，即补充性的事实有助于评估和确认真相。不然的话，为什么这些书名就能够确认或否认共产主义宣传品的存在？此外，询问

---

① 约翰·菲利普·苏萨（John Philip Sousa，1854—1932），美国作曲家、军乐指挥家，被誉为"进行曲之王"。他所作的军乐曲中，最著名的有《星条旗永不落》《自由钟》《永远忠诚》《雷神进行曲》《华盛顿邮报》等。

② 学生争取民主社会组织（Students for a Democratic Society，SDS），是20世纪60年代活跃在全美的全国性的学生运动组织，"新左派"（the New Left）运动的代表性团体。SDS成立于1959年，在风起云涌的学生运动浪潮中迅速发展，到20世纪60年代末，在全美范围内建立了超过200个校园分会和3万名支持者。关于SDS与大众传媒之间的关系，参见吉特林的著作《新左派运动的媒介镜像》。

具体的作品名称，无形中接纳了共产主义宣传品这一指示物的存在，并将它放到美国利益或资本主义利益的对立面。倘若美国利益和资本主义（或反共产主义）利益不是一回事，在学生反战游行现场出现共产主义宣传品这件事，便是不相干的事实。在那种情况下，学生在集会现场兜售 SDS 小册子，就跟信众在教堂义卖市场兜售《圣经》一样，没什么新闻价值。[8]在相关报道中提及共产主义宣传品，足以诋毁参与游行的大学生，因为他们窝藏了一位擅离职守的反战士兵；这就好比在伯恩斯坦-伍德沃德的水门报道中，层层累积的事实让尼克松本人——而不是总统职位——名誉扫地。[9]

无法验证的事实

强调事实可以不断累积，也预设了事实可以被验证。正因为此，记者可以搞清楚琼斯一家到底是不是夫妇，水门事件同谋者的所作所为，已故音乐家与谁一起表演过，以及游行现场看到的宣传品的书名。但新闻人也必须应对无法验证的事实：理论上，这些事实可以验证，但在实践当中，或者在截稿期限之前，无法验证。为了以被认可的专业方式来应对这个问题，新闻人直截了当地接纳了事实和消息源的互嵌。因为与其将无法验证的陈述当作事实，他们宁愿把事实和消息源捆绑在一起。在共同呈现二者的过程中，新闻人创造并掌控争议，将它们转变为新闻。

重置事实性。[10]假如一位参议员宣称，在开发某种特殊型号导弹的进程中，美国落后于苏联。记者很明显无法在截稿期限之前查证该说法的真实性。他们或许永远都没办法找到足够的信息来评估这个说法是不是事实。记者只能（运用白纸黑字或者红口白牙）记录参议员说了"A"。对于新闻人而言，参议员某某说了"A"，这是一个事实，即便"A"是假的。

不过，无论是对新闻人来说，还是对新闻机构而言，这种报道方法都存在问题。首先，新闻消费者恐怕还是想知道"A"到底是不是"事实"，而新闻声称要向消费者提供他们想知道和需要知道的事情。其次，鉴于参议员的说法无法验证，假如报道没有呈现反对观点，新闻消费者可能会指责记者和新闻机构存在偏见（"偏袒"参议员）。比方说，如果参议员是共和党人，总统是民主党人，新闻消费者可能就会指责报纸偏袒共和党，因为唯一被报道的"事实"是共和党参议员的陈述。如果媒体刊登了参议员的言论，各种预料之中的批评就可能危及记者和报纸的公信力。

尽管记者自己没办法确认参议员的指控是否属实，但他可以联系某些人来加以确认。譬如，在这个虚构的案例中，新闻人可以问国防部长（民主党人），参议员所说的是不是事实。如果国防部长回应指控不实，记者当然还是没办法证明国防部长所说的就是"事实"，但他/她可以说，国防部长说了"B"。通过同时呈现参议员宣称的真相"A"和国防部长宣称的真相"B"，记者就可以说，自己公正地呈现了"故事的两面"，而没有偏袒任何一方的政治人物或政党。此外，通过呈现双方各自宣称的真相，专业记者在理论上允许新闻消费者自行决定谁在说真话。就像医生告诉病人有哪些治疗方案、各自的成功率如何，记者也是在为消费者提供备选项，借此免除自身的责任。如前所述，用来提供备选项的框架（framework），就隐含在由消息源预设的正当性所构成的情境之中。

将这个案例稍做扩展，有助于澄清由预设的正当性所构成的情境。在给出陈述宣称"B"之后，国防部长可能会指控参议员是在借国防议题玩弄权术。众议院军事委员会①主席，一位共和党人，则可能反驳国防部长的指责，称民主党政府情报不足，对武器开发的预算漫不经心，势必危害国家安全。第二天，一家和平团体的全国领袖召开新闻发布会，指责事件各方陷入军国主义争议，批评政客穷兵黩武，放弃可以达成世界和平与安全的外交手段。总统发言人可能会跳出来谴责和平团体

---

① 原文 House Arms Committee，应为 House Armed Service Committee，全称 The U. S. House Committee on Armed Services，即美国众议院军事委员会。

的领袖，称他同情共产主义，企图破坏美国政治进程。到此为止，总共有五个人（参议员、国防部长、众议院军事委员会主席、和平团体领袖、总统发言人）先后做出无法验证的表述，每个人都在呈现一个可能的现实。其中四个人代表掌控集中化信息的正规机构。只有一个人，即和平团体的领袖，挑战着新闻生产的情境。因此，新闻人既是在创造争议，也是在掌控争议。也就是说，围绕同一套具有正当性的现实，他们创造出四个不同的版本：民主党之于共和党的版本；立法部门之于行政部门的版本。即便是和平团体的代表，也拥有准正当性。当然，该团体的观点相对较弱，因为它缺少与这场具体争论相关的信息：它怎么知道政府没有尝试过外交渠道，但最后不得不放弃？但该团体的代言人拥有被认可的地位，代表着关注相关议题的民众，而不只是一个异见人士。

编辑们特别乐于强调正当化和准正当化之间的区别。譬如，在20世纪60年代的社会骚动当中，编辑如果打算削弱对某些民权领袖和反战团体的报道，就会问其他人："那家伙代表多少人？"当时，"新闻台"从来都没有播放过有关学生非暴力协调委员会①和SDS领袖的片子。编辑们知道，对不同团体活动的报道会赋予它们准正当性。他们担心，电视广播会帮这些质疑美国政治体系前提的团体招募到更多追随者。编辑们用来判断准正当性的模式建立在数字累加的基础之上：团体的成员越多，发言人的正当性越高。

一位条线记者曾跟我谈到她跑过的两个报道条线：妇女运动和城市政治。在比较二者的重要性时，她也运用了同样的论证逻辑。她说，美国全国妇女组织②的纽约分会大概拥有1万名成员。但相比之下，纽约

---

① 学生非暴力协调委员会（Student Nonviolent Coordinating Committee，SNCC），民权运动团体，致力于为年轻黑人在民权运动中提供声音。20世纪60年代初，美国北卡罗来纳州格林斯博罗（Greensboro）静坐引发的抗议浪潮中诞生了协调各地区抗议活动的中心组织——学生非暴力协调委员会。委员会成立伊始，即以非暴力斗争思想作为行动准则，先后参与自由乘车、黑人选民登记活动等非暴力斗争活动。20世纪60年代中期以后，SNCC开始宣扬"黑人权力"（black power）思想，主张暴力斗争，越来越激进，最终脱离了民权运动的实际而退出历史舞台。

② 美国全国妇女组织（The National Organization for Women，NOW）是美国全国性的妇女权利组织，成立于1966年，该组织在全美各州拥有550个分会。参见第1章有关贝蒂·弗里丹（Betty Friedan）的译者注。

市政府雇用了 30 万人。这位记者提到 NOW，这本身就意味深长，因为她根本没提到任何小规模的女权团体，而正是这些团体挑战着美国政治体系的正当性。[11]

更重要的是，依据我的观察，记者和编辑们从来没有挑战过民选或委任官员生产新闻的权利。实际上，他们的假设是，拥有正当身份的人士是在代表政府讲话。而其他人则必须证明他们能够代表一个渺无定形的实体，也就是公众。正如吉伯和约翰逊（Gieber and Johnson，1961）所说，这种区分就镶嵌在记者和新闻报道所运用的语言当中。他们发现，在加州某座城市的市政厅分社，记者们使用"本市"（the city）来指称政治人物（比如"本市正努力平衡预算"）。而市民则被称为"公众"（the public）（比如"本市正在尽全力平衡预算，公众在这场危机中也必须勠力同心"）。[12]

在具有正当性和准正当性的新闻人物以及渺无定形的公众之间，新闻人发展出一整套工作区分，并以渐变或分级的方式来报道他们宣称的真相，将之架构为事实。在这个过程中，具有正当性的消息源的权力同样发挥着重要作用。

事实归因或评估：记者和编辑处在制度化的新闻网当中，他们会积累关于复杂组织及组织间关系的经验。这些经验成为隐含在新闻判断中的神秘知识，正是靠着它们，新闻人做出如下三个概括：

1. 大多数消息源个体都别有所图。要想取得新闻人的信任，个体必须证明他/她作为消息源的可靠性。

2. 某些个体——譬如委员会首脑——所处的位置让他们比别人知道得更多。尽管他们可能别有所图，但他们的信息可能更"准确"，因为他们手头掌控着更多"事实"。

3. 机构和组织都会设置特定程序，用于保护机构以及与机构打交道的人。无论是这些机构作出的陈述，还是"不予置评"式的回应，其重要性都要依据新闻人对这些制度化程序的了解来加以评估。

每一项概括都凸显出一个关键假设，关乎如何开展新闻工作、寻找事实。第一项概括——消息源的可靠性——让新闻记者更青睐他们在制度化的条线遇到的消息源。要想证明自己的可靠性，消息源必须跟记者持续不断地接触。[13]第二项概括——某些消息源所知更多——基于一个专业假设，即事实之间的相互自我确证。一个人接触到的事实越多，就越有可能知道事件的真相。第三项概括建立在前面二者之上，此外，它也预设了正规机构内在的正直诚实。

　　新闻人将这三项概括混在一起，运用直觉判断哪些事情"讲得通"。下面这个案例显示出，新闻人更青睐制度化的消息源，而不是由普通百姓或当事人提供的信息。

　　一位父亲得知自己可能会遭到检控，起因是他对女儿疏于照管导致其死于囊性纤维症。听到消息之后，他赶到《滨海日报》的本地新闻部表达抗议，自陈清白。相关的新闻选题得到了郊区新闻编辑的批准，但却被地方新闻编辑和助理主编毙掉了。后者坚持认为，郊区新闻编辑应该更有头脑，而不是批准这种选题。他们之所以毙掉这个选题，是基于两个原因：一是这位父亲的故事版本包含着太多未解的谜团，二是编辑赋予警方行为的意义。正如其中一位编辑所说："当警方和地区检察官稍有动作，我们就知道有些事情不对劲。"他坚持道："报纸必须遵循法律步骤，沿着从逮捕到控告再到审判的正常顺序报道，除非报纸确信存在审判不公……在那种情况下，报纸就可以开足马力，为被告而战。"

　　这个案子存在太多未解的谜团。譬如，记者交上来的稿子没有说女孩生前有没有接受治疗。编辑们想知道，如果女孩没有遭到怠忽的话还会不会死掉。更重要的是，当地方新闻编辑致电警方，打听这位父亲的其他信息时，警方"三缄其口"。根据对警方程序的了解，编辑们觉得，警方应该是在考虑逮捕他。倘若没有呈堂证供，"警方不会逮捕"，编辑们据此得出结论，"这事儿准有猫腻"。要刊登这篇报道，编辑们就必须拿到"更多事实"，才能抵消对警方程序的合理评估。通过呈现补充性的证据，报纸便可以宣称自己做到了客观。正如一位编辑所说："这个故事，跟妻子被谋杀的故事差不多。死者的丈夫还没有被逮捕，但警方不许他离开所在城市。这个男人于是跑到城中所有报馆，试图洗脱还没安在他头上的罪名。如果一周之后男子被控谋杀，而我们已经登了他的说辞，那你说，我们的脸往哪儿搁？"

在对市民骚乱和示威游行的报道中，也存在不同消息源之间的内部层级。卡普西斯等人（Kapsis et al., 1970）发现，新闻媒体对骚乱的报道高度依赖警方的事实版本，而不是市民的讲述。[14]与之类似，对学生罢课的新闻报道引述大学消息源（公关专员和管理者）来估计有多少学生还待在教室里，尽管官方声明中存在着显而易见的自我利益。在工会罢工当中，新闻媒体引用工会领袖和企业发言人等具有正当性的官员——而不是普通工人或谈判代表，呈现他们相互冲突的事实陈述，来评估罢工的影响。[15]而对参议院水门事件委员会的报道，也更多聚焦委员会主席、民主党人山姆·欧文①和资深共和党人霍华德·贝克②，而不是其他几位参议员。

对引号的审慎运用：在根本意义上，不同层级的消息源的言论可能被引述为对真相的宣称，而对这些消息源的运用则被转化为一种技术手段，旨在拉开记者与被当作事实的现象之间的距离。他们在引述中呈现他人观点，由此创造出一个由相互自我确证的事实构成的网络。我将再一次聚焦《滨海日报》编辑之间的讨论，对此稍加阐述。

当时正值隆冬，气温逼近零度。一幢由外居房东所有的贫民窟建筑已经停止供暖数日。记者联系房东，房东称，他已经派人去修理供暖炉。但地方新闻编辑打电话给大楼，发现根本没人修理供热设备，于是他将这个"事实"加到记者的稿子中。助理主编审完稿子，要求地方编辑多联系几位大楼租客，增加稿子中提到的名字数量。他解释说，"要是你能给我更多（租客的引语），我就登"。过了一会，他又重复道，希望稿子能够引述更多消息源，因为"我遇到过太多麻烦了"。如果没有

---

① 山姆·欧文（Sam Ervin，1896—1985），全名小塞缪尔·詹姆斯·欧文（Samuel James Ervin, Jr.），1954年当选参议员，在参议院内以宪法专家和捍卫者闻名。1973年，在水门事件中，欧文领导由七位成员构成的水门事件委员会，通过电视听证会，成为家喻户晓的"英雄"人物。

② 霍华德·贝克（Howard Baker，1925—2014），全名为小霍华德·亨利·贝克（Howard Henry Baker Jr.），美国政治人物、外交家，1967年至1985年担任美国参议员，先后任参议院少数党领袖和参议院多数党领袖。在水门事件中，担任水门事件委员会副主席。1985年从参议院退休后，担任总统里根的白宫幕僚长。

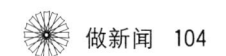

支持性的证据，稿子就可能有诽谤之虞。

添加更多名字，引述更多引语，也就是增加相互决定的事实；新闻人让其他人表达出他们想要的观点，借此与报道拉开距离。譬如，记者通过让其他人说出他们自己的想法，而将自己的观点从报道中剔除出去。这里仅举一例。南卡罗来纳州奥兰治堡（Orangeburg）黑人学生遭枪杀事件①发生之后，某个关心事态发展的团体拜访了一位联邦检察官，要求他对事件采取行动。② 事后，记者采访一位部长，问他对检察官的行为有何回应。部长回答说："对于发生的事情，我们表达严重关切。但很遗憾，我们的关切招来这种回应，回应者真的没有意识到，当有人遭到杀害，肯定会引发大量情绪。你在这时候叫大家放下一切朝前走，恐怕没有照顾到这些情绪。"记者追问："简而言之，你是否对此不满？"部长回答："我觉得，这是不必要的冷酷。"他停顿了一下："或者说，粗鲁。"在我们离开之后，记者跟我解释，他之所以采访这位部长，就是想拿到这些表述，避免在报道中带入主观意见（editorializing），称联邦检察官鲁莽行事。

引号所发挥的作用不仅是将记者的声音从新闻报道中剔除，表示"这一说法属于其他人，与记者无关"。此外，它们还会被用来表达"所谓"之意。譬如，在20世纪60年代，（不加引号的）新左派（the New Left）③ 指

---

① 指奥兰治堡屠杀（Orangeburg Massacre），美国民权运动中最暴力的事件之一。在1964年《民权法案》（Civil Rights Act）通过以后，美国南方的种族隔离政策已经在官方层面废止，但南部实际上仍存在针对黑人的歧视。1968年2月初，南卡罗来纳州立大学学生抗议当地一家保龄球馆的种族隔离政策。2月8日晚，数百名学生在大学校园集会，并点燃篝火，警方到达抗议现场，在小规模冲突过后，警察对集会学生开枪，导致3名黑人学生遇难，20余人受伤。奥兰治堡屠杀发生时，正值越战中的新年攻势爆发，因此，事件没有得到太多媒体关注。事件在黑人社区引发震动，导致在南卡罗来纳州首府哥伦比亚发生大规模游行抗议。在1969年的审判中，9名巡警被判无罪。学生非暴力协调委员会（SNCC）成员克利夫兰·赛勒斯（Cleveland Sellers）也在事件中受伤，后因煽动骚乱罪名被判入狱7个月，于1993年被赦免。

② 1968年2月22日，美国司法部在部长拉姆齐·克拉克（Ramsey Clark）的领导下，签发法庭令，要求涉事保龄球馆向黑人开放。在事件发生后，拉姆齐·克拉克还曾严厉批评南卡当地开枪的警察，说他们"丧失了自制力，犯下了谋杀罪行"。

③ 广义上的新左派指的是20世纪50年代末和60年代初在西欧和北美出现的范围较广的左翼社会运动。该运动经常与20世纪60年代的学生激进主义画等号，在1968年的大规模抗议（特别是1968年法国的五月风暴）中达到顶点，不过，它也可以在狭义层面指这些运动内部的某些特殊部分。在美国，新左派脱胎于学生社会主义运动，最重要的新左派组织是学生争民主社会组织（SDS），也即作者在这里所说的"特定团体"。

的是一个特定的团体。而（加引号的）"新左派"（the "New Left"）指的则是一个自称新左派的团体；在这种情况下，该团体的正当性遭到了质疑。

一位记者采访了一场反征兵大游行，深受触动。但在稿子中，他使出浑身解数，加了很多引号，以此取悦编辑，因为他知道编辑反对这场游行。他写道：

> 昨天，数千人涌入阳光明媚的（城市）公园，参加了一场"无比成功的"反征兵、反战集会，当（数百位）年轻人交出他们的征兵证时，集会达到高潮。
>
> 这场持续2个半小时的示威游行的主旨是，"新左派"运动发展势头良好，必须进一步扩大，以便终止美国当前的政策，"建造一个我们不会耻于生活其间的美国"。
>
> 城市公园中的全国抵抗日抗议活动，同时在跨越东西海岸的60余座城市中举行。今天，市区会举行"政治研讨会"，至此，持续两天的抗议活动将告一段落。
>
> 尽管城市公园的集会活动参与者众，而且大多数都是年轻人，但当天的集会相对较为平静，没有严重暴力事件发生。负责警局特遣队的滨海市警察局副局长（约翰·史密斯）称，"现场只发生了两三起打斗，很快就停手了，这破坏了原本完美的一天"。

前三段中的引语出自集会现场的演讲，只不过，报道并没有明确指出对应的消息源姓甚名谁。尽管记者本人赞同所有声明和引号里的表述，这些引号让他可以宣称自己没有在报道中带入个人观点。引号因而成为专业人士的技术手段，强化了新闻报道的真实性，保护记者免受上司责难。这位记者的立场与编辑们不同，他对示威者抱有同情，但他还是拿到了大多数示威游行的报道选题。倘若他表露出自己的同情，恐怕稿子就要被大改特改，甚至干脆再也拿不到类似选题。但实际上，他的稿子并没有被大幅删改。在编辑部内部，编辑们还对这位记者的工作赞赏有加。其结果是，这位记者通过遵循搜集事实的专业程序，操纵了自己的上司，带入了个人的观点。[16]

当然，对引号的运用也镶嵌在新闻网中。记者先要有消息源，才能加以引用。但就像事实可能无法验证一样，消息源也可能无法生产出适当的引语。此外，新闻机构有时候希望呈现对事实的分析，刊登或播发表达特定观点的新闻报道，而它们独立于由相互确证的事实所构成的连锁网络。新闻人在时间和空间中的官僚式排兵布阵，转化为新闻产品在形式层面的特定属性，让直截了当的阐释性分析成为可能。[17]

事实与新闻呈现的形式

记者按照领地、机构和话题四散开来，与此相对应，报纸或新闻广播也被切割成不同的单元。一张报纸通常会划分出若干板块和版面。位置靠前的版面刊登事实性的（客观的）综合新闻，它们有可能来自新闻网上的各处地方。体育、女性和财经新闻等专门化的报道主题，则出现在相对靠后的版面，自成一叠。记者充当事实来源的综合报道，则要么出现在社论版，要么出现在"社论对页版"（"op ed" page）①。对报纸而言，这项规则存在两个例外。一个例外是软新闻特稿不会受制于事实性网络中关乎再现的专业要求。不过，对某些报纸而言，这项例外也存在限度。譬如，在《纽约时报》，综合性的软新闻最多只能登上 B 叠头版。另一个例外则是"新闻分析"。一篇文章只要贴上"新闻分析"的标签，就可以堂而皇之地出现在综合新闻版上。

电视新闻节目也发展出类似的形式划分。地方新闻节目会为体育报道和天气预报安排专门的时段。有些节目会在新闻广播后面留出两分钟时间，播发社论和编辑回应。时长达一个小时甚至两个小时（比

---

① op ed 为 op（posite the）ed（itorial page）的简称，即与社论版相对的版面，多发表由非本报评论部员工或专栏作家撰写的署名评论文章，不代表报纸立场，与社论（由本报评论部员工撰写的非署名评论文章）和读者来信均有所不同。

如 WNBC①工作日的晚间新闻节目）的新闻广播会在预先设定的时段循环播发特稿，包括电影评论、消费者报告和调查报道（连续五天，每天 5 分钟，聚焦单一话题）。全国性的新闻广播也会将时间安排用作形式化的工具。譬如，晚间新闻节目（与某些地方节目类似）经常会在结尾播出"引人回味"的特写故事（"kicker"）②，轻轻地"踢"一下观众，让他们会心一笑，结束观看。以 CBS 的新闻节目为例，查尔斯·库拉尔特③的"在路上"系列报道④就是这样的特写故事。而记者充当消息源的报道可能会被贴上特殊的标签。譬如，每当埃里克·塞瓦赖德（Eric Sevareid）在 CBS 新闻节目中缓慢庄重地分享他的智慧时，电视屏幕上就会打出"新闻分析"或"评论"的字样。而沃尔特·克朗凯特在介绍他出场的时候，总是会明确地说，有请塞瓦赖德分享"他的观点"或者"他的评论"。

  这种形式化的工具在普通报道和存疑的报道之间设置了一道屏障。就像引号理论上拉开记者和报道的距离，暗示引号内的材料可能存在疑点一样，"新闻分析"标签也意味着，相关的材料既不代表管理层的观点，也未必"真实"，而只是记者对"事实"的阐释。读者或观众需要依据记者在以往的报道和新闻分析中体现出的资质和态度，来判断是否应当相信并接纳他们提供的信息。新闻媒体专门给某些报道打上不同于

---

  ① WNBC，又称第 4 频道（channel 4），是 NBC（全国广播公司）电视网旗下的旗舰电视台，位于纽约。
  ② 在新闻业，kicker 有多重含义，对报纸而言，它指的是主标题前的"引题"，意在吸引读者注意。此外，kicker 也指整篇报道的最后一段，意在概括全文主旨、提供让人印象深刻的结尾。对电视新闻而言，kicker 是节目最后播发的软新闻，通常是明快的、搞笑的或感人的故事，一方面用于灵活调整时间，另一方面则是给节目一个"光明"的尾巴。
  ③ 查尔斯·库拉尔特（Charles Kuralt，1934—1997），原文误写为 Charles Kurault，美国新闻从业者，从 1957 年开始长期在 CBS 供职，先是在沃尔特·克朗凯特主持的 CBS 晚间新闻节目中负责"在路上"系列报道，后来担任 CBS 周日早间新闻主播长达 15 年（1979—1994）之久，在近 40 年的职业生涯中，赢得包括 13 项艾美奖在内的奖项。
  ④ "在路上"系列报道于 1967 年在 CBS 晚间新闻开播。节目中，查尔斯·库拉尔特驾驶房车，跨越美国全境，采访各色人等，并讲述普通人的故事。节目播出早期，正值美国社会动荡，夜间新闻充斥着战争、骚乱和游行示威的消息，而"在路上"则提供了"两分钟的停火"（《时代》周刊语）。

"客观事实"的标签,意味着绝大多数新闻报道呈现的都是事实,它仿佛在告诉消费者,"我们这家新闻机构严肃对待事实报道和阐释报道之间的区别"。

不过,就跟硬新闻和软新闻的情形一样,新闻人也很难在事实和阐释之间作出区分。我在滨海市观察记者工作时,曾经问他们:"客观报道和新闻分析之间有什么不同?"在所有问题里,这是最难回答的一个。几位记者和一位助理本地编辑不愿意用言语表达他们的"专业直觉",因此都推说不知道。当我向地方新闻编辑抛出这个问题时,周日版主编笑了笑,拍了拍他的肩。这位地方新闻编辑同时在一所当地学院兼任新闻学教授,他回答了我的问题。他先是不着边际地东拉西扯了好几分钟,然后说道:

> 新闻分析意味着价值判断。纯粹的新闻报道无论如何都没有价值判断……你不能拿掉"新闻分析"这个标签,乱说一气。不,这时候编辑脑海中就会拉响警报,他会想,"这篇稿子有很强的倾向性,我得想办法摆脱干系"。读者可能会觉得"新闻分析"这个标签……严肃沉闷,但关键在于,稿子见报的时候,里头有很多没有事实支撑的价值判断。

不过,他无法说明,哪些因素决定着"没有事实支撑的价值判断"的数量和程度。与事实的发掘一样,对价值判断的判定也取决于专业直觉,包括消息源的可靠性和报道选题的本质。

在新闻人看来,事实和价值判断之间存在着"直觉上很明显"的区别,但却很难解释清楚,这其实再正常不过。首先,要面对这一问题,就要认识到,对事实的发掘在很大程度上嵌入到对日常世界的具体理解当中。如前所述,这些理解预设了各类现存机构的正当性,构成了新闻网的基础。要去检讨事实和价值判断之间的区别,就要意识到,新闻作为知识,本质上带有索引性和反身性。就要承认,新闻架构日常事件的截片,而不是像镜子一样反映现实;美国新闻专业人士的活动意在维护美国的政治体系,就像苏联的新闻记者倾向于维护他们自己的政治体系一样。此外，它也意味着不应该再将新闻看作对真相的苦苦追寻。

其次，想要搞清楚事实和价值判断之间的区别，就要挑战既有的讲故事的专业技能和手法。这些技能一方面确认区别的存在，同时也让记者得以作出相应的区分。新闻人将事实与硬新闻和特定叙事模式联系起来，并将软新闻与一套全然不同的模式关联在一起。

吉特林（Gitlin，1977）戏仿了硬新闻的叙事模式，他将之比作一部老电视剧中的台词，"只要事实，女士"①。这种戏仿很能说明问题，因为它脱胎于老记者的导语，牵涉到何人、何事、何时、何地、何故和如何，它们构成了新闻报道最基本的六要素。譬如，前文提到的那位运用引号撰写反征兵集会报道的记者跟我说："首先，我会先写最重要的事情……多少人在现场——这才是故事的要点……他们交出了多少张征兵证……在第二段，我会定下基调。然后我会报道演讲内容。硬事实先行。"

这位记者意识到，其他人可能会将不同的事实视为报道的要点。在浏览了一份下午报的相关报道之后，他说这篇报道"存在偏见"。他抱怨道："（在集会现场）有数千人，除了极少数之外，剩下的人都很平和。但（这位记者）却把一桩暴力事件放在报道最前面。"但只要这两篇报道都遵循了专业的叙事技巧，它们就都可以声称自己满足了硬新闻的事实性。譬如说，报道可以运用经典的"倒金字塔"式新闻叙事（这种叙事风格普遍存在于各种非虚构作品当中），在导语之后将相关事实材料按照重要性从高到低铺陈。[18] 又或者，报道也可以采纳并列式结构，全文包括一连串导语，每一条导语后都紧跟着相关的事实充当证据。正如新闻学教科书（例如，Hohenberg，1962）所说，每一种形式都承载着事实性，都可以加快专业的新闻工作，因为它们让编辑得以从稿子的末尾向前看，根据版面情况，做相应的删减。

软新闻体裁，或者说不定期的新闻报道，其叙事形态多种多样，与

---

① 原文为 Just the facts, Ma'am，普遍认为该句语出 20 世纪 50 年代的美国经典犯罪剧《法网》（Dragnet）主人公乔·弗莱迪（Joe Friday）警长，意思是他在审问女性嫌犯的时候，要求对方只讲实际发生了什么，不必润色或夸大。不过，也有人指出，弗莱迪在剧中从来没有说过这句台词，该句源自一出针对《法网》的广播讽刺节目。

"导语-支撑材料"式的结构有所不同。譬如，开篇的语句可能会翻转一些词语；全篇可能会采取倒叙手法，先呈现未注明来源的引语或概括，随后再具体说明其来源。文章可能有一个出人意料的结尾，就像埃德加·爱伦·坡①的短篇小说一样。它可能以动机或人类品质来描绘动物和无生命的物体，可能会戏仿；它也可能从一个叙述者跳到另一个叙述者，制造悬念，引出结局。概言之，这类报道绕开导语-支撑材料式的结构，绕开事实性模式，给编辑工作带来很大困难。与受制于截稿期限的新闻报道不同，这些报道不受常规约束，需要编辑不定期地处理。重要的是，由于特写报道调用不同的叙事模式，它们被认为需要特殊的专业技能，特别是轻盈的书写方式，而不是重拳出击堆砌事实。

特写报道所需的特殊技能并没有挑战专业主义，而是对其构成了补充。倘若综合性的编辑能够编校特写报道，标题作者能够撰写补充式的戏仿作品或笑话，电视片编辑能够制作持续数秒的精准调校的镜头，他们都会引以为傲。实际上，鉴于特写报道需要特殊的专业技能，它们与头版上刊登的专题报道非常相似。《滨海日报》助理主编曾以过来人的身份跟我讨论新闻工作。他说，对于那些登上头版的时尚、体育或财经报道，编辑必须多加留意，因为一般读者或许并不熟悉其中的特殊用语、假设以及新闻架构所处的绵延不断的情境。这种与特写报道的相似性显示出，综合性新闻可以被描述成由相互自我确证的事实构成的网络，经此，综合性新闻最重要的特质——嵌入日常理解之中的相互吻合的事实性——得以达成。

寻找事实

叙事模式的观念也引导着记者找到适当的事实。以什么方式呈现事

---

① 埃德加·爱伦·坡（Edgar Allan Poe，1809—1849），19 世纪美国诗人、小说家和文学评论家，美国浪漫主义思潮的核心成员、美国文学的代表人物，以诗歌和短篇小说创作闻名，著有小说《怪诞故事集》《黑猫》《莫格街谋杀案》等，被公认为侦探和推理小说体裁的开创者。

实，决定了要问哪些问题。[19] 让我们来看两则看似完全不相干的新闻故事。在第一个故事中，一个幼童从敞开的公寓窗户跌落身亡。在第二个故事中，州长的长孙女①死于幼儿肺部疾病。在充当新闻素材方面，这两则故事有着本质的不同：普通人家的幼儿死于寻常疾病，这样的故事没有内在的新闻价值，但州长的长孙女之死则不然。相比之下，对公寓幼儿意外身亡的报道，意在警示新闻消费者，提醒他们在炎炎盛夏留心敞开的窗户。此外，公寓幼童之死由综合记者报道，而州长的长孙女之死则由政治记者负责。

不过，报道这桩事件的政治记者简·莫里斯（Jane Morris）告诉我，用来处理公寓意外的框架引导着她对州长的长孙女的报道。在阅读报纸的时候，她和其他记者一样，都会问自己，我的同事跟谁接触拿到了这些信息？为什么信息会被放在这里？通过阅读公寓意外的报道，她发现，那位记者跟邻居攀谈，了解意外身亡的幼童的情况，以便详细描述他的个性。她特别提到了这一技巧，因为从父母嘴里打听刚刚离世的孩子的情况，实在是叫人无法开口。因此，在接到州长的长孙女身亡的报道选题之后，她致电州长的朋友和"政界邻居"，了解他孙女的身体特征和个性。

与之类似，借助事实性的框架，新闻记者可以将更不相干的事件归拢到一起。譬如，任何突发新闻都可以被称为"火灾故事"，因为在这些报道中都可以运用寻找事实的常规技巧。在哥伦比亚大学举办的一场有关联合国报道的跨学科研讨会中，一位供职于纽约某报的联合国条线记者感叹，相关报道中存在着一些固定不变的主题，比如美国对阵苏联的冷战体育戏码。他建议，新闻媒体需要提供更多深入的背景介绍、解释和分析。不过，当被问到他自己可曾做过其他类型的报道时，他笑容满面地说，自己曾报道过拉瓜迪亚机场的炸弹爆炸案。尽管在爆炸案和他现在的条线之间存在着明显的距离，他充满热情地说："我喜欢报道

---

① 此处原文为 grandchild，未明确性别，但下一章同样提到了这一案例，写的是 granddaughter，因而此处亦翻译为"孙女"。

火灾!"他的感叹,叫人想起新闻人彼此之间的专业批评,"他连报道火灾都不会"或者"他就只会报道火灾"。[20]因为火灾是最基本的突发新闻故事,靠近硬新闻叙事剧目的核心。在应对一种人所共知的形式时,即便记者试图找到那则故事独一无二的角度,他们也知道该找哪些集中化的消息源、寻找哪些事实(Altheide,1976)。

"火灾""审判""政治大会""丧命的孩子""总统之死",这些人所共知的故事形式(导语-支撑材料),对应着特定的事实和消息源,因而能够降低新闻原材料的独特性。在新闻人眼中,这些设定故事形式的不同方式构成了专业工具和新闻类型化的扩展。不过,它们也有可能将记者引向错误的结论,因而妨碍到相关的报道。譬如,无论是在新闻叙事中,还是在消息源的不同层级中,都暗含着有关总统权力的预设。这套预设让新闻人确信,林登·约翰逊理所当然会在1968年新罕布什尔州的民主党初选中获胜(Tuchman,1972:673,674)①。同样的预设让他们相信,尽管约翰逊在初选中遭到挫败,但他肯定会寻求连任。当然,约翰逊最终"打破"了这些预设,宣布不再参选,由此创造出一桩"惊天大新闻"。

正如第3章所述,在对这桩"惊天大新闻"的处理中,我们可以看到新闻媒体对既有叙事形式的依赖。在搭建事实性网络的过程中,我们所熟知的各类常规也建立起来。无论是援引卡尔文·柯立芝的先例②,寻求(依据权力层级和代表性选定的)具有正当性和准正当性的领袖的回应,还是期望通讯社生产出特定的新闻报道,都证明所谓专业知识,关乎向合适的消息源提出合适的问题。所有这些都显示出,事实性网络(以及它对既存社会和政治机构的间接确认)无所不在,它一方面引导记者搜寻新闻,另一方面不断地将自身重构为新闻的框架。

---

① 参见本书第3章66页脚注②。
② "援引卡尔文·柯立芝的先例"是指媒体在报道约翰逊总统不再寻求竞选连任时引述柯立芝当年不再竞选的发言,参见第3章的相关讨论。

注释

[1] 甘斯（Gans，1972）指出，对他所观察的电视网记者和全国记者而言，诽谤并不是主要的关切。不过，在弗兰德利（Friendly，1976）的研究中，我们能够看到诽谤之于公信力的重要性。他指出，在联邦通信委员会（FCC）拟定的公平原则（Fairness Doctrine）中，特别强调了回复诽谤中伤的重要性。（我在第 8 章中会简略讨论这一问题。）

[2] 关于赋予社会现实以意义的方法的相关讨论，参见英文原书第 188～191 页。

[3] 尼克松总统曾经尝试过这种策略，他散布消息，污蔑约翰·肯尼迪和林登·约翰逊等前任总统的政治活动。

[4] 与有关无权无势者的事实相比，有关有权有势者的事实要更加谨慎地处理。拉瑟（Rather，1977：119）回忆报道约翰·肯尼迪遇刺身亡时的情况："我手上有什么？哦，我有医院的一位医生，他说总统已经去世。一位牧师也非常肯定地说，总统已经去世。此外，还有医院的办公室主任，他告诉艾迪·巴克尔（Eddie Backer，一位同事）总统去世了。如果你再了解一下得克萨斯州休斯敦的警察局……他们肯定也会告诉你同样的消息。"但在跟纽约的 CBS 总部连线时，拉瑟对于是否要在全国广播和电视上发布这则消息有了新的想法。他继续回忆道："但这位（宣称死亡的男子）可是美国总统……如果我有两秒的时间想一想这件事，或者如果有人问我，'你想让我们宣布总统身亡、奏响国歌吗？'我肯定会说，呀，别急，最好跟在其他媒体后面宣布。"

[5] 沿着伯格和卢克曼（Berger and Luckmann，1967）对舒茨（Schutz，1962，1964，1966，1967）的解释，我们或许可以说，记者由此将这些现象客体化。参见英文原书第 186、187、195～197 页相关讨论。

[6] 下面这篇读者来信（Newsweek，1977：16）颇能说明事实和公信力之间的关系："贵刊对巴基斯坦的报道长期缺乏客观性。观点或可不同——你们的观点肯定跟我的不一样——但事实却应该无可争议。军队的接管……发生在政府和反对派达成协议的前夜，而不是像你们报道的那样，是在'和谈'破裂的时候。而且，作为阿里·布托的女儿，我当时就在现场，我可以明确地告诉你们，总理在被逮捕的时候，并没有'蓬头垢面'、身穿睡衣。总理先生并不是从某个军人那里得知政变的消息，他没有蹒跚'穿过他住所的草坪'。他也没有养西班牙猎犬。你们没有准确地报道可以查验的事实，这让人感到遗憾和难过，在巴基斯坦政治议题上，这些报道误导了你们的读者。（署名）贝娜齐尔·布托（Benazir Bhutto），卡拉奇。"

阿里·布托（Ali Bhutto，1928—1979），巴基斯坦人民党创始人。曾先后担任过巴基斯坦总统（1971年12月—1973年8月）和巴基斯坦总理（1973年8月—1977年7月）。1977年7月在军方政变中被捕，1979年4月4日被处绞刑。贝娜齐尔·布托（Benazir Bhutto，1953—2007），阿里·布托长女，毕业于牛津大学，于1988—1990年和1993—1997年两度出任巴基斯坦总理，2007年12月27日遭自杀式袭击身亡。——译者注

[7] 值得注意的是，编辑们将客观性和对索引性的殊相之意义的公正评价混为一谈。客观性、事实与公正性的关系，参见第8章中的相关讨论。

[8] 或许一份村里的报纸会报道集市上卖的《圣经》和其他货品。

[9] 请注意，我在这里运用了记者的方法，通过增加额外的信息来让我自己的论断听起来更可信。因为，我指出这些学生藏匿了一位擅离职守的士兵。

[10] 用戈夫曼（Goffman，1974）的话来说，接下来的讨论触及一个"调音"过程，即将信息从一个多重现实转录到另一个多重现实。

[11] 与之类似，政治记者只会跟民主党人和共和党人（在纽约则是自由主义和保守主义政党）打交道。他们不会报道托派（Trotskyites）、进步劳工党（Progressive Labor Party）及其他挑战政治体系正当性的团体。

[12] 当然，这里也存在例外。在一场犯罪潮中，"城市"指的就是平民大众，譬如，"点44手枪杀手让整座城市陷入恐慌……"

点44手枪杀手（The 44-caliber-killer）又名"山姆之子"，原名大卫·伯克威茨，美国连环杀手，1976年夏天到1977年7月，先后犯下8宗枪案，杀害6人、伤7人，行凶时多使用一把点44斗牛犬左轮枪，因而得名"点44手枪杀手"。1977年被逮捕，后被判6次终身监禁。——译者注

[13] 涩谷保（Shibutani，1966）曾提到一个案例，一个即将执行死刑的纳粹战犯死在监牢之中，但新闻记者拒绝接受这一事实。等在监狱墙外的记者从守卫那里得到这一消息，在他们眼里，守卫并不是一个知名的、经过检验的消息源。（亦可参见Goldenberg，1975。）

[14] 这里牵涉到的议题，同样是集中化的消息源对于新闻工作的重要性，以及新闻工作又如何会正当化这些消息源。（亦可参见Glasgow Media Group，1976）

[15] 当然，某些工人偶尔也会被采访，但他们更多被当作象征。参见第6章对代表性、再现和象征的讨论。

[16] 工作班次的安排也让记者得以保护自己的政治观点，免受编辑的监督。这位记者每天早上8点上班，傍晚6点前下班。而处理他稿件的文稿编辑和排版编辑傍晚6点才开始上班。

［17］我用"直截了当的阐释性分析"来将这些报道与其他报道相区分。所有的新闻报道都是阐释性的分析，因为事实的识别都是阐释性的、前理论的活动。（参见 Garfinkel，1967；Zimmerman and Pollner，1970；以及本书第 9 章。）

［18］新闻报道亦可以被看作形式化的叙事。尽管流行文化更多用"叙事"来形容虚构作品，但任何故事都必定是叙事性的阐述，因为它们组织各类事物，而且拥有开端、中段和结尾。

［19］科学研究也可以被看作特定的叙事，引导科学家寻找事实（Gusfield，1976）。

［20］第一个说法来自一位报纸记者对一位同事的批评。第二个说法，是我所观察的电视台中的两位摄像对另一位摄像的批评。

第6章　再现与新闻叙事

要说新闻叙事可以激发出特定问题、忽视其他问题,这好像偏离了本书的观点。毕竟,这种看法强调新闻产品的形式特征引导着新闻生产过程,而不是把新闻视为特定工作组织方式的产物。不过,我们的确不能忽视形式的力量。让我们看一个语言运用中相对自足的例子:女性和儿童经常使用"你猜怎么着?"作为对话开场白,而另一方几乎只能以"怎么着?"来回应,这个开场白由此影响到夫妻之间、父母子女之间的对话和互动(P. Fishman,1978;West and Zimmerman,1977)。而艺术和文学批评家早就指出,与形式相关联的传统或惯例引导着艺术家和文学家的感知和探索过程。艺术和文学作品不仅反映它们所处的文化,而且直接跟艺术史和文学传统对话。

新闻叙事同样拥有自己的历史。在过去二十年间,电视新闻对胶片和录像带的运用不断变化,播音员最初对着摄像机朗读手持的稿件,如今则在播报中巧妙地整合声音和视觉图像。[1] 与之类似,自从本杰明·戴①创办《纽约太阳报》、引入大众报纸以来,报纸的语言和版式也在

---

① 本杰明·戴(Benjamin Day,1810—1889),美国出版商,最重要的成就是在1833年创办《纽约太阳报》,美国新闻史上第一张便士报。

不断变化和成长。20世纪20年代以降，报纸的导语变得越来越短。此外，报纸日益采纳杂志写作的技法，包括戏剧化的导语段落（Hohenberg，1962）。电视媒介将观众带入观看过程，同时将受众的注意力转卖给广告商，这在很大程度上推动着电视新闻传统或惯例的发展。[2]随着新闻消费者愈发依赖电视新闻，报纸也慢慢变得更加开放——句子更短，版面更明亮（洁白）。不过，无论是报纸还是电视，新闻工作者都将当代的形式惯例跟专业主义联系起来，其核心是如何在监督指引最小化的情况下讲好一出故事。

本章探讨当代的新闻叙事惯例，考察它们如何支撑组织层面和专业层面的工作控制。此外，我也会关注，这些惯例如何维系事实性网络。在我看来，新闻故事的形式特征不应该被视为自足的现象，而应该放到新闻工作组织安排的情境之中加以考察。

叙事作为一门手艺

对新闻工作者而言，构建叙事的能力是一种专业技能，需要在早期经年累月的手艺学徒期习得。市政厅记者站45岁以上的记者告诉我，他们在当勤务工的时候花了五到十年的时间才学会这些技能。而对于年轻一辈的记者来说，专门化的大学课程或者研究生教育磨炼了他们的写作技能。[3]无论是年长一辈还是年轻一辈，都需要超越倒金字塔或并列式结构这类公认的叙事形式，创造出一则故事，既维系事实性网络，又构造出戏剧张力。富有创造性的专业写作可能体现在一句巧妙的导语，翻转倒金字塔结构。从导语中拿掉"何事""何时"，或许可以激起读者的好奇之心。一个记者到底专不专业，或许就在于他/她能不能打破被职业写手当成圣经的规则。[4]

对某些记者而言，专业主义意味着编辑不大会对他们的稿子大动干戈。对其他人而言，专业主义意味着从来不看刊发的稿件，因为他们觉得编辑的改动要么冒犯了其自主性，要么违背了他们的初衷。对编辑而言，专主义意味着他们有能力重写记者的语句，以便找到存疑的问题，让稿子的主旨更清晰。无论是记者还是编辑，专业主义都意味着遵循组织的风格，在《纽约时报》之类的机构，这些风格要素会汇编成一本格式手册。

　　新闻叙事与其他叙事形式存在哪些本质上的不同？新闻写作的确具有某些鲜明的特征。譬如，新闻报道通常运用过去时态，标题则运用现在时态。新闻报道的段落较短，篇幅在一句到三句之间。句子通常不会超过20个单词，每个单词通常不会长于两个音节。字词的顺序也与口语有所不同，新闻报道会说"副总统斯皮罗·阿格纽①今天早些时候在得梅因的……一场会议上谴责新闻媒体"②，而不是"今天早些时候，副总统斯皮罗·阿格纽谴责了新闻媒体，当时他正在得梅因举办的一场会议上发言"③。[5]全国英语教师委员会④下设的公共双言巧语⑤委员会⑥指出，新闻写作造就了"新闻话"（news-speak）⑦，充满笨拙冗长的语

---

　　① 斯皮罗·阿格纽（Spiro Agnew，1918—1996），曾任马里兰州州长，在尼克松任期内担任第39任副总统（1969—1973）。任内经常抨击反越战分子，尖锐批评新闻媒体的自由主义倾向。1973年夏天，因马里兰州州长任内的勒索、受贿和逃税等指控遭到调查，面临被检控的风险，后于1973年10月辞职，是美国历史上第二位辞职的副总统。

　　② 英文原文 Vice-President Spiro Agnew earlier today condemned the news media at a conference of…in Des Moines，新闻句序将最重要的主谓宾放在最前面。此处的中文翻译已经打破了英文原文语序，因为若依照英文语序直译，中文不顺畅。遵照原文语序对译为："副总统斯皮罗·阿格纽今天早些时候谴责新闻媒体在一场会议上……在得梅因。"

　　③ 英文原文 Earlier today, Vice-President Spiro Agnew condemned the news media, while speaking at a conference of…held in Des Moines，中文翻译将"得梅因"提前，避免中文不顺畅。

　　④ 全国英语教师委员会（National Council of Teachers of English, NCTE），美国专业机构，成立于1911年，致力于"提高英语教育和学习，以及所有教育层次上的语言艺术"。

　　⑤ 双言巧语（doublespeak），又译"欺人之谈"，是指刻意掩盖、伪装、歪曲或颠倒词语意义，或者说故意用含糊（ambiguity）和委婉（euphemisms）的用词或说法来掩盖某件事的真相。双言巧语主要出现在商业领域和政治领域，特别是政治宣传中，譬如将"裁员"（layoffs）说成"削减规模"（downsize）、将"平民伤亡"说成"附带伤害"（collateral damage）、将"种族灭绝"（genocide）说成"种族清洗"（ethnic cleaning）等。doublespeak 源自乔治·奥威尔的反乌托邦小说《一九八四》，特别是其中的"newspeak"（新语）和"doublethink"（双重思想）这两个词。

　　⑥ 公共双言巧语委员会（The NCTE Committee on Public Doublespeak），成立于1971年，旨在追踪、曝光和批评商业广告及政治宣传中的双言巧语和欺人之谈。1974年，NCTE设立讽刺性的"双言巧语奖"（The Doublespeak Award），获奖者多为政治人物或政府机构，譬如，美国国防部即曾于1991、1993、2001年三度获奖。近年来，美国总统特朗普及创造出"另类事实"（alternative facts）表述的白宫顾问凯莉安娜·康韦先后获奖。

　　⑦ news-speak 是仿照《一九八四》中的 newspeak 生造的词语，newspeak 通常被翻译为"新话"或"新语"，因而，将 news-speak 翻译为"新闻话"。

句，塞满表达事实性的名词，"与此同时""其他地方"等陈腐的转折俯拾皆是。尽管新闻工作者常常谴责新闻话，但所有人都浸淫其中，这让我们更难描述和分析这套语言。分析者所处的位置，就像是莫里哀剧作《贵人迷》的主人公①，发现自己自始至终都在说着同一套文绉绉的话。不过，很明显，在文绉绉的新闻笔调和日常世界之间，存在着一层特殊关系：就像任何其他语言一样，它既架构话语，也达成话语。它既是感知，也引导感知；它重构日常世界。[6]

电视新闻片的语言是新近进化出来的异邦语言，所有人都知道如何翻译，却没什么人讲得出。正因为这套语言很快就可以被掌握，它让新闻的某些预设变得浅显易懂。作为事实性网络的视觉演绎，它也服务于新闻机构的利益，通过降低原材料的多样性来掌控工作步调。此外，它也服务于新闻工作者的专业利益，保护他/她的传播意图，让他们拥有自主权。

跟手写稿不一样，胶片和录像带能够最大化地呈现记者和摄像师的意图。我们可以对落在纸端的书面语加以修改，但却很难修正记录在胶片上的口头语，或者插入一个新的短语。也没有人能够改变摄像机和发言者之间的距离，或者图像的构图，除非重新拍摄。当然，局部的修正是可能的。譬如，可以改变镜头顺序，传达出违背被拍摄者或者拍摄者意图的观点。但是，在不重拍的前提下，修改的空间非常有限。这些限制意味着，跟统辖书面语和口头语的规则相比，统辖新闻片视觉语言的规则必须更加清晰明确、浅显易懂。

很遗憾，新闻研究者通常不会把新闻片看作视觉语言。相反，他们天真地认为，新闻片在捕捉现实的时候，不会强加自己的规则。当然，呼应朗氏（Lang and Lang, 1953）的早期论述，分析者可以探讨，摄

---

① 《贵人迷》（*Le Bourgeois Gentilhomme*），5 幕"戏剧芭蕾"（comédie-ballet）——融话剧、音乐、舞蹈于一身的艺术形式，由莫里哀创作，1670 年 10 月 14 日首演。《贵人迷》主人公汝尔丹家财万贯，醉心贵族生活。他模仿贵族的言谈举止、穿着打扮，一切以附庸风雅为本，却又出尽洋相。

像机的框架将哪些素材排除在外。但是，鉴于新闻片是动态影像，批评者难免屈服于所谓"具象的诱惑"。在沃思（Worth）看来：

> 我们总是会禁不住诱惑，认为图像事件——至少是那些"具象"[①]或者"写实"的事件——更有意义，因为它们作为符号，与"真实世界"之间存在着象似关系[②]；跟言语事件相比……人们更容易在生理层面识别出图像；也更有理由认可它们的存在。鉴于这种诱人的观点，我们甚至可以说，在人们观看图像的时候，根本无须借助各种规则、惯例和社会图式，只需要"自然而然"的识别过程，便能够解读出图像的意义。（1978：19，20）

然而，正如沃思所说：

> 贡布里希（Gombrich，1971）[③] 永远打破了这种诱惑，他让我们关注阿兰（Alain）发表在《纽约客》上的绝妙漫画……一旦我们面对台上的"模特"和台下的"作画者"，就很难再认为，所谓"具象"绘画是写实的，因为它归根到底取决于眼睛的观看方式。（1978：20）

因此，"具象"或"写实"（representational）这个词，无论是用在绘画和摄影作品上，还是用在新闻片上，都必然指向特定的规则、惯例和社会图式，正是它们，让特定文化的成员将某种做法视为"具象"或"写实"（参见图 6-1）。

---

① 此处"具象诱惑"和下一段"具象绘画"中的"具象"，英文对应的都是"representational"。在这里对照艺术创作，将"representation drawing"翻译为"具象绘画"，指将对应的对象物——无论是风景画中的树木、静物画中的苹果，还是肖像画中的人物——以肉眼所见的方式画出来。

② 象似关系（iconic relation），即符号和它的指称对象之间的联系靠的是各自性质的某种相似性。皮尔斯将符号分为象似符（icon）、索引符（index）和象征符（symbol），相应地，符号与指称对象之间存在三种关系：象似关系、指示关系（符号和所指对象之间的因果关系或时空连接关系）、象征关系（符号和所指对象之间约定俗成的关系）。

③ 厄恩斯特·H. 贡布里希（Ernst H. Gombrich，1909—2001），奥地利出生的英国艺术史家，1950 年出版《艺术的故事》（*The Story of Art*），被翻译成 30 多种语言。此处引用的是贡布里希的著作《艺术与错觉：图画再现的心理学研究》（*Art and Illusion：A Study in the Psychology of Pictorial Representation*）。

图 6-1① 阿兰创作的漫画（《纽约客》杂志版权所有）

人类学家曾对非工业文化中的纪录影片摄制惯例展开研究，这些研究发现，电视新闻同样建基于再现的惯例。阿代尔（Adair）、沃思（Worth）及其学生教会纳瓦霍人②、聋哑人和贫民窟的青少年操作摄像机和编辑设备，让他们自行拍摄镜头和片段。结果，这些制作人拍出的作品，以影像的方式再现了各自的口头语言和叙事传统。譬如，纳瓦霍人拍摄的默片包含着大量的行走镜头，将行走再造为两项活动之间的连接物，而这跟纳瓦霍人的口头叙事非常类似。影片的拍摄者费尽心思避开脸部的特写镜头。而且，有趣的是，与操英语的观众相比，纳瓦霍人更容易理解这些影片。沃思和阿代尔（1970：22）请一位只会说纳瓦霍语的观众观看双语纳瓦霍艺术家拍摄的默片，看她的反应。结果，这位

---

① 这幅漫画于 1955 年 10 月 1 日刊登于《纽约客》杂志。
② 纳瓦霍人（Navajo），亦作 Navaho。美洲人口第二多的原住民，人口大约在 30 万左右，大多数居住在新墨西哥州、亚利桑那州和犹他州。纳瓦霍人操阿帕切语（Apachean），属阿萨巴斯卡（Athabascan）语系。

观众说:"我不懂英语。整个片子都是用英语来讲(影片的主题),我听不懂。"

这位纳瓦霍人对默片的反应提醒我们,要避免具象的诱惑,将电视新闻片看作在专业层面和组织层面生产出来的新闻文化模式。诚然,新闻片总是将自己包装成真实的再现,而不是由固定的惯例所操纵的象征和符号。这种自我呈现具体体现在新闻工作者和影像制作人使用的一个词上,他们用这个词来形容对正在进行中的事件所拍摄的影像,譬如示威游行、战争、公众集会和其他看似无法搬演的事件。这个词,便是"现实性"(actuality)。不过,从那位纳瓦霍人的警告出发,我们必须认识到,电视片对现实性和真实再现的宣称,实际上一方面是在宣称事实性,另一方面是在用视觉手段演绎事实性网络。套用戈夫曼(Goffman,1974:450)的话来说,将再现惯例等同于事实性,让现实很容易遭到操纵。倘若将这些惯例视为巧妙的操纵,就可以将被拍摄的事件看作社会成就,或者说新闻工作的产物。

电视新闻片与事实性的文化定义

电视新闻片让人感觉不到一丁点对时间和空间的操纵,这让它染上了再现或写实的光韵。它对时间和空间的运用仿佛在说,事件的节奏步调和空间安排没有因应讲故事的需要而遭到任何篡改。鉴于新闻片不会摆布时间和空间,它呈现的也就更多是事实,而不是解释。换言之,新闻片与日常生活的节奏同步,而事实性网络就镶嵌在这种貌似中立——而非歪曲——的同步之中。跟报纸报道的建构一样,新闻片的结构也会刻意避开跟虚构相关联的惯例,借此宣称中立性和可信度。在失真或歪曲(缺乏中立性)与虚构作品的惯例之间画等号,既限制了影像语汇,也反衬了何为事实。这就好比报纸给某些文章贴上"新闻分析"的标签,反倒强化了没贴标签的报道的事实性一样。

先来看时间这个维度。在胶片拍摄中,时间是通过遵照每秒标准帧数拍摄的连续镜头来捕捉的（录像带则运用电子脉冲）。拍摄者可以改变每秒拍摄的帧数，来制造特殊效果。快动作可以带入喜剧效果，比如默片中的追逐镜头，或者《子女一箩筐》①（Gilbreth and Carey，1963）中一大家子拍摄的经典家庭录像。而慢动作则可以表达柔情蜜意。[7]在电视广告中，这类镜头无比常见，几乎要变成文化上的陈词滥调：一对情侣，披着柔软光亮的头发，露出闪亮洁白的牙齿，在风景如画的场景中，踩着慢动作，跳跃嬉戏。

倘若"新闻台"的摄像[8]不小心拍出了快动作或慢动作镜头，他们就会遭到上司的训斥。如果在放映过程中片子的节奏无法校正，通常情况下，片子就只能舍弃不用，因为它可能会损害新闻机构的公信力。不过，这一规则也不乏例外。

一个明显的例外是体育报道，在这类报道中，慢动作镜头可以让观众看清楚运动员的技巧技法，自行判断裁判的判罚是否准确。值得注意的是，在电视新闻广播中，体育报道会占据一个专门的时段，传统上，在这个时段，播音员会解释或分析体育明星和队伍的表现，并有可能偏袒主场作战的队伍。就像列举"共产主义宣传品"的标题（参见第 5 章讨论）一样，慢动作体育片也提供了书面的视觉证据，给节目增添了几分事实性的光韵。

第二种例外情况出现在货真价实的新闻片当中。无论是一个罪犯，还是一名高官，当事人下车，走到大楼门口，可能只需要 5 秒钟。但是，记者或许需要 10 秒钟来解释为什么画中人要进入这幢大楼。在这种情况下，摄像就会把设备调整到慢动作，同时避免拍到当事人的手脚或其他人移动中的四肢。罪犯或高官看起来需要 10 秒钟才能走到门口

---

① 《子女一箩筐》，英文原名 *Cheaper by the Dozen*，这里采用的是新版改编电影（2003）的中译名。原著图书初版于 1948 年，是小弗兰克·邦克·盖尔布雷斯（Frank Bunker Gilbreth Jr.，1911—2001）和欧妮斯丁·盖尔布雷斯·凯里（Ernestine Gilbreth Carey，1908—2006）姐弟二人合著的半自传体小说。小说追述作者儿时在 12 个兄弟姐妹的家庭成长的经历，1950 年改编为由克利夫顿·韦伯和珍妮·克雷恩主演的同名电影。两位作者的父亲是弗兰克·邦克·吉尔布雷斯（Frank Bunker Gilbreth，1868—1924），时间与动作研究（工商业领域对工作时间和作业情况的研究，旨在找到最有效率的工作方法）领域的先驱。因此，本书作者将吉尔布雷斯的家庭称为"时间动作专家家庭"，因语句简洁易懂之需要，在正文中移除此处信息，简化为"一大家子"。

或者跑出法庭，而节目也就有了充足的素材来"覆盖"新闻播音员给出的 10 秒钟解释。电视新闻工作者试图合理化这套做法，他们指出，观众无法感知到时间的扭曲，而且由于电视新闻的本质就是（展示高官面露微笑、充满希望，或者表情严肃而坚定的）影像，要想讲好故事，就得使用这种做法。他们提到的第二个理由，暗含着如下观念，即影像是对图像的中性转换，它让观众"亲眼目睹"。然而，新闻工作者有时候却反其道而行之；他们把新闻人物明确区分为两类，一类可以贡献很棒的素材，另一类却只能提供"死气沉沉"的东西。

第三种例外情况出现在两则相关的报道中，一是约翰·肯尼迪遇刺，一是李·哈维·奥斯瓦尔德①遭枪杀。刺杀案发生后，CBS 本想拿到业余人士拍摄的肯尼迪遇刺画面，慢动作播放，以便展示"究竟发生了什么"。但事与愿违。不过，CBS 拍到了杰克·鲁比枪杀奥斯瓦尔德的画面，而且也的确用慢动作播放了这段视频。正如丹·拉瑟（Rather, 1977：123 - 29，139 - 40）所说，后一段视频之所以要用慢动作，是想要粉碎有关奥斯瓦尔德谋杀案的谣言。在慢动作的情况下，观众可以更清楚地"看见事实"；记者也会说明，之所以慢放视频，是为了帮助观众分析这桩实际发生的事件。就像"新闻分析"标签一样，将一段视频标为"慢动作"，也将它与其他新闻片区分开来。

电视新闻片对空间的安排也会绕开戏剧惯例，由此创造出事实性的光韵。电影拍摄会运用各种角度来推进戏剧动作。譬如，低摄像机位可以强化悬念。这种技法在 20 世纪 30 年代很普遍，《马耳他之鹰》② 就运用仰拍镜头来凸显西德尼·格林斯垂特令人生畏的腰身。摄像机也可能采取俯拍机位，用来暗示危险。譬如，在警察追捕嫌疑人的片段中，架在房顶上的机位就屡见不鲜。这种广角镜头也可以被用来凸显焦点事件

---

① 李·哈维·奥斯瓦尔德（Lee Harvey Oswald，1939—1963），被认为是肯尼迪遇刺案主凶。刺杀案发生两天后，奥斯瓦尔德遭杰克·鲁比（Jack Ruby）开枪击毙。

② 《马耳他之鹰》(The Maltese Falcon)，由约翰·休斯顿执导，亨弗莱·鲍嘉和玛丽·阿斯特等主演的经典黑色电影，1941 年上映。西德尼·格林斯垂特（Sydney Greenstreet）身形魁梧，在片中饰演主要反派卡斯帕·古特曼（Kasper Gutman），获得第 14 届奥斯卡金像奖最佳男配角提名。文中将其名误写为 Sidney。

与其他事件之间的物理距离。[9]

在拍摄人物和动物的时候，电视新闻片很少使用俯拍镜头；但如果拍摄对象是市镇、森林，银行劫犯的逃跑路线，龙卷风和战场，摄制组就经常将摄像机架在直升机上。对新闻摄像师而言，只有让摄像机"迎面平视"事件，才能生产出事实性。在这种情况下，摄像机的机位固定，其角度和高度模拟一个中等身材的人，与另一个人四目相对。除此之外，所有其他机位都会"歪曲"现实。哪个摄制组要是拍出了这种带有冒犯色彩的镜头，都有可能遭到官方的谴责。

历史上，运用图6-2勾勒的另类透视不会被看成"歪曲"现实，因为它们都是定点透视的变体。文艺复兴重新发现了透视技法，将这些变体视为另一种捕捉现实的方式。曼特尼亚①的名作《死去的基督》(*The Dead Christ*)（参见图6-3）是这种解释的绝佳例证。

图6-2

问题是，电视新闻工作者会将这些另类透视看作"歪曲"。这种歪曲据说会妨碍观众对核心人物或事件的感知，因而破坏新闻的事实性。譬如，"新闻台"的一位摄像在看到图6-2的各种透视法后，想起1956

---

① 安德烈亚·曼特尼亚（Andrea Mantegna，1431—1506），意大利文艺复兴画家，北部意大利重要的人文主义者。最著名的传世作品是《婚礼堂》壁画（1459），其他著名作品有《恺撒的胜利》《死去的基督》等。

图 6-3

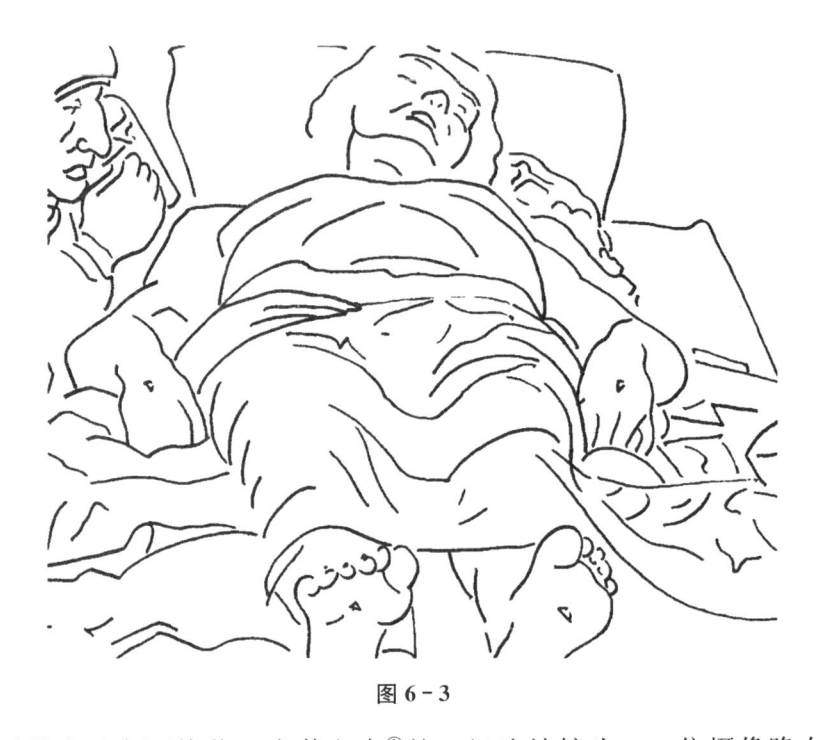

年总统大选中阿德莱·史蒂文森①的一组连续镜头。一位摄像跪在地上,仰拍史蒂文森伸长手臂跟支持者握手。这位摄像师说,对着摄像机伸过来的手臂在画面中看起来"跟史蒂文森的个头一样大,我的天,你都看不见史蒂文森本人了"。由于手臂和脑袋一样,都是身体的一部分,所谓"看见",意味着必须从平视的视角清晰地打量。正是这一层内涵,赋予公认的拍摄视角以事实性。

在摄像师眼里,新闻报道的拍摄手法没什么变化可言。正如"新闻台"首席摄像师所说,你只要架好摄像机,让记者和采访对象排成一列,开拍即可。即便是再三追问,他仍然不觉得这种简单的程序能有什么变化,无论是在采访还是新闻发布会现场,我也从来没看到过什么了不得的变化。而在另外一边,公关人员则会按照典型的模式安排新闻发布会,加快这一流程,而州长举行新闻发布会的房间,其内部空间格局

---

① 阿德莱·史蒂文森(Adlai Stevenson, 1900—1965),美国律师、政治人物、外交家,1961—1965 年任美国驻联合国首席代表,1949—1953 年任第 31 任伊利诺伊州州长,1952 年和 1956 年两度获得民主党总统候选人提名,但均败给艾森豪威尔。

也刻意满足平视的定点式拍摄所需。[10]

只有在拍摄突发事件时，新闻人才会打破常规。无论是在火灾现场，还是游行或骚乱现场，摄像师都不得不跟其他人争夺对空间的控制。丹·拉瑟（1977）指出，在报道示威游行的时候，摄像师会寻找高地以策万全；而在战场上，摄像师可能要一边匍匐前进一边拍摄，或者把摄像机架在直升机上，跟着它进入或离开交战区域。

鉴于"俯拍"和"仰拍"视角通常用于拍摄无生命之物，运用这些视角来拍摄示威游行、火灾和骚乱的参与者或当事人，无异于在象征意义上将活生生的人转化为物。他们不再是单独的个体，而是大规模群众的一分子。就跟犯罪统计数据被呈现为独立的现象〔在新闻报道中，谋杀率莫名地升高或降低，仿佛拥有自己的生命（Dahlgren，1977）〕一样，物一般的群众也拥有了自己的生命。它就好比龙卷风或犯罪率，独立于构成群众的千百个体。

新闻人总是希望中立地再现空间，这种专业偏好也可能导致大规模市民被呈现为群众。譬如说，跳跃抖动的影片往往带有戏剧性；它被用来表现骚动的情绪。但新闻报道恰恰又需要避免借助时空调度来展现任何情感。因而，正如丹·拉瑟（1977）所说，在游行示威现场，摄像机被推来撞去可能会导致镜头抖动。为了避免出现这种状况，摄像机通常都会放在临近的屋顶或合适的窗口。只有这样，他们才能拍到稳定的广角镜头。在这种情况下，"新闻台"的摄像经常需要跟编辑解释为什么采取这种摄像机位。摄像通常都会说："现场太乱，推推搡搡；我只能跑到楼上去拍。"然而，当达官贵人现身机场或法庭，现场往往同样混乱，其他新闻人也会干预到摄像师的拍摄工作，但在这种情况下，他们绝不会爬上高处，居高临下地拍摄。在拍摄单独个体的时候，摄像师努力维持平视的视角。无论是高官本人，还是新闻工作者，都不会被转化成龙卷风一般的大众。把新闻工作者拍成一拥而上的群众，就会让人觉得是他们（而不是事件的流动）在制造看点，这可能会危及新闻的可信度。这种全景式的拍摄方式，可能会暴露出，事件中的兴奋点其实是由新闻人炮制出来的。就像报纸记者运用引号来宣称公正性和可信度一样，新闻片镜头也必须明确地展现出，无论是事情本身还是它们演绎出来的事件，跟新闻人和新闻机构都没有半点瓜葛。毕竟，新闻人卷入事件，有可能侵蚀事实性网络的根基。

新闻片与社会角色

摄像师运用平视视角拍摄个体，进入新闻画面的个体通常都是拥有正当性或准正当性的官员。而破坏社会秩序者——骚乱者和示威者，就像龙卷风和大洪水——的拍摄视角则有所不同。总体上，新闻片对社会角色的呈现强调中立性。所谓中立性，并不是说在争论中拒绝选边站，因为新闻网的时空锚定必然会令新闻机构卷入正当化过程。我所说的中立性，是指对不同角色的视觉呈现强调不介入原则：在新闻片中，出镜记者总是超然物外，作壁上观。无论是记者还是新闻人物，都被架构为专业人士，就好比前者坐在后者的办公桌前跟他们面对面。这些社会意义或者表面上的再现，是由影像惯例创造出来的，其内核是摄像机的取景范围。其中的取景框架，既不会显得过于亲密，也不至过于疏远。

基于肖像画家格罗塞尔（Grosser）的观点，爱德华·霍尔（Hall, 1966）探讨了在水平面和垂直面对高度、宽度和深度的运用传递出的社会意义。他的分析既适用于绘画，也适用于影像。霍尔区分了四种空间，并讨论了它们各自的社会意义。其中一个是公共空间，按照格罗塞尔的界定，当人和人之间的距离超过 13 英尺[①]，在我们的感知中，对方的身体"跟我们自己没什么关联"。霍尔区分的其他类别还包括社交距离（4 到 12 英尺）、个人距离（两三英尺）[②] 和亲密距离（0 到 8 英寸）。每一种距离都被区分为"远""近"两个类别，对应不同的文化

---

① 1 英尺约合 0.3 米。
② 原文此处只有社交距离和亲密距离，遗漏了二者中间的个人距离。

实践。[11]

霍尔（1966：112-15）指出，在近个人距离，"一个人可以抱住或抓住另一个人……妻子可以待在丈夫的个人区域圈子里，不会遭到任何责罚。但另外一个女人如果这么做，那就另当别论了"。而"让其他人处在一臂距离之外"就是所谓远个人距离，即"正好处在一个人触手可及的范围之外，两个人伸长双臂能够触碰到指尖的范围以内……在这个距离内，人们可以讨论与个人私事相关的话题"。从远个人距离延伸出去，就会变成近社交距离："非个人的交往发生在这个距离，相比于远社交距离，近社交距离会牵涉到更多个体卷入。一起工作的同事倾向于运用近社交距离。"用霍尔的话来说，所谓远社交距离就是："当别人说'站远一点，这样我可以看到你'时，我们移开的距离。跟社交距离近端的互动相比，在远端展开的商业和社交谈话，更为正式。"概言之，霍尔强调，不同的距离有不同的社会意义；更具体地说，物理距离可以表达模式化的角色关系。

新闻工作者对社会距离的运用符合霍尔的描述，图6-4勾勒出电视屏幕上呈现的不同社会距离。在这六种可能的取景方式中，三种在电视新闻片中最为常见，分别是远个人距离、近社交距离和远社交距离。根据霍尔的分类，在我们的文化中，这三种距离被用于讨论从"个人私事"到更正式的"商业和社交话题"。我将这三种距离称为"谈话距离"，将近个人距离和亲密距离称为"触摸距离"。

从电视新闻中极少用到的某些取景框架，我们可以捕捉到新闻人赋予谈话距离和触摸距离的意义。在图6-5的屏幕A中，人物的架构方式遵循常规的电视特写手法。而在屏幕B上，人物的特写镜头拉得更近、更具有戏剧性。两个屏幕呈现的都是"头部特写"（talking head），新闻工作者用这个词来形容演播室中的发言嘉宾或者远离任何行动的人物镜头。在屏幕A的画面中，摄像机的镜头（电视观众）与人物的距离更远，画面因而显得不偏不倚；离得更远，自然也就更超然客观。而屏幕B的镜头则直接打在说话人的脸上，看起来不够中立。屏幕B勾勒出的取景方式通常被用来捕捉戏剧瞬间，而不会用在"直截了当的硬

亲密距离　　　　　　　　近个人距离

远个人距离　　　　　　　近社交距离

远社交距离　　　　　　　公共距离

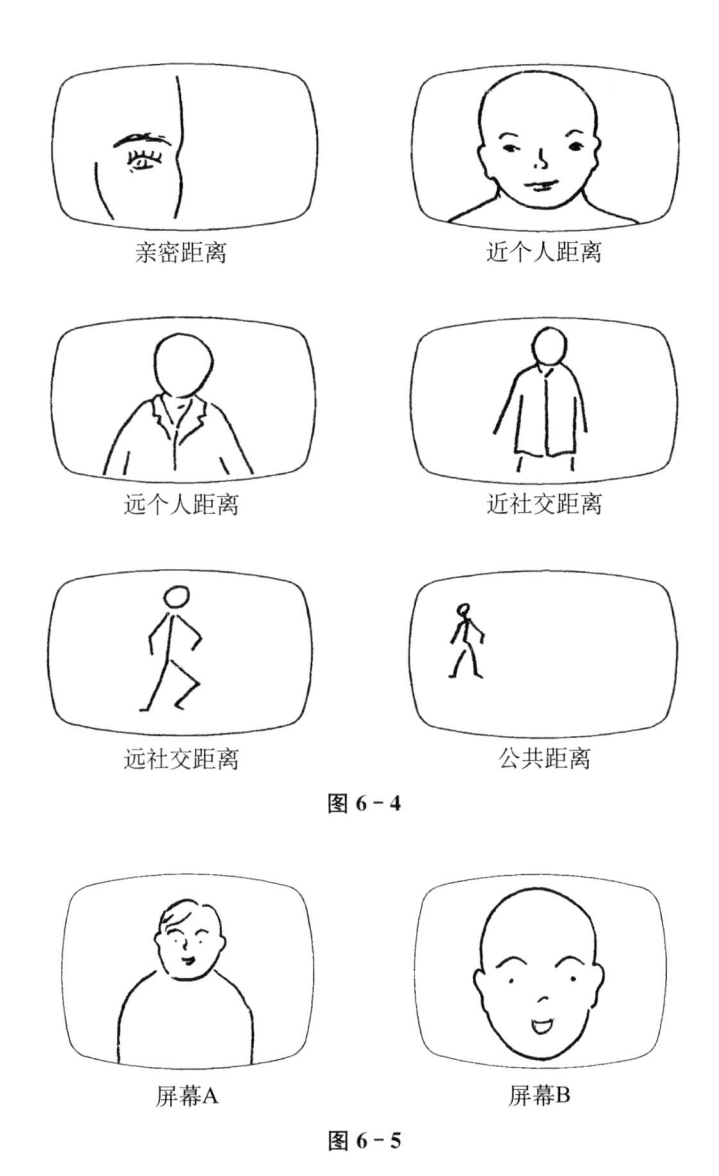

图 6 - 4

屏幕A　　　　　　　　屏幕B

图 6 - 5

新闻"上。正如一位摄像师-报道人所说，如果某个人长着一张"有趣的脸"，刚巧又在表达特定情感，那就可以使用屏幕 B 中的镜头来制造戏剧性的效果。他举出的例子是罗丝·肯尼迪①谈及自己死去的儿子。

---

① 罗丝·肯尼迪（Rose Kennedy，1890—1995），全名罗丝·伊丽莎白·菲茨杰尔德·肯尼迪（Rose Elizabeth Fitzgerald Kennedy），美国慈善家、肯尼迪家族的女家长，九名子女中包括约翰·肯尼迪总统、参议员罗伯特·肯尼迪、参议员泰德·肯尼迪（Ted Kennedy）。

镜头打在她的脸上,试图捕捉到一滴眼泪。这里的例外情况非常有趣。正如"新闻台"摄像师所说,在"美国人的心目中",罗丝·肯尼迪"占据着一个特殊位置"。用一种高度卷入的方式来拍摄她,并不会破坏中立性,反倒会凸显出她在美国社会中的特殊地位。毕竟,对她的仰慕"超越了政治"。

这位摄像师主动告诉我,他绝对不会用这么近的取景来拍摄记者的头部特写。实际上,一位倒霉的摄像师曾经用触摸距离来拍摄出镜记者(以此弥补之前在拍摄过程中所犯的错误),结果,拍出来的片子遭到一众同事的鄙视。作为新闻工作者,电视记者必须被呈现为局外人,其角色仅限于中立的描述和评论。摄像机不能展示出电视记者对眼下的事件有任何情感或想法,也不能让记者靠得"太近"。[12]

电视新闻极少运用公共距离来拍摄牵涉到"个体"的事件,即便人们通常都是从公共距离来打量这些事件。有人可能会觉得,电视新闻片可以运用公共距离营造某种幻觉,让观众以为自己置身于一起事件或一场演讲的现场。这种拍摄手法也足够中立,因为理论上来说,它会削弱观众和演讲人之间的情感投入。然而,公共距离妨碍了个体和社会接触,而这正是电视新闻最重要的标记。公共距离导致去个人化[13],只能用于展示群众,而不是个体。鉴于新闻致力于展现(作为事件参与者或事件象征的)个体以及个体对事件的观点,运用公共距离就显得"不像新闻"。此外,公共距离极大地限制了新闻片捕捉情感的能力。正如霍尔(1966:117)所说:"演员们都知道,在 30 英尺①开外,根本无法通过正常声调传递细致微妙的意义层次,面部表情和动作的细节也会消失殆尽。"在公共距离拍摄的电视片固然可能获得更大的中立性,但却会丧失电视新闻片的另外一个核心特征,即情感上的影响力。

对"谈话距离"的运用方式取决于谁在讲话。主播和评论员通常呈现为标准的半身像,重心在头部和肩膀,最早还包括他们握着节目稿的双手。摄像师试图通过这种取景方式向观众投射亲切和友善,并在一系

---

① 约等于 9.1 米。

列新闻报道中一以贯之地使用标准半身像，以此维持中立。摄像工作过程中的一贯性，就跟报纸的"新闻语"一样，彰显出"我们对任何事件都一视同仁"，以此在象征层面宣示中立。

电视新闻片以类似的方式呈现其他讲话者的头部和肩膀，不管他们是市长、参议员，还是部长，只不过，他们离摄像机镜头稍远一些（处在霍尔所说的远个人距离和近社交距离之间）。新闻人物也都以同样的距离或者不同距离的组合来呈现，以此彰显中立。[14] 与主播、评论员和新闻人物相比，新闻现场出镜记者的拍摄距离通常更远，大致处在近社交距离和远社交距离之间。在记者采访新闻人物的时候，至少记者的身形会出现在屏幕上。在更多的情况下，记者照例会站在新闻现场前方，摄像机摇过来，最终聚焦在记者腰部以上的上半身，他/她身后背景中的事件则隐没在"去个人化"的公共距离之中。但无论是跟主播相比，还是跟新闻人物相比，记者离摄像机镜头和电视观众都要更远。这套做法既能够把背景中的事件囊括进来，也能够展现出记者超然物外，与事件没有半点瓜葛。[15]

在影像层面，人们既可以超然物外，也可以卷入其间。二者之间的区别，便是中立性。在银幕上，电影演员通常都在人群当中行动，尽管这可能会导致观众最开始认不出他们来。电影导演会让英雄人物与其他人一起行动，以展现他的投入，而记者只能被有意识地塑造为置身事外。"新闻台"曾经雇用了一位报纸记者帮他们报道，这位记者毫无电视经验，但他很快就学会了怎么做出镜报道。有一次他拍完片子，还没等编辑开口，技术人员就告诉他，"下次出镜的时候，站到纠察队员前面去"。

电视新闻工作者通常会运用特定的取景方式来呈现社会角色，这也意味着电视新闻片会运用一整套标准镜头的语汇。格拉斯哥媒介研究小组①（1980）从电视新闻画面中提炼出大约 50 种镜头及其变体，正是它们构成了这套语汇。这些数量有限的镜头说明，电视新闻通过规则和符

---

① 原文误将 Glasgow 写为 Glascow。出版年份原为"即将出版"（forthcoming），此处改为实际出版年份。

码说话。在视觉上将记者从背景事件剥离出来，或许可以看作超然物外的符码。此外，新闻片还会对地点和事件展开编码。

人物、地点和事件的标准镜头

透过电视新闻当中常见的标准镜头，可以考察它们如何构造具象的事实性。首先，新闻片常常将记者放在地标性的场所前面，以此告诉观众，记者就在事件现场。譬如，白宫特派记者站在白宫的柱廊前面；驻伦敦记者，站在大本钟前；驻苏联记者，身后是红场；驻布拉格记者，站在俯瞰老城的一座桥上。又或者，如果新闻报道的主题是城里的一般性活动，新闻片可能会以慢速播放城市的天际线。有时候直接从影像文档里找一段，但如果档案过于杂乱，找起来费时费力，或者新的市政建设让老片子"不够准确"，摄制组也会重拍天际线的镜头。与之类似，如果记者要进入建筑物，建筑物的外观也可以为接下来的采访搭起舞台，增强其"现实性"。

其次，新闻记者会对眼下活动的本质作出预判，然后据之对事件编码。譬如，工会罢工的象征是工厂大门外晃晃悠悠的纠察队员。如果管理层允许记者进入厂区，新闻片中可能还会出现停摆的机器，紧锁的大门（参见格拉斯哥媒介研究小组，1980[①]）。与之类似，农场工人罢工的象征是无人照管的田地，闲置的农机具，熟过头的庄稼。东南亚的丛林战，其象征是士兵在稠密林木间砍出一条路，运走伤者的直升机，战壕，工事。至于士兵，要么原地休息，要么匍匐前进，要么趴在地上躲避敌人的炮火。谋杀案的象征是行人道上的斑斑血迹，或者被子弹击穿的汽车挡风玻璃。缉毒行动的象征是一堆堆的毒品，展示在起获赃物的桌子上，或者警方赃物保管处上锁的储藏室里。警方监视行动的象征是

[①] 《坏新闻》（*Bad News*）第二卷题名为《更多坏新闻》（*More Bad News*），出版年份原为"即将出版"，此处改为实际出版年份。

探员埋伏在屋顶、窗边,蹲伏在门口或车子背后。[16]在所有这些例子中,美国电视观众只消瞥一眼这些镜头,就知道正在发生什么。

再者,电视镜头也以象征性的方式呈现人物。这不仅是指他们的穿着要与职业特征吻合,同时也意味着,不具正当性的个体只能拿来代表其所在群体或阶级。在越战期间,全国广播公司(NBC)对一家汽车厂员工罢工的报道颇能说明问题,倘若考虑到此前底特律曾遭遇种族暴力①,就更是如此。当时,NBC记者采访了一位黑人罢工者,他妻子坐在旁边,采访地点就在罢工者家中。这位记者不停地问,罢工给他们带来什么样的经济困难,他们对正在越南执行战斗任务的儿子作何感想。与之类似,有关农产品价格涨落的报道会聚焦"普通的农民"。有关小城镇凶杀率上升的报道,总会以"典型的美国小镇"为背景,再找一位"典型的市民"分享他/她自己的生活方式,以及他/她的担忧或恐惧。[17]

人们普遍认为,各类象征物会增加新闻的戏剧性和意义(E. J. Epstein, 1973)。此外,它们在两方面有助于事实性网络的建构。首先,它们提供了"现实性"的补充证据:象征物讲述着新闻事件对其生活的影响,记者无须再做解释。这些象征物因而"保护"了记者,让他们不必卷入故事。其次,象征物的运用强化了具有正当性的新闻人物和"平头百姓"之间的区别。电视屏幕上的各式头部特写,无论是众议员还是参议员,市长还是议长,内阁成员还是将军,发表的都是各自的观点,展示的都是各自的专长。[18]尽管他们掌握着具有正当性的职位和权力,被当作人民的代言人,但他们只代表自己讲话。相比之下,象征物就只是象征物:这些人的想法和观点本身并不是新闻。他们并不是人民的代言人,只是被认为可以代表其他面对同样困境的人。一旦困境解

---

① 这里指的应该是1967年发生在汽车城底特律的骚乱,又称12街骚乱,是非裔美国人社区与底特律警方之间持续数日的暴力冲突。骚乱起因是警方扫荡黑人聚居区一家无牌照酒吧,导致黑人居民与警方爆发冲突,并进一步演变为美国历史上最为严重的种族骚乱之一。骚乱最终导致43人死亡,其中33名黑人、10名白人,数百人受伤,1 000多间房屋被烧毁,超过7 000人遭逮捕。事件被认为是激进的"黑人权力运动"的催化剂。

除，罢工结束，小镇从飓风中恢复，象征物也就丧失了全部的新闻价值，再一次变回普通人或者公众的一分子，与普罗大众没有半点分别。

当人们变成象征物，电视片通常以谈话距离来呈现他们，但几乎不会让他们坐在办公桌或会议桌后面。[19]更有可能的拍摄场景是家庭、超市、蓝领工地，或者普通的休闲场所。通过对这类场景的运用，象征物再一次与接受采访的其他个体划开界限。此外，拍摄中偶尔出现的镜头变化也将象征物与具有正当性的新闻人物区分开来。倘若象征物在谈论一件特别让人动容的事情，摄像镜头有时候会从谈话距离拉近到触摸距离。在更亲密的镜头之下，眼泪和其他情感的表露一览无余。这些情感表露并不是个体的特征。它们被当作社会性的指标，用来表达群体的悲惨命运，无论这个群体是绝症儿童的父母，战斗中失踪士兵的妻子，还是自然灾难过后无家可归的人们。与之类似，归来的战俘及其家人脸上的喜悦，无论被触摸距离还是谈话距离捕捉，都象征着所有处在同样处境的人们的喜悦之情。

电视新闻为什么会运用这类象征物和其他取景方式？这些工具手段构成了专业技能的一部分，它们的确会为事实性网络增添几分中立的色彩。但这样的解释还不够。因为这些架构方式充当着新闻片叙事的基本元素，让专业主义服务于组织的灵活性。

组装电视新闻叙事

地方电视新闻室跟主要的都市报不一样，它们很少按照条线来组织（不过某些记者和摄像确有特定专长）。在"新闻台"，有一位记者专门负责报道州政府。新闻主播出马采访的时候，总是可以拿到当天最好的选题，通常是政治类的选题。剩下的五位记者则负责报道其余全部选题。通常情况下，他们每天都需要报道多个选题，一个摄制组可能刚拍完一条片子，紧接着就得去拍另一条。（摄制组在电视台采访车里使用短波无线电与采访调派编辑保持联系，根据当天发生的事情来协调午餐时间和地点。）

爱泼斯坦（Epstein，1973）指出，电视网驻外记者永远无法确定编辑会如何处理自己的片子。他们离编辑部数千英里之遥，而只有在编辑部，他们拍的片子才会被组装成一套叙事，因此，他们必须发回其他人能够处理的素材。地方电视台摄制组的情形也差不多，他们根本没办法指望自己将素材剪辑成完整的故事，因为他们很有可能会被派去报道下一个选题。正因为此，摄制组不会蠢到交出独特的胶片或录像带。面对独特另类的素材，编辑及其主管需要花更多的时间来剪辑；他们先要破译摄制组的故事版本，然后再将相应的解码与他们对故事的理解匹配起来。

倘若摄制组拍摄的素材绕开了通常的叙事形式，转而采用更诗化或象征性的处理手法，解码的问题将会变得尤为棘手。索尔·沃思（Sol Worth）（私人交流）曾在宾夕法尼亚大学安纳伯格传播学院做过一次实验。实验对象观看三部默片，一部是常规叙事，一部是"诗化"的处理，还有一部是随机的电影片段的拼贴。观看过后，被试要讲出每一部片子的故事。三部片子中，常规叙事最容易处理，随机片段的拼贴也比较容易构造出一个故事，但诗化的处理则让被试陷入麻烦。沃思解释说，常规叙事调用讲故事的传统，只要了解美国文化便能够理解。同时，被试也可以将自己的故事投射到随机片段上。但诗化的处理手段很明显代表着创作者的想象，要求被试将之解码，而不是构造出自己的故事。因此，无论是讲故事的文化形式，还是个体的投射，都没办法用来破译诗化的影像。

如果电视摄制组拍出了独特另类的素材，他们脑海中的故事构思就可能会被编辑换掉，因为编辑手上要处理和播出的稿子实在是太多了。分配到这些另类素材的技师，可能要在上面耗费更多时间，导致工作积压。无论是哪种情况，摄制组和技师都会面临组织层面的问题。如果独特另类的片子无法被破译，记者的主管可能会打电话训斥他拍了些"没法处理"的东西。剪辑团队（技师和撰稿人）则可能因为拖慢流程而遭到批评，由此导致新闻室内部的摩擦甚至不和。内部不和不利于电视台的运转，因为电视台的工作任务环环相扣。这可能给记者带来灾难：毕竟，编辑整天待在新闻室里，决定着记者的报道选题。编辑对撰稿人通常都比较友好，偶尔也会听一听他们的意见。如果撰稿人对某一位记者评价不佳，编辑就有可能把"好"选题分给其他记者，这位记者在新闻室中的地位便会随之降低。剪辑师也可能会不太尊重该记者的作品，未来也不会将该记者拍摄的备选画面推荐给剪辑团队的其他人。在很多电视台，如果记者拍摄的备选画面播出来，他们可以获得额外的报酬。因此，如果他们惹恼了技师，收入就有可能降低。

拍摄中遵循公认的叙事形式则能够加快其他人的工作。素材的剪辑耗时费力，有时候要花上一个半小时才能剪出一条三分钟的复杂故事。不过，有一次，我看到剪辑团队在夜间新闻节目开播前半小时才拿到素材，他们只花了五分钟就把片子剪辑完毕。如此迅速的剪辑可能无法达到所有的专业-技术标准。但在爆发突发新闻的情况下，它满足了一个至关重要的组织需求：迅速播出新闻，免得它过时，变成"纯粹的历史"，或者说旧闻。

在后期制作阶段，影片和录像带是否能够被轻易地组装到特定叙事形式当中，同样非常重要。新闻必须按时播出，但节目编导和助理可能在开播前五分钟才拿到节目的脚本（不过他们通常会在开播前半小时拿到副本）。[20] 他们很少对片子进行彩排，更没时间在节目播出前把复杂报道的各个部分录成录像带（纽约的电视台和电视网倒是经常在播出前把编辑好的新闻录成录像带，以便减少播出过程中的错误，譬如跳帧，或者在错误的时间点给出线索）。尤其是如果报道很晚才剪辑完成，编导可能根本不知道片子上是什么。他拿到的脚本副本上，只会用各种符号列出下列信息（经作者"翻译"）："彩色有声片，声音在带子上，主题是犯罪记录，时长 2 分 14 秒，结尾'新闻台记者汤姆·埃文斯（Tom Evans），市政厅报道'。15 秒有声片，接另一台放映机上的默片，20 秒，切回有声片画面。"

编导坐在控制室里，手里拿着节目流程单，知道自己接下来将会看到什么画面，并对一群人发号施令，这些人包括助理编导、两三个负责画面和音响的工程师、操作放映机和录像设备的技师、摄像、演播室现场助理、新闻播音员，以及介绍节目、朗读广告词的播报员。坐在控制室里的工程师可以直接接收指令，但其他人分散在不同房间，只能按照顺序通过耳机联系。

面对摆在眼前的节目流程单，借助对标准形式的了解，编导知道应该期待什么。如果看起来跟报道无关的默片出现在他面前的电视监视器上，编导就知道出了岔子，必须立即采取适当的矫正程序。类似地，只消看一眼节目流程单中有没有出现跟标准格式对应的关键词，编导就知道到底要不要将播出流程分割到秒（编导的钟表精确到了几分之一秒）。

常见的叙事形式契合专业主义，满足组织的需求，也为普通西方电视观众所熟悉。新闻主播会用没有纳入影片或录像带的"事实"引入相关报道，之后要么一边播默片一边继续讲解，要么就让带有同期声的片子自行传递信息。又或者，电视观众可能会看到各种元素的复杂混合（参见表 6-1）。

表 6-1　一些标准的电视叙事

基本单元*	
单元 A，无声素材	开端/中段/结尾
单元 B，有声素材	新闻人物讲话/x/新闻人物讲话/x/新闻人物讲话（x 表示展现记者的双手、笔记本或面孔的反打镜头）
复杂叙事	
类型 1	引入（y）/单元 B，有声素材/收尾（y）（y 表示有声片段，记者描述单元 B 中已经发生或即将发生的事情）
类型 2	引入（y）/关于事件的有声片（B'）/收尾（B' 表示单元 B 的变体，有声片段）
类型 3	引入（y）/单元 A' 无声素材/收尾（y）（A' 表示，单元 A 无声素材由一架放映机播放，而记者的解说则来自另一个声道）
类型 4	引入（y）/单元 A'/单元 B'（演示）/单元 B/收尾（y）y/单元A'/单元 B/y'单元 B'/y'/单元 B/y（y' 表示记者出镜，介绍与下一段影像有关的信息）

*图解不按比例。基本单元时长 15 到 45 秒，复杂叙事时长在 1 到 8 分钟之间。

对于电视新闻人而言，专业主义意味着遵循特定的叙事形式，既体现出延续性，又展现出变化，而这既指向技术层面，也指向文本的语境层面。换言之，新闻人生产出的作品，既要在技术和文本层面具有延续性，又要带有足够的影像变化，吸引观众的兴趣。以下面这则复杂的虚构报道为例：

> 演播室记者："市政厅今天一片喧腾，讨论财政危机的可能解决方案，接下来请看汤姆·埃文斯的报道。"
>
> 汤姆·埃文斯（站在市政厅的台阶上）花五秒钟描述市政厅的方案。
>
> 埃文斯的画外音继续介绍市政厅的讨论，画面切到市政厅会议现场。
>
> 埃文斯的画外音介绍对市议会核心成员的采访，市政厅会议画面继续播放，无同期声。
>
> 有声画面，市议员谈论新方案，也包括反对者的观点。
>
> 埃文斯的画外音解释反对者为何会如此愤怒；画面切到市政厅外抗议新方案的示威活动，无同期声。
>
> 埃文斯采访一位示威者。
>
> 埃文斯站在市政厅台阶上，结束整篇报道。

在这篇报道中，既有室内开会的镜头，也有室外抗议的画面。它讲述了两件"相互关联的事情"，二者共享时间（和空间上的）接近性。言语层面的转换将观众从一个地点带到另一个地点，整个过程也牵涉到视觉上的转换（切换镜头）。[21]

对我们的目的来说，这则例证至少在三个方面相当有趣。首先，创造影像上的变化来吸引观众（无论这种变化出现在单篇报道中，还是一系列报道组合当中），服务于新闻机构的利益。只有让观众持续收看节目，电视台才能维持收视率和广告收入。其次，将市议员和示威者并置在同一则（或者紧挨着的）报道中来制造视觉变化，显示出（或者强烈暗示）这两群人互相关联。这将二者带入同一个情境或框架之中，任何一方的行为都不再是独立的独特现象。

如果上面这个例子更复杂一些，报道对象是四场示威游行，这些游行发生在同一天，但主题各不相同，那么，每一场游行就只会被当作一连串游行中的又一场，不可能再宣称自己是独一无二的抗争。不过，在实践当中，面对统辖一致性和变化的各式惯例，这种独特性在此之前就已经不复存在。我曾经观察到，就因为当天的节目已经安排了"游行报道"，电视编辑就决定，不再报道另一场游行。第一场游行意在给记者和受访者的人物特写添加一些视觉变化。这时候再去报道第二场游行，恐怕会播出太多同质的东西，危及节目的视觉平衡。无论在哪种情况下，对视觉变化的调用都将同样的形式特征强加在不相干的事情上，进而将不同的游行纳入同一个框架。（这就好比记者莫里斯通过采访州长的政界邻居，将同样的框架强加在公寓幼童和州长的长孙女之死上一样，参见第5章的讨论。）

再者，视觉变化作为一种架构工具让摄制组和其他职员——按他们自己的话说——"以视觉的方式思考"。新闻工作者不喜欢播出太多由头部特写构成的报道。为了避免视觉上的无聊感，只要有可能，他们就会引入其他的视觉元素。正如一位电视记者所说："要知道，电视是一种奇怪的媒介……你必须考虑一大堆事情：时间，拍摄的可能性，在适当场景下的活动移动……你得这样考虑事情。"这位记者举了一个例子：

> 去年圣诞节，我和摄像做了一篇信息量不大的报道。当时我们针对圣诞聚会采访了州心理健康中心（一位医生），他跟我们说，圣诞装饰品的小珠子如果被人误吞会有害健康，但如果被狗误吞可能会致其丧命。采访结束后，我们走出医院，正好看见街对面一家机构门前的圣诞树上挂满了珠子。只需要拍一下这些珠子的镜头就意味着这篇报道可以（带有视觉变化）。

在这个例子中，珠子画面为受访者的评论提供了视觉实例。但有些时候，视觉材料会跟解说词相抵触。爱泼斯坦（Epstein, 1973）指出，越战的片子必须具有一种不朽的特质，因为这些片子要先从越南运回纽约才能播出。这种不朽是由各种象征物的夜间巡游来实现的：

在丛林中穿行的美军，美军防御工事，美国大兵穿过越南村庄，美军利用直升机撤离战场。与此同时，画外音则讲述越战的进展。正如吉特林所说：

> 电视不会去探究敌人的意图。大多数情况下，它不会把政府的说法和用词（"越共"①）跟观察到的实际情形两相对照。它接纳了美国官方的版本，即这是一场反抗北越侵略者的爱国战争。尽管它对此着墨不多，但这正是绝大多数时候表达出来的信息。只不过，夜复一夜，电视屏幕上展示出来的，是美国士兵欲与敌人一决胜负，但他们的敌人却是无形的，没有任何可见的意图或轨迹。在政治路线（更多体现在电视解说词）和新闻符码（更多体现在电视画面）之间，存在着明显的张力……其结果是，这场战争被再现为毫无意义，获胜无望，陷入泥淖……因此，电视引发了民众的厌战情绪：这既不是自洽的反战理由，也不是任何合乎理性的分析，只不过是一种模模糊糊的精疲力竭感（1977：794）。

爱泼斯坦和吉特林提到的这些画面，通过调用有关战争象征物的标准镜头，给叙事过程添加了几分视觉变化。当然，通常情况下，这些标准的象征物既会增加视觉变化，也会对画外音构成补充，而不是与之相冲突。譬如，媒体报道官员到机场评估超音速运输机噪声污染，穿插机场外抗议者的画面，表达的就是反对。而办公室里或一堆麦克风前的脸部特写，则表明这是具有正当性的官员或发言人。民众坐在皮划艇上的镜头，背景是被淹没的车辆和双户住宅的顶层，则降低了视觉上的无聊感，象征着洪水带来的损害。对视觉变化的调用端赖于电视新闻框架的语汇，这些语汇只要出现的时间足够长（至少10秒钟），便可以宣称再现了事实性网络。

报纸编辑可能会刊登节奏明快的故事来平衡头版上的严肃新闻，电

---

① 原文 Viet Cong（Việt Cộng），全称 Viet Nam Cong San，英文 Vietnamese Communists，又称越南南方民族解放阵线，是一支活跃于南越的游击力量，在越战期间抵抗南越政府（越南共和国）和美军。"越共"这个名称据说最早来自南越政府首脑，用以贬低反政府武装力量。

视新闻也会运用一套方法，为节目增添视觉变化。新闻节目常常播出节奏明快的特写故事，包括在节目结尾播出的"欢快一踢"或者"包袱"（"kickers"）。[22]对报纸来说，特写故事的编辑要比硬新闻更复杂，因为它们通常都建立在对报纸叙事风格的翻转之上。对于电视而言，软新闻同样需要更多的编辑工作，因为特写常常会带入一种诗化的图景，而不是叙事性的想象。适用于硬新闻的叙事形式被悬置。譬如，摄像和编辑可能会拍摄或剪辑1到5秒的镜头，而不是像硬新闻那样，最少花10秒钟来展示象征物。同样，摄像机有可能会抛弃有关时间、空间和距离的惯例。"新闻台"制作的特写故事为我们提供了一些例证。

譬如，为了缓解城市广场拥挤的交通状况，市政府对广场周边交通做了调整，记者为此采写了一篇特写报道。市政府在广场周边竖立了迷宫般的各式标志，包括"单行""右转""左转"和"禁止驶入"，以及一大堆街道指示牌。记者在片子开头出镜，发表评论，电视屏幕上紧跟着出现交通标志和汽车，各种画面混作一团。忽然之间，摄像机聚焦在一个巨大的标志上，记者的脑袋从标志背后伸出来，说道："'新闻台'记者帕特·特伦顿（Pat Trenton），在梅坞广场为您报道。"另一条有关电音演唱会的特写报道的结尾，则打破了众多拍摄规则：它以亲密距离来拍摄记者，采取虫眼式的仰拍视角。画面中，记者的头部笼罩着绿色的光。

"新闻台"的摄制组还拍过一条有关城内红灯区的特写报道，画面中充斥着破破烂烂的电影院，"非学术性的"书店，和各类"离经叛道者"出入其间的夜店或舞厅。片子有一段画面落在街道上，只见行走的双脚，不见身体。而夜店中跳舞的画面，只拍了剪影，这在一定程度上是为了遮挡舞池男女的脸（摄像跟我说，这样妻子就不会怀疑自己的丈夫，是不是打着加班的幌子去了夜店），但主要是为了营造出特殊的视觉效果：伴着硬摇滚乐的震天声响和背景里喧闹的交谈，人们在黑暗的房间里舞动着身躯。

其他特写报道也会运用带有特殊灯光和音响效果的"失真"做法。譬如，"新闻台"曾做过一期圣诞特写报道，主题是圣诞树上的彩灯和铃铛，画面配着圣诞曲调的铃声。在屏幕上，无论是彩灯还是铃铛，对焦都不清晰。它们呈现为弥散的形状和颜色，与音乐同步，有序地旋转。这条新闻的摄像对自己作品的描述最为贴切。在谈论取景范围和角度时，他用到了"失真"这个词，并提到当时刚刚上映的电影《毕业生》[1]，强调新闻片"永远，永远，永远"都不能使用片中泳池片段的灯光和失真做法。不过，当我提到他掌镜拍摄的圣诞节彩灯和铃铛特写时，他回应道："那不一样！"有趣的是，这位摄像更喜欢拍特写，后来被一家电视网挖去专门拍特写。他解释说，跟硬新闻相比，软新闻在影像层面"可以做得更多"。这位摄像的观点显示出，电视将新闻叙事等同于事实性网络。它告诉我们，新闻叙事在凸显某些问题的同时，也会遮蔽其他问题，而这恰恰是因为，新闻叙事的风格和样式以视觉化的方式呈现了支配新闻工作安排的主题。

新闻叙事对一帧帧影片的组织，物化了新闻媒体对时间和空间的官僚化安排。对影像惯例和叙事形式的运用，也让记者确信，他们对故事的演绎不会遭到编辑的责难。这让新闻机构变得更加灵活，可以自如地将记者从一个选题调派到另一个选题。它也让摄制组成员成为通才，有能力报道任何选题，将任何一件独一无二的事情转化为合乎惯例的新闻事件。

注释

[1] 广播电视新闻最好的历史著述是巴尔诺（Barnouw, 1966, 1968, 1970）的三卷本著作。

[2] 电视管理层很晚才意识到新闻可以赚钱。但到了20世纪70年代，新闻的设计就开始借助消费者研究的帮助。电视上新闻广播员的"轻松对谈"（happy talk）便

---

① 《毕业生》（*The Graduate*），由迈克·尼科尔斯执导，达斯汀·霍夫曼和安妮·班克罗夫特等主演的美国剧情片，1967年12月上映，获得第40届奥斯卡金像奖最佳导演奖。这里提到的泳池片段，是片中一段非常富有创造力的剪辑。其中，前一个镜头男主角本杰明在家中的泳池里消磨时光，下一个镜头便是他和女主角罗宾逊夫人在宾馆房间中享乐，两个镜头之间通过男主角的头部特写和动作匹配来转场。这段联想式剪辑模糊了时间和空间的界限，营造出混沌一片的氛围。

是这类研究的产物，它经常被批评不够专业。参见舒德森（Schudon，1978）对19世纪80年代新闻业中类似冲突的讨论。

［3］在19世纪80年代，我们也能够看到学徒制的记者和受过大学教育的记者之间的差别。

［4］当然，职业写手（hacks）也可能把自己看成专业人士。在这里，我用"专业人士"来描述达到职业顶峰的人士。相比之下，"职业写手"的作品，常常被专业人士诋毁为寻常乏味之作。

［5］这些例子并非直接引自新闻媒体的报道。

［6］参见吉登斯（Giddens，1976）对语言运用作为社会世界建构的讨论（亦可参见 Turner，1974）。

［7］很难将慢动作带来的这种柔和从影片当中剔除出去。电影《虎豹小霸王》（*Butch Cassidy and the Sundance Kid*）的导演乔治·罗伊·希尔（George Roy Hill）曾在电视上讨论一幕戏的慢动作拍摄，在那个场景中，"英雄"第一次开杀戒。原本这个场景是从多个角度拍摄的，导演本来打算将这些不同角度的镜头组合起来，但他最后无法使用组合而成的连续镜头，因为它看起来太美了。

［8］新闻台扛摄像机的人，无一例外，都是男人。男人也垄断着新型的迷你摄像机技术。

［9］摄像机的机位也可能会以有限的视角来呈现行动。很明显，新闻片会避开这类有限的视角，因为它的目标是"准确地捕捉"事件。只不过，研究者发现，电视新闻片其实也会运用有限的视角来呈现行动，对实际发生的事情给出"错误的"印象。譬如，在对麦克阿瑟日（Lang and Lang，1953）或骚乱（National Advisory Commission on Civil Disorders，1968：363）的报道中，新闻工作者都宣称自己记录了关键的事件。

［10］州长坐在置于高台的桌子背后。房间后方专门为电视新闻摄像机设置了一个平台。从平台上，摄像师的镜头越过台下记者的头顶，以平视的角度拍摄州长。设计这样一个适合所有新闻工作者的房间，要求熟悉新闻工作的运作，而大多数激进的社会运动尚不具备这种能力。

有人可能会说，拍摄坐在桌子后面的人的影像框架，代表着这种视角的变体，因为桌子是固定的，它因而会影响到摄像机的机位。不过，即便是在这种情况下，摄像师仍然能够因应他们自己的目的重新安排空间，包括使用适当的视角。譬如，他们可能会改变桌子和椅子之间的空间关系，重新布置桌面上的物件，或者选择拍摄新闻人物坐在扶手椅上而不是桌子背后。他们可能会建议新闻人物应该以哪个角度面向摄像机，以及他/她的眼睛应该望向何方。在行使完这些权力之后，摄像师通常都会调低三脚架，确保以平视视角拍摄坐着的人。

［11］格罗塞尔指出："在13英尺开外……人像可以被作为一个整体加以全盘审视。在这个距离……我们便能够看清楚其轮廓和比例……画家看着他自己的模特，就好像他是风景画中的一棵树，或者静物画中的一个苹果。但4到8英尺是肖像画的距离……画家坐得足够近，因此他的眼睛能够看到并把握画像人的固体形态；但他又坐得足够远，这样透视收缩就不会带来什么问题。在社交亲密和轻松交谈的正常距离内，画像人的灵魂便开始出现……但在3英尺以内，触手可及的距离，灵魂变得过于丰富过于饱满，让观察者无法招架（引自 Hall, 1966: 71-72）。"

［12］倘若记者在某些场景下表露出情感，这会变成专业八卦，甚至有时候会在受众中引发讨论。譬如，沃尔特·克朗凯特在报道总统约翰·肯尼迪遇刺时，他的自我呈现就打破了这种情感距离。新闻记者控制情感并由此创造社会距离的能力有时候会让他/她的家人或密友感到震惊。丹·拉瑟（1977）回忆道，自己在报道总统遇刺的过程中没有流露出任何痛苦或悲伤，这让他妻子相当惊讶。

［13］相反，亲密距离则被认为可以捕捉情感，但却以牺牲客观性为代价。

［14］有时候，我发现摄制组不遵循这些规则，而以其他方式拍摄。但只要出现这种情况，必定是因为摄像师只能以这种方式拍摄，而且摄制组会很快跟主编解释，他们为什么会按照这种方式拍摄。

［15］当记者打破模式化的角色关系与摄像机拍摄范围之间的关联，介入事件当中，这种介入对其他新闻工作者而言，便具有了新闻价值。这里仅举一例。1964年民主党大会，约翰·钱塞勒（John Chancellor）匆忙离开会场便是一例。当时，他一边被从会场赶出来，一边对着摄像机报道。

［16］杰伊·鲁比（Jay Ruby，私人交流）曾将拍摄外交官抵达和离开机场的镜头称为"基辛格飞机仪式"。他说，观众会假定画面中的每一个机场都处在不同的城市，但由于机场之间如此相似，很多时候它们其实是完全一样的舞台道具。这种镜头似乎提供了某种保证，即美国外交总是在积极寻找各类僵局的破局之道。

［17］接受采访的人有可能还是一位地方官员。

［18］当然，除非新闻报道关注的是众议院"普通"成员的日常常规。

［19］在由公共广播系统和"电影研讨会"赞助的1977年独立电影展映上，放映了一部由阿方索·贝亚托（Alfonso Beato）执导的纪录片，片中一位农民像记者一样分析波多黎各的经济历史。放映结束后，研讨会参与者提出的第一个问题就是："你把他拍得跟丹·拉瑟一样的那个人是谁？"

[20] 我所观察的电视新闻节目编导都是男性。据我所知，在主要的市场上，女性编导的数量非常少。

[21] 由于摄像机的机械结构，在标准的电视影片中，与某一帧画面相伴随的声音并不是贴合在那一帧上。音轨可能会"脱节"最多 26 帧。这给影片的剪辑带来了技术问题。两帧有声画面接在一起的时候，就会导致声画不同步。为了应对这种不同步（跳接），剪辑通常会在两段需要粘接的陈述之间插入 24 帧到 26 帧无声画面（切换镜头）。典型的切换镜头是正在聆听新闻人物讲话的记者的面孔。（在正式采访结束后拍摄的）记者提问的有声画面，也可以被用来当作切换镜头。

[22] 所谓"kicker"是指会让新闻人物或电视观众从中获得巨大乐趣（get a kick）的幽默故事。因为这类报道总是会最后播出，这个词也用来泛指最后一条报道，即便相关报道并不温暖或幽默。

"kickers"意译即"引人回味的特写故事"，亦可参见第 5 章中的相关讨论。——译者注

第7章　妇女运动如何成为新闻话题

在本书中，我一直强调，对时间和空间的社会安排影响着新闻工作。我指出，无论是新闻机构，还是新闻工作者，都受制于截稿期限，必须积极主动地发展出一整套技能或本领，将一件事情转化为一桩事件。讽刺的是，新闻工作者一旦具备了降低事件独特性的能力，反倒会变得盲目：他们无法将某些事情看作潜在的新闻。在更专业的层面，我们或许可以说，新闻工作的组织方式令新闻工作者无法将某些现象建构为公共话题，或者"公共事务的话语资源"（Molotch and Lester，1974：103）。

如前所述，新闻网的锚定方式形塑着对新闻的近用，让它变成等级化的社会资源（Tuchman，1976；Goldenberg，1975）。相比之下，某些社会运动、利益团体和政治人物，拥有更多的机会近用新闻媒体。位高权重者显然比无权无势者拥有更多机会近用媒体。而社会底层团体更是被剥夺了近用媒体的机会，除非他们得到拥有常规化媒体资源的中产阶级的支持（Jenkins，1975），或者对媒体的报道对象发起攻击，又或者吸引"鼓吹式记者"加入他们的事业。戈登伯格（Goldenberg）对四个社区团体近用三家波士顿日报〔不包括《基督教科学箴言报》（*Christian Science Monitor*）〕的情况展开了研究，他发现：

对于资源匮乏的群体而言，新闻记者是关键的媒介人，是它们近用媒体过程中的主要过滤器。然而，记者也是组织人，为报纸工作，后者有自身的目标、结构、标准流程和政策，这在一定程度上限制了或形塑着个体记者在新闻采集和报道过程中的决断权（1975：145）。

倘若社会运动可以吸引到鼓吹式的记者，这些记者会如何报道相关的团体，并将它们提出的议题建构为新闻话题？这个问题在理论层面相当重要，这是因为，首先，社会运动会经历不同的阶段（Oberschall，1973），从非正式的团体或网络发展成复杂的志愿组织，有能力游说大企业、工会和立法机构。鉴于新闻机构会协调新闻网和正规机构的步调，对社会运动的报道应该也会随着运动发展而有所变化。

其次，新闻工作是一项日常的**实践**活动。新闻工作的节奏，包括每天都要报道不同的故事，让它更强调事件，而不是议题。事件以具体而微的方式镶嵌在事实性网络之中，体现在传统新闻导语的何人、何事、何时、何地、何故、如何。议题则不然，它们植根于对日常世界——或者说社会经验结构——的分析性解释。譬如说，所谓的制度化种族主义，其观念以及相应的议题蕴含着对社会过程的描述，牵涉到一系列机构和社会问题之间的关联，但它并不牵涉针对特定个体的种族偏见。但是，新闻工作强调个体的优先性：这些个体要么被当作消息源或者具有正当性的代表，要么以在位者或者权力掮客的面貌出现。

事件是离散的，拥有开端、中段和结局。即便是持续一段时间的事件（事情），比如法案审议或法庭审判，总归有开始，也总有一天会曲终人散。一项法案提交到委员会；法官敲下法槌，宣布开庭。与事件不同，议题并不具备特定的时间点。譬如，性别歧视的起点在什么时候？是1963年贝蒂·弗里丹提醒人们关注"无名的问题"[①] 那时候吗？还

---

① 参见第一章对贝蒂·弗里丹的译者注。无名的问题（the problem with no name），语出弗里丹的经典著作《女性的奥秘》（*The Feminine Mystique*），直译为"无名的问题"或"无以名状的问题"。弗里丹指出，二战结束之后，由女性杂志、大众传媒、学校和其他各类机构所生产的话语，都鼓励妇女在妻子、母亲和家庭主妇这些角色中寻求自我实现和幸福。然而，很多中产阶级女性在扮演好妻子/母亲/家庭主妇角色之后，仍然觉得不幸福。这种不幸福广泛存在，但却没有什么词汇可以形容它，这就是"无名的问题"。弗里丹认为，在真正幸福的社会里，无论男女都有权利接受教育、工作，施展他/她的才干。

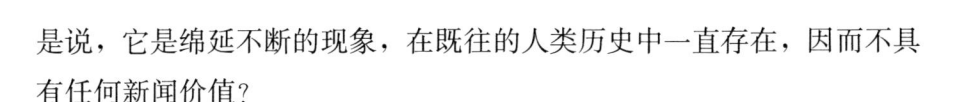

是说，它是绵延不断的现象，在既往的人类历史中一直存在，因而不具有任何新闻价值？

菲利普斯（Phillips）认为，新闻工作的本质创造出这个"职业特有的心智习性"，让新闻人对议题变得盲目。她说：

> 新闻职业特有的心智习性，譬如对（专业）"直觉"的依赖，具体化的逻辑，聚焦当下的导向，对偶发事件的强调，对结构必要性的忽视，凡此种种，都会影响到新闻的呈现。外部强加的各种限制（例如，定期的电视广播）和组织层面的压力，都导致工作的常规化。与此相应，新闻工作者倾向于将当天发生的事件看作离散的、不相干的事实。内外因素相叠加，让媒体生产出新闻马赛克镶嵌画，只能呈现表面现实……从中我们无从把握事件之间的联系……新闻给人的感觉是，世间不乏新奇事物，却了无变化（1976：92）。

社会运动带有创新性和去正当化色彩，它们充其量只会被当作新奇事物，除非它们预示着暴力，或者被重塑为潜在的破坏力量。正如莫洛奇和莱斯特（Molotch and Lester，1974）所说，要想成为新闻，社会运动的参与者或许要在不当的时间、不当的地点集会，并参与到不当的活动当中去。[1]

同样，特定议题的支持者要想获得关注和报道，或许需要展示出与记者的事件导向相悖的世界观。哈洛伦、艾略特和默多克（Halloran，Elliott，and Murdock，1970）的研究发现，英国媒体本来预料一场大规模反战示威游行会爆发暴力冲突，结果游行非常平和，它们便将实际发生的事情报道成没有得逞的暴力事件。伦敦民众抗议政府支持越战，发起反战游行。在游行现场，有人举着反对通胀和重税的标语，在游行者看来，这些问题与英国的外交政策息息相关。不过，记者们并没有对这些标语展开复杂的分析，而是将它们看作游行毫无计划、杂乱无章（非事件导向）的标志。

新闻工作者的取向和社会运动参与者的取向之间存在落差，折射出新闻行当的职业意识和社会运动更具分析性的意识之间的冲突。正如舒茨（Schutz，1962）所说，意识是在日常活动中构造出来的。而本斯曼和利林菲尔德（Bensman and Lilienfeld，1973）则补充说，当今的意识是在职业和专业活动中构成的。[2] 新闻工作活动及其时间导向与社会运动的导向迥然不同。因而，就像新闻工作将各类事情转化为新闻事件一样，它在将议题形塑为新闻故事的过程中，也必须对（由社会运动支持者所界定的）议题要旨或诉求加以转化。新闻媒体对妇女运动①的报道让我们得以观察这种转化过程，随着运动日益壮大，转化的方式也发生着细微的变化。

早期报道：排斥与嘲笑

妇女运动的非正式启动可以追溯到1965年召开的白宫平等就业机会会议②，而其正式诞生则以1966年全国妇女组织（NOW）的创立为标志。从诞生之日起，妇女运动就不是资源匮乏的团体。运动早期参与者多半都曾参加过华盛顿会议，会议的主旨是向政府施压，改善女性命运。这些人大多都是专业人士，来自中上阶层。早期的通讯稿都是用国会的油印机打印出来的，背后操刀者，都是高薪的高管，她们动用人脉"借用"这些设施。通讯稿的设计者，都是纽约公关界的名流，贝蒂·弗里丹将她们纳入麾下，志在将新闻媒体转变为运动的资源。在这些顾问的建议下，宣布全国妇女组织成立的新闻发布会定在弗里丹家的起居室里。因为新闻发布会通常都在办公室里举行，这些公关专家觉得，发布会场景的新奇性将会吸引全纽约的新闻媒体。

---

① 原文 women's movement，因此翻译为"妇女运动"，而不是"女性运动"或"女性主义运动"。

② 原文 the White House Conference on Equal Opportunity，应为 the White House Conference on Equal Employment Opportunity，1965年8月19—20日召开，来自商界、劳工界、政府和民权团体的600余名代表参加了会议，会议对美国平等就业机会委员会（Equal Employment Opportunity Commission，EEOC，1965年7月成立）的早期运作方针产生了一定影响。

然而，这个场景强调的更多是新奇性而不是及时性，它把全国妇女组织变成了软新闻。

弗里丹本人曾经当过记者，在媒体圈人脉很广，其中部分是在推广《女性的奥秘》的过程中累积下来的。之后，她受邀为一家女性杂志撰写月度的专栏。其间，她学会了就专栏中牵涉到的"争议"话题召开新闻发布会，通过公共论坛发声。弗里丹进而得到了一群有才干的自由撰稿人的支持，她们不断向纽约的杂志兜售有关这场新生运动的稿子。跟其他的专业共同体一样，纽约自由撰稿人和职业撰稿人的圈子也很小。它从杂志延伸出来，沿着这些杂志对"人人都在谈论的"话题的持续搜寻，一路扩展到每日新闻的世界。这些世界彼此重叠，因为一些日报记者也会为杂志撰稿。在这个圈子里，女权主义逐渐变成流通和讨论的话题。

因而，妇女运动并不缺少媒体人脉，让其饱受困扰的反倒是各路编辑和记者的嘲讽。运动的参与者抱怨男性编辑拒绝严肃对待"妇运"（women's lib①）——这些女性觉得，只要看看媒体给运动起的轻蔑绰号就一清二楚。莫里斯（Morris，1973：527）指出，新闻媒体对运动报以嘲笑和排斥，在公共层面，妇女运动被界定为奇特古怪的运动。[3]在1965年白宫平等就业机会会议期间，《纽约时报》的一篇报道将这种嘲笑体现得淋漓尽致。霍尔和莱文（Hole and Levine，1971）在她们的书中指出，在那次会上：

> 有人疑惑地问道，法律是不是要强制花花公子俱乐部雇用男性"兔女郎"。这几乎立马就变成了所谓的"兔女郎法案"（第七条②

---

① women's lib，这里的 lib 是 liberation 的缩写，也带有一定的轻视色彩，因而下面说 women's lib 是一个轻蔑的绰号。此处约略翻译为"妇运"，以与"妇女解放运动"相区分。

② 这里的第七条（Title VII）指的是1964年通过的《民权法案》（Civil Rights Act）第七条，该条款保护雇员不因种族、肤色、宗教、国籍等原因遭到就业歧视，但并未禁止基于性别的就业歧视。20世纪70年代，国会修改了第七条，增加了针对性别歧视的内容。第七条存在一些法律许可的例外情况，包括实际职业资格（Bona Fide Occupational Qualification，BFOQ），它允许雇主按照特殊行业的要求依据年龄、性别、种族和宗教信仰对雇员进行筛选，以性别为例，在某些特殊行业，当性别对工作完成有巨大影响，或者只有特定性别的雇员才可以完成工作时，按照性别筛选雇员不属于歧视。

特定条款列明了法律许可的例外情况)。《纽约时报》头版的会议报道标题是"哪位女士可以为大都会队①投球?";兔女郎的问题贯穿了整篇报道。(1971:34)

1976年的"妇女平等大游行"②过后,《纽约邮报》(*New York Post*)的编辑本打算拿"第五大道上的淑女日"做报道标题,但遭到新闻室里的女权主义者劝阻,不得已作罢(1975年7月对一位邮报记者的访谈)。

有时候,这些"笑话"是由女记者发明的,目的是为了取悦她们的编辑。《纽约邮报》记者琳赛·梵·格尔德(Lindsy Van Gelder)曾后悔自己对1968年亚特兰大美国小姐选美大赛现场抗议活动③的报道。尽管她对"女巫"团体(WITCH,来自地狱的妇女国际恐怖阴谋④)"着了迷",而且也"认同"游行者的诉求,但她告诉我:

> 当时我并没有意识到,自己应该坚决主张严肃对待这场游行。那时候,(其他示威者)都会在游行现场烧掉他们的征兵卡,因此,我在报道中过多地关注焚烧胸罩、紧身衣和卷发夹的行为。我试着让报道笔调轻松诙谐,这样报道就能见报。我担心,如果我直言不讳地报道这场游行,稿子恐怕就会被毙掉。

借助"轻松诙谐"的笔调,梵·格尔德和其他记者一样,绕过事实性网络,将妇女运动建构为新奇事物,或者说软新闻。实际上,妇女运

---

① 纽约大都会棒球队。

② 1970年8月26日,是美国女性获得选举权50周年纪念日,全国妇女组织在美国全国范围内90余座城市发起"妇女平等大游行"(Women's Strike for Equality),其中,纽约的游行规模最大,大约有5万人沿第五大道游行。"妇女平等大游行"被全国主要报纸和电视网报道,并被《时代》周刊称为"妇女解放运动中第一场大规模游行"。1971年,国会通过决议,确定8月26日为"妇女平等日"(Women's Equality Day)。

③ 1968年9月7日,数百名女权主义者和民权运动者在亚特兰大市集会,抗议正在举行的美国小姐选美大赛。

④ 原文 Women's International Conspiracy from Hell,遗漏 Terrorist,应为 Women's International Terrorist Conspiracy from Hell,首字母简称 W.I.T.C.H。W.I.T.C.H. 是以"女巫"之名活跃于1968年到1970年的若干女权主义团体,第二波女权主义运动的一部分,其诉求是女权主义和社会主义。

动的历史学家指出，在亚特兰大的示威游行中，抗议者根本就没有焚烧胸罩、紧身衣和卷发夹，而只是将它们扔进了垃圾桶里。①

见报：受到关注

一件事情或议题要想变成新闻，就必须进入记者或新闻机构的职权范围。"仅仅"在物理或时间意义上身处记者的"此时此地"（here and now②）（Schutz, 1966），或者说仅仅能够被新闻网捕捉到，还远远不够。确切地说，议题或事件必须在社会学或心理学层面关系到记者对世界的把握，并且与记者的意图和实践活动产生共鸣（Molotch, 1978）。妇女运动被界定为奇特古怪的运动，这有可能限制对运动的报道，因为男性编辑也赞同这种观点，他们对女性的选择性失明又进一步强化了这种观点（Morris, 1975）。伯纳德（Bernard, 1973）指出，权力、政治和阶层分化是男性关注的议题，传统上，它们也是"头版"议题。换言之，"男性新闻人"（newsmen）秉持的专业意识形态将男性关注的议题等同于真正重要的新闻故事，将传统意义上的"女性"议题边缘化。

多萝西·史密斯（Dorothy E. Smith）（1973；1975；亦可参见Daniels, 1975）认为，当今社会的主导意识形态是男性意识形态。她指出：

> 意识形态形式统辖着社会关系，而男性则控制着意识形

---

① 游行当中，抗议者将象征女性压迫的物品扔进"自由垃圾桶"（freedom trash can），这些物品包括紧身衣、高跟鞋、胸罩、花花公子杂志和卷发夹等。但传言和媒体报道让人们以为抗议者焚烧了这些物品，这成为妇女权利运动的迷思之一。参见 https://www.washingtonpost.com/news/retropolis/wp/2018/09/07/the-bra-burning-feminist-trope-started-at-miss-america-except-thats-not-what-really-happened/。

② 日常生活现实是围绕着身体所处的"此地"（here）和当下所在的"此时"（now）被组织起来的（参见《现实的社会建构：知识社会学论纲》第1章）。其中，"此地"是"我在空间中确定我的方位的出发点。可以说，它就是我的坐标系的中心点O"，而"我的实际的'此时'也是所有各种时间视角的原点，我正是依据这些时间视角来组织这个世界中的各种事件"（参见舒茨《社会实在的问题》）。

式……这种控制的社会结构建立在他们依靠阶级身份所掌控的权威之上……作为男人，他们代表着各种制度化结构的权力和权威，而正是这些制度化结构支配着社会。(1975：362)。

史密斯的观点或许可以扩展到支配记者行为的专业意识形态，在这套意识形态之下，记者刻意强调男性议题的正当性，进而维护男性权威。

如前所述，新闻工作的职业意识把事件而非议题视为硬新闻的内核，而硬新闻又被看成日常新闻报道的内核。无论是在评估新闻价值的过程中，还是在机构内部的处理流程中，真实的硬新闻都具有凌驾其他报道的优先性。在妇女运动的早期阶段，所谓的运动激进派强调唤醒觉悟（Carden，1973；Freeman，1975），运动的政治重心落在"改变人们的观念"，譬如对女性在世界中的地位等议题的看法。退一步讲，同拉选票、召集党团会议、搞竞选和投票等传统的政治活动相比，这的确不是看得见摸得着的事情。正因为这些诉求看不见摸不着，它们很容易就被认为"不具有新闻价值"。一位纽约记者曾在20世纪60年代末报道妇女运动，她对我说："在我看来，人们头脑里想的东西才是真正的新闻，但这并不是传统的观点。"另一位纽约记者说得更直白："当时的确有很多有趣的事情发生，但我真没办法把这些事情搞清楚。它们多半都是无形的谈论……我能看到事情正在起变化，但很难搞清楚到底发生了什么，然后跑去跟大都会新闻部说，'看，这就是正在发生的事情'。而且，要想被大都会新闻部报道，这件事情就得人人都感兴趣。"换言之，这位记者没办法调用镶嵌在事实性网络中的叙事形式，将看起来"无形的谈论"架构为新闻选题，变成一则可以讲述出来的故事。

仅靠唤醒觉悟，的确没办法提供看得见摸得着的事件，用来彰显组织化机构的意图、取得的进步或面临的问题。譬如说，它无法提供预先分发、可供引述和分析的演讲，记者无法从中寻找有关世界状况的新鲜（又不能太新）表述。由于这些致力于唤醒觉悟的团体抱持极端的平等主义理念，勤力于根除传统的"男性"领导角色，包括公众发言人的角色，因而，没有任何一个团体设有固定的发言人，可以自始至终针对妇女议题代表团体发声。更重要的是，没有任何人可以代表所有致力于唤醒觉悟的团体发言。如果一位记者想知道，团体成员的所思所想，又或者她们代表谁、有什么诉求，他/她很可能找不到这么一个人，要么被推选上来代表团体发言，要么被公认为是具有正当性的发言人。代表性因而无法以量化的手段加以判定。

新闻记者也没办法按照专业公式来报道唤醒觉悟的各式努力以及相关的"议题"。但与此同时，新闻工作的职业意识又强调，新闻媒体致力于发掘社会变革，唤起新闻消费者对相关议题的重视。为了调和并满足这些看起来相互冲突的目标，新闻人转向各种成规，寻找合适的消息源。这当中的某些做法有可能导致对女权主义的批判性评价。譬如，新闻人会去采访女界"第一人"（第一位男女同校大学女校长、第一位跨国公司女总裁、第一位职业赛马女骑师），问她对妇女运动议题有何评价。这些政治人物和"第一人"通常不大认可或积极评价妇女运动的目标，在运动的早期尤其如此。针对成就卓著的专业女性的研究发现，她们通常将自己看成出类拔萃的个体，之所以能成功，全靠个人的能力。对那些不那么有才干的女性的困境，这些女性很少报以同情（Hochschild，1974）。

另一种专业实践是"回应报道"，它鼓励媒体提名的领袖给出改良主义的观点或陈述。当编辑认为某件事情具有非比寻常的新闻价值，特别是当它有可能影响未来的事态发展时，他们便会找到公众人物，请他们对事件作出"回应"（参见本书第 3 章对约翰逊总统放弃竞选连任的报道的讨论）。回应报道中的各式观点，可能会带入议题式的元素，如果采访对象的意见分歧人所共知，就更是如此。[4]因此，新闻记者可能会请妇女运动的领袖从"女权主义"角度做一个回应，同时也会请其他具有正当性的政治和公民领袖发表意见。刊发具有准正当性的领袖的观点，破坏了激进者"群龙无首"的状态，它将结构强加在运动之上。

此外，要想征求运动领袖的观点，记者先得找到乐于承认自己是领袖的人，而某些激进者会逃避这一角色。一般情况下，受到新闻人青睐者，多半都取得了与男性发言人类似的成就。用社会学对"行事"（to do）和"存在"（to be）之间的传统区分来看，贝蒂·弗里丹、凯特·米利特①和杰梅茵·格里尔②这样的女性都为自己赢得了地位，而不"仅仅是"妻子和母亲，新闻工作者因而就会把她们看成独立的个体。她们三位都出版过畅销书。米利特的书以她在一所名校完成的博士论文为蓝本；格里尔在英国名牌大学任教；弗里丹则创立了全国妇女组织。这些成就让她们安然接受媒体提名领袖所带来的曝光度：曝光度既有助于图书销量，也有助于兜售观点。[5]

媒体在提名运动发言人的过程中，更青睐改良派，而不是激进派，这在曾经被媒体利用的两位女性的命运上体现得淋漓尽致。米利特（1974）发现，持续的曝光不仅让她跟激进派朋友渐行渐远，也让她很难再维持激进的生活方式，她因而毅然决然地放弃了媒体为她打造的领袖角色。20世纪60年代中期，弗里丹力推衣着讲究、优雅端庄的小格雷丝·阿特金森③，让她在游行现场面对媒体发言。但到了70年代中期，弗里丹和阿特金森因为全国妇女组织在女同性恋问题上的立场反目；阿特金森另起炉灶，参与创立激进女权组织（Radical Feminists），并宣布出柜。新闻媒体随后将她抛弃，它们无法容忍具有准正当性的发言人卷入这种麻烦事。

职业意识让新闻工作者在不经意之间贬低扰乱社会秩序的事件，这也导致了针对妇女运动的特定男性观念。这当中最重要的实践任务，依然是找到合适的发言人。想要轻松自如地近用新闻媒体，就需要记者和消息源之间绵延不断的互动，各个报道条线都是如此。但那些谋划破坏性事件的人并没有这种联系渠道，因为她们通常都对媒体心存疑虑，此

---

① 凯特·米利特（Kate Millet，1934—2017），全名Katherine Murray Millett，美国女权主义者、作家、艺术家，妇女解放运动早期富有影响力的人物。1970年获得哥伦比亚大学博士学位，博士论文《性政治》（*Sexual Politics*）于当年出版，该书界定了女权主义运动的目标和策略，一夜之间成为畅销书，也让米利特成为公众人物。

② 杰梅茵·格里尔（Germaine Greer，1939—），生于澳大利亚，作家和女权主义者，第二波女权主义运动的主要代言人之一。1967年获得剑桥大学文学博士学位，专业领域是英美文学和女性文学。1970年出版第一部作品《女太监》（*The Female Eunuch*），书名指针对女性的精神阉割让她们成为女太监，并因而呼吁女性的性自由。该书出版后，格里尔声名大噪。

③ 参见本书第1章17页脚注①。

外，她们还面临着被逮捕的风险，无从积累媒体人脉。[6]在这种情况下，记者只能转向常规的信息来源，他们身处建制内的中心位置，掌握一手信息。然而，这些常规的消息源正是遭受抨击的掌权者，自然十分乐意回击批评者。在此过程中，标准化的报道实践再一次正当化了掌握制度权力的人。

最后，由于报道程序偏向手握权力的消息源，它们可能会将全国妇女政治核心小组①的革命潜力转变为改良式的诉求。报道核心会议，也就是报道一桩事件。由于核心会议明确关注政治权力的分配或者正规机构的其他侧面，记者可以依靠各种会议报道的各种标准方法。正如一位报道人所说："拿妇女政治核心会议来说，他们早就习惯了报道这类事情。[7]他们可以套用旧公式来报道它，只不过（唯一的不同是他们）面对的是女人，而不是男性。"一位很强势（可以自由选择报道选题）、非常专业（依据同事的评价）的记者曾经报道过这类会议，她跟我分享了对这类报道的看法。她对一家得克萨斯媒体报道的批评，让我们能够看到这类公式的运作方式："我印象最深的，是一家媒体对1974年休斯敦全国会议的糟糕报道。会议持续三天，三千名女性参加。出身德州的茜茜·法伦索尔德②被选为整件事情的负责人。很多人都去了——黑人，白人，弗里丹，奇泽姆（Chisholm）③。"然而，这家媒体没有运用任何已知的叙事，既没有报道出身德州的主席、城中的名流，也没有聚焦种族议题，或者围绕权力和团结的内部混战，相反，"它们唯一的头版报道，是一篇两栏的豆腐块，主题是一场有关性隐私的研讨会，而所谓性

---

① 原文the Women's Political Caucus，应为The National Women's Political Caucus，全国妇女政治核心小组，成立于1971年，多党派的草根组织，致力于招募、培训和支持妇女参与政治，帮助她们争取民选或任命的职位。

② 茜茜·法伦索尔德（Sissy Farenthold，1926—），全名为Frances Tarlton "Sissy" Farenthold，美国政治人物、律师、社会活动家，在1972年民主党全国大会的副总统人选提名中名列第二。1949年毕业于得克萨斯大学法学院，是800名学生中仅有的3名女性之一。1969年至1973年，在得克萨斯州众议院担任议员，是当时得克萨斯州众议院内唯一的女性。1972年和1974年，两度寻求得克萨斯州州长的民主党提名，但都未获成功。1973年，被选为全国妇女政治核心会议的首任主席。1976年至1980年，担任纽约韦尔斯学院校长，是该校首任女校长。

③ 雪莉·奇泽姆（Shirley Chisholm，1924—2005），1968年成为首位非裔美国国会女议员，1972年参与民主党总统竞选提名，成为第一位寻求总统提名的女性。

隐私，指的其实就是女同性恋"。[8]至少对这位记者而言，这种不专业的报道（用她的话说，由"滥俗小报"生产的内容）忽视了真正的议题，扑在膻色腥上；专业的报道则会聚焦领袖，领袖之间的互动，以及具体的团体行动。在这里，专业实践的中心仍然是事件，而不是议题。此外，值得注意的是，这位记者在软新闻——有关古怪事物的两栏豆腐块——和她更青睐的硬新闻叙事之间划出了界线。

当然，新闻人的职业意识有时候也可以服务于社会运动的目标。譬如，在男同事眼中遵循专业意识形态的女记者，可能会将运动的议题转变为新闻故事。格雷丝·利希滕斯坦（Grace Lichtenstein）时任《纽约时报》落基山分社社长，她也是时报全国分社中首位女社长。她给我举了下面这个例子：

> 几个月前，我做了一篇头版稿子，主题是全国各州强奸法案的变化。当时，科罗拉多州立法机构正在讨论强奸法案，我就用它做由头，这篇稿子占了很大的版面。有好几次我都发现编辑对正在发生的某些事情一无所知，比如强奸法案。只有女性才想得到强奸法案，男人们满脑子装的都是死刑。（访谈，1975 年 8 月）

《纽约时报》当时刊登了不少有关平权修正案①、全国妇女组织大会、妇女政治核心会议的报道。利希滕斯坦将这归功于时报驻华盛顿经济记者艾琳·沙纳汉（Eileen Shanahan）②。沙纳汉介绍了当时的情况：

---

① 平权修正案，全称平等权利修正案（the Equal Rights Amendment，ERA），是一项被提议但未被批准的美国宪法修正案，其目的是废除歧视女性的联邦和州法律，其核心原则是性别不应该被用来决定男性或女性的法律权利。修正案的内容包括"合众国或其任何一州对法律所规定之平等权利，不得以性别为由拒绝或剥夺之"，"国会有权制定适当的法律，以施行本案"。早在1923 年，该修正案就被提出，但直到 1972 年 3 月才被美国参议院通过。此后，修正案交由各州立法机构批准，但直到 1982 年 6 月，修正案仍然没有得到 38 个州必要多数的批准，因而未能成为宪法第 27 修正案。

② 艾琳·沙纳汉（Eileen Shanahan，1924—2001），《纽约时报》先驱记者，1962 年起，在时报华盛顿分社工作，负责报道全国经济政策。1974 年，沙纳汉与其他 6 位女同事起诉《纽约时报》性别歧视，最后胜诉。1977 年至 1979 年担任吉米·卡特总统的新闻发言人。

> 1971年，平权修正案第一次进入国会讨论，我就知道了，而且我发现，其他人对此根本没兴趣，而且他们很奇怪我居然会感兴趣。我自告奋勇，自然也就拿到了选题。可以说，我一手打造了这个全国性的妇女权利条线。

当然，沙纳汉是一位非常有地位的记者。一方面，她为时报的专业水准感到骄傲，另一方面，她也为自己的专业表现自豪：

> 我写的稿子，基本上都会原样刊登。我要是告诉（国内新闻编辑），说"这个题不错，我们得报道一下"，他通常都会很高兴。我界定新闻故事的能力源于专业主义。（访谈，1975年8月）。

讽刺的是，女权主义记者的稿子之所以被注意到，是因为她们的专业水准；但在新闻发布会上，她们又常常向台上的女权主义者抛出充满敌意的问题，以此彰显自己的中立。另一位《纽约时报》记者朱迪·克莱门拉德（Judy Klemesrud）解释说："（报道女权主义者）最难的并不是看起来像她们中的一员，而是必须保持客观，像一只牛虻。"换句话说，她必须展示出，自己欣然接受事实性网络。

见报：赶上截稿期限

仰仗沙纳汉或利希滕斯坦等公认的专业人士，妇女议题得以转变为新闻故事，但这并不意味着报纸变成了运动资源。其中一个问题是，如何将某一项议题或一系列议题转变为报道条线，或者说一连串常规机构和个人，记者可以时不时联系它们，获得相关的信息。沙纳汉之所以可以一边运作她自创的妇女条线，一边继续报道经济新闻，部分是因为华盛顿的妇女团体高度制度化。跟其他游说团体一样，平权修正案联盟和全国妇女政治核心小组都设立了办公室，在指定时间开放。打个比方说，它们都按照行政机构的方式运作。譬如，《纽约时报》驻华盛顿教育记者从沙纳汉手中接手第 9 条平权条款①选题，她有时间采访，认得熟悉法案的消息源，同时她也知道，华盛顿的政治和游说活动都会遵循特定的时间模式，为新闻工作提供方便。[9]

然而，女权团体活动的时间安排常常与统辖报纸的时间表相冲突，这在女权主义复兴的早期尤甚，在很大程度上今天依然如此。在我对纽约女性记者的访谈中，访谈对象都坚持认为，"很多女权主义者对新闻室里的工作现实一无所知"。在某种程度上，她们所说的正是新闻工作的时间安排（参见第 3 章讨论）。早报的条线记者通常在傍午时分上班，傍晚下班。要想赶上早版，他们的稿子必须在傍晚前提交。周日厚报的截稿期限甚至更早，有些报纸将其定在周六下午两三点钟。不过，很多妇女运动成员跟女性记者一样，在家庭之外还有工作。因此，妇女运动的集会常常安排在晚上，那时候大家都已经下班，家里也有保姆照顾子女。而各类会议，包括妇女政治核心小组纽约分部的召集会议，通常都放在周末。但是，就跟其他的职场人士一样，大多数记者周末并不上班。那些报道妇女运动周末活动的记者，必须在周六下午提交稿件，但那会儿相关的活动可能根本还没开始。譬如，《纽约时报》的一位编辑让手下的机动记者留意妇女运动的动向（而不是设立专门的妇女运动条线），这位记者说，她面临的"主要困难就是礼拜天、周末和晚间的会议、聚会，诸如此类的事情"。

诚然，新闻室本来就需要而且可以处置突发事件。编辑部会尽早处理尽可能多的新闻，以便留有余裕应对"紧急情况"；人力资源的配置模式也让媒体能够将其他机构的危机转变为新闻室的常规。此外，针对那些一直都要很晚才能拿到的稿子，比如戏剧评论，新闻室会做出特别的规定。譬如说，一篇新闻价值不那么大的硬新闻可能会被放上报纸首发版，以填充为评论预留的版面。体育部门也会建立相应的特殊规定，包括精心设计的通讯员体系，因为很多时候要到深夜时分才拿得到最终

---

① 指 1972 年通过的教育修正案第 9 条（Title IX of the Education Amendments of 1972），这是一项联邦法律，禁止在联邦政府资助的教育项目或活动中性别歧视。因为与教育领域有关，文中这个选题交由一位教育口记者来负责。

比分，而重要的赛事也多半都安排在周末。但是，报纸毕竟是消费品，只有在预期的报道具有重要价值的前提下，发行人和主编才会做出这些奢侈的安排。对新闻产品而言，文化评论和体育报道无疑具有明确的经济价值，有关妇女运动新近突发事件的报道则不然。

不过，报纸当中的确有一个地方在主题上与妇女运动有关，而且可以稍做调整来处置这些报道。那便是"女性版"，特别是《纽约时报》和《洛杉矶时报》等大报的女性版。[10] 在这些报社，专版编辑手握充足的预算，手下有一支干练的采编队伍，他/她们自采自编稿件，无须转载报刊辛迪加的稿件和通讯社电讯。尽管这些专版多半不再被称作"女性版"（大多更名为"生活方式""人物"或者"食物、家庭、装潢、时尚"版），但它们很明显脱胎于传统的女性版，后者在众多美国报纸中仍然非常典型（Van Gelder，1974；Guenin，1975；Merritt and Gross，1978）。[11] 对于妇女运动而言，这些专版或许可以被看作某种资源。

见报：登上《纽约时报》

接下来，我将运用对《纽约时报》女性编辑和记者的访谈材料，讨论"家庭/时尚"版（即该报的女性版）如何充当妇女运动的资源。这里用到的材料还包括与纽约女权主义者针对时报报道的讨论。之所以选择《纽约时报》，因为它是全美首屈一指的大报，其女性版在20世纪60年代引入了一种新的报道形式。

时报女性版的一位记者将该版称为"全美最倾向女权主义的专版"，只不过，她也指出，时报也经历过"一些阶段，女性版的编辑会说，'我们最近登的妇运稿子太多了'"（很明显，使用这个语带嘲讽的讲法，是为了保持中立的姿态）。在属下的记者看来，该版时任主编琼·惠特曼坚信，"家庭/时尚"版不应该变成由女权主义者为女权主义者写作。惠特曼（访谈，1975年7月）强调，专版应该刊登"关于女性的新闻，而不是专供女性阅读的新闻"。当中包括妇女运动的新闻，特别是有关

"妇女生活变化和妇女运动影响"的新闻。惠特曼指出，女性版之所以报道妇女运动，更多是"出于我的选择"。在原女性版主编夏洛特·柯蒂斯（Charlotte Curtis）升任评论版主编后，惠特曼出任女性版主编。履新之后，她既没有请示主编（她的老板），也没有咨询大都会编辑的意见，就将妇女运动的报道纳入自己的职责范围。她说，"反正我就开始这么做了"，这部分是因为女性版可以采写出比综合版更好的报道。时报的女性版之所以成为运动的资源，是因为它的主编刻意为之。惠特曼是一位经验丰富的专业人士，可以跟前文提到的出色的女性记者相提并论，正是她们，将妇女运动带入综合版面。只要她负责的版面在专业层面表现出众，比如版面编排充满趣味性，她就可以自主地运作。

妇女运动之所以没有成为综合版的新闻选题，是因为其他编辑没有选择这么做。一位被指派留意妇女运动进展的大都会版记者抱怨说，她的非官方条线就像个贫民区。其他记者会持续给她提供有关女性的选题，包括财经口有关女性在公司中晋升的新闻，以及各种各样的女界"第一人"的报道。鉴于新闻人倾向于踏入他人的领地，而不是彼此成全，我们有理由相信，其他部门的记者之所以把选题留给这位记者，多半是因为这些选题很有可能或者已经被他们自己的编辑毙掉。

惠特曼和她手下的记者都乐于报道妇女运动的选题，此外，无论是惠特曼、女性版记者，还是大都会版的采编人员，都纷纷提到女性版的若干特点，让它成为妇女运动新闻的理想归宿。其中最重要的是，女性版很少报道"突发"新闻或硬新闻。偶尔会有一两篇报道（按照惠特曼的估计，一年大概10到12篇）非常贴近时事，或者与当天的世界大事紧密关联，它们会先登上头版，而后再跳转到"家庭/时尚"版。但在大多数情况下，女性版刊登的都是"软新闻"。因而，在必要的时候，女性版可以无视深夜和周六截稿期限，将报道延后推出。

在实践过程中（参见第3章的讨论），将任何一件事情归为硬新闻或软新闻都绝非易事。1966年，《纽约时报》女性版刊登了一篇简短的报道，内容是贝蒂·弗里丹宣布成立全国妇女组织。这篇豆腐块夹在火鸡填料食谱和美发师皮埃尔·亨利（Pierre Henri）重回萨克斯第五大道精品百货店执业的报道之间。报道中的素材清晰地显示出，弗里丹在报道见报数天之前就接受了时报的采访。换言之，全国妇女组织的成立被当成了软新闻来处理。

女性版的一位记者曾被派去报道朱莉·尼克松·艾森豪威尔[①]召集的新闻发布会，她当时临时代班芭芭拉·沃尔特斯[②]主持一个星期。但在新闻发布会上，她发表了关于她父亲尼克松的评论，报道摇身一变成为硬新闻，登上了时报头版。

《纽约时报》对国际妇女年[③]的报道，提供了另外一个模棱两可的案例。有些稿子是由联合国特派记者采写的，他向国际新闻编辑负责，稿子也会相应地刊登在综合版。有些则是由朱迪·克莱门拉德采写的，她是当时女性版关注妇运的两位撰稿人之一，这些稿件自然就刊登在女性版。克莱门拉德后来也被派往墨西哥城，报道世界妇女大会，这些稿件既刊登在女性版，也刊登在综合版。

按照报社内部的协议，女性版通常不会去碰比较紧急的选题。但不管出于什么原因，一旦这类选题落入女性版的领地，它就可能会被重构为"软新闻"。女性版主编也可能会行使自主权，将某些选题当作硬新闻来处理，或者将选题转给其他编辑。惠特曼每天都要参加各部门编辑与主编的编前会。在会上（参见第2章讨论），编辑们会讨论手上的稿子，为头版推荐稿件。

女性版还具有第二个特点，即该版刊登的大多数报道都是特写，这让妇女运动新闻具有了额外的价值。在新闻行当，不仅记者彼此竞争好

[①] 朱莉·尼克松·艾森豪威尔（Julie Nixon Eisenhower，1948—），美国第37任总统尼克松的次女，其丈夫是美国第34任总统德怀特·艾森豪威尔（Dwight Eisenhower）的孙子戴维·艾森豪威尔（David Eisenhower）。1973年至1975年，曾担任《星期六晚邮报》（*The Saturday Evening Post*）助理主编。

[②] 芭芭拉·沃尔特斯（Barbara Walters，1929—），美国电视记者、作家、主播，以高超的电视采访技巧闻名。先后主持多档电视节目，包括NBC早间节目《今日》（*Today*）。1976年开始，成为《ABC晚间新闻》节目主播，也是首位晚间新闻女主播，后长期担任ABC新闻杂志节目《20/20》主播。

[③] 联合国将1975年命名为"国际妇女年"（International Women's Year），并在墨西哥城召开世界妇女大会，讨论妇女的地位。同时，联合国从1975年开始庆祝3月8日国际妇女节。

选题，编辑相互竞争让手下记者的稿子见报，各类事件也会竞相争夺媒体的注意力。惠特曼指出，在她负责的版面上，有关妇女运动的稿子不必"与水门事件竞争"。诚然，惠特曼把妇运新闻与新闻人眼中20世纪70年代最重要的新闻放在一起比较，未免太过极端。但其他人也都赞成这个观点。克莱门拉德说："要是女权主义的稿件在我们的专版上都登不出来，那它在其他地方更登不出来。"《纽约邮报》记者梵·格尔德也说："惠特曼登过一篇稿子，主角是法国一位女部长；要是她不登，就根本没人登。"利希滕斯坦指出，"一篇稿子到底能登在哪个版，一半取决于当天新闻的总体情况。如果当天新闻不多，这篇（女权主义的稿子）就有可能登上头版"。但是，"如果当天重磅新闻非常多（这篇稿子必须与很多其他报道竞争），它就只能进入内页，落到女性版"。[12]

报道人指出，如果一篇稿子在"软新闻"扎堆的女性版上被看作重磅新闻，它就可能被赋予另外两项有价值的特征。它的篇幅通常比综合版更长，版面设计包括图片运用也会更漂亮。无论是全国各分社记者、驻华盛顿记者，还是大都会区记者，他们的目标都是头版。实际上，《纽约时报》驻华盛顿的记者可能会更关注《华盛顿邮报》的头版，而不是自己东家的女性版。不过，一位国内记者却说，女性版"是时报引领革命风潮的版面。我从来不介意自己的稿子登在女性版（而不是头版）。你可以得到更好的版面位置，编辑眼光独到，读者众多"。一位女性版记者指出："在其他版上，通常都会有版面限制。"对国际妇女年的报道很能说明问题。联合国特派记者撰写了一篇联合国会议的稿子。稿子非常短，刊登在内页，基本上就是一份"演讲者清单"，或者说事实的堆砌。克莱门拉德也给女性版写了一篇同题稿子。这篇稿子就长得多，占了好几栏，讨论了演讲的内容，分析了会议筹办者、美国女权主义者和第三世界妇女的政治互动。

在这样的情况下，惠特曼对她执掌的版面角色的评估，就具有了理论层面的意义。她指出，"我总是会遭到妇女运动成员的炮轰（嫌我没有把相关报道推到综合新闻版）。但我觉得，她们的想法有问题。与其出现在一篇四段的报道里，跟水门事件竞争"编辑和读者的注意力，

"不如拥有更多版面和更好的版式（图片）"。实际上，惠特曼这番话带出了一个非常关键的问题：最终的发表地点如何将事件构造为新闻话题？

将妇女运动构造为新闻话题

一家报纸，就是一个官僚机构。像《纽约时报》这样的大报，不仅存在广告部门和采编部门的分野，而且其规模较大的部门还会进一步细分为各自独立的报道领域，各个领域都有自己的部门负责人（或主编），以及独立的预算。在这个庞大的官僚机构内部，各部门负责人可能会争权夺利，特里斯在《王国与权力》（*The Kingdom and the Power*）中对此有详细的记录。这种争夺过程甚至会牵涉到性别政治。特里斯（Talese，1966：111）写道，一位助理主编曾经嘲笑女性版"浪费"版面，以此批评另一位高层编辑的新闻理念。一位报道人告诉我，当初时报成立妇女政治核心小组，夏洛特·柯蒂斯是唯二拒绝加入的高层女性之一。依据这位报道人的说法，那段时间，时报正在考虑将柯蒂斯从女性版主编擢升到评论版主编。报社内部的权谋和协商也显示出，领地编辑比专题编辑更有权势。不过，惠特曼指出，跟前几年相比，1975年女性版有更多稿子登上头版，这或多或少是因为妇女运动的成长和制度化对男性编辑产生了影响。[13]正如惠特曼所说，"大家对某些事情变得更有兴趣；（其他编辑）开始意识到"女性版采编报道的话题的重要性。

在极少数情况下，全国编辑还有可能给女性版主编推荐他"觉得适合"该版的报道选题。[14]譬如，一位国内记者采写的有关经济衰退对离婚率影响的稿子，就登在了女性版。而对国际妇女年墨西哥城大会的报道也是如此。在第一个例子中，将稿子转手给女性版，为编辑在其他版"赢得"了更多空间（也就是说，它为综合版上的稿子留下了更多版面）。在编前会上，惠特曼会据理力争，将关于女性和家庭变迁的稿子纳入自己麾下。她说："我会努力争取这些稿子。甭管它们落到国内还是国际新闻领域,我都希望由女性版来报道这些选题。"克莱门拉德跟惠特曼提出自己想去跑国际妇女年的稿子,惠特曼就在编前会上为她争取到了这个选题。

世界妇女大会在墨西哥城召开,这个会议地点清晰地显示出,选题部署如何将事件构造为话题。在《纽约时报》,记者在海外报道的差旅开支由国际新闻部承担。国内新闻部的一位记者此前曾采写过国际妇女年的稿子,但克莱门拉德撰写的相关稿件数量更多,篇幅也更长。克莱门拉德曾获得业内奖项,也为新闻杂志撰稿,妇女政治是她的专长领域,对世界妇女大会牵涉到的外交问题也颇有了解。惠特曼大力举荐克莱门拉德,主编和国际新闻编辑也都赞成应该由她出马报道墨西哥城大会。但是,国际新闻编辑明确要求,这个选题"归国际新闻部。他会拿到有关会议和论坛(为不是参会代表的女权主义者设立的专门会议)的所有报道。我们(女性版)只能留下软新闻,比如有关参会代表的报道"。克莱门拉德发回的部分连续报道登上了头版,而且篇幅颇长。而所有刊登在女性版的稿子,版式设计都非常漂亮。[15]

墨西哥城会议落幕之后,领地原则和预算优先性原则仍然持续左右着时报的报道。大会美国代表团团长吉尔·拉克尔肖斯(Jill Ruckleshaus)和一些参会代表召集了一场新闻发布会,对美国媒体的大会报道表达抗议。她们指出,这些报道片面强调妇女大会组织混乱,而没有说明,所有的国际会议都大同小异。因而,代表们认为,这些报道无异于将组织混乱归咎到女性身上。克莱门拉德觉得代表们的批评合情合理,她去报道了新闻发布会,对时报来说,这肯定是硬新闻。但这篇报道最终刊登在女性版上;自从克莱门拉德从墨西哥城回到报社的"家庭/时尚"部门办公室,与会议有关的硬新闻就不再是国际编辑的地盘。此外,作为在女性版刊登的硬新闻,这篇稿子占据了很大的版面。

这一套实践论理过程,与官僚体系内的讨价还价和官僚制的预算紧密关联,它们合力将妇女运动构造为新闻话题。就像世间万物能否变成新闻取决于它们是否被留意到、被认为有新闻价值一样,与官僚体系相关联的实践论理过程也可能决定:现象的哪些面向被留意到,被认为具有新闻价值；这些面向的处理方式；写作风格；版面安排，包括篇幅长短，是否运用抢眼的图片。这些特质或许可以被看作是新闻话题的本质。实际上，我们甚至可以说，有些机缘也能够为新闻话题创造机会。一位报道人告诉我，如果编辑们"觉得是时候登一两篇有关妇女运动的稿子了，刚巧又发生了一件事"，那他们就会做一篇报道。

将有关国际妇女年的"综合"版硬新闻与女性版的报道相提并论，我们或许意识不到，它们处理的其实是不同的话题：同样的事件有可能激发出不同的记录（Altheide，1976；Lester，1975），不同的情节（Darnton，1975；Hughes，1940），不同的处理方式——简言之，不同的老一套叙事。这些叙事很有可能会导向不同的主题，因为记者频繁与某些消息源打交道，久而久之，他们会采纳后者的眼界和观点：他们问出的问题，合乎消息源的世界。[16]这些问题当中就包含着答案，它们引导着记者到特定地方，寻找特定的东西。因此，我们或许可以说，这些问题不只重构了一个话题，更重构了一个世界。

制度化的运动：成功暴政

妇女运动最终成功地迈向了制度化，但这却让它很难再推动激进的议题，这带有一丝反讽意味，但却合乎逻辑。随着相关报道开始运用中立性规则，女权主义者的观点，必须与"猫咪联盟"（Pussycat League）① 成员以及菲利斯·施拉夫利②支持者的观点相平衡。而那些女权主义新闻工作者，同样有其局限性，因为她们都是中产阶级的一分子。作为所在机构妇女政治核心小组的成员，她们会接触到彼此的活

---

① Pussycat League 直译"猫咪联盟"，是 20 世纪 70 年代初的一家反对妇女解放运动的组织。
② 菲利斯·施拉夫利（Phyllis Schlafly，1924—2016），美国宪法律师，20 世纪下半叶保守主义的重要代言人，反对女权主义和妇女运动，反对平等权利修正案，曾成立"阻止平等权利修正案"（Stop ERA）组织，展开游说活动。

动,在运动早期,她们可以将同事和同行的遭遇带入新闻报道。但妇女运动的其他组成部分,譬如黑人团体、波多黎各团体、少数族裔工人阶级团体的活动,却落在她们的视野之外。记者们围绕自己的所见所闻展开报道,但这实际上窄化了妇女运动,将它描绘成完全由白人中产阶级主导推动的运动。

此外,尽管妇女运动设置的官僚化的中央办公室促进了条线报道,但它也改变了社会运动的方向。社会运动发展到后期,普遍会通过官僚化的办公室来游说立法机构和政府部门。妇女运动的办公室既有助于、也致力于将运动的诉求从意识和觉悟层面转移到对政治和法律的影响。全国妇女政治核心小组及其分支机构公开宣称的目标就是让女权主义者成功当选,通过游说促成法律变革。它之所以将办公室设在华盛顿,并不是象征性的或者偶然的姿态,而是实践选择。然而,一旦法律进入立法程序,相关活动得到政府的支持和资助,它们也就不太可能再落入女性版的职权范围。相反,有关教育的立法进入了教育编辑的领地。对平权举措①的法律挑战,归法庭和劳工记者。禁止堕胎的宪法修正案提案成为政治记者的选题。简言之,妇女运动发起的各类议题变成寻常事,要么由专门的(非女性)条线和部门负责,要么分配给机动记者。

辛西娅·爱泼斯坦(Cynthia Epstein,1978)等女权主义者认为,报道责任的重新分配理应如此。把妇女运动的新闻放在隔绝开来的女性版上,也就将它们与食物、时尚和装潢这类话题归在一起,而不是将之看作当下的紧迫事务。爱泼斯坦认为,这一切告诉男人,妇女运动的观念和活动跟他们无关。自从全国妇女组织正式成立以来,女权主义者就一直在辩论,到底是登上女性版好,还是综合版更好(弗里丹,私人交流,1975)。[17]

然而,无论是女性版的支持者还是综合新闻版的支持者,都忽视了一个关键的议题。任何社会运动发起的议题或事件,在变成条线记者和

---

① 平权举措(affirmative action)是美国政府在 20 世纪 60 年代推动的政策,旨在提高少数族裔和妇女的就业或教育机会,以弥补长期以来对这些少数群体的歧视,但后来这些政策也引发了有关"反向歧视"的争议。

综合记者的报道职责之后，就必然会受制于正统新闻叙事的框架。相关的争议内嵌在事实性网络之中，变得人为可控。社会运动领袖或许可以参与到争议之中，但这种参与也就意味着，相关的报道不能将运动领袖对议题的分析呈现为针对社会结构的事实陈述。这些领袖可以提出实践性的改革方案，它们会与其他人的驳斥和辩论并置在一起。但是，有关其观点的报道必须聚焦于何人、何事、何处、何故、如何。一旦被纳入事实性网络之中加以架构，社会运动就无法挑战正规机构的正当性，更无从削弱新闻网的力量。

前文曾提到哈洛伦、艾略特和默多克（Halloran, Elliott, and Murdock, 1970）讨论过的研究案例，反战的英国示威者举着反通胀和反重税的标语，但英国记者觉得这些诉求与反战无关。跟示威者不一样，他们无法在分析层面将英国的经济问题与对越战的支持联系起来。跟英国的示威者一样，美国的左翼也无法让记者注意到通货膨胀与战争之间的联系。而妇女运动将紧身内衣看作社会约束的象征，仍然会招来幸灾乐祸的嘲笑。与之类似，女权主义认为，性别歧视根深蒂固，扎根在语言当中。这种观点往往会招来新闻工作者的戏仿，他们用不分性别的congresspersons 而不是带有男性色彩的 congressman 来代指国会议员，用 chairpeople 而不是 chairman 来代指主席，用 ombudspersons 而不是 ombudsman 来代指监察专员，将名叫 Johnson 的人改名为 Johnsperson，将咖啡品牌 Martinson 改名为 Martinoffspring①，用"Ecce persona"而不是"Ecce homo"来表述"看呐，这人"（戴荆冠的耶稣），诸如此类。② 正如菲利普斯所说，"具体化的逻辑，聚焦当下的导向，对偶发事件的强调，对结构必要性的忽视"（1976：92），凡此种种职业意识，皆在形塑新闻。

最后，正如我们在下一章中所论，从专业实践的角度，这种"职业

---

① Martinson 中的"son"指"儿子"，而"offspring"则为不区分性别的子女。

② 原文中只出现了新闻记者戏仿后的不分性别的用语，比如 congresspersons, chairpeople, Martinoffspring 等，而未出现常用的带有男性色彩的对应词汇 congressman, chairman, Martinson 等，这里根据语意将这些对应词汇补充完整。

特有的心智习性"（Phillips，1976：92）不只是服务于组织需求，实际上，它们有时候还会与组织偏好和规定相冲突。但是，即便专业人士会与所在机构发生冲突，新闻机构也会讨伐地方乃至全国性的政府部门，新闻实践归根到底是行动中的意识形态。

注释

[1] 这一表述再一次强调，社会行动者会赋予时间和空间的运用以意义。相关活动之所以被认为"不当"，是因为它与"特定时间"和"特定空间"的社会意义持续关联在一起。

[2] 本斯曼和利林菲尔德（1973）对比了职业意识和阶级意识，但职业自身也建立在阶级之上。他们试图将现象学对时间的分析应用在职业活动上。不过很遗憾，他们的分析缺乏自反性（参见本书第9章的讨论），没有充分运用阐释理论的新近发展。[对舒茨相关概念（Schutz，1962，1964，1966，1967）的讨论，参见英文原书第185～188页。]

[3] 特纳和基利安（Turner and Killian, 1957）认为，漠视革命性的观点，可能是社会控制的手段，而这也正是莫里斯（Morris, 1974）的发现。这远远超出了拉扎斯菲尔德和默顿（Lazarsfeld and Merton, 1948）所描述的社会控制的机制。参见米利班德（Milliband, 1969）的讨论。

[4] 卡特（1959）曾提到一个案例，一位记者想要对一项法案大做文章，但大多数众议员都支持这项法案，于是他四处寻找愿意批评法案的参议员。

[5] 当然，我并不是说贪婪驱动着这些女性。米利特（1974）深受媒体关注之扰，而弗里丹（访谈，1975）更多是在帮全国妇女组织谋求曝光度。

[6] 索恩（Thorne, 1970）指出，社会运动的成员常常怀疑，很多自称记者的人可能都是政府探员。"新闻台"的记者也曾指出，新闻发布会现场的有些"记者"其实是"替身"：他们被认为是联邦调查局或其他调查机构的探员。

[7] 传统上，报道政治的通常都是男性，女性不太多。

[8] 至少有一位女性主义记者试图保护妇女运动免遭有关女同性恋议题的指控。她自豪地对我说（访谈，1975年8月）："我们没有利用妇女运动内部的分歧大做文章。女同性恋这件事儿……可能会让整个运动分崩离析。我们没有把它变成引起纷争的事情。"这位记者通过调用专业观念来合理化自己的做法，在她看来，新闻应该是公众感兴趣的信息。她很自豪，自己掩盖了运动内部的分歧，使它们免遭男性编辑之害，因

为"运动内部的分歧不是公众感兴趣的东西"。当然，这样的评估是否准确，则与此处的讨论无关。

[9] 毋庸讳言，政治人物及其秘书会毫不犹豫地利用他们对新闻惯例的熟悉来操纵记者和新闻机构。

[10] 这两份报纸都运营自己的电讯服务，它们都会在电讯服务中提供其女性版的内容。

[11] 梵·格尔德指出，倘若一个火星人读了传统的女性版，"多半会得出这样的结论：每一个女性地球人每个月至少都要花上好几天来结婚"。

[12] 她继续说道："这可能就是无意识的歧视吧。"

[13] 一位女性版采编估计，每个月大概有三到四篇这种报道。

[14] 都市、全国和国际版编辑将他们的稿件转手给女性版的做法符合他们的利益。这会让他们在三家共享的综合版上拥有更多的版面空间。女性版有自己的版面预算。不过，稿子一旦刊登在女性版，可能会降低它的重要性，也让作者脸上无光。克莱门拉德也承认以往存在这种偏见，她指出，那些"介意"自己的稿子登在女性版的记者"不喜欢女性"。她的观察引出性别角色研究的一项共同的研究发现：西方社会赋予女性从事的活动的声望要远远低于男性。

[15] 由谁来选择特定版面使用的图片，是权力的指标。女性版主编自行选择图片，而其他部门则有图片编辑。

[16] 我们可以举几个与尼克松有关的例子，对此稍做说明。那些还未习惯报道总统的记者可能会注意到本应该被忽略的事情，而这会直接改变报道的主题。

怀斯（Wise，1973）曾写道，《华盛顿邮报》都市版记者莱瑟姆（Latham）被派去报道白宫举办的感恩节晚宴，在晚宴上，尼克松会招待从东南亚战场归来的受伤老兵。由于莱瑟姆从来没有报道过总统，他没有进出白宫的通行证，不得不在门外等了 20 分钟。"因此，莱瑟姆错过了其他记者和摄像参加的晚宴开场；等到他入场的时候，其他记者都已经回到白宫新闻中心看足球比赛的电视转播去了。"（Wise，1973：13）他们都觉得这种常规事件很无聊，莱瑟姆则非常兴奋。因此，他拿到了跟总统坐在一桌的宾客名单，给他们打电话了解席间的谈话。结果，宾客告诉他，总统在席间谈到美军对越南山西市社（Son Tay）附近一处军事基地的突袭，而此前国防部否认了这次突袭。

伯恩斯坦和伍德沃德（Bernstein and Woodward，1974）参加了一场尼克松的新闻发布会，此前他们的揭露报道已经在一定程度上危及尼克松的权力，而这些报道也让他们得以取代常规记者参加发布会。在发布会稿子快到结尾的地方，伯恩斯坦和伍德沃德写道,尼克松的双手全程颤抖。熟悉白宫常规的条线记者在他们的报道中抹去了这个细节,尽管他们确认细节属实。不过,无论是在莱瑟姆的报道还是伯恩斯坦和伍德沃德的报道中,尼克松都被《华盛顿邮报》的编辑拯救了,因为编辑删掉了这两处事实或细节。

[17] 她们倒是没有辩论到底是专门的妇女电视脱口秀好,还是综合性的晚间电视新闻节目更好,因为电视节目编排的结构令她们无须作出这种选择。在理论层面,这两种情况都有可能;至于实际的运作,参见康托(Cantor,1978)。

第8章 事实、言论自由与意识形态

大众传媒必然会正当化社会现状。格伯纳（Gerbner，1972：51）指出，今时今日的大众传媒"发轫于工业秩序，在文化上充当其左膀右臂"，方方面面都充满了政治性。恩岑斯伯格（Enzensberger，1974）将媒体称为"意识工业"，其"主要业务就是"向消费者"兜售既有的社会等级"（Glasgow Media Group，1976）。恩岑斯伯格（1974）进一步扩展了这个隐喻，将当代传播过程描绘成"心灵的工业化"。这些学者都认为，大众传媒限制了公共议题辩论的框架，因而收窄了替代性政治方案的范围。这些限制可能会允许一些异议的表达。但正如米利班德（Milliband，1969：238）所说，大众传媒"将超出共识范围的新闻呈现为难以理解的异端，或者将异议观点当作不相干的古怪想法，在严肃的人们眼中无关紧要、不值一提"，由此围堵异议，"最终促成了从众的大气候"。

尽管上述观点得到了经验支撑（前几章中呈现的材料），但我们很难将这些理论直接应用到本书的数据上。首先，我的分析基于美国本土数据，跨度十年，无法作出历史性的或者跨文化的推论。研究者强调，新闻和其他文化现象一样，与社会经济和政治机构并行发展。但是，我无法证明当代的新闻框架与其他机构协调发展，并且在历史上就与它们关联在一起。倘若不去回顾美国新闻的历史，我们便无从证实新闻媒体"发轫于工业秩序，在文化上充当其左膀右臂"。

其次，新闻工作者会对我的推论表达不满。无论是新闻人还是新闻机构，都坚持认为自己是政府的第四权（Cater，1959），或者说"第四等级"①（Hulteng and Nelson，1971）。对他们而言，这些表述并不是说媒体是政府的延伸。相反，这意味着，新闻工作者和新闻机构充当牛虻，确保政府为人民服务。在水门事件之后，这种自我呈现变得愈发鲜明。对新闻媒体而言，在水门事件中，两位坚定而进取的年轻记者，供职于一家致力于传播事实的报纸，面对着来自公众的强烈质疑和政府的压制，与这个国家最位高权重者展开了一番较量，为政府的行政部门挽回正直和诚实。在"五角大楼文件"事件中，《纽约时报》《华盛顿邮报》《波士顿环球报》及其他报纸也以类似的方式来呈现它们的所作所为。它们揭露了美国卷入越南事务的事实，而政府则妄图对自由报刊施加无理限制以掩盖真相，对此，报界展开了顽强的斗争（Porter，1976）。[1]

在记者们看来，报纸对现行法律或政府活动引发的功能失调的后果大加挞伐，是它们的光荣时刻。最早撰稿曝光纽约财政危机的记者对自己的成就深感自豪。《滨海日报》地方新闻编辑刊登了一系列报道抨击州立法机构的非法举动，对此他非常满意。他说，这些报道就是新闻人的全部意义所在，它们让日常新闻工作变得值得，也会带来极大的个人和专业满足感。

新闻工作者同样乐于保护"小人物"，鼓动公众组织起来对抗各种不公。《滨海日报》的助理主编对一组针对有组织犯罪头目的调查报道充满热情。他说，希望公众可以联合起来与犯罪活动做斗争，毕竟"就算我们挺身而出，也只能做到这一步"——但他补充说，报纸会尽可能将议题向前推进。"新闻台"的新闻工作者对他们播发的一组报道也非

---

① 第四等级（the fourth estate），或译"第四权"。

常自豪，报道的主角是一位锒铛入狱的士兵，自小在电视台所在区域长大。军方指控士兵犯下战争罪行（杀害平民），但电视台员工认为，他是被迫充当替罪羊，因为他被控的罪行在战争中非常普遍。他们把相关的报道看成是在捍卫小人物，后者遭到他无法掌控的力量的打击和围攻。

工业秩序的文化部门

两项新近完成的研究将新闻发展与当今社会结构的发展联系起来，也让我们可以在一定程度上将新闻讨伐看成对现状的正当化。其中一项研究是舒德森（Schudson，1978）的专著《发掘新闻》，从社会学角度追溯了新闻客观性兴起的历史。另一项是达尔格伦（Dahlgren，1977）的博士论文，分析了新闻和当代国家的密切关系。

专业主义的发展：舒德森认为，美国便士报的出现与自由市场经济的发展紧密关联。[2]便士报挑战旧日的党派报纸，拒绝商业精英阶层的结构和价值观，面向缺乏面对面联系的读者群（Schudson，1978：18-30）。[3]这些大众化报纸彼此争夺读者，遵守自由市场的规则，与内部和外部的竞争对手争夺广告商。此外，这些报纸也接纳了新兴资产阶级精英的观念，为其取代旧的重商秩序鼓与呼。这些观念包括，所有的个人都有权购买公共知识，所有个体都遵照自我利益行事。舒德森认为，这些观念缓慢却深刻地重新界定了公共和私人生活领域。譬如，18世纪，律师被看成对社区负责的公共人物；但到了19世纪，律师作为专业人士，只对委托人负责，不管委托人是个人还是铁路公司。便士报对这些激进的重新界定推波助澜，因为它重视政治独立，强调新闻，而不是言论。事实性的新闻吸引了读者，强化了大众民主的理念，这套理念就暗含在资本主义对殖民地商业社会的挑战当中。

对新闻的强调，也就是对事实的强调。在便士报的挑战中幸存下来的党派报纸采纳了新兴新闻业的做法，采用通讯社电讯稿，高度依赖事实。但在 1848 年全美第一家通讯社①创立的时候，"事实"的意义，跟后来的 1865 年、1890 年或 1925 年②大不相同。对早期的通讯社而言，呈现事实指的是呈现符合订阅电信服务的报纸的编辑政策的信息。在南北战争期间，呈现事实意味着传递政府对战斗的描述，不论它们真实与否。在 19 世纪 90 年代，林肯·斯蒂芬斯③（转引自 Schudson，1978：80）写道："记者必须如实报道新闻，就像机器一样，不带偏见、色彩和风格，报道看起来都差不多。报道中的幽默或任何个性的迹象，都会被揪住，遭到训斥，并被及时地删除。"不过，尽管新闻记者摆脱了"道德上的说教"（Dreiser，转引自 Schudson，1978：89），但却会通过摆布事实来表达对时局的看法（通常情况下，这些做法都是从编辑那儿学来的，学习的渠道不外乎观察编辑的删改和学徒经历）。[4] 这套做法在扒粪者④的作品中体现得非常明显，在威廉·伦道夫·赫斯特⑤手下的记者当中也很常见。譬如，赫斯特手下的一位记者曾经遭到批评，批评者指责他对哈瓦那事件的报道歪曲事实，这位记者起而捍卫报道的真实性。在为自己所做的辩护中，他写道："我写这篇报道的唯一目的，就是想让美国人民看到，在哈瓦那港口，在飘扬着星条旗的船只上，他们

---

① 指美联社。

② 依照下面的论述，这三个年份分别是指南北战争的结束（1865）；进步主义时期的开端（1890），对应《发掘新闻》的第 3 章；以及一战结束之后（1925），对应《发掘新闻》的第 4 章。

③ 林肯·斯蒂芬斯（Lincoln Steffens，1866—1936），美国记者，最重要的"扒粪者"之一。毕业于加州大学，后到欧洲学习心理学。19 世纪末，在《纽约晚邮报》（*New York Evening Post*）任记者，揭露商界为谋取特权收买政界人物的腐败。1901 年，担任《麦克卢尔杂志》（*McClure's Magazine*）主编，发表一系列文章，后来结集为《城市的耻辱》（*The Shame of the Cities*，1904）。后来将注意力转移到墨西哥革命和俄国十月革命，并在 1931 年出版自传，大获成功。

④ 扒粪者（muckraker）指的是一战前致力于社会变革和揭露文学的美国作家和记者，他们对美国的迅猛工业化带来的社会困境和政治与经济腐败做了细致的、准确的描绘。这个词最初带有贬义，是时任总统罗斯福在 1906 年的一场演说中用来贬低这群作家的用词，但后来也具有了积极意义，指社会关怀和勇敢地揭露。扒粪运动源于 19 世纪 90 年代的黄色新闻，以流行杂志为基地。该运动在 1910 年之后偃旗息鼓。

⑤ 威廉·伦道夫·赫斯特（William Randolph Hearst，1863—1951），美国商人，报纸发行人，创立了美国最大的报业连锁企业之一（今天的"赫斯特集团"），采用的办报手法也深刻影响了美国新闻业。1887 年，从父亲手中继承《旧金山观察家报》（*San Francisco Examiner*），1895 年，并购《纽约新闻报》（*New York Journal*），随后与《纽约世界报》（*The World*）的约瑟夫·普利策展开发行大战，采用膻色腥和人情味故事报道手法，掀起黄色新闻业浪潮。

受到的保护多么微不足道。在过去六个月里，美国本应该派一艘风帆战舰①驻扎在哈瓦那港口（转引自 Schudson，1978：89）。"正如舒德森所说："如果一个当代记者作出这样一番告解，却仍然主张他/她小心翼翼地忠于事实……就完全是自相矛盾了（1978：89）。"

19 世纪 90 年代，新闻专业主义就已经在新闻工作者当中露出苗头，但直到 20 世纪 20 年代，事实性才跟专业中立和客观性画上等号，新闻工作者也才努力远离事实歪曲和个人偏见，展现他们的公正性。此后，报纸意识到记者终究无法摆脱个人层面的主观性，于是正式引入署名的政治专栏。不过，即便这种做法"从制度层面承认专栏文章……只不过都是评论者个人的见解"（Schudson，1978：149），但它们还是无法解决日常新闻实践中的客观性问题。而且（正如我们在第 5 章中的讨论所示）署名专栏被认定为新闻分析，在它们所建构的解释和综合新闻的事实性之间存在着清晰的界限。依据舒德森的分析，20 世纪初对科学的理解提供了一套解决方案。与其执着于事实，沃尔特·李普曼（Walter Lippmann）等新闻记者转而强调用于收集事实的**方法**的重要性。

通过强调各种方法，包括收集补充性的证据，呈现相互冲突的对真相的宣称，借助对警方程序的了解，对事实进行归因或评估，使用引号等等，新闻工作者构建出全面而成熟的事实性网络。一战结束之后，美国社会面临各种不确定性，新的工业秩序加速引入新模式，让劳动力进一步理性化，创造出相互依存的全球经济。随着战争期间锤炼出的公关技巧延伸到和平时期的治理当中，人们不再相信只需要事实就能够引发民主政治参与。舒德森指出，新闻媒体全盘接纳了科学逻辑，主张通过专业方法来查明事实，它们借此为自己打造出全新的角色。媒体和新闻工作者不再只是通过新闻业的竞争扩散信息来代表民主理想，相反，它们将自身看成社会现实的仲裁者。就像科学家运用规范层面公认的客观

---

① 原文 man-of-war，不是指士兵，而是指英国皇家海军从 16 世纪到 19 世纪使用的强大的军舰或护卫舰，这种舰通常由风帆而不是桨来驱动，因此译为"风帆战舰"。

方法发现自然事实一样，新闻媒体和新闻专业人士也可以运用各种方法，揭示社会现实，将之展现在新闻消费者面前。

新闻媒体和新闻人的任务一仍其旧，仍然是传递信息。但他们对这项任务的解释已然发生了巨大的变化：新闻工作者不仅必须抱守事实，事实也必须不偏不倚。新闻工作者必须平衡新闻人物的观点，权衡各种证据，勠力于达成对事实的公正呈现，由此既告知公众，又维持自身的可信度。他们仍然有可能发起新闻圣战，就像19世纪90年代的那些前辈一样，但如今，他们必须本着公正的精神，一面保护公众免遭政府滥权之害，另一面保护政府免受民众胡作非为之苦。现在，新闻媒体运用专业的方法，站在政府和民众中间。在前面引述的《滨海日报》编辑对有组织犯罪系列报道的评论中，我们便能看到这种角色定位。这份报纸会将议题尽可能地向前推进，唤起公众向政府施压，打击黑社会的头目。

当代社会的公与私

达尔格伦（1977）指出，19世纪末20世纪初，事实性网络初具雏形，资本的集中化、集权化和集团化也成为重要的社会经济过程。它们削弱了市场竞争，改变了政府治理过程，促使国家在经济生活中扮演更积极的角色。[5]今天，国家雇用了三分之一的劳动力（另外三分之一受雇于垄断部门，最后三分之一受雇于剩余的竞争性企业）。更重要的是，国家在政治层面支持垄断部门的发展，"它们是现代社会充满活力的创新者……它们创造出主要的利润份额，决定着（由国民生产总值等统计数字衡量的）经济增长（Dalhgren，1977：17）"。无论是其他的经济部门，还是主要的社会制度架构，都要对垄断部门作出回应。

相应地，政府推出各种支持政策，促进公司资本的增长，这让19世纪中叶建立的对"公与私"的区分不再成立。国家可以人为地推动竞争,譬如通过《报纸保护法案》①支持经济上捉襟见肘的报纸。国家也可以支持某些企业集团,譬如针对电子和航空航天工业的联邦政府合同,由此限制竞争。国家会采取某些措施纾难解困,其对象是技术造就的永久性的下层阶级,而正是这些技术,刺激了公司资本主义的成长。在所有这些情况下,政府(公共部门)与工业(私有部门)以及私人的福利如此紧密地纠缠在一起,以致19世纪艰难划定的公与私的界限,土崩瓦解。

舒德森(1978)指出,"私"这个词在19世纪开始与自我利益画等号,并染上了强烈的经济色彩。诚然,"所有的社会都受到经济因素的制约。但只有19世纪的社会堪称独一无二的经济社会,因为它将自身建立在'逐利'动机之上。在人类社会的历史上,这项动机只在很少的时候被认可,但从未被提升到日常生活活动和行为正当理据的层次。(Polanyi,1944:46)"也正是在19世纪,报纸第一次为了逐利组织起来。

舒德森对19世纪新闻业历史的社会学研究让我们预期,20世纪的新闻媒体也会像19世纪的报纸那样重新界定公共和私有活动。沿着舒德森的讨论,合乎逻辑的推论是,20世纪的媒体日益卷入新的经济转型过程,特别是集中化、集权化和集团化过程。与此同时,媒体理应合理化新的社会秩序,就像19世纪的报纸支持早期资本主义意识形态一样。然而,历史并没有那么简单。

达尔格伦及其他学者(Milliband,1969;Enzensberger,1974;Wolfe,1977)指出,国家日益卷入私有(经济)事务,导致了合法性危机,因为,国家直接干预经济,这明显违背了它们之前遵守的规范。此外,公共知识的碎片化符合国家的既得利益,因为离开这些知识,人

---

① 《报纸保护法案》(Newspaper Preservation Act)是1970年由尼克松总统签署通过的法案,授权处在同一个市场区域的相互竞争的报纸可以部分免除反垄断法的限制,设立联合运作协议(joint operating agreement,JOA),将报纸的经营部门合并,但新闻部门保持独立,由此共担经济风险,共享经济收益。该法案的目标是在报纸读者群衰减的区域,维持相互竞争的报纸的出版发行。

们就看不到政府与公司利益的牵连。那些在当代社会制度中没有任何既得利益的人们，在看到政府与公司部门千丝万缕的联系之后，可能会对它们发起革命性的挑战。此外，既然最强大的新闻媒体自身就是公司、集团和垄断企业（Tuchman，1974；Eversole，1971），它们也是既得利益者，乐于维持现状，维护国家的正当性。[6]

不过，跟19世纪媒体截然不同的是，20世纪媒体并没有形成一套全新的理念，用以界定公与私。相反，它们坚持认为，先前的二分法仍然能够描述当代的现实。它们刻意弱化公司和政府之间令人头晕目眩的相互介入。如前所述，遵循20世纪早期的实践，有关公司部门的新闻被称为财经新闻，隔绝在新闻产品单独的版面当中。电视网的新闻节目也会使用循环播放的片花将财经或股市新闻与综合性的信息分隔开来。当然，财经新闻有时候也会登上综合性的新闻版面，在那里它们被小心谨慎地处理。这往往发生在政府公开介入重要的经济事务时，譬如发展能源项目，或者资助波音公司研发超音速客机（SST）。在这种时候，经济新闻成为新闻判断的基础，看得见摸得着的政府行为落入清晰的领地式新闻条线，并被呈现在事实性网络不加分析的框架当中。[7]

不过，在更一般的意义上，新闻机构更倾向于报道公共机构，而不是强大的私有机构。譬如，纽约媒体可以自由批评公立纽约城市大学的开支，却很少批评私立的哥伦比亚大学。[8]它们经常报道市立医院的开支，却不会报道长老会医院或纽约医学中心的开支。然而，无论是私立大学还是私立医院，都会得到联邦政府和州政府的资助。私立医院的部分经费来自医疗保险和医疗补助金。纽约州高等教育经费的一部分是为所谓的私立机构预留的，而且在20世纪70年代中期，它们的份额有所增长，而纽约城市大学的经费却遭到削减，并开始收取学费。

通过维持公与私之间人为的分野，新闻媒体遮蔽了重要社会力量的实际运作。"私有机构"由此远离新闻的聚光灯，就好像早年间达官贵人除了宣布出生、婚姻和死亡，其他时候都会尽量让自己的名字远离报纸一样。能够让一件事情远离媒体视线，就等于拥有了控制新闻的权力。[9]

与之类似，新闻中提到经济体系中的公司部门时会说"大企业"（big business），而不是"公司资本主义"或者"垄断资本主义"，这也强化了公司权力。作为一个隐喻，"大企业"唤起的是早期充满竞争的市场形象，而不是当代的经济状况。诸如此类的语言实践阻碍了对社会议题的分析式理解。跟与它们紧密关联的事实性网络一样，这类实践也限制了对各类现象之间关系的分析，由此在无意中创造并掌控争议。

1968年，我跟随记者参加了一场由五位反战活动者召集的新闻发布会，其中包括本杰明·斯波克①博士，他之前被控共谋罪。在发布会现场，一位活动者谈到普韦布洛号，这是一艘美国货轮，当天早些时候遭朝鲜截获。②参加发布会的记者顿时陷入沮丧，他们纷纷抗议，越战和美朝关系是两码事，活动者不应该信口开河。美国记者的反应，让人想起在反战集会中看到谴责通胀标语的英国同行（参见第7章）。同样，日常新闻报道将股市的波动与商家对政治事件的看法相联系，并宣称要阐明经济体系的结构，但实际上却遮蔽了这套结构。在这场发布会上，新闻记者的事件导向让他们无法在国际事件之间建立联系。财经记者建立的联系体现出"具体化的逻辑，聚焦当下的导向，对偶发事件"而不是经济结构的"强调"。在这两个案例当中，新闻工作者都将他们的专业理解加诸事件，由此形塑现实，正当化现状。

这里简单勾勒的新闻报道的历史，凸显出媒体的自我感知与其正当化功能之间曾经存在的联系。接下来，我们转而讨论当代的情形。

---

① 本杰明·斯波克（Benjamin Spock，1903—1998），美国著名儿科医生，他撰写的育儿著作，特别是《婴幼儿护理常识》（The Common Sense Book of Baby and Child Care，1946），影响了一代又一代的父母。20世纪60年代，斯波克全身心投入反战运动，遭检控并被判教唆他人拒服兵役（1968），上诉后被判无罪。

② 即普韦布洛号（Pueblo）事件。普韦布洛号原来是一艘货轮，后来被改装为武装间谍船，用于探测和监视朝鲜人民军在东海岸的雷达和通信设施。1968年1月23日，朝鲜巡逻船在外海截停普韦布洛号，并以非法入侵领海的理由逮捕船上83名船员。后经双方谈判，朝方于当年12月释放所有幸存船员。

谁的言论自由？谁的知情权？

18世纪以降，新闻媒体一直认同《权利法案》[①] 第一修正案[②]保障的言论自由。不过，近年来媒体对言论自由的某些宣称模糊了公私领域之间的界限。此外，媒体将意在达成公正性的当代新闻方法与言论自由画上了等号。

与宪法一样，第一修正案也建立在启蒙时期流行的观念之上。启蒙运动援引理性化的话语和真相观念，假定只要相互冲突的观点和意见彼此自由竞争，真相就会浮现出来。这一假定将两项不同的、有可能对立的权利写入了第一修正案。一是言论自由，它变成了第一修正案的通俗名称。另一项鲜有人讨论的条款，则是知情权。依据启蒙主义的理性话语模式，真相要想占上风，公众就必须接触到相互竞争的观点。公众必须通过评估不同的观点来判定真相，不然的话，他们便无法明智地决定适当的治理方式。为了保护公众的知情权，政府的各个分支都必须保障言论自由。[10]

当然，言论自由和知情权有可能妨碍政府活动。新闻媒体特别青睐托马斯·杰斐逊（Thomas Jefferson）对第一修正案重要性的强调，因为杰斐逊不断地表达对启蒙主义模式的信心。1787年，他写道："如果要我来决定，是要没有报纸的政府，还是没有政府的报纸，我将毫不犹豫地选择后者。"在其总统任期内，杰斐逊屡遭报刊恶言诽谤大加挞伐，但在1807年，他仍然重申对启蒙主义模式的信心。至少，他仍然在言

---

① 《权利法案》（the Bill of Rights）指美国宪法的前十条修正案的统称，这些修正案在1787年至1788年正式批准宪法的过程中被提出，主要是为了缓解反联邦党人的担忧，为宪法增加了保障个人自由与权利、限制政府司法权的内容，并明确宣布，所有未经宪法规定赋予国会的权力皆归各州和人民。这些修正案在1791年12月15日成为单一法案。

② 美国宪法第一修正案规定"国会不得制定关于下列事项的法律：确立国教或禁止信教自由；剥夺言论自由或出版自由；或剥夺人民和平集会和向政府请愿申冤的权利"。该修正案于1791年12月15日获得通过，是《权利法案》的一部分。

辞当中将"报刊"和"真理"并置在一起。他说道:"报纸已经彻底沦落到谎话连篇的地步,与之相比,对报纸的压制恐怕都还不会完全剥夺这个国家的种种优势,这真是叫人惆怅。今天,在报纸上读到的东西,没有一个字可信。真理被放到遭到玷污的载具上,变得面目可疑。"最后,在1823年,杰斐逊强烈地重申:"唯一的保障,就是自由的报刊。"(皆引自Cater,1959:75)

启蒙主义模式存在若干假设,它们是理解该模式是否适用于当代状况的关键所在。首先,在18世纪,"公共"这个词指的仍然是对共同体的一般责任,以及共同体对其自身利益的评估。其次,那些花钱订阅观点报刊,构成共同体,并参与评估真相的,大多是商业精英。最后,用于判定真相的理性模式建立在启蒙主义的假设之上,即用于判定真理的科学方法可以扩展到社会和政治现象。

如前所述,第一修正案的前两项假设在19世纪已然发生了变化。经济上的自利和专业主义取代了公共责任,成为普遍的行为动机。便士报取代了政党报刊。在这两项变化之下,或许也就不再适合将科学视为探索社会和政治真相的模型,因为这个模型大体上建基于理性主义者在面对面社会互动中达成的话语模式。在法国的沙龙、英国的咖啡馆、纽约的俱乐部和酒馆里,这些"理念人"① 聚在一起,探索辩论与科学研究、自然规律和政治体系有关的哲学问题。[11]对他们而言,公共话语以活跃的个体互动为先决条件,在这些互动中,他们评估各种观点,推进相应的社会安排。公众赞同通过知情的理性对话达成真相,他们会组织起来落实社会政策,推动理论层面有效的社会变革。当时,"公众"有着明确的指向,主要包括理性主义者和商业精英,他们与报刊编辑往来密切。然而,《权利法案》的起草者们所想象的公共话语遭到了新兴便士报的挑战。因为,在这些报刊和它们的读者之间,并不存在面对面的联系。

---

① 理念人(men of ideas),即知识分子。美国社会学家刘易斯·科塞(Lewis A. Coser)曾著有《理念人:一项社会学的考察》(*Men of Ideas: A Sociologist's View*),初版于1965年。

但是，即便我们能够找到一个群体，与 18 世纪意义上的公众相仿，真相或真理恐怕也未必会从理性辩论中浮现出来，更不会不断累积。让我们借用钱尼（Chaney，1977）的术语，考察启蒙主义模式建基其上的"话语共同体"（community of discourse），即科学共同体。科学论证的理性体现在通过互动和经验验证对观点加以评估与修正，这套理性据说可以发现自然现象的真理。18 世纪的理性主义者将自然科学的信条扩展到社会和政治现象，他们相信，在社会思想和社会现象之间存在着非自反的关系，而这在今天看来不过是天真的经验主义（实际上，一直到 20 世纪，这套假设依然主导着美国社会科学）。然而，当代哲学坚持在自然科学和社会科学之间划出界限，部分就是由于反身性在社会研究中扮演的角色（Giddens，1976；参见本书第 10 章的讨论），这无疑对启蒙主义模式造成了冲击。[12]而对该模式更重要的批评，则暗含在对自然科学的历史学和社会学研究当中。

有关科学思想模式（Kuhn，1962）和学术出版（Mullins et al.，1977）的新近研究发现，自然科学的发展状况不仅取决于研究主题，还取决于科学家之间的互动结构。所谓的科学真理镶嵌在一系列复杂的专业安排之中，包括关系网络［克兰（1972）将之描述为无形学府］和学术发表的规范。一项观点要想具备影响力，就必须获得一流学术刊物的发表机会，而这种机会跟特定的职业模式紧密关联（Reskin，1977）。托马斯·库恩（Thomas Kuhn）认为，科学"进步"并不是累积式的，随着年轻的科学家逐步从老一辈手中夺取权力，他们也会将自己的理论加诸科学共同体。在支配科学范式的发展过程中，存在着断裂，真理并非完全基于对观点的评估，也不会沿着直截了当的线性轨迹前进。相反，一个时代的真理，源自特定历史时期科学和科学家的社会组织。

当然，拿 20 世纪的发现来批驳 18 世纪的观点，或许恰恰说明，从长远来看，强调真理源于冲突的启蒙主义模式很有可能是正确的。不过，有关科学共同体的当代研究仍然切中肯綮，它提醒我们，媒体的**近用权**在判定真相或真理的过程中非常重要。在牵涉第一修正案的诉讼案件中，有关近用权的争论不时浮上台面。在法律层面，拥有报纸和持有电子媒介执照之间存在着明显的区别，这让上述问题变得尤为紧要。

报纸与第一修正案：随着广告的引入，通讯社的全面渗透，所有权的集中化、集权化和集团化，以及新闻专业主义的崛起，今天的报纸同杰斐逊坚定捍卫其自由的 18 世纪报刊大不一样。尽管如此，报纸仍然是私有财产，所有者有权发表他们想要发表的东西，只要不触碰关乎国家安全的特定议题即可（参见 Porter，1976）。在法律层面，报纸不需要将版面的近用权赋予任何人。而发行人则有权挑战新闻专业人士对新闻价值的判断。新闻工作者宣称自己有权决定什么是新闻、如何报道，这自然是在宣称他们具备专业技能。但归根到底，正如 A. J. 雷伯林①所说，"所谓的新闻自由，只掌握在拥有报章的人手中"。贝内特（Benét，1978）指出，尽管报章所有者极少干预新闻报道，但他/她手中掌握着如何处理特定议题的最终决定权。

奈特报系成员《迈阿密先驱报》（*Miami Herald*，以下简称《先驱报》）曾卷入一桩案件，在案件审判中，最高法院确认了所有者的权利。[13] 1972 年，一位公职候选人与《先驱报》对簿公堂，要求后者给他一定的版面，让他反驳该报对他的指控。最高法院驳回了候选人的近用权，其中一位法官指出，宪法保障的是自由的报刊，而不是公正的报刊。编辑有权依据他们的判断作出选择，报纸所有人可以发表他们乐意发表的东西。不过，本案对报刊言论自由权的明确肯定，其实存在问题。

首先，诚如巴伦（Barron，1973：19）所说，政府在 1970 年通过《报纸保护法案》，就已经是在干预自由报刊。这项法案是为了支持经济上陷入困境的报纸，以便消费者能够接触到多元观点。巴伦指出："如果国会拥有宪法赋予的权力，可以立法鼓励报刊观点的多元性，那么国会……也应该有权立法，赋予读者近用报刊的权利。"换言之，国会干预了出版市场这个私有领域，模糊了私权和公权之间的界限，进而为将

---

① A. J. 雷伯林（A. J. Liebling，1904—1963），美国著名新闻记者，毕业于哥伦比亚大学新闻学院，1935 年起，长期供职于《纽约客》杂志。

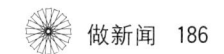

言论自由限定为报章所有者的自由，打开了大门。

其次，《报纸保护法案》假定，报纸只会在彼此之间展开竞争。但大多数消费者从电视获取信息，其公信力也高于报纸（Roper Organization, Inc., 1971）。面对电子媒介的竞争，报纸已经在版式方面做出了改变，争取维持读者。此外，在任何一个区域，电视台的数量必定会超过报章数量。譬如，1972年，在迈阿密，《先驱报》的发行量接近40万（396 797）份，它的竞争对手是考克斯报系实力较弱的下午报《迈阿密新闻报》（Miami News），两家报纸共享印刷设施和广告人员。除此以外，迈阿密还有三家超高频电视台和六家甚高频电视台。[14]针对电视的联邦规制会干预报纸和电视之间的竞争吗？据我所知，这类问题还从来没有在法庭中出现过。但是，这个问题让我们注意到，开放竞争的意义已然发生改变，公私之间的界限也日益模糊。此外，它也引出电子媒介的言论自由权这一复杂的议题。

电视与第一修正案：从1928年起，联邦政府一直对无线电波的近用加以规制，这是因为（在有线电视发明之前）受制于媒介的物理特性，可用于广播的频率数量是有限的，而正如赫伯特·胡佛①就任商务部长时所说，"无线电波属于人民"（转引自 Tuchman, 1974）。政府只会直接监管广播台和电视台，而不会监管电视网，因为电视网本质上是节目提供商，从附属台租用播放时段。[15]不过，由于每一家电视网都拥有五家超高频电视台，联邦通信委员会②可以通过对电视网旗下电视台或播放电视网节目的附属台施压，对电视网施加影响。在法律层面，依据各种通信法规的规定，持有广播和电视台执照者并非"所有者"。尽管对广播电视台买卖的监管仍然比较宽松，但政府将特定频率广播权的持有者视为"执照持有人"（licensees）。[16]在法律意义上，执照持有人

---

① 赫伯特·胡佛（Herbert Hoover, 1874—1964），美国工程师、商人和政治人物，美国第31任总统（1929—1933）。1921年任美国商务部长，1928年当选总统。

② 联邦通信委员会（Federal Communications Commission, FCC），美国联邦政府独立机构，成立于1934年，管理各州之间和国际性的广播、电视、有线电、卫星和电缆通信，其职责是落实和执行美国的通信法律和法规。参见FCC官方网站：https://www.fcc.gov。

掌控公共信托，所有者则拥有私人利益。

毋庸讳言，广电行业对于广播执照被界定为"公共信托"相当不满。执照持有人认为自己就是"所有者"，因而享有跟报章所有者同样的言论自由。在担任全国广播公司（NBC）新闻部主管时，鲁文·弗兰克①便曾捍卫广播者不受限制的言论自由。他认为，政府对广电施加的种种限制显示出，"第一修正案可能会成为第一项被技术进步废止的宪法条款"（转引自 Friendly，1976：211）。但在巴伦（Barron，1971-72：106）等律师眼中，"广播业者如此彻底地将自己与第一修正案捆绑在一起，这实在是 20 世纪相对于 18 世纪最重要的公关胜利之一"。

有些广播商乐于将他们持有的执照看作特许经营权，他们的观点建基于 20 世纪对新闻媒体角色的理解。他们将自己看作人民的捍卫者，一面对抗政府的滥权，一面提供真相。这些广播商抱持所有态度，视公众为囊中之物。这跟 20 世纪 20 年代的情形大同小异。当时，李普曼等报人相信：

> 受过教育的中产阶级不再能够从"舆论"当中听到自己的声音，理性的声音。专业阶层将舆论视为非理性之物，需要被研究、指导、操纵和控制。这些专业领域俨然理性在握，以家长式的态度面对公众。（Schudson，1978：146）

在当代场景下，某广播公司总裁查尔斯·H.克拉奇菲尔德（Charles H. Crutchfield）也以类似方式辩称执照应该被当成特许经营权：

> 政府从来不曾干预过我们，或者对我们施加任何压力……限制我们播发的内容……我们这些媒体人花费大量时间应付对自身"权利"的各种攻击，真实也好，想象也罢。如果我们能把这些时间中

---

① 鲁文·弗兰克（Reuven Frank，1920—2006），加拿大出生的美国新闻制片人，从 1950 年到 1988 年，长年担任 NBC 主管，在电视新闻广播领域推动了一系列创新，两度（1968—1973 和 1982—1984）出任 NBC 新闻部主管，其间任用汤姆·布洛考（Tom Brokaw）担任 NBC 晚间新闻节目主播。

的一半花在捍卫人民的权利，让他们免遭联邦政府滥权之害，那无论是对公众，还是对我们自己，都善莫大焉。（转引自 Friendly，1976：211）

克拉奇菲尔德不仅将媒体视为人民的捍卫者，而且强调，无论从哪个角度来说，他的电视台都不曾受到政府的干预。因此，他的意思是，特许权和私有权之间的区分并无实际意义。

不过，对政府而言，近用权的问题不仅仅关系到谁可以持有执照运营公共媒体，它也牵涉到公平原则①中提出的对电视台电波的近用权。1959 年版的《通信法案》②中，第 315（a）节"公平原则"规定：

[对等时间规则（equal-time rule）条款，即选举议题的各方都应该有所呈现]不应该被理解为免除广播商呈现新闻广播、新闻采访、新闻纪录片和突发事件报道等诸多义务③……广播商的运作需要服务于公众利益，在具有公共重要性的议题上，为相互冲突的观点提供合理的讨论机会。（转引自 Friendly，1976：27）

1961 年 FCC 的一项裁定对此做了补充：

广播执照持有人有义务积极主动地播出节目，讨论公共议题，发表评论和意见。不过，执照持有人亦有义务给持有对立观点的人合理的机会，表达他们的观点。倘若地方政府官员遭到严重的人身攻击，执照持有人有义务积极采取所有适当的步骤，确保被攻击者得到充分的机会作出回应。（转引自 Friendly，1976：30）

---

① 联邦通信委员会于 1949 年引入"公平原则"（Fairness Doctrine），该准则要求广播电视执照的持有者要以公正和平衡的方式呈现具有公共重要性的争议议题，包括为相反的观点提供对等的时间。1987 年，FCC 废止了这一政策。

② 《通信法案》（Communications Act）于 1934 年由时任总统罗斯福批准通过，该法案奠定了当代美国电信政策的基础。法案决定设立 FCC，取代联邦广播委员会（Federal Radio Commission，FRC），同时将各州之间的电话服务监管权归入 FCC 的职权范围。

③ 1959 年，FCC 裁定，芝加哥广播商应该给予市长候选人拉尔·戴利（Lar Daly）与时任市长理查德·戴立（Richard Daley）"对等的时间"。随后，国会修订《通信法案》，规定了四种免受"对等时间规则"约束的情况：定期的新闻广播、新闻采访节目、纪录片（除非是关于候选人的纪录片）和突发新闻事件。

无论是三大商业电视网①，全国广播工作者协会，全美广播电视新闻编导协会（RTNDA），各式各样的广播电视执照持有人，还是沃尔特·克朗凯特，大卫·布林克利②，哈利·里森纳③，都曾经在不同的场合抗议这类规定破坏了言论自由。电视网和其他电视台执照持有人的反对理由是，它们是所有者，而不是特许经营权的持有者。但它们和新闻专业人士也会提出其他反对理由。其中最重要的是，政府的监管会干预新闻实践，造成"寒蝉效应"。[17]此外，他们也宣称，专业新闻实践就可以确保公正的呈现，因此，这类监管毫无必要。

沃尔特·克朗凯特曾在参议院宪法权利委员会前作证，他指出，公平原则造成了寒蝉效应："新闻的采集和扩散总是伴随着对失败的恐惧……如果记者或编辑总是要提心吊胆地提防一些人，这些人非要让新闻产品反映他们关于对与错、公正与偏见的标准……那（新闻扩散）就不可能成功。"（转引自 Friendly，1976：209）

在红狮案（Red Lion case）④当中，全美广播电视新闻编导协会采取了类似的策略。红狮案是最高法院处理的一起案件，牵涉到公平原则是否适用于宾夕法尼亚州红狮自治镇一家广播电台。这个案子特别有

---

① 即全美广播公司（ABC）、全国广播公司（NBC）和哥伦比亚广播公司（CBS）。

② 大卫·布林克利（David Brinkley，1920—2003），美国著名电视新闻人，从 1943 年到 1997 年，先后供职于 NBC 和 ABC。从 1956 年到 1970 年，与切特·亨特利（Chet Huntley）一起主持 NBC 最受欢迎的晚间新闻节目《亨特利-布林克利报道》（The Huntley-Brinkley Report），后来担任《NBC 晚间新闻》主播和评论员。

③ 哈利·里森纳（Harry Reasoner，1923—1991），美国电视新闻人，先后供职于 CBS 和 ABC。1968 年，与麦克·华莱士（Mike Wallace）一起创办新闻节目《60 分钟》。

④ "红狮案"（Red Lion Broadcasting Co. v. FCC），1969 年的联邦最高法院案件，该案支持 FCC 的 "公平原则"，指如果电视台对个体进行人身攻击，它必须给被攻击者机会作出回应。1964 年，作家弗雷德·库克（Fred Cook）在自己的书中抨击著名保守派政治人物、共和党总统候选人巴里·高华德（Barry Goldwater）。当年 11 月，位于宾夕法尼亚州的 "红狮" 广播公司旗下一家广播电台在节目中对库克进行人身攻击，库克要求该广播公司给他免费的回应机会，遭到电台拒绝。库克申诉到 FCC，FCC 裁定，广播公司要给予库克回应机会。"红狮" 起诉到哥伦比亚巡回上诉法庭，后者裁定 FCC 行政命令合法，公平原则及 "人身攻击" 规则合宪。广播业界对判决非常不满，RTNDA 向芝加哥第七巡回法院提起对 FCC 命令的司法审查诉讼，法庭判决 "人身攻击" 规则违反宪法第一修正案。之后，FCC 向联邦最高法院提起上诉，后者全体一致通过，维持 "红狮案" 原判。法庭判词称，由于广播频率的稀缺性，普通公民无法依据第一修正案拥有广播执照，但执照持有者也不能依据第一修正案垄断电波。因此，执照持有者必须与公众共享其广播电台，因为 "观众和听众的权利，而不是广播公司的权利，才是至高无上的"。

趣，因为 RTNDA 并不想跟涉案的极端保守主义广播电台扯在一起，全国广播工作者协会和两家在庭前提交诉求书的电视网也是如此。[18] 因此，RTNDA 并没有起而捍卫传播极端主义观点的权利，而是强调，公平原则干预了其成员——负责任的专业人士——的工作。数年之后，在针对另一起案件①的判决意见中，大法官沃伦·E. 伯格②写道：

> 好坏姑且不论，编选校订是编辑的天职，而这自然牵涉到材料的挑拣和选择。毋庸置疑，不管是报纸编辑，还是广播电视编辑，都能够也的确会滥用这种权力③……但除了让那些掌握受到保障的表达自由的人们秉持节制和中庸精神，抱有责任感和礼貌，好像也没什么合意的良方④。（转引自 Friendly，1976：136）

RTNDA、全国广播工作者协会和各大电视网都并不支持传播极端观点的权利，而法庭则强调要给予被批评者反驳的机会。它们这样做，似乎是在肯定新闻业的"科学模式"。它们主张，媒体应该构造出"真实的记录"，包括争论各方的观点，并将之呈现给公众。公众无须像 18 世纪那样，在由不同报纸或新闻来源所呈现的相互冲突的观点中作出选择。相反，当代新闻业的方法确保公平的呈现，并能够充分体现"节制和中庸精神……责任感和礼貌"。

在另一个案例中，当 NBC 制作的一部纪录片的公正性遭到质疑时，NBC 直接向 FCC 援引了新闻处理的这套观点。[19] 这部纪录片名为《养

---

① 1973 年哥伦比亚广播公司诉民主党全国委员会案（CBS v. DNC）。最高法院判决，广播商有选择性地拒绝播发有关公共政策议题的付费广告，并不违反公平原则。案由是 CBS 旗下位于华盛顿的 WTOP 广播电台拒绝出售广告时段，播发一则反越战广告。广告方向 FCC 投诉，同时，民主党全国委员会（DNC）也要求 FCC 作出裁定。FCC 裁定，公平原则并不要求广播电台出售广告时段给所有有能力购买的团体。案件上诉至最高法院，判决支持 FCC 的裁定。首席大法官沃伦·E. 伯格承认，政府有必要对广播电视媒体施加控制，但要平衡公共监管与私人所有权，以服务于"公众利益"。

② 沃伦·E. 伯格（Warren E. Burger，1907—1995），美国第 15 任首席大法官，任期为 1969 年到 1986 年。

③ 书中此处原文为 That editors-newspaper or broadcast-do abuse this power，在 "do" 前遗漏了 "can and"，判决意见原文为 can and do abuse this power，依照判决意见原文翻译。

④ 书中此处原文为 no accepted remedy，判决意见原文为 no acceptable remedy，依照判决意见原文翻译。

老金：背弃的诺言》①。纪录片播出后，"媒体准确性"（AIM）组织②认为，NBC 只呈现了片面的事实，会让观众觉得所有的养老金计划都存在不足。NBC 回应，节目中已经给出了适当的免责声明：脚本指出，不可能从某些计划的缺陷来对所有的养老金计划作出推论。NBC 承认，纪录片制作团队并没有针对每一处批评给出平衡。但是，在拍摄过程中，他们一直秉诚行事，联系了节目中提到的每一位停发养老金的雇主，邀请他们在镜头前发表看法。很遗憾，制作团队没能说服任何一位代表为他/她的公司辩护，但这并不是他们的错。不过，NBC 采访了养老金持有人、雇主和行业发言人，包括全国制造商协会的一位主管，他们在整体上捍卫了养老金计划。最后，NBC 援引伯格大法官的判决意见，"编选校订乃是编辑的天职"。合而观之，NBC 的论点强调，专业新闻实践确保了公正性，也因而捍卫了公众的知情权。

在这套表述当中，所谓知情权是有权知道 NBC 搜集的事实，而不是有权知道所有可能的观点。因为，NBC 所援引的种种实践方式，包括让停发养老金的雇主有机会反驳，皆是事实性网络的核心元素。NBC 认为，谨慎处理的事实，包括有些人表达异议这类事实，构成了言论自由。这种观念也体现在 NBC 的另一个论点当中。NBC 宣称，它的节目并没有讨论具体的立法改革，因此不具有争议性。在 NBC 看来，正如大卫·布林克利以个人身份向 FCC 递交的陈词所说，"如果因为新闻没有明确说出大多数人并不腐败，或者养老金领取者总体上还算开心，就认为新闻媒体有失偏颇，那这根本就不是在拿新闻业的标准来衡量新闻报道"（转引自 Friendly，1976：153）。

---

① 《养老金：背弃的诺言》（Pensions: The Broken Promise），NBC 于 1972 年制作推出的纪录片，埃德温·纽曼（Edwin Newman）制作，时长 47 分 26 秒，曾获得皮博迪奖（Peabody award）。纪录片通过讲述被雇主剥夺养老金的雇员的故事，揭露私营养老金体系的漏洞。纪录片播出后，"媒体准确性"（Accuracy in Media，AIM）组织向 FCC 投诉，宣称 NBC 违反公平原则。FCC 命令 NBC 报道议题的另一面。NBC 诉至哥伦比亚巡回上诉法庭，后者推翻了 FCC 的裁定。

② 媒体准确性组织，美国非营利的保守新闻媒体监察团体，由经济学家里德·欧文（Reed Irvine）成立于 1969 年。成立之初，AIM 支持越战，指责自由派媒体的偏见导致了美国在战争中失利。在小布什总统任期内，AIM 批评针对伊拉克战争的媒体偏见。而在 2008 年总统大选中，该团体指责奥巴马是"国际社会主义运动的成员"。

因而，对 NBC 来说，言论公正就等于言论自由；政府监管干预了新闻工作者的专业活动，妨碍了新闻工作，钳制了言论自由。至于播放 NBC 纪录片的电视台在法律意义上是不是公共特许经营，无关宏旨。NBC 调用的是专业主义，是印刷和电子媒体共同的实践，而不是所有者的权利。就跟新闻专业主义本身一样，NBC 的观点模糊了公私之间的界限。

新闻专业主义宣称，新闻人有权判定何为新闻，由此主张所有者和管理者的独立。可以想象，专业支配的原则与所有者和管理者的控制原则存在冲突，有可能引发激烈的争议。CBS 电视网官员拒绝直播参议院越战听证会的前几场，新闻部主管弗雷德·W. 弗兰德利①愤而辞职以示抗议（Friendly，1967）。电视网高层坚持认为，晚间新闻报道足以讲述相关的故事，他们宁愿在相应时段重播有利可图的情景喜剧；换言之，他们否定了弗兰德利的新闻判断。与之类似，根据《纽约时报》的报道（1977：15），泛艾克斯（Pan-Ax）报系两家报纸的编辑因为拒绝刊登驻华盛顿记者乔治·伯纳德（George Bernard）的稿件而遭解雇，这名记者早先由发行人约翰·P. 麦科夫（John P. McGoff）延揽到旗下。乔治·伯纳德曾供职于《国家问询者报》（*National Enqnirer*），这家报纸常常罔顾事实性网络。在报道中，伯纳德写道，卡特总统姑息手下男性员工的淫乱行为，并且谋求让第一夫人登上副总统大位。编辑批评这篇报道中的材料断章取义，这一批评无疑是对事实性网络的专业确认。他们拒绝刊登有争议的报道，也就是在确认专业人士的资质（E. C. Hughes，1964）：只有他们才有权判定何为新闻。

不过，从现有的资料来看，新闻专业人士并非一直都在为捍卫新闻决断权而斗争。无论是报纸还是电视台，都会刊登或播发"任务稿"（must stories），即商业部门、广告部或管理部门为了满足广告商或新

---

① 弗雷德·W. 弗兰德利（Fred W. Friendly，1915—1998），美国电视制片人和记者，1938 年踏入广播业，后来加入 CBS。20 世纪 50 年代，与爱德华·R. 默罗（Edward R. Murrow）合作创办广播新闻系列节目《现在请听》（*Hear It Now*）和电视节目《现在请看》（*See It Now*）。1964 年至 1966 年担任 CBS 新闻主管，1966 年辞职，之后于哥伦比亚大学新闻学院任教。

闻机构高层主管的朋友的需求而"必须刊发的稿件"。[20]这种做法在报社更为普遍，新闻工作者自然很反感，但即便是新闻学教科书也要考虑组织层面的限制。霍恩贝格（Hohenberg，1962：45）就这样教导学生，"必登"标签只能拿来标示这类稿件，因为它们"必须"被刊登或播发，而无须与新闻网捕获的其他稿件竞争。如果在记者采写的可登可不登的稿件上贴上"必登"的标签，就会妨碍编辑行使自己的新闻判断。

此外，电视新闻工作者在作出新闻判断的时候，偶尔也会考虑广告商的偏好，遵循组织的指令。譬如，如果一家银行和一家航空公司轮流赞助晚间新闻节目，它们的赞助可能会影响到银行劫案报道和空难报道的排序。如果当天的赞助商是银行，刚巧又发生了银行劫案，"新闻台"员工就会致电两家广告商，将当晚的赞助商换成航空公司。如果当晚航空公司是赞助商，刚巧发生空难，电视台也会照此处理。如果当天既有银行劫案又有空难，"棘手"的报道至少不会紧跟着相关的广告播出，哪怕依据新闻判断，广告之后的时段正是最佳的播出时间点。

在这些情况下，新闻工作者都要遵照组织现实行事，但这并不会危及他们的专业主义诉求。相反，只要专业实践能够维护新闻机构的利益，它们便会得到鼓励（参见 Molotch and Lester，1975）。此外，它也说明，无论是在印刷媒体还是电子媒体，同样的实践和类似的问题总归都会暴露出来。诚然，报纸刊发的"任务稿"比新闻广播更多。但报纸能够刊登的新闻总量通常也比新闻广播更多，因此，它们的"任务稿"也就没那么扎眼。印刷媒体和电子媒体技术上的差异，并没有在专业主义层面造成重大的差别。两种媒介依赖不同的技术，但在报纸专业人士和所有者的关系与电视新闻人和执照持有人的关系之间，并不存在本质上的差异。

在实践当中，私人所有权和公共所有权之间的界限变得模糊。无论是在公共还是私有领域，新闻专业主义都宣称自己占据支配地位，也都指向事实性网络，将自身置于新闻人物和阅听大众之间。而电视新闻叙事则是事实性网络的视觉实作。在这两个领域中，管理层和掌握财权的人士既有可能抗拒也有可能顺应专业支配（参见 Freidson，1971）。概言之，报刊言论自由和电子媒体言论自由之间的区分，在经验层面无效，在理论层面也问题重重。此外，如前所述，无论是报刊还是电子媒体，其专业实践都会限制激进观点的扩散，导致媒体很难被用作政治和社会资源。这些实践最终限制了知情权。

新闻即意识形态

上述讨论显示出，新闻限制了对媒体的近用权，也转化了异议观点。经由去历史化、具体化的逻辑、对事件偶然性而非结构必然性的强调，新闻避开了分析，将当代国家正当化。从新近的社会科学理论来看，这套实践带有鲜明的意识形态色彩。要理解"意识形态"概念的当代意涵，我们必须先来了解这个概念过去的用法。

意识形态与知识的情境决定论：自从卡尔·曼海姆[①]的著作《意识形态与乌托邦》（*Ideoloy and Utopia*）出版以来，社会学家一直认为，所有的知识都是由情境决定的。一个人的所知植根于他/她在社会结构中的位置，包括阶级位置和阶级利益。将这一原则应用于新闻，意味着新闻呈现本质上是中产阶级的产物。譬如说，甘斯（Gans，1966）指出，美国的新闻工作者都是中产阶级［舒德森（1978）认为，专业主义者亦然］，暗含在新闻当中的态度因而也不可避免地反映了美国中产阶级的态度。

过往的社会学理论试图区分知识和意识形态，它们指出，知识揭示真理，而意识形态则扭曲真理，鼓动人们投入行动。由此出发，我们或许可以说，新闻表达了中产阶级的意识形态，而中产阶级的真相不能跟客观真相画等号。这也就意味着，我们要想评估新闻的意识形态性，就

---

① 卡尔·曼海姆（Karl Mannheim，1893—1947），德国著名社会学家，知识社会学领域奠基人。先后在海德堡大学和法兰克福大学任教，希特勒上台后，赴英国伦敦政治经济学院任教。代表作《意识形态与乌托邦》德文原版出版于 1929 年，英译本出版于 1936 年。

必须探查、判定真相，而后将之与意识形态对比。然而，如果我们认为可以通过独立判定真相来区分知识和意识形态，这将会给社会科学分析带来严重的问题。倘若所有的知识都是由情境决定的，谁又能判定真理或真相？

曼海姆（1936）回避了这个问题，他宣称，知识分子阶层在当代社会处在结构性的边缘位置。他认为，知识分子活在自己的规范之下，远离所有社会阶级的价值观，把知识看得比什么都重要。因而，只有他们才有资格区分何为真理，何为意识形态。很遗憾，曼海姆的解决方案存在缺陷。首先，知识分子阶层的规范也未必客观，它们或许只是有所不同而已。知识分子固守某些观念，恰恰可能会让他们变得盲目，看不出这些观念站不住脚。实际上，托马斯·库恩（1962）就发现，老一辈的科学家即便面对矛盾的研究结果，也不会放弃固有的范式。其次，今天的学术知识分子已经变成中产阶级专业部门的一部分。知识分子的专业化意味着，社会学家跟医生、律师和新闻工作者一样，也都有阶级位置和阶级利益，他们的知识因而也是由情境决定的（Gouldner，1970）。

针对知识的情境决定论以及相应的意识形态判定方式存在的问题，多萝西·史密斯（Dorothy E. Smith）给出如下概括：

> 如果说认识者的视角和概念不是由知识的客体来决定，而是由他/她的阶级位置和……阶级利益来决定，那么不妨说，知识会不可避免地染上意识形态性，而"知识"这个术语也必定会不断被带回到"意识形态"。(1972：1)

倘若所有知识都是由情境决定的，任何人都不可能宣称他/她掌握的知识是客观的、非意识形态的真理。为了澄清她的推理过程，史密斯补充道：

> 必须强调，认识过程总是会牵涉到认识者与认识对象之间的关系，认识者因而不能与认识对象相混淆。求知过程总是要遵照特定条件展开，而认识过程的吊诡之处在于，我们总是能够在认识对象中看到已知事物的轮廓。我们只能以人特有的方式来求知，认识者

因而总是处在历史和文化情境之下,这是求知过程最根本的人类条件。知识这个概念本身……便是历史和文化给定之物。如果说,如此这般的情境化便意味着意识形态(或者人之为人就会导致意识形态),那么知识(以及作为知识的科学)本质上也就是意识形态。(1972:2)

新闻工作者在一定程度上将史密斯的上述论证整合到专业主义当中。他们指出,批评者希望将专业新闻工作者的偏见替换成他/她个人的、无可避免的偏见。批评者谴责新闻工作者带有意识形态偏见,无异于是在说,"我的偏见总好过你的偏见"。在新闻工作者看来,令人欣慰的是,他们对事件的记录在集合意义上是真实的,因为这些记录是由供职于不同机构的新闻人独立生产出来的,因而并不代表个人偏见。至于专业或阶级偏见,他们则后退一步,将用来收集和评估新闻的方法视为客观性的保障。[21]

另类的意识形态观点:无论是针对知识的情境决定论,还是针对新闻工作者通过客观方法获得知识的宣称,新近的社会科学理论都提供了有趣的解决方式。史密斯认为,要想在分析层面对知识和意识形态作出区分,不应该聚焦表达出来或完成的东西,而应该检视未曾说出或完成的事物。具体而言,我们应该关注,各种认知方法如何掩盖真相,而不是揭示真相:"意识形态与知识形成对照,它指的是……牵涉利益的程序,或者遮蔽性的手段(means not to know,1972:3)。"这里所谓的"利益牵涉",是指建基于阶级立场或阶级利益。在扩展知识和意识形态之间区别的过程中,史密斯借用了阐释理论中常见的观点:概念具体阐明的,其实是无定形的已知之物,它们已经被视作理所当然。正是在此意义上:

意识形态可以被看作一套程序,它在概念层次将人们的现实生活世界加以分类和整理,让这个世界在我们面前呈现为意识形态。这是任何意识形态思考实践的特征,无论它在观念的政治光谱上处在什么位置。这套实践阻止我们将所处社会的根本特征问题化,它们因而变得神秘难解。概念变成现实的替代物。它变成了一道边界，或者说终点，对社会的探究无法再向前推进。那些理应得到解释的事物被当作事实或假设看待。(1972：12)

将意识形态看成"牵涉利益的程序，或者遮蔽性的手段"意味着，意识形态通过限制探究阻碍了知识的生成，换言之，在意识形态之下，人们无法对社会生活展开分析性的考察。

史密斯提到的若干意识形态实践方式，正是新闻专业人士和新闻机构程序的特征：

> 意识形态用概念替代现实，令社会结构神秘化：新闻运用"公"与"私"这两个概念，描述当代公司国家，由此遮蔽了当代社会的社会经济结构。
>
> 将有待解释的事物当作事实或者假设：新闻报道避开分析，更倾向于强调具体事物和事件的偶然性，以当下为取向。它们不大会呈现事件之间的结构性联系。
>
> 意识形态程序是遮蔽的手段：无论是新闻网的时空锚定，还是专业主义，都会让世间万物的某些截片无法成为新闻事件。专业实践发挥架构功能，要么将对社会环境的分析当作新奇的软新闻，要么将它们转化为对现状改良式的修修补补。

沿着史密斯的论述，我们或许可以说，新闻就像知识一样，为界定和建构社会现实提供了一套框架。但是，新闻作为意识形态，又妨碍了分析式的理解、限制了对社会的探究，让社会行动者无从理解自己的命运。最后，作为意识形态的新闻让人们无法获得有关当代社会的真相，无法接触各类不同观点，由此背离了言论自由和公共治理的启蒙主义模式。

对新闻的意识形态属性的论述大量借用了史密斯的理论，但她的分析并非完全孤立。拉扎斯菲尔德和默顿（参见 Merton, 1968；亦可参见 Gitlin, 1977）也认为，新闻媒体强调未加分析的事实，这是一种"技术性的宣传"，也就是意识形态。延续着哈贝马斯（1971）的讨论，舒德森（1978）、达尔格伦（1977）和格拉斯哥媒介研究小组（1976）都强调，新闻工作的天真经验主义让它成为正当化和社会控制的"专家官僚式策略"。不过，要是一股脑地接纳史密斯的观点和其他学者的概念，用它们来证明新闻工作的意识形态本质，那也就跟新闻专业人士一样，陷入了天真经验主义。也就是说，我们也是通过诉诸具有正当性的专家——学院派的社会科学学者——的观点来验证一则论断。因此，在接下来的两章中，我会梳理有关知识的社会建构的理论，借此讨论新闻工作如何形塑新闻。第9章会详细说明阐释社会学的某些概念，这些概念在我对新闻工作的民族志讨论中占据核心地位，它们也启发了史密斯对意识形态的论述。第10章则运用这些概念重新讨论"新闻即意识形态"这一命题。

注释

[1] 波特（Porter, 1976）指出，在反对政府禁制令的过程中，某些报纸承认，政府有权以国家安全名义实施审查。

[2] 其他的新闻史著作（比如，DeFleur, 1966）也提到另外一些因素，包括印刷技术的新发展，以及识字率的提高。

[3] 哈贝马斯（Habermas, 1974）强调，正是因为缺少"面对面的"联系，18世纪的资产阶级公众才会走向瓦解，市民也被重构为碎片化的受众。

[4] 关于当代的实践，参见布里德（Breed, 1955）和西格尔曼（Sigelman, 1973）。

[5] 达尔格伦使用"国家"（state）而不是"政府"（government），因为后者作为更传统的表述，关注的更多是相互冲突的机构和政府部门之间的关系，而前者则希望强调由国家、企业集团和剩余的自由企业构成的经济体制。

[6] 必须强调，并不是所有的电视台都是媒体集团的一部分。某些是家族生意，不过它们也与"夫妻店"大不相同。媒体集团更有可能出现在主要的市场。以纽约的七家甚高频（VHF）电视台为例：其中三家为电视网所有；两家由媒体集团（拥有至多五家电视台和其他资产的大公司）所有；一家由报纸所有；最后一家是公共广播电视台。

[7] 妇女运动报道中的各种原则，同样适用于此。

[8] 弗雷德·戈德纳（Fred Goldner）（私人交流）让我注意到这一现象。

［9］埃弗雷特·休斯（私人交流）让我意识到这个解释（参见 Molotch and Lester，1975）。

［10］法国和美国对这些观念有不同解释，哈贝马斯（1973）做了有趣的对比。

［11］我之所以强调纽约，是因为它在历史上是美国新闻业的中心，大多数新的做法都在这里被引入实践。

［12］在海森堡原理中，反身性同样扮演着重要的角色（参见本书第 9 章的讨论）。

［13］对本案的描述以及接下来的讨论大量取材于弗兰德利（Friendly，1976）的记录，不过，我跟他的解释颇有不同。

［14］其中一家甚高频电视台也在超高频上播出。

［15］电视网不受联邦通信委员会（FCC）的直接管制，但尽管如此，它们却是最大的国内新闻提供商。

［16］执照销售必须得到（FCC）的批准，但 FCC 不会在争夺执照的买家中选择新的所有者。

［17］就是说，这些规定让他们有可能被送上法庭，这导致他们过分小心谨慎，不愿意表达和散播有可能带有争议的观点。

［18］RTNDA 希望判决聚焦其专业诉求，并将涉事电台描绘成任人摆布的小角色。它担心电视网的诉求书会激起对大公司活动的担忧，因而坏事。广播电台最后输掉了官司。这里的案情描述来自弗兰德利（1976）。

［19］这部分的讨论材料也来自弗兰德利（1976），这本书是近年出版的有关公平原则判例的最佳著作。不过，他的解释更多强调，当牵涉到第一修正案权利时，你无法分辨谁是"好人"谁是"恶人"。

［20］此外，当主管的友人是特定议题的专家时，主管也可能会推荐手下记者采访他们。不过，这种推荐很少见。我在"新闻台"观察期间，只听说过一次这种情况。

［21］新闻工作者因而应对的更多是个人偏见，而不是阶级偏见。

第 9 章　新闻作为建构的现实

在社会学当中，人始终被视为社会行动者。与前文对新闻工作的描述不同，更为传统的社会学将人类活动描述成社会化过程的产物，经由社会化，个体接纳了源自社会结构客观特征的种种规范。简言之，社会创造了意识。与之相反，前文的分析更多以新近的阐释社会学为基础。这套理论强调，社会世界提供了各类规范，行动者在达成其筹划（projects）[1]的过程中，积极调用这些规范，引为资源或限制。经由这一过程，行动者将社会世界及其制度形塑为共享的、建构的现象。其间存在两个并行不悖的过程：一方面，社会有助于形塑意识。另一方面，人们身处共享的社会世界，带着特定意图去理解各类现象，通过积极主动的工作，集体建构、打造出各类社会现象。

这两种有关社会行动者的观点包含着新闻研究的不同理论取径。以第一种更为传统的观点为例。我们可能会像罗胥克（Roshco，1975）一样主张，任何社会的新闻定义都取决于其社会结构。社会结构生产出各类规范，包括各种不同的态度，正是它们界定着社会生活的方方面面。对公民而言，这些方面要么有趣，要么重要。而新闻关心的就是这些有趣或重要的东西。经由社会化过程，新闻工作者接纳了社会层面的态度和专业规范。他们在此基础上选择、报道并传播有趣或重要的新闻故事。只要新闻工作者发挥这项功能，新闻便能够反映社会：它就像一面镜子，映出社会的兴趣和关切。一个社会的新闻定义要想改变，社会结构及其制度就必须先行改变。正如罗胥克所说，通过以软新闻的形式报道"有趣的"越轨行为——其原型是"人咬狗"——新闻或许可以在社会变迁中发挥一定作用。如果足够多的人接纳了这些越轨行为，社会结构就可能改变，而对新闻的定义也可能随之改变。不过，照此观点，新闻的定义仍然取决于社会结构，而不是新闻工作者和新闻机构的活动。

第8章梳理的研究挑战了新闻和社会变迁的传统观点。现代新闻观念与美国的社会结构并行发展。大众报刊的确利用了新兴的资本主义和变化的民主定义，但它与这些现象之间也存在着千丝万缕的联系。它催生出公德与私德之间的彻底区分，因为它体现出的，正是通过生产公共信息来赚取私有（公司）利润。此外，它也切断了生产者和消费者之间面对面的联系，这一变化非常关键，它预示着发达工业社会中随后出现的各种准社会互动和角色分化。

与传统的观点相比，新闻的阐释取径（第1章中讨论的窗-框隐喻）更为积极主动。它强调新闻工作者和新闻机构的活动，而不是社会规范，因为它不认为社会结构可以生产出清晰的规范，用以界定新闻价值。相反，它认为，新闻工作者在援引和调用各类规范的同时，也参与界定这些规范。换言之，对新闻价值的界定随时都可能发生变化。譬如，报纸编辑总是会彼此协商将哪些稿件放上头版。与之类似，这一取径强调，新闻并不是社会的镜子。新闻参与其间，将之构造为共享的社会现象，因为，在描述事件的过程中，新闻也界定并形塑相应的事件。譬如说，在现代妇女运动的早期阶段，新闻媒体就将之呈现并建构为可笑的烧胸罩者的激进之举。

阐释取径凸显新闻工作者的活动，对社会变迁给出不同的解释。与传统的观点一样，它也认为对离经叛道者的报道可以跟社会结构关联起来，但它用来描述这种关系的动词有所不同。阐释社会学并不认为有关越轨者的报道能够"修正"社会结构，而是认为，这些报道积极主动地界定何为越轨、何为正常①。反过来说，对积极正面的社会行为和社会行动者的报道，也可以充当资源，界定何为合群，何为越轨。任何一种类型的报道，都暗示或确认着另一种类型的在场或缺席，因为每一种类型的报道都镶嵌在一系列过程当中，正是经由这些过程，新闻工作者得以应对原材料的过剩（参见第3章的讨论）。譬如，有关妇女运动这类离经叛道的社会团体的报道，最终变成了软新闻（参见第7章的讨论），或者，就算它们被处理为硬新闻，也会被描述成一群人抱着不当的目的在不当的时间出现在不当的地点（Molotch and Lester，1975），对社会稳定构成威胁。通过强加这类意义，新闻不断地界定和重新界定、构造和重构社会现象。

在前述章节中，我运用阐释取径来研究新闻，探讨新闻工作如何将世间的寻常事转化为新闻事件。在对新闻工作的描述中，我直接或间接地运用了常人方法论者（特别是 Garfinkel，1967）的"反身性"和"索引性"概念；戈夫曼（Goffman，1974）的"框架"和"截片"概念；以及伯格和卢克曼（Berger and Luckmann，1967）提出的"现实的社会建构"论。所有这些概念都强调，人会积极主动地建构社会意义。追根溯源，这些概念都可以追溯到社会科学哲学家阿尔弗雷德·舒茨（Alfred Schutz，1962，1964，1966，1967），其观点也影响到史密斯（Smith，1972）对意识形态的讨论。舒茨自己的著述，则受到埃德蒙德·胡塞尔（Edmund Husserl）现象学、亨利·柏格森（Henri Bergson）②的思想、美国实用主义以及马克斯·韦伯（Max Weber）社会学的影响。

---

① 此处原文为 what is normative，与 what is deviant 对举，应为 what is normal。
② 亨利·柏格森（Henri Bergson，1859—1941），全名亨利-路易斯·柏格森（Henri-Louis Bergson），法国哲学家，诺贝尔文学奖得主（1927）。反对科学上的机械论和心理学上的决定论，主张人的生命是意识之绵延，最早对"过程哲学"做了开创性的讨论，代表作包括《物质与记忆：身心关系论》（*Matière et mémoire：essai sur la relation du corps à l'esprit*，1896）、《创造进化论》（*L'Évolution créatrice*，1907）、《道德和宗教的两个来源》（*Les deux sources de la morale et de la religion*，1932）等。

舒茨与日常世界的研究

舒茨的论文《论多重现实》(On Multiple Realities)[①] 吸收了威廉·詹姆斯[②]的思想,对近年来崛起的阐释社会学各流派产生了巨大影响。[2]在论文中,舒茨(1962)勾勒出共享社会世界具有的基本的现象学特征。[3]首先,舒茨接纳詹姆斯的观点,即我们生活在众多亚世界(subuniverses)当中,包括感官或实物的世界,科学的世界,梦的世界,疯癫的世界。在此基础上,舒茨区分了由感官构筑的日常世界和由身处多重现实中的其他人构成的日常世界。他关心的问题是,我们如何体验这些多重现实?譬如,我们对梦的世界的体验,与我们对日常世界的把握,有何分别?跟詹姆斯一样,舒茨对日常世界尤其感兴趣,因为在他看来,日常世界堪称诸般现实中的最高或至尊现实(paramount reality)。

这当中尤为重要的,是舒茨从胡塞尔思想中借用的两个观念。在发展自己的哲学思想的过程中,胡塞尔(Husserl,1960,1967)特别关注认识者与认识对象之间的关系。他强调,意识是带有意向性的现象。[4]此外,胡塞尔认为,哲学家可以通过采取特殊的态度来把握现象的本质,他将之称为"加括号"或悬置(bracketing),或者现象学还原(phenomenological reduction)。哲学家采取这种态度,对客观现象的存在存疑,以便探究其本质,而不是它在社会世界中的物质体现。譬如,哲学家可能会质疑新闻的存在,以便了解其理念层面的本质,而不是它过去、现在或未来在社会世界中呈现出的样子。

---

① 或译"论多重实在"。为保持"reality"一词的一贯性,翻译为"论多重现实"。
② 威廉·詹姆斯(William James,1842—1910),美国哲学家、心理学家,美国机能主义心理学和实用主义哲学的先驱。1875 年,建立美国第一个心理学实验室。1904 年当选为美国心理学会主席,1906 年当选为国家科学院院士。代表作包括《心理学原理》(*The Principles of Psychology*,1890)、《实用主义》(*Pragmatism*,1907)等。

胡塞尔（1967）对现象学还原的讨论相当复杂，其他学者（例如，Farber，1966）对此多有讨论。在这里，我们只需要指出，舒茨翻转了胡塞尔的悬置观点。胡塞尔将悬置视为现象学哲学家的独特态度；而舒茨则认为，日常生活世界正因为缺乏悬置而与众不同。行动者面对社会世界中的诸般现象，不会采取怀疑的态度，而是会将之视为给定之物。譬如，报纸读者或许会质疑一则具体报道的真实性，但他/她不会挑战新闻这种社会现象的存在。读者可能会抨击一则报道、一份报纸或一档新闻广播带有偏见，但报纸、新闻广播和新闻本身看起来却是客观的给定之物。舒茨将这种接纳社会现象客观存在的认知方式称为"自然态度"（natural attitude）。所谓自然态度，是指我们无一例外地将社会现象的存在视为理所当然，将它们看作给定的事物，"自然"地存在于彼处。但舒茨从来没有说过，这些给定事物自身是"自然的"。在《论多重现实》中，舒茨关心的并不是世界上的现象，而是社会行动者用以理解或处理世界的态度。[5]

舒茨运用"自然态度"这个概念，意在说明，无论个体的生活由哪些文化、结构和私人要素组成，所有胜任的个体在跟社会现实打交道时，都会运用类似的认知方式。也就是说，不管是萨摩亚人，乌克兰人，还是美国人，他们背景各不相同，但认知方式大同小异。个体把他们所处的世界（不论其内核是什么）看成"自然"的世界，看成事物本来的形态。让我们想象两位读者阅读同一篇报纸报道。其中一位是政治上的中间派，另一位则是革命者。革命者可能会怀疑，新闻事件实际的情形或许跟报道有所不同。但他/她不会怀疑事情本身的存在。实际上，革命者会试着判断报道对读者有什么影响，或者会如何影响到他/她想要推出的政治纲领，因此，相比政治保守派，他/她可能会更关注相关的报道。[6] 在舒茨的作品中，日常世界的概念几乎是同义反复：日常世界之为日常世界，就在于它被视为理所当然。谁要是质疑它，就会被抛入多重现实中的另一重现实，或者另一个亚世界。譬如，一个人如果对日常世界存疑，就有可能迈入科学世界，通过质疑（悬搁）现象的存在，对它们展开探究。

不过，舒茨对"自然态度"的界定绝非同义反复。相反，他指出，日常世界的"认知方式具有六项典型特征"，这让它与其他"有限意义域"(finite provinces of meaning)（其他多重现实）区分开来。[7]对我的研究目的来说，舒茨的论述中贯穿着两条富有张力的有趣线索。其一，时间和主体间性（扮演他人的角色）之类的社会生活基本元素，被视为理所当然，当作社会性的给定事物。其二，在自然态度之下，社会行动者积极主动地"工作"，换言之，他们采取"清醒成熟的"(wide awake)立场面对世界，借此理解并创造意义。譬如说，在阅读报纸的时候，行动者会认为，新闻理所当然地存在，而他/她读到的报道理所当然是"今天的新闻"。他/她会在清晰厘定的时间框架内解读新闻报道，而这套时间框架的社会界定，则以人类经验与月球和行星运动的交叉为依据。在梦的世界中，时间则会坍塌、扩展或停滞，丧失社会指示物。

新闻读者也致力于在报纸的白纸黑字间寻找意义①。他们感知字词和语句，事实和解释。他们积极主动地理解纸上的涂涂画画，并赋予其意义，就像他们积极主动地将清晰表达的声响理解为言语和语言一样。与之类似（正如第2章所述），当记者将一些素材处理成新闻，将另一些素材丢掉的时候，他们也是在理解和赋予意义。舒茨认为，经由这套工作，社会行动者既创造出意义，也创造出共享的社会秩序感。换言之，社会秩序建立在共享的意义之上。

舒茨的自然态度概念构成了一些阐释社会学家的理论起点，他们都致力于探究人如何创造社会意义。从舒茨的思想发展出的理论，既适用于将清晰表达的声响理解为有意义的言语，也适用于新闻和新闻工作，毕竟，它们也是社会现象。接下来我们探讨由常人方法学者发展出的"反身性"和"索引性"概念。

---

① 原文为 find meaning in the inked squibbles on the page，其中的"squibbles"疑为"squiggles"的笔误，直译为歪扭的线条或潦草的字迹。

新闻作为反身性和索引性的事业

以加芬克尔（Garfinkel，1967）[①] 和西库列尔（Cicourel，1964，1973）[②] 为代表的常人方法学者致力于探究人们如何在自然态度的框架内理解日常世界。[8]（"常人方法学"这个词是加芬克尔的一位弟子创造的，用来指称对庶民的研究方法。）他们感兴趣的并不是人们用来理解世界的分类或范畴；譬如，他们并不关注特定群体赋予其他群体的刻板印象。相反，他们更感兴趣的是生产这些分类的日常工作（或者，用他们的术语来说，"搞"分类）；譬如说，刻板印象式的意义如何被赋予到其他人的行为上，比如对妇女运动早期成员的刻板印象代操作（第 7 章讨论），或者将社会运动的某些成员当作"负责任的领袖"（第 5 章讨论），又或者拒绝接受"总统都是骗子"这样的刻板印象（亦参见第 5 章讨论）。

具体来说，常人方法学者主张：就像自然态度存在于所有社会和文化中一样，人们用来理解日常世界的自然态度也具有不变的特征或方法。这些特征与内容无关，而是可以用来理解各式各样的内容。常人方法学者阐发出的自然态度的诸般特征，具体而微地说明了处在清醒成熟状态的人们如何理解与创造意义。

[①] 哈罗德·加芬克尔（Harold Garfinkel，1917—2011），20 世纪著名的社会学家、社会理论家，常人方法学的奠基人。二战结束后，于 1946 年进入哈佛大学新成立的社会关系系攻读博士，导师是塔尔科特·帕森斯（Talcott Parsons），博士论文聚焦行动理论，受到舒茨影响。1954 年起，任教于加州大学洛杉矶分校。1967 年出版代表作《常人方法学研究》（*Studies in Ethnomethodology*）。1995 年，获颁美国社会学会"库利-米德奖"。

[②] 亚伦·西库列尔（Aaron Cicourel，1928— ），康奈尔大学博士，美国加州大学圣迭戈分校社会学荣休教授，研究专长包括社会语言学、医疗传播、决策过程及儿童社会化。学术生涯早期，受到舒茨、戈夫曼和加芬克尔等人的深刻影响，此处引用的两部著作分别是《社会学方法与测量》（*Method and Measurement in Sociology*，1964）和《认知社会学》（*Cognitive Sociology*，1973）。1992 年当选美国艺术与科学学院院士。

"反身性"和"索引性"便是常人方法学者发掘出的两个不变特征。二者堪称双生概念（索引性也就意味着反身性，反之亦然），可以用来描述人们如何在共享的对话中理解对方的言辞；如何理解新闻报道对日常世界的描述和解释；记者如何把握各种各样的事情；或者人们如何从特定事项推而广之，刻画日常世界。

无论是反身性还是索引性，都指向社会现象的情境或脉络镶嵌性（contextual embeddedness）。所谓反身性，是指对社会现实的描述与解释就镶嵌在它们力图刻画、记录或安排的那一套现实当中。而索引性则意味着，社会行动者在运用这些描述和解释的过程中，或许会赋予它们超出原初生产和加工脉络的意义。譬如说，在一场对话中，对话参与者会根据特定陈述的语境来把握该陈述的意义。（离开了语境，"呃"这个表述毫无意义。）一旦对话者将该陈述从其生产情境中抽离出来，带入另一场对话，他/她可能就会参与到索引式的意义生产过程当中。让我们回想一下第1章中提到的教授和她丈夫之间的那场对话。在讨论当天新闻的过程中，他们谈到乔在系务会上的所作所为。在此之后，这对夫妻可能会将这一天称为"乔说了那番话的那一天"。他们从当天的对话中截取出"乔说了那番话的那一天"这个描述，由此将之转化为索引性的细节。

在将寻常事转化为新闻事件的过程中，无论是反身性，还是索引性，都必不可少。正是它们构成了新闻的公共性，乃至新闻工作本身。

新闻的公共属性：新闻既记录社会现实，又是社会现实的产物。它为新闻消费者生产出选择性概括（selective abstraction）①，这些概括意在连贯一致，但难免会忽略某些细节。当新闻消费者阅读或观看新闻的时候，他们会添加细节，但未必是新闻处理过程中被移除的细节。无论是对信息的选择性概括和再现，还是以反身性的方式为新闻事件赋予意义，都是日常生活自然而然的特征。

---

① 选择性概括指的是一种盲人摸象、以偏概全式的认知偏见或认知歪曲，即将特定细节从其情境中抽离出来，用以得出结论、推断总体情况，忽视其他细节和更大的情境。

以米莱大屠杀①和水门事件为例。1968 年,数百人在米莱村惨遭屠戮,但在对屠杀的选择性报道最终出现之前,他们的死难在美国人眼中压根儿不存在。离开新闻报道,这件事只不过是卷入其中的士兵和幸存者的私人困扰。与之类似,对被逮捕的窃贼来说,非法闯入水门大楼民主党全国总部无疑是公共议题,但对最终被挖出来的那几个共谋者而言,只要别人不知道他们跟事件有牵连,水门事件就只不过是一桩私人困扰。离开了相关信息的公共传播,就不会有后续启动的司法和国会调查程序,尼克松最终也不会黯然下台。在这两个事例中,新闻报道都披露出日常世界中正在发生或曾经发生的事情;此外,新闻报道很明显都是相关的社会政治过程的积极参与者。军方试图掩盖米莱真相,总统副手也竭力封堵水门事件的报道。在这场采集和发布信息的大戏中,媒体是必不可少的角色,而正是这些信息构成了知识生产的基础。

新闻故事不仅将各类事情转化为公共事件,还会赋予它们特定的属性,因为新闻报道会选择性地呈现特殊的细节或"详情",进而影响到对各类事件的公共界定。他们将这些精挑细选的细节呈现在消费者面前。以一场骚乱为例。新闻报道囊括了下述细节:参与者的数量,伤亡数字,财产损失,以及事件顺序(先是一个男人遭到逮捕,随后一群暴徒包围了警察局)。原本缈无定形的"某一场"骚乱,经由媒体的报道,变成了"这一场"特定的骚乱,或者说公共事件,引发了公共的关切。对个别骚乱的新闻报道也会影响人们对**所有**骚乱的理解。卡普西斯等人(Kapsis et al.,1970)指出,骚乱都会经历漫无目的的兜兜转转的阶段,在这个阶段,看起来没什么"了不得"的事情发生,就好像战斗中的"间歇"。新闻报道通常都会无视这个阶段,而将骚乱的进程浓缩为一系

---

① 米莱大屠杀(My Lai massacre),越战期间美军在越南米莱(My Lai)犯下的大规模屠杀平民事件,事件发生在 1968 年 3 月 16 日,事件中近 500 名手无寸铁的南越村民遭到杀害,包括妇女儿童。1969 年 9 月,指挥官中尉威廉·卡利(William Calley)及部分士兵被控谋杀或战争罪行,1971 年 3 月,军事法庭判决卡利谋杀 22 名越南平民罪成,判处终身监禁,他在 1974 年获得假释;其他士兵则因只是"听从命令"而无罪释放。在卡利等人遭检控时,记者西摩·赫希(Seymont Hersh)采访了卡利和辩护团队,揭发了这一桩惊人的事件,相关报道与随军记者罗纳德·L.黑伯利(Ronald L. Haeberle)拍下的照片一起于 1969 年 11 月刊登,震撼全美乃至全世界。赫希于次年获得普利策新闻奖,事件曝光也推动了美国上下的反战声浪。

列持续不断的激烈活动。通过对特定骚乱的呈现，新闻报道影响了对于骚乱的公共界定，但这套公共界定并不会提到那些将骚乱事件转变为新闻事件的过程。实际上，社会科学家最终还有可能运用这些报道，将之当作对事件的忠实描绘，甚至将新闻报道等同于事件（参见 Danzger，1975，1976；Tuchman，1976）。譬如，历史学家和传统的社会学家就会把新闻报道当作数据，用来揭示事件的本质和不断变化的公众关切的焦点。这些社会学家将新闻用作数据，却没有考虑到它们的生产情境，这种做法就是在利用新闻的索引性特质。

新闻与新闻工作：新闻的公共性在于在其索引性和反身性，同时，新闻工作也镶嵌在情境或脉络之中。透过前述章节的讨论，我们可以看到新闻如何陷入新闻工作的社会安排当中。它们镶嵌在相互冲突的报道职责模式中，各自由领地、机构和话题构成（第 2 章对新闻网的描述），需要持续不断的协商；镶嵌在以时间为基础的类型化当中，深深植根于新闻工作的节奏（第 3 章讨论）；也镶嵌在事实和消息源的相互构成之中，这种构成既依靠新闻网在正规机构中的锚定，也仰仗竞争者-同行之间的协商（第 4 章讨论）。

加芬克尔（1967；亦可参见 Cicourel，1968）指出，社会行动者会运用他们对机构过程的理解来生产有关这些过程的记录。在加芬克尔的个案中，负责受理面谈①的职员会运用他们对诊所工作流程的理解来生产相关的记录。这些记录进而被客体化，变成病患病史和生命史的真实记载。加芬克尔强调，在生产这些记录的过程中，行动者再生产并客体化了诊所的社会安排。莫洛奇和莱斯特（Molotch and Lester，1975）亦指出，新闻再生产了新闻工作者对新闻和政治过程的理解，实际上也就再生产了这些过程本身。譬如说，如果记者或编辑将特定事件当作硬新闻，他其实是在运用处理硬新闻的个人理解。新闻记者把市政府称为"本市"（the city），当中既牵涉到对政治过程的理解，也加入了对新闻

---

① 受理面谈（intake interview）是临床心理学当中最为常见的面谈形式，是指当来访者第一次到相关机构求助或咨询时，由咨询师、咨询助手或事务人员展开的面访，其目的是对来访者的心理问题以及可能给予的心理援助进行初步判定，为后续的正式咨询打下基础。

过程的理解，由此将政治人物转变为市政的代言人，进而将他们与市政等同。新闻工作者调用了用以判定何为负责任领袖的方法，把贝蒂·弗里丹看成妇女运动"负责任的发言人"或领袖（参见第5章和第7章讨论）。在所有这些事例当中，新闻工作者都以反身性的方式镶嵌在其生产和呈现的情境之中。它既利用又再生产政治结构，同时，它也既利用又再生产新闻工作的组织安排。

尽管新闻生产带有反身性，新闻报道却常常以索引性的方式呈现出来，脱离了具体的生产脉络。新闻的这一面，体现在事实的客体化当中。记者可能会援引消息源的特定表述，但却不会告诉读者自己问了什么问题才得到了这个答案（参见英文原书第96页）。记者可能会提到特定事实，但却不会解释那条事实是如何生产出来，变成了不存在问题的细节或"详情"（参见英文原书第88页提到的报道）。新闻的索引性既包含在新闻的去历史化和具体化逻辑中，也体现在，新闻工作者拒绝将报道放到绵延不断的情境脉络之中，这让他们无从分析过去、现在和将来之间的关系。

作为框架的新闻

戈夫曼（Goffman，1974）明显借用了常人方法学者对舒茨的解释，并发展出框架分析的两个核心概念。[9] 所谓"框架"（frame）是指"特定的组织原则，它们统辖事件——至少是社会事件——以及我们在事件中的主观介入"。框架组织日常世界（或者多重现实中的其他现实）的"截片"（strips）。这里所谓的"截片"是指"从连绵不断的活动溪流中任意截取的切片"（Goffman，1974：10）。跟舒茨一样，戈夫曼也认为，对现实的体验会在现实之上强加特定秩序。跟常人方法学者一样，他也认为秩序并非日常世界的固有特质。只有借助框架，无法识别的事情或漫无边际的谈话才能转变为可辨识的事件。离开了框架，它们就只不过是寻常的事情，无关紧要的谈话，令人费解的声响。以下面这段交流的截片为例：

"怎么样？"

"一般般。"

"六段？"

"行。"

字面上来看，这段交流毫无意义，然而，只需要增添一些信息，提供一个框架，这段截片就会发生转变：

> 一位记者从火灾现场回到本地新闻编辑部。他凑到本地新闻编辑面前，后者抬起头问火灾的情况："怎么样？"记者回答道："一般般。"编辑问："六段？"（六段能不能把事情讲清楚？）记者回答："行。"然后回到自己的办公桌，写了一篇六段的火灾稿。

如此架构之后，这段截片就可以被识别为一段有关特定事件的对话。它可以被看成对相关事件新闻价值的协商。它也赋予该事件以特定属性。因为，记者报道的并不是任何一起火灾；它是一起小火灾，只当得起六段文字。

在本书的论述中，编辑和记者一直都在寻找框架。梵·格尔德希望找到一个框架，以便让亚特兰大美国小姐选美大赛现场的示威游行登上报端（参见英文原书第138页）。《滨海日报》的编辑努力寻找一个框架，让他们可以报道一幢由贫民窟屋主所有的公寓供暖失灵的问题（参见英文原书第95页）。电视新闻片将特定的摄像镜头用作框架，赋予空间关系以社会意义（第6章讨论）。在此基础上，新闻人也会架构这些镜头的出现顺序（或者以正统的方式并置在一起），在报道的不同组成部分之间创造出新的联系。在所有这些案例中，我们都可以看到两个并行不悖的过程：一件事情转化为一桩事件，一桩事件转化为一则新闻故事。新闻框架既组织着日常现实，又是日常现实不可或缺的一部分，这是因为，新闻的公共属性是新闻的根本特征。

戈夫曼的框架分析理论让我们看到，新闻同时存在于两个现实之中。与舒茨和常人方法学者不同的是，戈夫曼并没有预设日常世界是至尊现实。他对其他多重现实同样感兴趣，包括剧场和蓄意欺诈的世界

（由骗子和上当受骗者、特务和双重间谍演绎的世界）。他运用框架和截片概念，试图理解：人们借助哪些日常行为的生成性规则来组织特定世界（多重现实）的经验，以便将其转译到另一个世界？譬如说，要借助哪些原则日常现实才能变成虚构？在戈夫曼看来，电影、小说或欺骗行为这类虚构物，其实也是日常世界的一部分。哪怕是框架自身，也是协商式的现象。

或许正因为戈夫曼长期对欺诈现象感兴趣，这让他特别强调经验在框架面前的脆弱性，而常人方法学者则不然。对常人方法学者来说，"记录"是一种阐释的方法，也是自然态度不变的特征之一。在此基础上，他们提出了"记录式的阐释方法"（documentary method of interpretation）①，将特定现象与一般原则、观念或概念关联起来，从中寻求意义。[10]但对戈夫曼来说，"记录"指的更多是"转化"，而不是"关联"，它也揭示出经验溪流（截片）相对于框架工具的脆弱性。在谈到新闻和影像记录时，他（1974：448，450）指出，记录式的框架"建立在信息的有限性之上……这令它们无法捕捉真实世界中平淡无奇的事件之间的相互联系。吊诡的是……相对于文献记录的标准……我们恰恰要对称之为纪录片的东西存疑"。记录式的框架将秩序加诸现实，容纳、传播关于特定截片的有限信息，由此创造出意义。它一方面将出现在新闻现场的记者构造为"站在场外发表评论者"，也就是"客观的记者"，另一方面则将偶发的事情构造为公共事件。

不过，吊诡的是，正因为戈夫曼关注经验的脆弱性以及经验的社会组织的脆弱性，他直截了当地拒绝关注社会组织本身。他感兴趣的是，各类情绪和姿态如何将特定现象从一个框架"调音"到另一个框架，而不是实现这些转化的制度机制。实际上，尽管戈夫曼承认，组织和制度在安排人类经验的过程中扮演了重要角色，但他拒绝探讨这些组织和专业资源。不过，伯格和卢克曼的著作则直接触及这些资源，这两位学者也是舒茨研究工作的追随者。

---

① 又译"文献诠释法"。

新闻与现实建构

伯格和卢克曼（Berger and Luckmann，1967）将舒茨的思想与传统社会学议题熔为一炉，关注人们在自然态度下接触到的现实的内涵。与舒茨和詹姆斯一样，他们也将日常世界看作至尊现实。与舒茨的论文集（1964）类似，他们的著作也意在探讨社会制度和社会过程如何历史性地展开，又如何影响社会事实的生成与界定。他们所研究的社会事实，既包括特定团体用以规整集体现实体验的范畴，也包括这些范畴浮现出来的过程。因而，在伯格和卢克曼看来，一方面，我们生于斯长于斯的世界应该被视为给定之物，由前人传递到我们手中（由包括同伴在内的同代人共享；参见 Schutz，1962：15 页以下）；另一方面，我们对日常互动的组织、对相关性的调用和构造也会形塑这个世界。譬如，我们会调用过去来合理化当下的行动，由此创造出集体过往①跟现在和未来之间的相关性。譬如，新闻工作者调用过去的先例来处理手头的"惊天大新闻"②。

伯格和卢克曼也强调，制度会让社会意义客体化。他们指出，在社会互动中生成的社会意义会被转化为制度性的、组织化的规则和程序，并被当作资源来合理化社会行动。（"你要是能搞到更多的引语，我就可以把这段评论保留在稿子里。"，参见英文原书第 195 页）在调用过程中，意义可能会被修正，就好像词语的意义也会在新的语境中发生改变。在跳出原初情境之后，它们也可能被正典化。特定程序一旦跳脱最初生成的情境，就有可能变成"处理事情的唯一方式"；换言之，它有可能被传诸后世，被视为客观的历史事实。在美国人看来，新闻运用具体化的逻辑，围绕发生在特定机构中的日常事件，生产出非历史、非理

---

① 原文 collective past。这里的观点，与当代关于"集体记忆"（collective memories）的讨论特别是有关"历史类比"（historical analogy）的研究颇为契合。

② 此句两处原文均为 what-a-stories，应为 what-a-story。参见第 3 章相关讨论。

论的叙述，这一切都是理所应当。我们将新闻消费品的日常生产视为理所当然，却忽视了它与便士报时期广告发展的历史联系。我们将新闻网在正规机构中的镶嵌性和集中化的新闻采集方式视为理所当然，却不知道它们其实是19世纪的产物。我们没有意识到，这种镶嵌性可能会阻碍新的新闻形式的出现。长久以来，硬新闻一直都与正规机构的活动联系在一起，而新闻工作的时空安排也镶嵌在它们的活动之中，新闻将自身再生产为历史性的给定之物。它不仅界定与再界定、建构与重构社会意义；也界定与再界定、建构与重构各种行事之道，也就是现存机构中的既有程序和方法。

意识形态作为客体化的程序

史密斯（Smith，1972）沿着同样的思路分析意识形态。她指出，各类程序在正规机构中的镶嵌性，它们的索引性和反身性（Garfinkel，1967），它们的客体化（Berger and Luckmann，1967），它们对日常世界共时性的架构和形塑（Goffman，1974），以及它们对脆弱经验的组织（Goffman，1974），凡此种种，都让它们成为**"遮蔽的手段"**。用史密斯的话来说，它们变成"牵涉利益的程序"，而这些遮蔽性的方法镶嵌在它们所再生产的正规机构之中。它们一面为社会行动者提供生产社会结构的材料，另一面又削弱了行动者改变制度和结构的能力。

以往的学术立场强调，意识形态会为在自然态度之下处于清醒状态的行动者预示可能的筹划。但史密斯超越了上述立场，将意识形态视为遮蔽的手段。在阐释社会学的基础之上，这一观点指出，"牵涉利益的程序"对其引发的自我实现的预言视而不见。这一批评不仅适用于新闻工作，也适用于社会科学。

注释

[1]"筹划"（projects）是一个学术概念。舒茨（Schutz，1962：48 - 85）将行动

看作筹划（或投射），它将当下的关切和过往的经验投射到未来，强调行动者会通过工作来实现这些筹划。他同时还认为，行动的基础存在于过去和现在，这意味着，行动以将来完成时的形式展开；行动者将其行动建基于他/她对未来的预期。

［2］舒茨对詹姆斯思想的运用强调了知识如何随着交流模式的变化而变化。舒茨的研究试图与胡塞尔的思想对话，后者受到布伦塔诺（Brentano）的深刻影响。詹姆斯也受到了布伦塔诺的影响。

弗朗兹·布伦塔诺（Franz Clemens Brentano，1838—1917），德国哲学家、心理学家，在形而上学、本体论、伦理学、逻辑和哲学史等方面皆有重要贡献，将意向性（intentionality）的观念引入当代哲学。被视为现象学运动和分析哲学传统的先驱人物，对胡塞尔、亚历克修斯·迈农（Alexius Meinong）、卡济梅尔兹·塔多斯基（Kazimierz Twardowski）等著名学者产生重要影响。代表作包括《从经验立场出发的心理学》（*Psychologie vom Empirischen Standpunkte*，1874）。——译者注

［3］希普和罗斯（Heap and Roth，1973）讨论了舒茨的思想与当代现象学社会学之间的关系。他们着重于解释主体间性的观念。

［4］参见希普和罗斯（1973）对意向性和主体间性的讨论。

［5］这里的"态度"与寻常的社会学用法非常不同。它既不是指特定的情绪状态（例如"积极态度"），也不是指观点和看法（例如"中产阶级对性议题的态度"）。参见希普和罗斯（1973）的相关讨论。

［6］在这里，我们必须对"关注"（pay attention）和"留意"（attending to）作出区分。两位读者都依照自然态度行事，都"留意"到这一则报道；他们都在理解其内容。在舒茨的分析框架中，理解并不是一个连续体；而"关注"则可以运用更为传统的社会科学方法加以测量。

［7］依据舒茨（1962：230，231）的论述，这些特征包括：1. 特殊的意识张力，即清醒成熟状态（wide-awakeness），它源自对生活的全情投入；2. 特殊的悬置（epoché），即对怀疑存而不论；3. 一种普遍存在的自发性，即所谓"工作"（working）（这是一种有意义的自发性，建基于特定筹划，带有特定意向，寄望于通过朝向外部世界的身体移动引出筹划的事态）；4. 特殊的自我体验方式［工作中的自我（working self）即完全的自我］；5. 特殊的社会性（由交往和社会行动所构成的共同的主体间性世界）；6. 特殊的时间观念［标准时间源自"绵延"（durée）和宇宙时间的交汇，构成了主体间性世界中普适性的时间结构］。

［8］米恩和伍德（Mehan and Wood，1975）对常人方法学做了非常有价值的讨论。

［9］不过，戈夫曼将这些概念归功于贝特森（Bateson，1955），使用贝特森的

用法。

［10］譬如，齐默尔曼和波尔纳（Zimmerman and Pollner，1970）指责符号互动论者在运用记录式阐释方法时，重组报道人的民间知识，而没能分析那些知识如何以主体间性的方式达成（参见 Wilson，1970）。他们的理论批评也牵涉到认知论问题，即社会科学学者的数据生产过程。

第 10 章 作为知识的新闻

第 9 章评述的很多理论观点,都是对正统社会学的批评。舒茨的研究工作意在提出一套社会科学哲学(特别是 Schutz,1962,1966,1967)。在常人方法学的纲领性论著中,加芬克尔等人对社会学发起了猛烈的抨击。譬如,在他们看来,过往的社会学不过是民间知识的正典化。史密斯(1972)对知识和意识形态的区分部分建立在常人方法学者和马克思的思想之上,本来就是对社会学的控诉。她指出,社会学方法看似科学,其实是遮蔽的手段,因为这些方法"用概念替代现实,让社会结构变得神秘莫测"。

在不同程度上,这些学者都在强调,社会学研究一方面源于日常生活,另一方面又会参与到日常生活的建构之中。通过对数据的操纵,社会学将态度与观点、生与死正典化。根据史密斯、加芬克尔和西库列尔等批评者的观点,社会行动者为了理解日常生活发展出种种前理论论述,而社会学理论就建立在这些论述之上。与此同时,社会学又充当着理解结构现象、展开社会行动的资源。按照这些批评者的观点,社会学跟新闻一样,具有索引性和反身性,既是对社会的描述,也是社会中的行动者。

本章将会评述相关的批评以及科学哲学领域的新近发展，在此基础上探讨新闻在何种程度上是意识形态，又为何可以被当作知识。

社会科学与自然科学

在过去一个多世纪里，哲学家和理论家一直都试图搞清楚自然科学的方法是否适用于社会科学。这当中，有两个相互关联的问题与本章的讨论有关。首先，社会科学的规律是否与自然科学的规律对等？其次，社会科学的研究对象是人和人类社会，他们本身即是主观的现象，这对社会科学有何影响？对于20世纪的实证主义者来说，问题的答案相当简单直接：人类生活的主观性并不会阻碍我们归纳和检验有关人类行为的规律。一些实证主义者甚至认为，鉴于社会学的适当主题是社会结构和制度，主观性的问题并不相干，因为制度和结构跟人不一样，它们没有意识。但对包括我在内的阐释社会学者来说，答案既不会如此简单，也不会如此直接。让我们看一下实证主义批评者提出的若干问题。

首先，对自然的人为干预并不会让自然规律失效。我们有可能通过改变气压来改变水的沸点。但改变水的沸点证明了相关规律，而不是打破了它。然而，运用社会学观点对社会加以干预，却可能会让这些观点失效。譬如，马克思认为，资本主义及其制度的内在矛盾会导致社会主义的崛起。根据他的预测，最早的社会主义革命可能会在英国或德国爆发，因为这两个国家是当时最发达的资本主义国家。但实际上，革命率先在沙俄爆发，在那里，组织化的团体成功夺取政权，并让人民接受其马克思主义版本。在越南和柬埔寨等亚洲农耕国家之所以出现了尊奉马克思主义的政府，或许源于这些国家与发达资本主义国家的冲突，与本国的工业发展状况没有太大干系。这些政权的崛起证明需要修正和完善马克思的理论。

当然，要想保护社会科学规律免遭人类干预，我们可以让它们远离外行的视线（令人头晕目眩的社会科学行话看起来的确像是为了混淆是非,而不是揭示真理)。不过,这种做法将社会科学与其他学术领域隔绝开来,有可能让它丧失活力。它也会把社会科学变成寄生虫:社会成员将自己奉献出来充当研究对象,但却没有权利在研究得出的替代选项中作出选择。社会科学家从社会中汲取养料,但其他社会成员却不能运用社会科学。这也就意味着,社会科学家将会成为独裁者:他们声称自己有权基于其专家知识强制推行政策,无须外行做事先的审议。

其次,自然科学家运用的方法对研究发现的影响与社会科学家有所不同。从海森堡原理出发,自然科学意识到,科学发现基于科学家设计的技术,因而取决于人类的创造力和聪明才智。正如海森堡所说,将特定现象放在电子显微镜等人为设计的仪器下加以观察,会呈现出与肉眼观察不同的样貌。而放在示波器①下,它有可能显示出完全不同的属性。只有借助人类设计的某些精密仪器,科学家才能对夸克(quarks)等新近发现的现象展开研究。在这当中,人的局限性和能力引导和决定着科学发现。

社会科学家运用的方法和技术同样由人类行动者设计,它们因而也会引导研究者找到特定的答案。因为,用来提问的技术手段明显会限制问题的答案以及从这些方法和技术中推导和检验的理论。然而,自然现象无法自觉地改变自身的属性,对科学家的行动作出回应。但社会科学的研究对象——人类——则明显可以。他们可能会撒谎;可能会掩饰自己的情感和观点;也可能会改变自己的行为。要应对这些问题,不能单依靠改进研究方案和统计技术,指望它们甄别报道人陈述中自相矛盾或混淆是非之处。

要想隐藏事实真相,报道人首先必须对研究者的问题作出解释。他/她必须针对所问事项发展出前理论的判断。与之类似,实话实说的报道人也必须在前理论层面理解研究者的问题。因为,这种研究方法与日常对话类似,参与互动者总是要基于对对方言辞的理解作出回应。研究方

---

① 示波器是一种电子测量仪器,可以将肉眼不可见的电信号变换为看得见的图像,便于人们研究各种电现象的变化过程。

案能够确保在每一次访谈中运用同样的措辞和提问顺序，但它无法阻止访谈对象以前理论的方式理解访谈问题。实际上，访谈的推进离不开这种理解。因此，社会科学研究者必须将报道人的回答和行为看作前理论的表达。他们必须意识到，这些回答镶嵌在试图理解日常世界的方法中，呈现出反身性和索引性。加芬克尔（Garfinkel，1967）指出，寄望于设计更好的研究方案、更复杂的统计技术来解决问题，就像是为了搞清楚到底是什么在支撑着屋顶，而把房子的四面墙统统拆掉。

常人方法学者将这套批评用在统计研究上（Cicourel，1964），其中不乏社会学经典。举例来说，涂尔干的《自杀论》（*Suicide*）非常精当地区分了自杀的类型和社会的类型。但在运用这些分类检验理论的过程中，涂尔干不得不依赖官方统计数据。那些收集数据的人在对死因归类时，脑海中装着的，并不是涂尔干对自杀的定义。相关发现也就不能验证其理论。更重要的是，涂尔干的检验必定会带入某些前理论论述，特别是验尸官等界定死亡的官方人员的想法。与之类似，西库列尔（Cicourel，1968）和埃默森（Emerson，1969）都指出，社会学家掌握的青少年犯罪数据，实际上是每天跟少年犯打交道的人士的日常论证过程的产物。运用这些数据展开的社会学研究，自然要仰仗社会行动者的前理论论述。

这套批评——社会学研究建基于社会成员的前理论论述——并不局限于统计研究。无论是符号互动论（Wilson，1970），还是民族志研究（Zimmerman and Pollner，1970），都存在类似的问题。吉登斯（Giddens，1976）认为，这是主流社会学中普遍存在的缺陷，不论是涂尔干还是马克思，都概莫能外。吉登斯指出：

> 跟自然科学不同，社会学与其"研究领域"之间不是主体-客体关系，而是主体-主体关系；它所面对的是一个前阐释的世界（pre-interpreted world），在这个世界中，由积极主动的主体发展出的意义，进入到世界的构造或生产过程当中。（1976：146）

吉登斯（1976：146）强调，"社会理论的建构因而牵涉到**双重诠释**

(double hermeneutic)，这在其他领域都不存在"①。粗略地说，"诠释"也就是阐释，而吉登斯这里所讲的正是社会生活的反身性。

吉登斯对"反身性"的运用与常人方法学者的用法（参见第9章讨论）略有不同。常人方法学者将反身性看作在自然态度下理解世界的过程的一项特征。吉登斯则将反身性看成更一般的阐释实践，指向存在于现象解释和意义生成过程中的互动与交换。对吉登斯而言，反身性既是指社会学家调用报道人的前理论论述，也是指普通人挪用社会科学逐渐形成对自我和他人的理解。但跟吉登斯一样，常人方法学者也强调，社会学"与其研究领域之间是主体与主体的关系"。

在此意义上，吉登斯（1976：148）将社会科学比作艺术。他指出，"对人类生活的描绘系于人类反身性的能力，即他们能否发挥想象力，重构他人的经验，在自我和他人的经验之间建立情感关联；并由此增进对自我的理解"。无论是艺术，还是社会学，"都会调用共有知识（mutual knowledge）的资源，构建对话，让读者在了解他人的基础上增进对自我的认识"。当然，艺术可以脱离对社会现实的"真实"描述；社会科学则不然。因此，"社会科学分析几乎不可能产生戏剧性的影响，在这方面，它们远逊于富有想象力的文学作品或诗意的象征主义。不过，我们不应该过分夸大二者差异的重要性"（Giddens，1976：149）。吉登斯紧接着写道，"戈夫曼对舞台表演的分析……既借鉴也诉诸共有知识；戈夫曼将五花八门的活动，从最崇高到最卑下的活动，统统比作表演，由此颠覆了事物的既定秩序，创造出紧缩的效果"。而这种颠倒翻转也恰恰是喜剧和滑稽剧的常见主题。

诚然，某些实证主义者或许会说，戈夫曼的研究不是科学，将它与艺术相提并论，只能算是艺术和艺术的比较，而不是艺术与社会科学的比较。但即便是在干瘪的统计论著当中，我们也可能找到这类戏剧性的影响。譬如，我们可以考虑一下普罗大众狼吞虎咽各类社会学研究的情形。他们可能会接触到各式各样的研究，比如性别的社会组织，电视对

---

① 强调为引者所加。

儿童的影响，以及通过校车接送儿童实现种族融合的研究。其中一些研究颠覆了流行的观念；其他研究则要么令人警醒，要么使人快乐。但它们都有可能深刻改变人们对社会的理解。

大多数社会科学的确缺乏引人注目的戏剧性，但这绝不意味着社会科学无须应对吉登斯所说的双重诠释的问题。沿着同样的思路，人们或许会问，在新闻这种社会生活的真实记录中，是否也存在着同样的主体-主体关系问题。实际上，正是考虑到新闻也有可能产生颠覆或验证日常理解的巨大影响，我们才需要探究新闻生产中的主体-主体关系。

首先，新闻通过对象征符号的操纵，的确会产生戏剧性的影响。想一想肯尼迪葬礼中的那幅新闻图片，画面中小约翰·肯尼迪对着父亲的灵柩敬礼，目送它从华盛顿国家大教堂移往墓地。想一想二战胜利的消息传来时，人们在街头庆祝的画面。又或者，看一看新闻工作者对贫民窟骚乱报道的处理方式：20世纪60年代，滨海市的报纸达成了一项协议，将发生在其他地方的骚乱放在头版边边角角的位置上，唯恐大张旗鼓的"骚乱故事"会鼓励本地的模仿行为。

其次，正如第8章所述，新闻专业主义调用了对科学探索的共同理解。这当中存在某些反讽之处。新闻专业主义对科学的调用可以追溯到20世纪20年代，而正是在同一时期，海森堡提出了不确定性原理[①]，探讨科学家对物理探索的影响。当然，当代的新闻哲学也作出了一些调整，试图将不确定性原理纳入考量。汤姆·沃尔夫[②]（1968）的作品所代表的"新新闻"主义使用人称代词，并带入记者的感受。譬如，他在叙述某件事情的时候，会用"我看见"和"我感到"，而不是"最近一位访客发现"。但"新新闻"运动（也被称为"第一人称新闻"）大体上

---

① 德国物理学家维尔纳·海森堡（Werner Heisenberg）于1927年提出"不确定性原理"。该原理指出，科学家不可能同时知道一个粒子的所有性质。例如，测量粒子的位置可以让我们确定它的位置，但这种测量必然会干扰到它的速度。

② 汤姆·沃尔夫（Tom Wolfe，1930—2018），全名小托马斯·肯纳利·沃尔夫（Thomas Kennerly Wolfe Jr.），美国小说家、记者和社会评论家，新新闻主义的鼻祖。耶鲁大学博士（1957），20世纪60年代起为《时尚先生》（*Esquire*）、《哈珀斯》（*Haper's*）等杂志撰稿，开创了新新闻写作模式。主要作品包括《水泵房帮》（1968）、《画出来的箴言》（1975）、《从包豪斯到我们的豪斯》（1981）、《虚荣的篝火》（1987）等。

局限于杂志和著名专栏作家的署名作品。

最后，新闻本身或许也可以被描述成一种理论性的活动，它会调用消息源的前理论表述。譬如，新闻工作者遵循的一项规则是，委员会的某些成员比其他人知道得更多。在采写学校种族融合的连续报道时，"新闻台"的一位记者通过非正式渠道向学校委员会主席打听接下来事态将如何发展，并在其预测基础上制订了下一步的报道计划。此外，新闻报道的理论化，还体现在它们将从消息源处搜集的信息并置起来。并置即分类，因为它让读者意识到事实之间彼此关联。它一方面宣称在被呈现为事实的现象之间存在着理论关系，另一方面也创造出这一层关系。

格拉斯哥媒介研究小组从英国新闻广播中撷取出一则鲜活的例证：

> 本周英国局势依旧动荡不安。格拉斯哥麻烦不断，清洁工和救护车调度员罢工，汽车工业工时不足（削减工作时长以节省开支），星期日《镜报》（*Mirror*）和星期日《人民报》（*People*）今天都没有出街，显然舰队街①也有一堆的麻烦，两名建筑商纠察队员因共谋入狱持续引发乱哄哄的怨声。(1976：355)

研究者指出，"在这段新闻广播中，'社会动荡'这个类别或范畴被拿来形容迥然不同的现象，包括示威游行，缩短工作时长，还有一桩共谋案"。这里，主导的阐释方式"很明显是我们（在电视上）看到的这些事情都只不过是'动荡'的例子罢了"。换言之，"动荡"这个类别既适用于"清洁工罢工"，也同样适用于周日报暂停出街，或者两个男人的监禁。事件背后共同的范畴意味着，每个事件都受制于与混乱失序或社会冲突相关的规则或规范；就此而言，分类，也就是理论化。

我们将这里的情形与社会科学稍做比较，有助于说明为什么分类就是理论化。如果一位社会学家将"社会阶级"变量带入研究设计，在理论化层面，社会阶级必定可以解释相关的现象。如果社会阶级无关紧要，也就没理由关注它，或者把它作为研究的变量。作为一个变量，

---

① 舰队街（Fleet Street）是英国伦敦市内一条著名的街道，一直到20世纪80年代都是传统上英国媒体的总部所在地。

"社会阶级"可变;也就是说,社会上存在着不同的阶级,我姑且称之为"地主""资本家""专业人士"和"工人"。通过引入这些名称,我在理论上认定所有的"地主"都具有共同的特征,有别于"资本家""专业人士"或"工人"。当然,我也可以将这些社会阶级称为第1、第2、第3、第4组。但为了将个体归到这些组当中,我还需要确定一系列标准,对个体分门别类,并在不同群体之间作出区分。我必须在理论上说明,这些标准能够帮助我们识别社会阶级,确保每个组的个体之间,相较于其他各组,(至少在阶级层面)拥有更多共性。换言之,第1组中的所有成员必须具有某些共性,就好像有关"社会动荡"的新闻广播中提到的所有事件也必须共享共同的元素一样。

至于被放到同一个类别或范畴的每一桩"动荡"事件是不是都受到同一套规则的制约,与我此处的讨论目的无关。我想强调的是,新闻是一种理论活动。为了评估新闻工作在社会学层面的重要性,我们有必要引入其他社会学理论,把握社会科学的双重诠释特质。这些理论有助于分析新闻作为戏剧化、理论化的活动,如何将现状正当化。

作为社会资源的日常理解

所有的社会学家都承认,观念和物质条件一样,会对制度产生影响,进而影响社会结构。只不过,在主导模式当中,观念和文化都被看作个体通过社会化内化的属性。换言之,当代美国理论认为,制度和社会阶级生产出规范。经由家庭、学校和专业领域等社会化机制,个体习得这些规范,并将它们整合到自身的身份认同当中。通过社会化过程,个体转而遵从所在社会的规则。

很遗憾,正如很多研究者所论,这套模式将个体与社会对立起来,无法解释社会变迁。个体投身社会运动,寄望于改变社会制度,或者不愿循规蹈矩,乃至触犯刑律,凡此种种,都被归咎于社会化不够充分,而不是被看作对社会现象的积极应对。因为,在这个模式下,相关的研究目的要么被界定为"这些个体与接纳社会规范的人到底有什么不同",要么就是"这些个体从属的群体与接受社会规范的群体到底有什么不同"。在第一种情况下,研究者可能会问:这些年轻人到底出了什么问题,让他们逆潮流而动反对越战?在第二种情况下,研究者或许会问:为什么跟中产阶级的青少年相比,底层阶级的青少年更有可能偷盗和破坏财产?社会阶级如何促成或导致对财产的不同态度?

即便将冲突作为社会变迁的力量引入进来,也不会对这个模式造成多大影响。依据这个模式,冲突团体内化了不同的规范,从不同的社会制度获得身份认同,又或者遵循的是另一套规则,认定冲突只不过是在表达任何时代社会制度中的固有矛盾。概言之,这套模式将个体客体化为团体的成员,剥夺了他们在主观层面创造新意义的权力。毕竟,所有的意义看起来都源自制度现象,而不是创造性的主观行动。

但另类的现象学导向的模式(参见第 8 章讨论)则强调,制度会抛出规范。经由社会化,人们学着把规范或规则当成资源,用来建构意义。对规则的运用是一个创造性的、主观的、阐释性的、前理论的过程,而不是对规则内化的机械反应。此外,由于社会生活建立在结构化的社会互动之上(参见 Wilson,1970),社会意义作为集体的构造物,时时刻刻都在再生产社会结构。正如齐默尔曼和波尔纳(Zimmerman and Pollner)所说,呈现在个体面前的制度和规范,是被视为理所当然的客观现象,涵盖在各类社会场景当中:

> 特定场景的参与者留意到的场景特征包括:其历史延续性,规则结构,场景当中的活动与这些规则的关系,以及参与者各自的地位。在日常生活的态度之下,这些特征是"正常的、自然的生活事实"……客观的行动条件。尽管参与者也曾参与生产和维系这些特征,但它们本质上独立于任何人的行止之外。(1970:94)

齐默尔曼和波尔纳所说的"日常生活的态度"(attitude of everyday life),也就是舒茨笔下的"自然态度"(参见第 9 章讨论)。将"正常的、自然的生活事实"接纳为客观条件,是一项前理论的活动,因为它将日常生活理解为一个行动域（field of action）。自然态度同样将社会世界构造为一个行动域，在其中，被社会成员视为理所当然的生活事实充当达成行动的资源。它们也是再生产社会结构的资源。譬如，倘若我们认可新闻是对当下发生的有趣的和重要的事件的真实记录，便是在重新确认和再生产新闻的角色，将其视为发布真实记录的社会机构。与之类似，社会运动试图运用新闻来发布信息，这也确认和再生产了新闻媒体作为正当化机构的角色。

下面，我们以一个扩展案例来进一步讨论，在自然态度下建立的"生活事实"如何变成达成行动和再生产社会结构的资源。每一个说话者都会调用不自觉的语言知识，生产新的言辞话语，并理解它们。即便说话者无法解释背后的语法规则，他们仍然能够讲出和理解从来没听过的言辞。通过创造并理解新的言辞，人们不仅是在使用语言，更是在将语言构造为集体现象，或者说主体间达成的成就。此外，言辞话语自身也可能构造出社会活动。譬如，在英国语言哲学当中有一个非常著名的例子：在婚礼现场说出"我愿意"三个字，绝不仅仅只是在运用语言描述情感或某种状态。这三个字本身，就是一起事件——一个行动。在适当的条件下，在被集体界定为婚礼仪式的场景中，"我愿意"三个字也就意味着踏入婚姻殿堂。因而，当社会成员将文化和结构的某些侧面视为客观现象（正常、自然、理所当然的生活现实），他们便是在确认由自然态度所赋予的世界的事实性。此外，他们也是在运用这些事实生成和构造社会活动。他们将这些生活事实再生产为结构化的规则（以及规则之间的关系），进而引导行动。由于这些规则构成了社会活动，它们也就构成了社会结构。正如吉登斯（1976：127）所说，社会互动与社会本身建基于"由生成性的规则（generative rules）和资源所构成的系统"，后者"只存在于情境中的行动者再生产的行止之中，而这些行动者，皆拥有明确的意图和利益"。

此外，"情境中的行动者"抱有不同的意图和利益，掌控着不同的资源。个体与相互竞争的制度和社会阶级捆绑在一起，能够运用不同的生成性规则和资源，就好比不同阶级的成员使用的尽管是同一套语言，用法却有所不同。规则和资源的分配遵循社会逻辑，权力便是如此，其分配也并不平等。当情境中的行动者的意图和利益相互冲突时，某些行动者可以支配更多资源，包括权力，他们更有可能将自己对情境的界定（definitions of the situation）强加在其他人身上。因而，某些社会行动者更有能力创造、强加并再生产社会意义，由此建构社会现实。相较于大多数人，新闻工作者更有权力建构社会现实。

　　上述对社会学理论的评述说明什么？它说明，无论是社会学，还是新闻，都是意识形态。这些讨论暗含着社会行动的反身性观点，它强调，在社会科学与其研究对象之间存在着主体-主体关系。它将社会行动者看成社会现实建构过程中的共同参与者，特别关注社会冲突和其他人类生活中的权力分配。上文的评述试图将社会学从意识形态实践——从对日常前理论知识的正典化，或者按史密斯（1972）的话来说，从遮蔽的手段——转化为人文主义的社会科学。因为，这套理论致力于社会结构的去神秘化，避免以概念替代现实。相关的学术概念或许略显复杂，但它们意在揭示人们如何体验日常世界。此外，尽管相关讨论在哲学层面预设人们会以自然态度来体验世界，但它力图将事实与假设分开。换言之，它不会将社会现象看作预先给定的客观之物，而是将之视为社会建构和永无休止的人类成就。我们当然不能说，新闻生产过程拒绝承认社会现象是人力达成的成就。但通过强调新闻与社会学一样都带有索引性和反身性，上述理论评述打破了新闻专业人士生产社会生活真实记录的迷思。此外，它也会质疑这些记录是否必然不偏不倚，因为新闻专业主义建立在既定的信息采集和处理方法之上，而且不会对这些方法展开反思，更不会将之视为集体性的人类事业。

新闻即现状再生产：小结

　　请允许我再一次回顾新闻框架的构成特征，再一次指出，强调框架既生产意义，也限定意义。在本书开篇，我将新闻类比为窗框，窗子的特征、大小尺寸和构造，都会限制可能看到的东西。窗子所处的位置也是如此，它将场景的特定侧面展现在我们面前。此外，一方面，新闻会调用社会和文化资源来呈现社会现实，另一方面，对社会行动者而言，新闻同时也是可供挪用的社会和文化资源。

对新闻的界定，既有其历史脉络，又镶嵌在历史当中。在任何时刻，对新闻价值的判断都取决于当时当地对事件重要性的理解，这些理解充当着规则，左右着人类行为、机构行为和动机。作为社会成员和所在行业的参与者，新闻工作者手头也掌握着一些规则，可以用作社会资源。通过调用这些规则，新闻工作者得以界定新闻与其他形式的知识之间的关系，新闻工作者与其他人的关系，以及新闻机构和其他社会机构的关系。譬如说，在20世纪20年代，新闻工作者将自己界定为专业人士，将新闻界定为对事件的真实再现。当时，他们调用了两套文化资源。一是流行的大众科学观念。二是专业人士对舆论"合理性"的怀疑，因为舆论不再被时人看成理性的表达。对新闻专业主义和真实再现的宣称，与其他因素一起，变成新闻工作者的资源。由此更进一步，新闻将自身构造为宪法第一修正案条款的化身（历史资源）和人民的守护者（阶级利益）。

毋庸讳言，并不是所有的社会行动者都会接受对新闻角色的这套界定。新闻专业主义与所有者和管理者的权利相冲突，后者主张言论自由是私有财产的属性（"所谓的新闻自由，只掌握在拥有报章的人手中"）。不过，新闻专业主义也同样服务于所有者的其他利益。这是因为，专业主义看不到，在集中化、集权化和集团化等社会经济过程的影响之下，以往的观念不再适用于当下的经济和政治生活。一方面，新闻机构参与到这些过程当中，它们创立通讯社，建立报系和新闻辛迪加，组建广播电视网；另一方面，它们将企业集团和大公司界定为私有企业。新闻调用18世纪的概念（例如其言论自由模式），并将19世纪的区分（公权与私权）用在20世纪的现象上，由此限制了知识。新闻混淆了社会现实，没能揭示其奥秘。它掩盖了国家与公司资本主义之间的亲密关系，遮蔽了前者对后者的支持，由此强化了国家的正当性。

此外，新闻既会利用制度结构，也会再生产这套结构。在新闻机构的安排之下，时间和空间成为相互交织的社会现象，而新闻网也由此被抛撒开去。新闻机构和新闻工作者将集中化的信息源视为具有正当性的社会建制，全身心地投入到特定的条线和部门。这些地点进而被客体化为信息收集的应然场所。此外，新闻采集的地点既被客体化为信息的正当来源，也被客体化为管治的正当来源①。经由天真的经验主义，这些信息又被转化为客观的事实，而所谓事实，指的便是对事物状态正常的、自然的、理所当然的描述和构造。而借助与事实相关联的消息源，新闻工作者制造并控制争议，由此将异议限制在特定范围之内。

将记者四散开来收集信息，也形成了新闻机构自身的组织结构，当中充满了分配职责和优先次序。它们构成了以领地、机构和话题为核心的指挥系统。这三个领域彼此重叠，其内部和相互之间的区分需要绵延不断的协商，由此确认职权范围和新闻价值。至少在一定程度上，新闻价值是这些协商的产物，而协商的目的则是把日常事件的截片分门别类，将其转变为新闻。这些协商也会正当化社会现状。每一天，编辑们都会再生产彼此之间的妥协方案，确认编辑之间的等级秩序。他们也会不断更新与强化领地指挥系统的支配地位，将政治条线和部门整合进来，将妇女新闻和体育新闻之类的选题领域排除出去。对新闻机构而言，这类新闻因而变得了无趣味。相比之下，领地指挥系统牵涉到的报道选题——与正规机构有关的故事——则会受到关注，这进一步强化了这些机构的权力。

社会行动者也会生产出日常生活的节奏，让它契合社会机构的步调。新闻工作的节奏镶嵌在新闻机构和正规机构的交汇处。新闻网的排兵布阵导致信息过剩，为了应对这种状况，新闻工作者和新闻机构必须采纳统一的原材料处理节奏。他们为新闻生产的不同阶段设置截稿期限，由此将新闻节奏客体化。在他们看来，事件总会依照特定的方式发

---

① 此处原文为 legitimate and legitimating sources，前一个 legitimate 意为"正当的"，描述来源具有正当性，后一个 legitimating 则强调"正当化"过程。

生，循此便可以再生产出适合新闻报道和处理的事态。他们运用过往的经验来指导当下的实践，由此将事情类型化为新闻事件。对类型化的具体运用，总是需要修正、重新界定和重构，就连类型本身，也是如此。这是因为，凡类型化，皆建立在对过往情境的当下理解之上，而对过去的理解自然要不断修正。譬如说，与水门相关的事件先后被处理成非法闯入（突发新闻）、新闻调查揭露出的共谋（软新闻）、引发官员评论的丑闻（突发新闻）、立法及司法调查（连续报道）、史无前例的总统辞职（惊天大新闻）。类型化的背后，是各种与制度过程和实践相关联的假设，经由它们，类型化或可生成新闻价值。

当一件事情的发展超出了专业人士的预期，新闻工作者就会修正相应的类型。譬如，约翰逊总统发表演讲宣布不再竞选连任这件事，就体现了类型化和再类型化，当中牵涉到对历史先例——卡尔文·柯立芝宣布"我不再参选"——的运用。在理论层面，这个例子很有趣，因为此前新闻工作者依据客体化的（视为理所当然的）知识预测约翰逊会阻挡参议员尤金·麦卡锡的竞选步伐，争夺民主党总统提名。事实证明，预测错误，他们便转头强调约翰逊的声明具有重大新闻价值。在这个案例中，对专业知识的调用也生成了新闻价值。此外，无论是诉诸历史，还是在声明过后即刻重新抛撒新闻网收集政治人物的回应，都是在重新确认或维护现状。

依据正规机构预想中事件的发生发展方式，新闻处理过程相应地常规化；预测正规机构发生的连续报道的发展进程，让编辑们得以提前安排哪些记者有空报道突发事件。新闻网扎根于正规机构。因而，重新抛撒新闻网，寻求州长、市长、总统候选人、参议员、其他议员，以及具有准正当性的领袖的回应，也便是在调用正当权威。它精心平衡来自共和党人和民主党人的意见，将两党看作政治过程的化身，并因而确认了这些过程的正当性。而那些象征性路人甲，更多代表着一群人的观点，而不是作为他们的代言人发言。当中的代表性，要么系于正规机构本身，要么系于支持者的庞大数量。

尽管类型化会限制充当新闻原材料的事件的独特性，它们还是会确保较大的灵活度。相对而言，新闻工作者的活动缺少监督，而直接监管的缺席则创造出空间,让新闻人得以宣称专业性,修正乃至忽略组织规则。通过囤积消息源、共享信息、在新闻现场并肩工作、阅读彼此的作品、一起参加社交活动,新闻人生产出一整套关乎如何开展工作的专业性理解。这些理解也要不断协商和重构:编辑与部门主管协商报道任务的分配和具体的报道方式;记者也会围绕他们与同事和消息源之间错综复杂的关系展开协商,这当中包括如何在不同场景下与他人共享,共享到什么地步。经由绵延不断的互动,他们判断出哪些人更了解发生在正规机构的事情,因而可以充当出色的消息源。此外,他们也会调用过往的经验,将这些观念和实践扩展到社会运动,并由此创造出具有准正当性的领袖。他们也会模糊公与私之间的界限,将政治人物和官僚客体化为"城市""州"或"国家"。他们将人民看作"公众"。尔后,政客和官僚被认定为人民的代表,但同时却被排除在人民之外。而"城市"(或国家)与"公众"之间的关系,则交由新闻工作者和新闻来裁定。新闻工作者正当化了自赋的角色,同时也将政客和官僚正当化为政治机构的化身。

此外,经由与消息源的互动,以及彼此之间的互动,新闻工作者发展出发掘和确认事实的方式方法。事实与对事实的需求,消息源与报道的方法,两两之间,相互构成。我这样说,并不是在暗示一个人的事实是另一个人的偏见,也不是说事实性是相对的,不够客观。我的意思是,用于发掘和确认事实的各种方法,包括确认合适的消息源的方法,令社会生活客体化,有时候甚至会导致社会现象的**物化**。

伯格和卢克曼曾经指出:

> 物化可以被看作客体化进程中的极端形态。在这种状态下,客体化的世界丧失了作为人类事业的可理解性,凝固为非人的、非人性化的迟滞的事实性……人(原文如此①)原本是世界的生产者,如今却被视为世界的产物,而人类活动也被看作非人过程的附带现

---

① 此处括号内原文为"[sic]",意为"原文如此",因为伯格和卢克曼原文用"man"来指代人类,故此塔克曼加括号进行说明。"man"直译为"男人",但此处是指不分性别的"人类",故翻译为"人"。

象。(1967:89)

如前所述,新闻有时候会运用象征符号来再现现实,并将它们呈现为人力无法控制的力量的产物。无论是对经济活动的报道,还是对暴乱之类的社会动荡的报道,这种呈现方式都非常典型。社会生活的这些面向由此被呈现为陌生的、物化的力量,就跟天气状况的波动之类的自然现象一样。实际上,电视对事实性网络的视觉再现,就以类似的方式来架构暴乱和飓风,并刻意将它们与特写人物的专访区分开来。

对经济活动和社会动荡的物化同样也会确认和维护现状。首先,这种物化意味着,个体既无力对抗自然力量,也无力对抗经济力量。作为象征物的个体,代表着普遍的困境。消费者要么表达同情,要么暗自庆幸,却不会在政治上组织起来。拉扎斯菲尔德和默顿曾以广播为例,将新闻消费者的反应称为麻醉式的负功能:

> 个体将他与政治现实世界的次级(媒介)接触……当成了替代式的践履。他误以为对当下的问题有所**了解**,就等于有所**作为**。他的社会良知清白无瑕。他表达了关注。他知道了相关的情况……不过,等他吃完晚饭,听完最喜欢的广播节目,翻完当天的第二份报纸,也就该上床睡觉了。(1948,重印于1964:464)

这种负功能部分缘于新闻消费者与媒体的关系:CBS的沃尔特·克朗凯特或者《纽约时报》的詹姆斯·莱斯顿[①]或许可以进入观众和读者的家庭,但无论是克朗凯特还是莱斯顿,都无法与他们直接互动,更无法围绕对现实的界定展开相互协商。

其次,新闻呈现即便会物化社会力量,仍然能够抚慰消费者。为了呈现事实,新闻工作者会去寻找集中化的消息源,后者负责应对由物化力量造成的问题。相应地,媒体可能会引用州长或国民警卫队高级长官

---

① 詹姆斯·莱斯顿(James Reston,1909—1995),美国著名新闻记者,职业生涯从20世纪30年代中期一直延伸到20世纪80年代末,长期供职于《纽约时报》。1932年毕业于伊利诺伊大学厄巴纳-香槟分校,1939年加入《纽约时报》伦敦分社,后来担任华盛顿分社社长(1953—1964)、主编(1968—1969)和副总裁(1969—1974)。职业生涯中两度(1945、1957)获得普利策奖。

的话,来描述一场暴乱或一片洪灾区域。他们也可能会讲述应对危机的举措。与之类似,总统的经济顾问可能会谈到某个问题和相应的应对方案。倘若危机应对以失败告终,那是因为他们对抗的是物化的"自然力量"。如果他们取得了成功,这自然象征着其活动的正当性。如果专家着手调查"不寻常的事故",那也是为了确保类似的灾难再也不会发生。这一切都意味着,新闻消费者只需要看看电视、读读报纸,尔后上床睡觉,便是做了正确的决定。他们根本无力应对这些物化的力量,而具有正当性的专家和权威正在尽一切努力处置危机。

除了物化某些现象,事实和消息源之间的相互构成也会将一连串问题和答案强加在新闻事件之上。这些经过专业验证的问答顺序充当着新闻工作者的资源,导致了训练有素的无能,让他们无法抓住新观念的重要性。相反,他们运用过往的经验来架构新观念和新兴社会议题或创新,并将之类型化为软新闻。由于缺乏合适的问题和答案,同时盲目自大地认为自己无所不知,新闻记者或许找不到处理创新的"抓手"。为了让它变成合适的新闻选题,他们可能会无视它,嘲弄它,又或者转化它。新闻专业人士有很多正当的理由,可以拿来解释为什么自己无力应对创新。所有这些理由都是新闻人的经验在组织和专业层次的客体化,它们既是限制,也是资源。这些限制包括工作压力,无所不在的截稿期限,以及呈现事件真实记录所带来的种种挣扎。那些集体创造的类型化也充当着限制和资源:它们的本意是加快新闻处理流程。但是,倘若一件事情无法按照已知的叙事形式呈现为新闻,它就只能变成(需要更多报道时间和编辑工作的)软新闻或者非新闻。新闻框架当中固有的局限性,让新闻工作者对它们弃之不顾。

要翻转这一切,专业新闻人就得质疑新闻网及其常规实践的根本前提。他们就必须看到,自己对专业主义的确认,不仅将新闻正当化为现实的记录,也将社会机构正当化为消息源。他们就得认识到,与事实性网络关联的叙事形式存在着固有的缺陷。此外,他们也必须将新闻看成索引性和反身性的现象,看成社会行动的资源,这不仅体现在他们自己的生活中,也体现在新闻消费者的生活中,以及在社会、政治和经济领域有权有势者的生活当中。

　　知识就是权力,这话听起来很像是陈词滥调。然而,这句理性主义的格言既是我们所在社会的基本原则,也是支配新闻工作的前提。这是因为,权力的行使有时候靠的就是在传播某些知识的同时压制其他观念。此外,知识被架构为社会行动资源的方式,也可能会强化权力。如前所述,新闻充当着社会资源,其建构限制了我们对于当代生活的分析式理解。通过新闻网的抛撒、类型化、新闻人宣称的专业主义、事实与消息源的相互构成、新闻叙事的再现形式、宪法第一修正案保护下对私有产权及专业主义的诉求——通过所有这些现象客体化后生成的"限制"或"资源"——新闻将现状正当化。

　　我的本意并非指责新闻工作者抱有偏见。新闻人说得很对,那些动不动就大喊"偏见"的批评者,先要精确地界定"客观真相"并据以衡量何为偏见。我不认为自己具有这种能力。但我的确认为,有必要将新闻视为巧妙的成就,它会传递出对社会现实的特定理解。这些在特定工作流程和实践中生成的理解,将社会现实正当化。此外,本书发展的理论也可以拿来分析其他类型的知识和意识形态的社会建构。

讲故事

　　在第1章中,我指出这本书既是一项知识社会学研究,也是一项职业和专业社会学研究。我运用戈夫曼(1974)的"框架即组织原则"的观点来分析新闻工作,有些人或许会觉得,这是自相矛盾。尽管戈夫曼曾指出,新闻揭示出经验相对于框架的脆弱性,但他也明确地警告说,他的研究关注的是经验的社会组织,而不是社会结构的组织。戈夫曼强调,经验的组织不可避免地与意义的生产连在一起。我试图将戈夫曼的研究带到其合乎逻辑的结论:意义的生产错综复杂地镶嵌在男男女女的活动当中,镶嵌在与其活动相关联、由他们生产和再生产、创造和再创造的制度、组织和专业之中。

这就意味着，各种各样的知识，包括大学里讲授的知识，都可以被看成知识工业的产物，充满着对现状的客体化、物化和肯定。譬如，我们想一想教育产业如何将知识划分成独立自主的单元：大学由院系构成，其间活跃着自利的专业人士。它们将知识架构或分割成各自分立、看似自我延续的课程，列在培养方案当中。跟新闻一样，这些课程也声称自己浓缩了轮廓清晰的主题，讲述了一个故事。大学课程为知识设定了边界，进而将知识客体化，甚至偶尔将之物化。它们的题材本身变成了自我延续的主题，必须小心应对，仿佛它是自成一体的现象，而不是专业人士的创造。聘用和解雇的依据，或许都在于哪些课需要人来教，以满足培养方案的要求。又或者，聘用和解雇基于组织层面和专业层面客体化的标准，这些标准赋予大学职员学术潜能和专业地位。这类做法将知识压缩，构造为存在界限的现象。

与之类似，正如古斯菲尔德（Gusfield，1976）新近的研究所示，在专业层面客体化的学术论文撰写方式，其实也是在讲故事。它包含着自身的内在逻辑，事实性网络，和关联的叙事形式，影响着哪些发现可以被当作科学报告出来。换言之，它限定了学术论文可以说什么、能够说什么。电影、电视节目和其他浓缩式的叙事，或者说在组织和专业层面生产和限定的框架，也都大同小异。

或许有人会觉得，我把新闻和大学当中的活动相提并论，是在故意针对学术界夸夸其谈，因为这种自我放纵总是非常诱人。不过，我希望我的评论不会招致这样的回应，因为我想强调的是，知识总归都是社会建构的产物。它总是会组织经验，也总是会形塑意义。在根本意义上，我坚持认为，无论知识是认识的手段（人文与科学），还是遮蔽的手段（意识形态），它都镶嵌在社会情境当中，并在人与人之间的关系中被唤起。这些相互构成的关系必然包含着人类的创造力。它们也必然包含着权力。这是因为，人类既会生产和再生产配置权力的制度，也会生产和再生产传播知识的机构，由此将知识转变为社会资源。

新闻讲述社会生活的故事。它是社会资源，知识之源，权力之源，也是通向世界的一扇窗。

参考文献

ADLER, RUTH
1971 *A Day in the Life of the "New York Times."* New York: Lippincott.

ALTHEIDE, DAVID
1976 *Creating Reality.* Beverly Hills, Calif.: Sage Publications.

BARNOUW, ERIC
1966 *A History of Broadcasting in the United States. Volume I: A Tower in Babel: To 1933.*
1968 *Volume II: The Golden Web: 1933 to 1953.*
1970 *Volume III: The Image Empire: From 1950.* [All volumes are New York: Oxford University Press.]

BARRON, JEROME A.
1971-72 *Testimony before Senate Subcommittee on Constitutional Rights.* Washington, D.C.: Government Printing Office.

1973 *Freedom of the Press for Whom?* Bloomington, Ind.: Indiana University Press.

BATESON, GREGORY
1955 (rpt. 1972) "A Theory of Play and Phantasy." Pp. 177-93 in his *Steps to an Ecology of Mind.* New York: Ballantine Books.

BENÉT, JAMES
1978 "Conclusion." Pp. 266-71 in Gaye Tuchman, Arlene Kaplan Daniels, and James Benét, eds., *Hearth and Home: Images of Women in the Mass Media.* New York: Oxford University Press.

BENSMAN, JOSEPH, AND ROBERT LILIENFELD
1973   *Craft and Consciousness.* New York: Wiley.

BERGER, PETER, AND THOMAS LUCKMANN
1967   *The Social Construction of Reality.* Garden City, N. Y.: Doubleday-Anchor.

BERNARD, JESSIE
1973   "My Four Revolutions: An Autobiographical History of the ASA." *American Journal of Sociology* 78: 773–91.

BERNSTEIN, CARL, AND ROBERT WOODWARD
1974   *All the President's Men.* New York: Simon and Schuster.

BREED, WARREN
1955   "Social Control in the Newsroom: A Functional Analysis." *Social Forces* 33 (May): 326–35.

CANTOR, MURIEL
1978   "Where Are the Women in Public Television?" Pp. 78–89 in Gaye Tuchman, Arlene Kaplan Daniels, and James Benét, eds., *Hearth and Home: Images of Women in the Mass Media.* New York: Oxford University Press.

CARDEN, MAREN LOCKWOOD
1973   *The New Feminist Movement.* New York: Russell Sage.

CATER, DOUGLASS
1959   *The Fourth Branch of Government.* Boston: Houghton Mifflin.

CHANEY, DAVID
1977   "Communication and Community." *Working Papers in Sociology No. 12.* University of Durham, Great Britain.

CICOUREL, AARON V.
1964   *Method and Measurement in Sociology.* New York: Free Press.

――――
1968   *The Social Organization of Juvenile Justice.* New York: Wiley.

――――
1973   *Cognitive Sociology.* Baltimore, Md.: Penguin Books.

COX, CLINTON
1977   "Meanwhile in Bedford-Stuyvesant . . . Why Whites Die on Page One." *Civil Rights Digest* 9 (2): 39–44.

CRANE, DIANA
1972   *Invisible Colleges: Diffusion of Knowledge in Scientific Communities.* Chicago: University of Chicago Press.

CROUSE, TIMOTHY
1972   *The Boys on the Bus.* New York: Random House.

DAHLGREN, PETER
1977   "Network TV News and the Corporate State: The Subordinate Con-

sciousness of the Citizen-Viewer." Ph.D. dissertation. The Graduate Center, City University of New York.

DANIELS, ARLENE KAPLAN
1975 "Feminist perspectives in social research." Pp. 340–80 in Marcia Millman and Rosabeth Moss Kantor, eds., *Another Voice: Feminist Perspectives on Social Life and Social Science.* Garden City, N.Y.: Doubleday-Anchor.

DANZGER, M. HERBERT
1975 "Validating Conflict Data." *American Sociological Review* 40: 570–84.

———
1976 "Reply to Tuchman." *American Sociological Review* 41 (December): 1067–71.

DARNTON, ROBERT
1975 "Writing News and Telling Stories." *Daedalus* (Spring): 175–94.

DEFLEUR, MELVIN
1966 *Theories of Mass Communication.* New York: David McKay.

EMERSON, ROBERT M.
1969 *Judging Delinquents: Context and Process in Juvenile Court.* Chicago: Aldine.

———, AND SHELDON MESSINGER
1977 "The Micro-Politics of Trouble." *Social Problems* 25: 121–34.

ENGWALL, LARS
1976 *Travels in Newspaper Country.* Manuscript. University of Uppsala, Department of Business Administration.

ENZENSBERGER, HANS MAGNUS
1974 *The Consciousness Industry.* New York: Seabury Press.

EPSTEIN, CYNTHIA FUCHS
1978 "The Women's Movement and the Women's Pages: Separate, Unequal and Unspectacular." Pp. 216–21 in Gaye Tuchman, Arlene Kaplan Daniels, and James Benét, eds., *Hearth and Home: Images of Women in the Mass Media.* New York: Oxford University Press.

EPSTEIN, EDWARD JAY
1973 *News from Nowhere: Television and the News.* New York: Random House.

EVERSOLE, PAM TATE
1971 "Concentration of Ownership in the Communications Industry." *Journalism Quarterly* 48: 251–60, 268.

FARBER, MARVIN
1966 *The Aims of Phenomenology: the Motives, Methods and Impact of Husserl's Thought.* New York: Harper & Row.

FISHMAN, MARK
1977 "Manufacturing the News: the Social Organization of Media News Production." Ph.D. dissertation. University of California, Santa Barbara.

FISHMAN, PAM M.
1978 "Interaction: The Work Women Do." *Social Problems* 25:397-406.

FREEMAN, JO
1975 *The Politics of Women's Liberation.* New York: David McKay.

FREIDSON, ELIOT
1971 *Profession of Medicine: A Study in the Sociology of Applied Knowledge.* New York: Dodd, Mead.

FRIEDAN, BETTY
1963 *The Feminine Mystique.* New York: Dell.

FRIENDLY, FRED
1967 *Due to Circumstances Beyond Our Control . . .* New York: Random House.

―――
1976 *The Good Guys, the Bad Guys and the First Amendment: Free Speech vs. Fairness in Broadcasting.* New York: Random House.

GANS, HERBERT J.
1966 "Broadcaster and Audience Values in the Mass Media: The Image of Man in American Television News." *Transactions of the Sixth World Congress of Sociology (Evian, 4-11 September 1966)* 4: 3-14.

―――
1972 "The Famine in Mass Media Research: Comments on Hirsch, Tuchman and Gecas." *American Journal of Sociology* 77 (January): 697-705.

GARFINKEL, HAROLD
1967 *Studies in Ethnomethodology.* Englewood Cliffs, N.J.: Prentice-Hall.

GERBNER, GEORGE
1972 "Mass Media and Human Communication Theory." Pp. 35-58 in Denis McQuail, ed., *Sociology of Mass Communications.* London: Penguin.

GIDDENS, ANTHONY
1976 *New Rules of Sociological Method.* New York: Basic Books.

GIEBER, WALTER
1956 "Across the Desk: A Study of 16 Telegraph Editors." *Journalism Quarterly* 33 (Fall): 423-32.

―――, AND WALTER JOHNSON
1961 "The City Hall 'Beat': A Study of Reporter and Source Roles." *Journalism Quarterly* 38: 289-97.

GILBRETH, FRANK B., JR., AND ERNESTINE GILBRETH CAREY.
1963   *Cheaper by the Dozen*. New York: Crowell.

GITLIN, TODD
1977   "Spotlight and Shadows: Television and the Culture of Politics." *College English* 38 (8): 789–801.

GLASCOW UNIVERSITY MEDIA GROUP
1976   "Bad News." *Theory and Society* 3 (Fall): 339–63.

———
forthcoming   *Bad News, Vol. II*. London: Routledge-Kegan Paul.

GOFFMAN, ERVING
1974   *Frame Analysis*. Philadelphia: University of Pennsylvania Press.

GOLDENBERG, EDIE
1975   *Making the Papers*. Lexington, Mass.: D.C. Heath.

GOMBRICH, ERNST
1971   *Art and Illusion*. New York: Pantheon.

GOULDNER, ALVIN
1970   *The Coming Crisis in Western Sociology*. New York: Basic Books.

GRAMLING, OLIVER
1940   *AP: The Story of the News*. New York: Farrar and Rinehart.

GREENBERG, BRADLEY
1972   "Children's Reactions to TV Blacks." *Journalism Quarterly* 49: 5–14.

GROSS, LARRY, AND SUZANNE JEFFRIES-FOX
1978   "What Do You Want to be When You Grow Up, Little Girl? Approaches to the Study of Media Effects." Pp. 240–65 in Gaye Tuchman, Arlene Kaplan Daniels, and James Benét, eds., *Hearth and Home: Images of Women in the Mass Media*. New York: Oxford University Press.

GUENIN, ZENA B.
1975   "Women's Pages in Contemporary Newspapers: Missing Out on Contemporary Content." *Journalism Quarterly* 52 (Spring): 66–69, 75.

GUSFIELD, JOSEPH
1976   "The Literary Rhetoric of Science: Comedy and Pathos in Drinking Driver Research." *American Sociological Review* 41: 16–34.

HABERMAS, JÜRGEN
1971   *Knowledge and Human Interests*. Boston: Beacon Press.

———
1973   *Theory and Practice*. Boston: Beacon Press.

———
1974 (rpt.)   "The Public Sphere: An Encyclopedia Article (1964)." *New German Critique* 3 (Fall): 49–55.

HAGE, JERALD, AND MICHAEL AIKEN
1969 "Routine Technology, Social Structure and Organizational Goals." *Administrative Science Quarterly* 14 (3): 366-78.

HALL, EDWARD
1966 *The Hidden Dimension.* Garden City, N.Y.: Doubleday.

HALLORAN, JAMES D., PHILIP ELLIOTT, AND GRAHAM MURDOCK
1970 *Demonstrations and Communication: A Case Study.* London: Penguin.

HEAP, JAMES L., AND PILLIP A. ROTH
1973 "On Phenomenological Sociology." *American Sociological Review* 38 (3): 354-66.

HEILMAN, SAMUEL
1976 *Synagogue Life.* Chicago: University of Chicago Press.

HOCHSCHILD, ARLIE
1974 "Marginality and Obstacles to Minority Consciousness." Pp. 194-99 in Ruth B. Kundsin, ed., *Women and Success.* New York: Morrow.

HOHENBERG, JOHN
1962 *The Professional Journalist.* New York: Holt, Rinehart.

HOLE, JUDITH, AND ELLEN LEVINE
1971 *Rebirth of Feminism.* New York: Quadrangle.

HUGHES, EVERETT C.
1964 *Men and Their Work.* New York: Free Press.

HUGHES, HELEN MACGILL
1940 *News and the Human Interest Story.* Chicago: University of Chicago Press.

HULTENG, JOHN L., AND ROY PAUL NELSON
1971 *The Fourth Estate: An Informal Appraisal of the News and Opinion Media.* New York: Harper & Row.

HUSSERL, EDMUND
1960 *Cartesian Meditations: An Introduction to Phenomenology.* The Hague: M. Nijhoff.

1967 *Ideas: General Introduction to Pure Phenomenology.* New York: Humanities Press.

JENKINS, CRAIG
1975 "Farm Workers and the Powers: Insurgency and Political Conflict (1946-1972). Ph.D dissertation. State University of New York, Stony Brook.

KAPSIS, ROBERT, BRUCE SAUNDERS, JIM SMITH, PAUL TAKAGI, AND OSCAR WILLIAMS
1970   *The Reconstruction of a Riot: A Case Study of Community Tensions and Civil Disorder.* Waltham, Mass.: Brandeis University Lemberg Center for the Study of Violence.

KIMBALL, PENN
1967   "Journalism: Art, Craft or Profession?" Pp. 242-60 in Kenneth S. Lynn and the editors of *Daedalus*, eds., *The Professions in America.* Boston: Beacon Press.

KLAPPER, JOSEPH T.
1960   *The Effects of Mass Communication.* New York: Free Press.

KUHN, THOMAS
1962   *The Structure of Scientific Revolutions.* Chicago: University of Chicago Press.

LANG, KURT, AND GLADYS ENGEL LANG
1953 (rpt. 1960)   "The Unique Perspective of Television and Its Effects: A Pilot Study." 544-60 in Wilbur Schramm, ed., *Mass Communications.* Urbana: University of Illinois Press.

LARSEN, OTTO N.
1964   "Social Effects of Mass Communication." In Robert E. L. Faris, ed., *Handbook of Modern Sociology.* Chicago: Rand McNally.

LASSWELL, HAROLD
1948   "The Structure and Function of Communication in Society." Pp. 37-51 in Lyman Bryson, ed., *The Communication of Ideas.* New York: Institute for Religious and Social Studies.

LAZARSFELD, PAUL, AND ROBERT K. MERTON
1948 (rpt. 1964)   "Mass Communication, Popular Taste and Social Action." Pp. 457-73 in Bernard Rosenberg and David Manning White (eds.), *Mass Culture: the Popular Arts in America.* New York: Free Press.

LESTER, MARILYN
1975   "News as a Practical Accomplishment: A Conceptual and Empirical Analysis of Newswork." Ph.D. dissertation. State University of New York, Stony Brook.

LOVE, RUTH LEEDS
1965   "The Business of Television and the Black Weekend." Pp. 73-86 in Bradley S. Greenberg and Edwin Parker, eds., *The Kennedy Assassination and the American Public.* Stanford: University of California Press.

MANN, THOMAS
1946   *The Magic Mountain.* New York: Knopf.

MANNHEIM, KARL
1936 (rpt. 1968) *Ideology and Utopia: An Introduction to the Sociology of Knowledge,* trans. Louis Wirth and Edward Shils. New York: Harcourt, Brace.

MARCH, JAMES, AND HERBERT SIMON
1958 *Organizations.* New York: Wiley.

MCCOMBS, MAXWELL E., AND DONALD L. SHAW.
1972 "The Agenda-Setting Function of Mass Media." *Public Opinion Quarterly* 36: 176-87.

MCKINNEY, JOHN C.
1970 "Sociological Theory and the Process of Typification." In John C. McKinney and Edward Tiryakian, eds., *Theoretical Sociology.* New York: Appleton-Century-Crofts.

———, AND LINDA BOURQUE
1972 "Further Comments on 'the Changing South': A Response to Sly and Weller." *American Sociological Review* 37 (April): 230-36.

MCLUHAN, MARSHALL
1964 *Understanding Media: The Extensions of Man.* New York: McGraw-Hill.

MEHAN, HUGH, AND HOUSTON WOOD
1975 *The Reality of Ethnomethodology.* New York: Wiley.

MERRITT, SHARYNE, AND HARRIET GROSS
1978 "Women's Page/Lifestyle Editors: Does Sex Make a Difference?" *Journalism Quarterly.*

MERTON, ROBERT K.
1968 *Social Theory and Social Structure.* New York: Free Press.

———
1973 "The Matthew Effect in Science." Pp. 439-59 in *The Sociology of Science: Theoretical and Empirical Investigations.* Chicago: University of Chicago Press.

MILLET, KATE
1974 *Flying.* New York: Ballantine Books.

MILLIBAND, RALPH
1969 *The State in Captialist Society: An Analysis of the Western System of Power.* New York: Basic Books.

MOLOTCH, HARVEY L.
1978 "The News of Women and the Work of Men." Pp. 176-85 in Gaye Tuchman, Arlene Kaplan Daniels, and James Benét, eds., *Hearth and Home: Images of Women in the Mass Media.* New York: Oxford University Press.

———, AND MARILYN LESTER

1974 "News as Purposive Behavior." *American Sociological Review* 39: 101–12.

———

1975 "Accidental News: The Great Oil Spill." *American Journal of Sociology* 81: 235–60.

MORRIS, MONICA B.

1973 "Newspapers and the New Feminists: Black Out as Social Control?" *Journalism Quarterly* 50: 37–42.

———

1974 "The Public Definition of a Social Movement: Women's Liberation." *Sociology and Social Research* 57: 526–43.

———

1975 "Excuses, Justifications and Evasions: How Newspaper Editors Account for the Coverage of a Social Movement." Paper delivered at the annual meetings of the American Sociological Association, San Francisco, August.

MOTT, FRANK LUTHER

1952 *The News in America*. Cambridge, Mass.: Harvard University Press.

MULLINS, NICHOLAS C., LOWELL L. HARGENS, PAMELA K. HECHT, AND EDWARD L. KICK

1977 "The Group Structure of Cocitation Clusters: A Comparative Study." *American Sociological Review* 42(4): 552–62.

NATIONAL ADVISORY COMMISSION ON CIVIL DISORDERS

1968 *Report*. New York: Bantam Books.

NEWSWEEK

1977 "Letters to the Editor." October 10: 10–16.

NEW YORK TIMES

1977 "2 Editors Dismissed in Articles Dispute. Michigan Papers Refused Orders to Publish Reports Concerning Carter's Wife and Staff." June 26, p. 15.

NEW YORKER

1976 "Talk of the Town." March 1: 23–24.

OBERSCHALL, ANTHONY

1973 *Social Conflicts and Social Movements*. Englewood Cliffs, N.J.: Prentice-Hall.

PARK, ROBERT, AND ERNEST BURGESS

1967 *The City*. Chicago: University of Chicago Press.

PERROW, CHARLES

1967 "A Framework of the Comparative Analysis of Organizations." *American Sociological Review* 32 (April): 194–208.

PHILLIPS, E. BARBARA
1976 "What is News? Novelty without Change?" *Journal of Communication* 26 (4): 87-92.

POLANYI, KARL
1944 *The Great Transformation.* Boston: Beacon Press.

PORTER, WILLIAM E.
1976 *Assault on the Media: The Nixon Years.* Ann Arbor: University of Michigan Press.

RATHER, DAN
1977 *The Camera Never Blinks: Adventures of a TV Journalist.* New York: William Morrow.

RESKIN, BARBARA F.
1977 "Scientific Productivity and the Reward Structure of Science." *American Sociological Review* 42 (3): 491-504.

ROBINSON, JOHN P., PHILIP CONVERSE, AND ALEXANDER SZALAI
1972 "Everyday Life in Twelve Countries." Pp. 113-44 in Alexander Szalai, ed., *The Use of Time.* The Hague: Mouton.

ROBINSON, MICHAEL J., AND CLIFFORD ZUKIN
1976 "Television and the Wallace Vote," *Journal of Communication* 26(2): 79-83.

ROPER ORGANIZATION, INC.
1971 "An Extended View of Public Attitudes toward Television and Other Mass Media 1959-71." New York: Television Information Office.

ROSENBLUM, BARBARA
1978 *Photographers and Their Photographs.* New York: Holmes/Meier.

ROSHCO, BERNARD
1975 *Newsmaking.* Chicago: University of Chicago Press.

ROTH, JULIUS
1963 *Timetables: Structuring the Passage of Time in Hospital Treatment and Other Careers.* New York: Bobbs-Merrill.

RYAN, MARY P.
1975 *Womanhood in America.* New York: Franklin Watts.

SCHUDSON, MICHAEL
1978 *Discovering the News: A Social History of American Newspapers.* New York: Basic Books.

SCHUTZ, ALFRED
1962 *Collected Papers, Volume I: The Problem of Social Reality.* The Hague: M. Nijhoff.

―――
1964 *Collected Papers, Volume II: Studies in Social Theory.* The Hague: M. Nijhoff.

1966 *Collected Papers, Volume III: Studies in Phenomenological Philosophy.* The Hague: M. Nijhoff.

1967 *The Phenomenology of the Social World.* Evanston, Ill.: Northwestern University Press.

SHIBUTANI, TAMOTSU
1966 *Improvised News: A Sociological Study of Rumor.* Indianapolis: Bobbs-Merrill.

SIGAL, LEON V.
1973 *Reporters and Officials: The Organization and Politics of Newsmaking.* Lexington, Mass: D. C. Heath.

SIGELMAN, LEE
1973 "Reporting the News: An Organizational Analysis." *American Journal of Sociology* 79 (1): 132-51.

SMITH, DOROTHY E.
1972 "The Ideological Practice of Sociology." Manuscript excerpted as "Theorizing as Ideology." Pp. 41-44 in Roy Turner, ed., *Ethnomethodology.* Baltimore, Md.: Penguin Books, 1974.

1973 "Women's Perspective as a Radical Critique of Sociology." *Sociological Inquiry* 44 (1): 7-13.

1975 "An Analysis of Ideological Structures and How Women Are Excluded." *Canadian Review of Sociology and Anthropology* 12 (4): 353-69.

SMITH, HEDRICK
1976 *The Russians.* New York: Ballantine Books.

SNYDER, DAVID, AND WILLIAM R. KELLY
1977 "Conflict Intensity, Media Sensitivity and the Validity of Newspaper Data." *American Sociological Review* 42 (1): 105-23.

SOROKIN, PITRIM A., AND ROBERT K. MERTON
1937 "Social Time: A Methodological and Functional Analysis." *American Journal of Sociology* 42 (5): 615-29.

STARK, RODNEY
1962 "Policy and the Pros: An Organizational Analysis of a Metropolitan Newspaper." *Berkeley Journal of Sociology* 7 (Spring): 11-31.

STELLING, JOAN, AND RUE BUCHER
1973 "Vocabularies of Realism in Professional Socialization." *Social Science and Medicine* 7: 661-73.

STINCHCOMBE, ARTHUR
1959 "Bureaucratic and Craft Administration of Production: A Comparative Study." *Administrative Science Quarterly* 4: 168-87.

SUDNOW, DAVID
1967 *Passing On: The Social Organization of Death and Dying.* Englewood Cliffs, N.J.: Prentice-Hall.

TALESE, GAY
1966 *The Power and the Kingdom.* New York: World.

THOMPSON, JAMES
1967 *Organizations in Action.* New York: McGraw-Hill.

THORNE, BARRIE
1970 "Resisting the Draft: An Ethnography of the Draft Resistance Movement." Ph.D. dissertation. Brandeis University.

TUCHMAN, GAYE
1969 "News, the Newsman's Reality." Ph.D. dissertation. Brandeis University.

——
1972 "Objectivity as Strategic Ritual." *American Journal of Sociology* 77 (January): 660-79.

——(ed.)
1974 *The TV Establishment: Programming for Power and Profit.* Englewood Cliffs, N.J.: Prentice-Hall.

——
1976 "The News' Manufacture of Sociological Data: A Comment on Danzger." *American Sociological Review* 41 (December): 1065-67.

TUNSTALL, JEREMY
1971 *Journalists at Work: Specialist Correspondents, their News Organizations, News Sources, and Competitor-Colleagues.* London: Constable Books.

TURNER, RALPH, AND LEWIS KILLIAN
1957 *Collective Behavior.* Englewood Cliffs, N.J.: Prentice-Hall.

TURNER, ROY
1974 "Words, Utterances and Activities." Pp. 197-215 in Roy Turner, ed., *Ethnomethodology.* Baltimore, Md.: Penguin Books.

VAN GELDER, LINDSY
1974 "Women's Pages: You Can't Make News Out of a Silk Purse." *Ms*, November: 112-16.

VIDMAR, NEIL, AND MILTON ROKEACH
1974 "Archie Bunker's Bigotry: A Study in Selective Perception and Exposure." *Journal of Communication* 24 (1): 36-47.

WEST, CANDACE, AND DON H. ZIMMERMAN
1977 "Women's Place in Everyday Talk: Reflections on Parent-Child Interaction." *Social Problems* 24 (5): 521-29.

WICKER, TOM
1965 "That Day in Dallas." Pp. 29-36 in Bradley S. Greenberg and Edwin B. Parker, eds., *The Kennedy Assassination and the American Public.* Stanford, Calif.: Stanford University Press.

WILSON, THOMAS P.
1970 "Normative and Interpretive Paradigms in Sociology." Pp. 57-79 in Jack D. Douglas, ed., *Understanding Everyday Life.* Chicago: Aldine.

WISE, DAVID
1973 *The Politics of Lying: Government Deception, Secrecy and Power.* New York: Random House/Vintage.

WOLFE, ALAN
1977 *The Limits of Legitimacy.* New York: Free Press.

WOLFE, TOM
1968 *The Pump House Gang.* New York: Farrar, Straus, and Giroux.

WORTH, SOL
1978 "Man Is Not a Bird." *Semiotica: The International Journal of Semiotics* 23 (1/2): 5-28.

_____, AND JOHN ADAIR
1970 "Navajo Film-Makers." *American Anthropologist* 72: 9-34.

ZERUBAVEL, EVIATAR
1977 "The French Revolutionary Calendar: A Case Study in the Sociology of Time." Paper presented at the meetings of the Eastern Sociological Society, New York City, March.

ZIMMERMAN, DON H.
1970 "Record-keeping and the Intake Process in a Public Welfare Organization." Pp. 319-54 in Stanton Wheeler, ed., *On Record: Files and Dossiers in American Life.* New York: Russell Sage.

_____, AND MELVIN POLLNER
1970 "The Everyday World as a Phenomenon." Pp. 80-103 in Jack D. Douglas, ed., *Understanding Everyday Life.* Chicago: Aldine.

索 引

（所注页码为英文原书页码，即本书边码）

A

Access to the media　近用媒体　133-134，141；freedom of speech and　言论自由与近用媒体　168-172

Accomplished project，news as　新闻作为达成的筹划　41

Accuracy in Media，Inc.　媒体准确性组织　173-174

Actuality，claim to　现实性宣称　109

Adair，John　约翰·阿代尔　108

Adler，Ruth　鲁斯·阿德勒　41

Advertisements　广告　16，17

Advertisers，television　电视广告商　105，176

Advocate journalists　鼓吹式记者　134

Agenda setting　议程设置　2

Aiken，Michael　迈克尔·艾肯　53

Alain (cartoonist)　阿兰（漫画家）　108，109

"All in the Family" (television program)　《全家福》（或《一家子》，电视剧）　3

All the President's Men (film)　《总统班底》（电影）　34

Allocation of resources，typifications and　资源配置，类型化与资源配置　51-54；see also Reporters，dispersion of　亦可参见记者的排兵布阵

Altheide，David　大卫·阿什德　23，103，152

Analysis，*see* News analysis　分析，参见新闻分析

Anchoring of news net　新闻网的锚定　12，37-38，40-41，44-45，115，133

Anchorpersons　主播　27n①，120

Assistant managing editor　助理主编　32-33

Associated Press　美联社　19

Atkinson, Ti-Grace　小格雷丝·阿特金森　11，141

Atlantic City, 1968 Miss America Pageant in　1968亚特兰大美国小姐选美大赛　137-38

Attention, paying　投以关注　187

Attitude (s): natural　态度：自然态度　62n, 186-189，194，195；natural, reproduction of socialstructure and　再生产社会结构与自然态度　207-209；television and　电视与态度　3

Audience, see News consumers　受众，参见新闻消费者

Autonomy, professional　专业自主性　65，74，76，78，79，106，107

B

Baker, Howard　霍华德·贝克尔　95

Barnouw, Eric　艾瑞克·巴尔诺　105n

Barron, 1erome A.　杰罗姆·A.巴伦　169，171

Bateson, Gregory　格里高利·贝特森　192n

Beame, Abraham　亚伯拉罕·比姆　43n-44n

Beat, women's movement　妇女运动条线　144

Beato, Affonso　阿方索·贝亚托　123n

Benét, James　詹姆斯·贝内特　169

Bensman, Joseph　约瑟夫·本斯曼　135

Berger, Peter　彼得·伯格　58，87n, 184，195，196，213

Bernard, George　乔治·伯纳德　175

Bernstein, Carl　卡尔·伯恩斯坦　34，74n, 85，153

Bhutto, Benazir　贝娜齐尔·布托　87n-88n

Bias　偏见　216；see also Ideology; Neutrality; Objectivity　亦可参见意识形态；中立性；客观性

---

① 页码后带字母n，表示相关词汇出现在当页脚注。下同。

"Big Business" "大企业" 164

Bird's-eye perspective 俯拍视角 114，115

Boston, Massachusetts 马萨诸塞州波士顿 134

Boston Globe 《波士顿环球报》 157

Bourque, Linda 琳达·布尔克 51

Bracketing 加括号或悬置 185-86

Breaking a story 切断新闻故事 55n

Brentano, Franz 弗朗兹·布伦塔诺 185n

Brinkley, David 大卫·布林克利 172，174

Bucher, Rue 鲁·布赫 59n

Budgets 预算 32，37，149，150n

Burger, Warren E. 沃伦·E. 伯格 173，174

Burgess, Ernest 欧尼斯特·伯吉斯 3，51

C

Calendar 日历 39-40

Camera work in news film 新闻片中的摄制工作 131-132；placement 机位 111-115；range 取景范围 116-121，123；*see also* Shots, standard 亦可参见标准镜头

Cantor, Muriel 穆里尔·康托 154n

Capitalism：corporate 资本主义：公司 162-164，210；monopoly, the state and 垄断，国家与资本主义 161-164

Capitalists 资本家 159，162

Carden, Maren Lockwood 洛克伍德·玛伦·卡登 139

Carey, Ernestine Gilbreth 欧妮斯丁·盖尔布雷斯·凯里 110

Carey, Hugh 休·凯里 43n-44n

Carter, Jimmy 吉米·卡特 175

Categories of news 新闻范畴 47-50；as typifications, *see* Typifications；*see also* Continuing news; Developing news; Hard news; Soft news; Spot news 作为类型化，参见类型化；亦可参见连续报道；发展中的新闻；硬新闻；软新闻；突发新闻

Categorizing as theorizing 分类作为理论化 204-205

Cater, Douglass 道格拉斯·凯特 140，157，166

Central sites, early American newspapers and 中心场所，美国早期报纸与中心场所

17

Centralized news services 集中化的通讯社 19-20，24；see also Wire services 亦可参见通讯社

Centralized sources of information 集中化消息源 18-23，81，87，94n，210，214；see also Organizational specialization; Sources, institutionalized 亦可参见组织专门化 制度化消息源

Chancellor, John 约翰·钱塞勒 69，120n

Chaney, David 大卫·钱尼 167

Churchill, Lindsey 林赛·邱吉尔 51

Cicourel, Aaron V. 亚伦·V. 西库列尔 50n，188，191，198，201

City editor (metropolitan editor) 本地编辑（大都会编辑） 34

City Hall bureau：*Daily News* 市政厅记者站：《每日新闻报》 27，28；of major New York City newspaper 主要纽约报纸的市政厅记者站 28-29，42；professionalism and organizational flexibility and 记者站的专业主义与组织灵活性 66-81

City Hall Press Room, New York 纽约市政厅新闻中心 11-12；see also Press room culture 亦可参见新闻中心文化

Civil disorders 市民骚乱 94-95；reification of 骚乱的物化 213-214；see also Demonstrations; Riots; Strikes 亦可参见示威游行；骚乱；罢工

Civil War 内战 159

Class：lower 阶级：下层阶级 133；middle 中产阶级 177，178；see also Social structure 亦可参见社会结构

Class position or interests, ideology and 阶级位置或利益，意识形态 177-179

Classification of occurrences, as news events 将事件分类为新闻事件 45；see also Categories of news 亦可参见新闻范畴

Classification (coding) of stories 故事分类（编码） 26-28

Codes, television news film's use of 符码，电视新闻片对符码的运用 121，122；see also Decoding news footage; Symbols 亦可参见新闻素材的解码；符号

Coding (classification) of stories 故事编码（分类） 26-28

Columns, signed 专栏，署名专栏 160；see also News analysis 亦可参见新闻分析

Committee on Public Doublespeak 公共双言巧语委员会 106

Communications Act (1959) 通讯法案（1959） 171-172

Competition：of ideas and opinions 竞争：观点和意见竞争 165-166；among newspapers 报纸竞争 18，19，158-159，169-170；between newspapers and television 报纸与电视竞争 55n，16n，105，169-170；among newsworkers 新闻工作者竞争 25，73-74，149-150

Concepts, ideological 概念, 意识形态概念 179, 180

Conflict: controlled, 140 (*see also* Controversy, creation and control of); social change and 冲突：控制的冲突，140（亦可参见争议，创造并掌控争议）；社会变迁与冲突 206

Conglomerates 集团 162, 210; *see also* Monopoly sector 亦可参见垄断部门

Consciousness 意识 41n; craft 职业意识 135, 139-141, 154-155; social construction of 意识的社会建构 182-185; *see also* Ideology 亦可参见意识形态

Constitution of issues or occurrences as topics 将议题或事件建构为话题 133-136; women's movement 妇女运动 149-152

Constitution of news, space and 新闻的构造, 空间与新闻的建构造 23-31; *see also* Classification of occurrences; Frame, news as; Negotiation; News net; Newsworthiness; Reporters, dispersion of 亦可参见事件分类；新闻作为框架；协商；新闻网；新闻价值；新闻记者的排兵布阵

Constructed reality: news as 建构的现实：新闻作为建构的现实 12, 182-197; Schutz' work and 舒茨的思想与现实建构 185-188

Construction: of meanings 建构：意义建构 87; social 社会建构 6, 217; social, of reality, 184 (*see also* Constructed reality, news as) 现实的社会建构（亦可参见建构的现实，新闻作为建构的现实）

Consumer research (testing consumer interests) 消费者研究（测试消费者兴趣） 26n, 105n

Consumers, news, *see* News Consumers 消费者，新闻，参见新闻消费者

Contacts, *see* Sources 信源，参见消息源

Contextual embeddedness of phenomena 现象的情境镶嵌性 189-192

Continuing news 连续报道 47, 49, 50; as typification 连续报道作为类型化 51, 56-58

Continuity in news film 新闻片的延续性 128

Contracts 合约 80

Control of work, see Work, control of 工作控制，参见工作，控制

Controversy, creation and control of 争议，创造并掌控争议 90，91，140，164，

211

Conventions 惯例 104, 105; dramatic 戏剧惯例 111-112, of fiction 虚构惯例 110; filmic, 108, 109, 116 (see also Camera work in news film; Codes; Symbols); see also Narrative forms 影像惯例, 108, 109, 116（亦可参见新闻片中的摄像工作；符码；符号）；亦可参见叙事形式

Converse, Philip 菲利普·康弗斯 39

Cooperation, reportorial 报道协作 77-80; see also Sharing of information 亦可参见信息分享

Corporate capitalism 公司资本主义 162-164, 210

Cox, Clinton 克林顿·考克斯 34n

Craft consciousness 职业意识 135, 139-141, 143, 154-155

Craft-related habits of mind, Phillips on 职业特有的心智习性，菲利普斯的论述 135, 155

Craft skill, constructing narratives as accessible 职业技能，叙事作为一门手艺 105-109

Crane, Diana 戴安娜·克兰 168

Credibility 可信度 83, 84, 87, 90, 110, 115

Cronkite, Walter 沃尔特·克朗凯特 98, 119n, 172

Crouse, Timothy 蒂莫西·克劳斯 23, 75n

Crusades 讨伐或圣战 157-158, 161; see also Muckrakers 亦可参见扒粪者

Crutchfield, Charles H. 查尔斯·H.克拉奇菲尔德 171

Cultural definitions of facticity, news film and 事实性的文化定义，新闻片与事实性的文化定义 109-115

Cultural resources, news as product of 文化资源，新闻作为文化资源产物 5-6

Curtis, Charlotte 夏洛特·柯蒂斯 146, 150

Cut-aways 切换镜头 128

D

Dahlgren, Peter 彼得·达尔格伦 63n, 114, 158, 161, 162, 180

Daily life, see Everyday life 生活日常，参见日常生活

Daily News 《每日新闻报》 22n, 26-28

Daily tempo of newsmaking 新闻生产的日常节奏 41-44

Daniels, Arlene Kaplan 阿琳·卡普兰·丹尼尔斯 138

Danzger, M. Herbert 赫伯特·M. 丹茨格 22n, 23, 75n, 191

Darnton, Robert 罗伯特·达恩顿 152

Davis, Murray 默里·戴维斯 16

Day, Benjamin 本杰明·戴 105

Day Books, wire service 通讯社日志簿 20

"Dead Christ, The" (Mantegna) 《死去的基督》（曼特尼亚） 113

Deadlines: missed 截稿期限：错过截稿期限 72-73; women's movement coverage and 妇女运动报道与截稿期限 144-147

Deception, Goffman's view of 戈夫曼对欺骗的分析 194

Decoding news footage 新闻素材的解码 124-125

De Fieur, Melvin 梅尔文·德弗勒 18, 158n

Democracy 民主 159, 160

Demonstrations 示威游行 94-97, 114, 115

Details, indexicality and 细节，索引性与细节 189-191

Developing news 发展中的新闻 47-50; as typification 发展中的新闻作为类型化 51, 54-56

Deviants, stories about 对越轨者的报道 184

Distance: Hall's categories of (intimate, personal, public, social) 距离：霍尔的距离类别（亲密、个人、公共、社交距离） 116-120, 131; talking 谈话距离 118, 120, 123; touching 触摸距离 118-119, 123

Distortion, news film and 歪曲，新闻片与歪曲 110, 112, 113, 132

Documentary framing, Goffman on 戈夫曼论记录式框架 194

Dreiser, Theodore 西奥多·德莱塞 159

Duplication of coverage 报道的重复 22-23

Durkheim, Emile 涂尔干 201

E

Economic activity, reification of 经济活动，经济活动的物化 63n, 213-214

Economic gain (self-interest) 经济收益（自我利益） 162, 166

Economic news 经济新闻 163

Editing 编辑 106, 131; of news film 新闻片的编辑 124-126

Editorial conference, daily 日常编前会 33-34, 37, 41

Editors 编辑 25, 65n, 91-92; international 国际版编辑 34; local 地方编辑 32, 33; managing (executive) 主编（总编辑） 31-34, 41, 65n; managing, assistant 助理主编 32-33; metropolitan 大都会编辑 34; national 全国版编辑 34; negotiation of newsworthiness by 编辑间围绕新闻价值的协商 31-38, 211; professionalism of 编辑的专业度 106; territorial 领地编辑 30-33, 35, 150; topical-department 专版编辑 29-35; wire-service 电讯编辑, 32, 33, 43-44

Education industry 教育产业 216

Ehrlichman, John 约翰·埃利希曼 69

Eisenhower, Julie Nixon 朱莉·尼克松·艾森豪威尔 147

Elliott, Philip 菲利普·艾略特 2, 135, 154

Emerson, Robert M. 罗伯特·M. 埃默森 50n, 201

Emotion (feeling), news film and 情感（感受），新闻片与情感 115, 119-120, 123-124

Engwall, Lars 拉尔斯·恩瓦尔 58n

Enlightenment model 启蒙主义模式 165-168, 180

Enzensberger, Hans Magnus 汉斯·恩岑斯伯格 156, 162

Epstein, Cynthia Fuchs 辛西娅·爱泼斯坦 11, 153, 154

Epstein, Edward Jay 爱德华·爱泼斯坦 43n, 122, 130

Epstein, Howard 霍华德·爱泼斯坦 55n

Equal Rights Amendment, coalition for 平权修正案，平权修正案联盟 144

Erwin, Sam 山姆·欧文 95

Ethnomethodology 常人方法学 184, 188-189, 194, 198, 201

Evening occurrences, coverage of 报道晚间发生的事件 42-43

Event(s): classification of occurrences as news, 45 (see also Categories of news); explanation of 事件：将事情分类为新闻，45（亦可参见新闻范畴）；对事件分类的解释 2, 180; -orientation, vs. issue-orientation 事件导向与议题导向 134-136, 139-140, 154; transformation of occurrences into 将事情转化为事件 3, 7, 12, 133; variability of, see Variability of raw materials 事件多样性，参见原材料的多样性

Eversole, Pat Tate 帕特·埃弗索尔 163

Everyday life: attitude of, 207 (see also Natural attitude); rhythm of 日常生活：日常生活的态度，207（亦可参见自然态度）；日常生活节奏 211-212; Schutz and study of 舒茨与日常世界的研究 185-188，193-194；sociology and 社会学与日常生活 198

Everyday understandings as social resources 作为社会资源的日常理解 205-209

Executive editor (managing editor) 总编辑（主编） 31-34，41，65n；assistant 助理总编辑 32-33

Explanation of events 事件的解释 2，180

Extremist views 极端主义观点 173

F

Facticity 事实性 82-83，102；mode of 事实性模式 100-101；news film and cultural definitions of 电视新闻片与事实性的文化定义 109-115；professionalism and 专业主义与事实性 160，175；relocating 重置事实性 90-92；web of 事实性网络 86，88，89，103，154，160-161，174；web of, conventions of storytelling and 事实性网络，叙事惯例与事实性 105，106；web of, news film as visual rendition of 事实性网络，新闻作为事实性网络的视觉演绎 107，109，110，123，124，130，132；web of, professionalism and 事实性网络，专业主义与事实性 175；*see also* Facts, mutually self-validating; Neutrality; Objectivity 亦可参见相互自我确认的事实；中立性；客观性

Facts (factual news) 事实（真实的新闻） 210-211；credibility and 可信度与事实 83，84，87；definition of 事实界定 82；fair presentation of 事实的公正呈现 161；finding 寻找事实 83，101-103；form of news presentations and 新闻呈现的形态与事实 97-101；ideology and 意识形态与事实 180；imputing, 评估事实，93-95；interpretation and, distinction between 事实与阐释之间的区分 99-100；methods used to gather, stress on 强调事实收集的方法 160-161；mutually self-validating 事实的相互自我确认 86，87，93，95，101；nonverifiable 无法验证的事实 89-97；professionalism and emphasis on 专业主义与对事实的强调 159-160；sources and, *see* Sources, facts and; supplementary 消息源与事实，参见消息源，事实与消息源；补充性的事实 86，88，89；value judgments and, distinction between 价值判断与事实之间的区分 99-100；verification of 对事实的验证 83-86；*see also* Facticity 亦可参见事实性

Fairness：newspapers and 公正性：报纸与公正性 161；professionalism and 专业主义与公正性 174

Fairness Doctrine 公平原则 83n，171-174

Fast motion 快动作 110

Feature stories，see Soft news 特写报道 参见软新闻

Federal Communications Commission 联邦通讯委员会 16n，170，172

Feeling (emotion)，news film and 感受（情感），新闻片与感受 115，119-120，123-124

Film，see News film 影片，参见新闻片

Film Seminars，Inc. "电影研讨会" 123n

Filmic continuity 影像延续性 128

Filmic conventions 影像惯例 108，109，116；see also Camera work in news films；Codes；Symbols 参见新闻片中的摄像工作；符码；符号

Filmic variation 影像变化 128；visual 视觉影像变化 129-131

Financial news 财经新闻 163-165

"Fire stories" "火灾报道" 102-103

First Amendment 第一修正案 165-176；newspapers and 报纸与第一修正案 168-170；television and 电视与第一修正案 170-176

First page，see Page one 第一版，参见头版

Fiscal crisis，New York City 纽约财政危机 63

Fishman，Mark 马克·费什曼 18，19，25，26，28，57n，74

Fishman，Pam M. 帕姆·M. 费什曼 104

Flexibility, organizational 组织灵活性 31，45，132；professionalism and 专业主义与灵活性 65-81，124；professionalism and, City Hall bureau of New York City newspaper 专业主义与灵活性，纽约报纸市政厅记者站 66-81；professionalism and, hoarding sources and sharing information 专业主义与灵活性，囤积消息源与分享信息 73-80；professionalism and, knowing sources 专业主义与灵活性，认识消息源 68-73

Form(s) 形式 104；narrative 叙事形式 100-103，105，106，124-128，132，139，215，217；narrative, finding facts and 寻找事实与叙事形式 101-102；of news presentations, fact and 新闻呈现的形式 97-101

Frame, news as 新闻即框架 1，7，23，25，38，50，58，99，103，156，192-195，216

Frame analysis 框架分析 192-194

Frank, Reuven 鲁文·弗兰克 170

Free-market economy 自由市场经济 158-159; *see also* Capitalism 亦可参见资本主义

Freedom of speech 言论自由 165-176, 210; Fairness Doctrine and 公平原则与言论自由 172-174; news papers and 报纸与言论自由 168-170, 174-176; *see also* First Amendment 亦可参见第一修正案

Freeman, Jo 乔·弗里曼 139

Freidson, Eliot 艾略特·弗雷德森 58n, 65, 176

Friedan, Betty 贝蒂·弗里丹 11, 134, 136, 141, 147, 154

Friendly, Fred 弗莱德·弗兰德利 83n, 169n, 170-175

Front page, *see* Page one 第一版, 参见头版

G

Gans, Herbert J. 赫伯特·J. 甘斯 83n, 177

Garfinkel, Harold 哈罗德·加芬克尔 60n, 97n, 184, 188, 191, 196, 198, 201

Gathering of news, centralization of (centralization of sources) 新闻采集的集中化（消息源的集中化） 18-23, 81, 87, 94n, 210, 214; *see also* Facts, finding; Reporters, dispersion of; Sources 亦可参见寻找事实；记者安排；消息源

Geographic territorialiry 地理领地 25-29, 151, 211; *see also* Territorial editors 亦可参见领地编辑

Gerbner, George 乔治·格伯纳 156

Giddens, Anthony 安东尼·吉登斯 47n, 107n, 167, 202-203, 208

Gieber, Walter 沃尔特·吉贝尔 43-44, 77, 92

Gilbreth, Frank B., Jr. 小弗兰克·盖尔布雷斯 110

Gitlin, Todd 托德·吉特林 100, 130, 180

Glascow University Media Group 格拉斯哥大学媒介研究小组 83, 94n, 121, 122, 204

Glut of occurrences 原材料过剩 44-47, 58

Goffman, Erving 欧文·戈夫曼 7n, 23n, 90n, 109, 184, 192-194, 196, 203, 216

Goldenberg, Edie 艾迪·戈登伯格 93n, 133, 134

Goldner, Fred 弗雷德·戈德纳 164n

Gombrich, Ernst 恩斯特·贡布里希 108

Gouldner, Alvin 艾尔文·古尔德纳 178

Government: competition among news media and 政府：新闻媒体竞争与政府 169-170; newsworkers and news media as fourth branch of 新闻工作者与新闻媒体作为政府第四权 157; professionalism of newsworkers and 新闻工作者专业主义与政府 160-161; *see also* State, the; *and specific acts, agencies, and branches of government* 亦可参见国家；具体的政府行为、机构和分支

Gramling, Oliver 奥利弗·格拉姆林 19

Greenberg, Bradley 布莱德利·格林伯格 3

Greer, Germaine 杰梅茵·格里尔 141

Gross, Harriet 哈里特·格罗斯 146

Gross, Larry 拉里·格罗斯 3

Grosser (painter) 格罗塞尔（画家） 116

Guenin, Zena B. 泽娜·古宁 146

Gusfield, Joseph 约瑟夫·古斯菲尔德 102n, 217

H

Habermas, Jürgen 尤尔根·哈贝马斯 166n, 180

Hage, Jerald 杰拉德·哈格 53

Haldeman, Bob (H.R.) 哈里·"鲍勃"·霍尔德曼 69

Hall, Edward 爱德华·霍尔 116-120

Halloran, James D. 詹姆斯·哈洛伦 2, 135, 154

Happenings, *see* Occurrences 事件，参见事情

Hard news 硬新闻 47-48, 139; mode of presentation of 硬新闻的呈现模式 100, 103; as typification 硬新闻作为类型化 50-53; women's movement as 妇女运动作为硬新闻 147, 148; *see also* Continuing news; Developing news; Spot news 亦可参见连续报道；发展中的新闻；突发新闻

Heap, James L. 詹姆斯·L. 希普 185n, 186n

Hearst, William Randolph 威廉·伦道夫·赫斯特 159

Heath-Wilson elections 希思-威尔逊竞逐首相 59

Heilman, Samuel 萨缪尔·海尔曼 40

Heisenberg Principle 海森堡原理 200, 204

Hierarchy of newsworkers 新闻工作者的等级 24, 25, 69, 211

Hill, George Roy 乔治·罗伊·希尔 110n

Hochschild, Arlie 阿莉·霍克希尔德 140

Hohenberg, John 约翰·霍恩贝格 83-84, 100, 105, 175

Hole, Judith 朱迪斯·霍尔 137

Hoover, Herbert 赫伯特·胡佛 170

Hughes, Everett C. 埃弗里特·C. 休斯 59n, 65, 164n, 175

Hughes, Helen MacGill 海伦·麦吉尔·休斯 48, 51, 152

Hulteng, John L. 约翰·L. 赫尔腾格 157

Husserl, Edmund 埃德蒙德·胡塞尔 185, 186

I

Ideology: dominant, as male 意识形态：男性意识形态作为主导意识形态 138-139; knowledge and 知识与意识形态 177-181, 198; as means not to know 意识形态作为遮蔽的手段 179-180, 196-197; news as 新闻即意识形态 155, 177-181; as objectified procedures 意识形态作为客体化程序 196-197; professional, of newsmen 新闻人的专业意识形态 138-139; sociology as 社会学作为意识形态 208-209

Idiosyncrasy of occurrences 事件的独特性 45, 50, 58, 63, 81, 103, 129, 133; *see also* Variability of raw materials 亦可参见原材料的多样性

Immediacy 即时性 15

Impartiality, *see* Neutrality 公正性，参见中立性

Indexicality 索引性 55n, 86, 88n, 189-192, 198, 201

Industrial order 工业秩序 156, 160

Information, *see* Facts; Sharing of information; Sources 信息，参见事实；信息共享；消息源

Informational mode of newspaper writing 报纸写作的信息模式 18n

"Inner Circle" (musical review) "核心圈"（音乐评论） 71-72

Innovations 创新 215

Institutionalization of women's movement 妇女运动的制度化 144, 150, 152-155

Institutions (social institutions) 机构（社会机构） 210; legitimated 正规机构 91, 99, 212, 213, 215; legitimated, challenging 挑战正规机构 87, 154; legitimated, news as ally of 新闻作为正规机构的盟友 4; legitimated, placement of reporters at, 21-23, 34n（see also Organizational specialization） 将记者布置在正规机构 21-23, 34n（亦可参见组织专门化）; legitimated, reinforcement of 对正规机构的强化 22, 24, 34n, 94n, 103, 211; legitimated, as sources 正规机构作为消息源 21-23, 34n, 42, 93-95, 210; meanings as objectified by 意义客体化 195-196; news as 新闻作为机构/制度 4-5; private 私有机构 164; socialization and 社会化与制度 205-206; synchronization of reporters' work hours with work hours of 记者工作时间与机构工作时间同步 42

Intelligentsia, ideology-knowledge and 意识形态-知识与知识分子阶层 177-178

International bureau 驻外记者站 26, 28

International editor 国际新闻编辑 34

International news 国际新闻 26; Sigal's study of front-page coverage of 西格尔对头版国际新闻报道的研究 35-37

International Women's Year, *New York Times* coverage of 《纽约时报》对国际妇女年的报道 147-152

Interpretation：documentary method of 阐释：记录式的阐释方法 194; facts and, distinction between 事实与阐释之间的区分 99-100

Interpretive analysis 阐释分析 97; *see also* News analysis 亦可参见新闻分析

Interpretive sociology 阐释社会学 182-185; *see also* Constructed reality, news as In-terrelationships between and among phenomena 亦可参见建构现实，新闻作为现象之间的关联 164-165

Intimate distance 亲密距离 116, 118, 119n, 131; *see also* Touching distance 亦可参见触摸距离

Involvement, news film and 新闻片与卷入 115, 116, 118, 119, 121

Issues 议题 215; constitution of, as newstopics 议题建构为新闻话题 134-136, 139-141, 149-152; newswork as oriented to events rather than 新闻工作以事件而非议题为导向 134-136, 139-140, 154

J

James, William 威廉·詹姆斯 185

Jefferson, Thomas 托马斯·杰斐逊 166, 168

Jeffries-Fox, Suzanne 苏珊妮·杰弗里斯-福克斯 3

Jenkins, Craig 克雷格·詹金斯 133

Johnson, Lyndon Baines 林登·约翰逊 86n, 103; March 31, 1968, speech of 1968年3月31日演讲 60-62, 212

Johnson, Walter 沃尔特·约翰逊 77, 92

Juxtaposition as categorizing 并置作为分类 204

K

Kapsis, Robert 罗伯特·卡普西斯 94, 190

Kelley, William R. 威廉·R. 凯利 22n

Kennedy, John F. 约翰·F. 肯尼迪 64-65, 78, 86n, 87n, 111, 119n

Kennedy, Robert 罗伯特·肯尼迪 63n

Kennedy, Rose 罗丝·肯尼迪 118

Kent State University, 1977 demonstrations at 1977年肯特州立大学游行示威 77n

Key, Goffman's concept of 戈夫曼的调音概念 23n

Kickers 引人回味的特写故事 131

Kiker, Douglas 道格拉斯·凯克 69

Killian, Lewis 刘易斯·基利安 137n

Kimball, Penn 佩恩·金伯尔 59n

King, Rev. Martin Luther, Jr. 马丁·路德·金牧师 55-56, 63n

Kirschner, Betty 贝蒂·基施纳 77n

"Kissinger plane ritual" "基辛格飞机仪式" 122n

Klapper, Joseph T. 约瑟夫·T. 克拉伯 3

Klemesrud, Judy 朱迪·克莱门拉德 143-144, 148-151

Know, right to 知情权 165, 166, 176

Knowledge: at hand, reporters' stock of 知识：记者手头的知识库 57-59; ideology and 意识形态与知识 177-181, 198; news as 作为知识的新闻 1-3, 99, 198-217; objectification of 知识客体化 58-59, 217; as power 知识即权力 215; situational determination of 知识的情境决定 177-179; as socially constructed 知识的社会建构 217

Knowledge industry 知识工业 216-217

Kuhn, Thomas 托马斯·库恩 168, 178

Kurault, Charles 查尔斯·库拉尔特 98

L

Lang, Gladys Engel 格拉蒂斯·朗 107，112n

Lang, Kurt 库尔特·朗 107，112n

Language 语言 92，106-107，207-208

Larsen, Otto N. 奥托·N. 拉森 2n

Lasswell, Harold 哈罗德·拉斯韦尔 4

Latham 莱瑟姆 152n

Laws, natural- vs. social-science 自然科学与社会科学规律 199-200

Lazarsfeld, Paul 保罗·拉扎斯菲尔德 137n，180，214

Lead-documentation structure 导语-支撑材料 100，101，103

Lead sentence 导语 100，101，105

Lefkowitz, Louis 路易斯·莱夫科维茨 71

Legislation 立法过程 169

Legitimacy: assumed 正当性：预设的正当性 91; of institutions, *see* Institutions, legitimated; of the state 机构正当性，参见正规机构；国家正当性 210

Legitimated newsmakers 具有正当性的新闻人物 115，123，130，133

Legitimated sources 具有正当性的消息源 92，210; *see also* Institutions, legitimated 亦可参见正规机构

Legitimation: distinction between quasi legitimation and 正当化：准正当化与正当化之间的区分 91-92; of institutions 机构正当化 103，215; of sources 消息源的正当化 94n; of status quo 现状正当化 5，156，158，165，211

Lester, Harvey L. 哈维·L. 莱斯特 184

Lester, Marilyn 玛丽莲·莱斯特 83，133，135，152，176，184，191

Levine, Ellen 艾伦·莱文 137

Libel suits 诽谤诉讼 83-84

Licenses, television 电视执照 170-171

Lichtenstein, Grace 格雷丝·利希滕斯坦 143，144，148

Liebling, A. J. A. J. 雷伯林 169

Lighting effects 灯光效果 132

Lilienfeld, Robert 罗伯特·利林菲尔德 135

Lippmann, Walter 沃尔特·李普曼 160，171

Live coverage　直播报道　42n-43n

Local editor　地方编辑　32, 33; see also Metropolitan editor　亦可参见大都会编辑

Local news　地方新闻　26-27; see also Metropolitan news　亦可参见大都会新闻

Location: central, early American newspapers and　场所：美国早期报纸与中心场所　17; of reporters, see Reporters, dispersion of; see also Centralized sources of information　记者所处场所，参见记者的安排；亦可参见集中化消息源

Lodge, Henry Cabot　亨利·卡伯特·洛奇　26-27

Los Angeles Times　《洛杉矶时报》　145

Love, Ruth Leeds　露丝·利兹·洛夫　64

Lower-class groups　底层阶级团体　133

Luckmann, Thomas　托马斯·卢克曼　58, 87n, 184, 195, 196, 213

M

MacArthur Day, telecasting of　电视直播的麦克阿瑟日　112n

Maltese Falcon, The (film)　《马耳他之鹰》（电影）　112

McCombs, Maxwell E.　马克斯韦尔·E. 麦库姆斯　2

McGoff, John P.　约翰·P. 麦科夫　175

McKinney, John C.　约翰·C. 麦金尼　50n, 51

McLuhan, Marshall　马歇尔·麦克卢汉　16

Managing editor　主编　31-34, 41, 65n; assistant　助理主编　32-33

Mannheim, Karl　卡尔·曼海姆　177

Mantegna, Andrea　安德烈·曼特尼亚　113

March, James　詹姆斯·马奇　45

Marx, Karl　卡尔·马克思　198-200

Marxism　马克思主义　199-200

Mass, camera's transformation of individuals into a　摄像机将个体转化为群众　114-115

"Matthew Effect"　"马太效应"　70

Meaning(s): attribution of　意义：赋予意义　85, 88; construction of　意义的建构　87; frame analysis and (Goffman)　框架分析与意义（戈夫曼）　192-195, 216; indexicality/reflexivity and　索引性/反身性与意义　189-191; institutions and objectification of　制度与意义客体化　195-196; social structure and　社会结构与意义

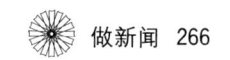

206-207

Mehan, Hugh　休·米恩　188n

Mercantile society　商业社会　159，166，167

Merritt, Sharyne　沙林·梅利特　146

Merton, Robert K.　罗伯特·K.默顿　39-40，70，137n，180，214

Messinger, Sheldon　谢尔顿·梅辛杰　50n

Metropolitan editor　大都会新闻编辑　34

Metropolitan news, Sigal's study of front-page coverage of　西格尔对头版大都会新闻报道的研究　35-37

Miami　迈阿密　169-170

Miami Herald　《迈阿密先驱报》　169

Miami News　《迈阿密新闻报》　169-170

Middle class　中产阶级　177，178

Millet, Kate　凯特·米利特　141

Milliband, Ralph　拉夫·米利班德　137n，156，162

Miss America Pageant (1968), demonstrations at　美国小姐选美大赛（1968）示威游行活动　137-138

Molotch, Harvey L.　哈维·L.莫洛奇　6n，83，133，135，138，164n，176，184，191

Monopoly sector, the state and　国家与垄断部门　161-164

Morris, Monica B.　莫妮卡·B.莫里斯　137，138

Mott, Frank Luther　弗兰克·莫特　17，48

Muckrakers　扒粪者　159

Mullins, Nicholas C.　尼古拉斯·C.马林斯　168

Murdock, Graham　格拉汉姆·默多克　2，135，154

My Lai massacre　米莱大屠杀　190

N

Narrative forms or modes　叙事形式或模式　100-103，105，106，125-128，132，139，215，217；finding facts and　寻找事实与叙事形式　101-102

Narratives: formal, news stories as　叙事：新闻报道作为形式化叙事　100n；news, *see* News narrative　新闻，参见新闻叙事

National Advisory Commission on Civil Disorders　全国骚乱问题顾问委员会　112n

National Association of Broadcasters 全国广播工作者协会 172

National bureaus 国内分社 26，28

National Council of Teachers of English 全国英语教师委员会 106

National editor 国内新闻编辑 34

National news 国内新闻 26-27；Sigal's study of front-page coverage of 西格尔对头版国内新闻报道的研究 35-37

National Organization for Women（NOW） 全国妇女组织 92，136，141，147

National Women's Political Caucus 全国妇女政治核心小组 144，145，153

Natural attitude 自然态度 62n，186-189，194，195；reproduction of social structure and 社会结构再生产与自然态度 207-209

Natural laws 自然规律 199-200

Natural science 自然科学 167-168；social science vs. 社会科学与自然科学 167，199-205

Navajos, silent films made by 纳瓦霍人拍摄的默片 108，109

NBC 全国广播公司 69，122；Fairness Doctrine and 公平原则与全国广播公司 173-174

Negotiation 协商 5-7，27，213；of newsworthiness 新闻价值协商 31-38，211

Nelson, Roy Paul 罗伊·尼尔森 157

Neutrality (impartiality) 中立性（公正无私） 83，146，152；news film's claim to 新闻片的中立性宣称 110，115，119-121，124；see also Objectivity 亦可参见客观性

New Jersey 新泽西 22n

"New journalism" "新新闻" 204

New York City 纽约 164；fiscal crisis of 纽约财政危机 63；newspaper, City Hall bureau of major 主要纽约报纸的市政厅记者站 28-29，42，66-81；television stations 纽约电视台 22n，126

New York City Hall Press Room 纽约市政厅新闻中心 11-12；see also City Hall bureau, of major New York City newspaper; Press room culture 亦可参见主要纽约报纸的市政厅记者站；新闻中心文化

New York Post 《纽约邮报》 137

New York Sun 《纽约太阳报》 17-19，105

New York Times 《纽约时报》 10，18n，26-31，33，41，61n，98，106，157；"Man in the News" series of 《纽约时报》"新闻人物"系列报道 52; publication of *Pentagon Papers* by 《纽约时报》刊登五角大楼文件 52; Sigal's study of page-one coverage in 西格尔对《纽约时报》头版报道的研究 35-37; women's movement coverage by 《纽约时报》对妇女运动的报道 137; women's page 女性版, 145-152

New Yorker (magazine) 《纽约客》（杂志）20, 23

News: as accomplished project 新闻：作为达成的筹划 41; as construction of reality 新闻作为现实建构 12, 182-197; coordination of activities and 活动协调与新闻 4; definition of, 209-210 (*see also* Newsworthiness) 新闻定义 209-210（亦可参见新闻价值）; as frame 新闻即框架 1, 7, 23, 25, 38, 50, 58, 99, 103, 156, 216; as knowledge 新闻即知识 1-3, 99, 198-217; as negotiated 新闻作为协商的产物 5-7; as replacement of town crier 新闻作为城镇公告员的替代物 1, 3-4; as reproduction of status quo 新闻作为现状的再生产 209-216; as social institution 新闻作为社会机构 4-5, 207; as social resource 新闻作为社会资源 207, 215-217; as story 新闻即故事 5-7, 12; *see also specific topics* 亦可参见具体话题

NEWS (pseudonymous television station), description of 对"新闻台"（电视台化名）的介绍 9-10

News agencies 新闻通讯社 19-20, 24; *see also* Wire services 亦可参见通讯社

News analysis 新闻分析 98-99, 180; explicitly interpretive 直截了当的阐释性新闻分析 97

News consumers (readers): agenda setting by 新闻消费者（读者）：消费者的议程设置 2; opinions of 消费者的观点 2, 3; testing of (consumer research) 消费者兴趣的检验（消费者研究） 25, 26n, 105n

News film, television 电视新闻片 107-132; assembly of 新闻片的组装 124-132; cultural definitions of facticity and 事实性的文化定义与新闻片 109-115; social roles and 社会角色与新闻片 115-121; standard shots used in 新闻片中的标准镜头 121-124

News narrative (news story) 新闻叙事（新闻故事） 104-132; construction of, as accessible craft skill 建构新闻叙事作为一门手艺 105-109; structure (form) of 新闻叙事的结构（形式） 100-103; *see also* News film 亦可参见新闻片

News net 新闻网 21-25, 31, 210; anchoring of 新闻网的锚定 23, 37-38, 40-41, 44-45, 115, 133

News organizations 新闻机构 2; flexibility in, *see* Organizational flexibility; interests of 新闻机构的灵活性，参见组织灵活性；新闻机构的利益 107；interests of, control of work, see Work, control of；interests of, news film and 机构利益与工作控制，参见工作控制；新闻片与机构利益 128-129；interests of, professionalism and, 5, 12, 63, 85 (see also Organizational flexibility) 专业主义与机构利益，5, 12, 63, 85（亦可参见组织灵活性）

News-speak 新闻话 106-107

News story, see News narrative 新闻故事，参见新闻叙事

Newsletters, early American 美国早期时事通讯 17

Newspaper budgets 报纸预算 32n

Newspaper Preservation Act 《报纸保护法案》 162, 169

Newspapers: advertisements in 报纸：报纸广告 16, 17; allocation of resources by 报纸资源配置 54; City Hall bureau of New York City 纽约报纸的市政厅记者站 28-29, 42, 66-81; competition among 报纸竞争 18, 19, 158-159, 169-170; competition between television and 电视和报纸的竞争 55n, 76n, 105, 169-170; crusades by 报纸的圣战 157-158, 161; early American 早期美国报纸 17-19; evolution of language and format of 报纸语言和版式的变化 105; First Amendment and 报纸与第一修正案 168-170; formal division of 报纸的版式划分 97-98; owners of 报纸所有者 168-169, 176; penny 便士报 158-159; professionalism and 专业主义与报纸 174-176; see also Technology; specific newspapers and other specific topics 亦可参见技术；具体报纸和具体话题

Newswork, see Work 新闻工作，参见工作

Newsworkers, see Anchorpersons; Editors; Professionalism; Professionals; Reporters 新闻工作者，参见主播；编辑；专业主义；专业人士；记者

Newsworthiness 新闻价值 6, 8, 15, 46, 139, 212; interpretive approach to 新闻价值的阐释取径 183-184; negotiation of 新闻价值的协商 31-38, 211; see also Constitution of issues or occurrences as news topics 亦可参见将议题或事件建构为新闻话题

Nixon, Richard M. 理查德·M. 尼克松 83, 86n, 89, 152n

Nonscheduled events-as-news 事先未安排的新闻事件，不定期的新闻事件 51, 52, 114

Norms, as resources 作为资源的规范 206-209

Novelties, social movements as 社会运动作为新奇事物 135; women's movement

妇女运动 136，138

O

Oberschall, Anthony 安东尼·奥伯肖尔 134

Objectification 客体化 87n; of knowledge 知识的客体化 58-59，217; of meanings by institutions 机构对意义的客体化 195-196; of time and space 时空客体化 40n

Objectified procedures, ideology as 意识形态作为客体化程序 196-197

Objectivity: emergence of 客观性: 客观性的出现 158-161; ideology and 意识形态与客观性 177-179; *see also* Facts; Facticity; Neutrality; Truth 亦可参见事实; 事实性; 中立性; 真相

Occurrences: classification of, as news events, 45 (*see also* Categories of news) 事情/事件: 将事情分门别类为新闻事件 45（亦可参见新闻范畴）; constitution of, as news topics 将事情构造为新闻话题 133-36; frame imposed upon, *see* Frame, news as; glut of 加诸事件的框架，参见新闻即框架; 事件过剩 44-47, 58; idiosyncrasy of 事件的独特性 45, 50, 58, 63, 81, 103, 129, 133; transformation of, into events 事情转化为事件 3, 7, 12, 133

Officials: legitimated 官员: 具有正当性的官员 115, 130; as unchallenged in their right to make news 官员生产新闻的权利不会遭到挑战 92; *see also* Politicians 亦可参见政治人物

Opinions: reporters' quotations of other people's 观点: 记者引述其他人的观点 95-97; shaping of 观点的形塑 2, 3

Order, imposition of 赋予秩序 23, 38, 58

Organizational flexibility 组织灵活性 31, 45, 132; professionalism and City Hall bureau of New York City newspaper 专业主义与纽约报纸的市政厅记者站 66-81; hoarding sources and sharing information 囤积消息源与信息分享 73-80; knowing sources 认识消息源 68-73

Organizational specialization 组织专门化 27-29

Organizations 组织 4n; news, *see* News organizations; *see also* Institutions 新闻组织，参见新闻机构; 亦可参见机构/制度

Organized crime 有组织犯罪 161

Oswald, Lee Harvey 李·哈维·奥斯瓦尔德 111

Overlapping coverage 相互重叠的报道 30-31

Owners 所有者 210; of newspapers 报纸所有者 168-169, 176

P

Page one (first page) 头版 33-37; Sigal's study of balance on 西格尔对头版平衡的研究 33, 35-37

Pan-Ax newspaper chain 泛艾克斯报系 175

Park, Robert 罗伯特·帕克 3-4, 51

Particulars (details), indexical 索引详情（细节）86, 88n, 189-191

Paying attention 投以关注 187

Penny papers 便士报 158-159, 166

"Pensions: The Broken Promise" (television documentary) "养老金：背弃的诺言"（电视纪录片）173-174

Pentagon Papers, The 五角大楼文件 52, 157

Perception(s) 感知 104, 107; channeling of, see Frame, news as; technology and 感知的调节，参见新闻即框架；技术与感知 51, 54-56

Perrow, Charles 查尔斯·佩罗 53

Personal distance 个人距离 116, 118; see also Talking distance; Touching distance 亦可参见谈话距离；触摸距离

Perspectives in news film 新闻片的取景 112-115

Phenomenological reduction 现象学还原 185-186

Phenomenological sociology 现象学社会学 206-207

Phillips, E. Barbara 芭芭拉·E. 菲利普斯 135, 154, 155

Photographs (pictures), selection of 照片（图片）选择 24, 151n

Photography, see Camera work 摄影，参见摄像工作

Planning, across days 一段时间的规划 41, 44-45; see also Prediction 亦可参见预测

Polanyi, Kart 卡尔·波兰尼 162

Political agenda, setting of 设置政治议程 2

Political interests 政治利益 83

Political leanings of reporters 记者的政治倾向 71n

Political system, news professionals as geared to maintaining 新闻工作者倾向于维护政

治体系 92, 99-100

Politicians 政治人物/政客 4, 65n, 72, 81, 213; manipulation of reporters by 政客对记者的操纵 43n-44n, 144n; see also Officials 亦可参见官员

Politics 政治 35

Pollner, Melvin 梅尔文·波尔纳 97n, 194n, 202, 207

Porter, William E. 波特·E. 威廉 85, 157n, 168

Positivists 实证主义者 199

Power 权力 92, 133, 208, 211, 217; knowledge as 知识即权力 215

Powerful, the 位高权重者 65n, 81, 85-87

Prediction 预测 50n; controlling work through 通过预测控制工作 51, 53, 56-58; inaccurate 错误预测 59; see also What-a-story 亦可参见惊天大新闻

Prescheduled events-as-news 预先安排的新闻事件 51, 52, 56-57

Presentation, modes of, see Narrative forms 呈现模式，参见叙事形式

Press conference 新闻发布会 114

Press room, New York City Hall 纽约市政厅新闻中心 11-12; see also City Hall bureau, of major New York City newspaper 亦可参见纽约主要报纸的市政厅记者站

Press room culture 新闻中心文化 71-72, 76

Pretheoretic understandings 前理论理解 198, 201-202

Priorities, setting of 设定优先次序 2, 37

Private institutions 私有机构 164

Private property (ownership) 私有财产（所有权） 210; information and sources as 信息和消息源作为私有财产 74, 78, 79; newspapers as 报纸作为私有财产 168-169; television as 电视作为私有财产 170-171, 174-176; see also Property rights 亦可参见财产权

Privately generated information or ideas 私底下想出来的选题或拿到的信息 73, 75

Professional activities, consciousness as constituted in 专业活动中生成的意识 135; see also Craft consciousness 亦可参见职业意识

Professional autonomy 专业自主 65, 74, 76, 78, 79, 106, 107

Professional cooperation (professional courtesy) 专业协作（专业礼节） 77-80; see also Sharing of information 亦可参见信息共享

Professional ideology of newsmen 新闻人的专业意识形态 138-139

Professional skill(s): constructing narratives as accessible 专业技能：叙事作为一门

手艺 105-109；feature stories and 特写报道与专业技能 101

Professional stock of knowledge at hand 专业知识库存 57-59

Professionalism 专业主义 64，101，105，166，203，210，212-13，215；emergence and growth of 专业主义的出现与发展 158-161；fairness and 公正与专业主义 174；ideology and 意识形态与专业主义 178-179；of intelligentsia 知识阶层的专业主义 178；narrative construction and 叙事建构与专业主义 105，106，127，128；news organizations' needs as met by 专业主义满足新闻机构的需求 5，12，63，85；organizational flexibility and, see Organizational flexibility；television and 机构灵活性与专业主义，参见机构灵活性；电视与专业主义 174-176

Professionals, news organizations and 专业人士，新闻机构与专业人士 4-5；see also Editors；Professionalism；Reporters 亦可参见编辑；专业人士；记者

Project（s） 筹划 182；news as accomplished 新闻作为达成的筹划 41

Property, private, see Private property 财产，私有，参见私有财产

Property rights, on privately generated information or ideas 对私底下想出来的选题或拿到的信息的财产权 73

Public, the, in Enlightenment model 公众的启蒙模式 165-167

Public and private spheres, distinction between 公共领域和私人领域之间的区分 159，162-163，165，169，174，176

Public broadcasting stations 公共广播电视台 16

Public Broadcasting System 公共广播体系 123*n*

Public character of news 新闻的公共性 3-6；reflexivity and indexicality and 反身性、索引性与公共性 189-191

Public discourse 公共话语 167

Public space（public distance） 公共空间（公共距离） 116，119-120

Pueblo（ship） 普韦布洛号（货轮） 164

Q

Quasi-legitimated leaders 准正当领袖 140，141

Quasi legitimation, distinction between legitimation and 正当化与准正当化之间的区别 91-92

Quotation marks 引号 95-97

R

Radio, Fairness Doctrine and 公平原则与广播 171-174

Radio-Television News Directors Association (RTNDA) 全美广播电视新闻编导协会 172-173

Rather, Dan 丹·拉瑟 65n, 69n, 87n, 111, 114, 115, 119n

Rationalism 理性主义 165-167

Reaction story 回应报道 140

Readers, see News consumers 读者，参见新闻消费者

Reality: constructed, news as 新闻作为建构的现实 12, 182-197; constructed, Schutz' work and 舒茨的思想与现实建构 185-88; social construction of 现实的社会建构 184

Reasoner, Harry 哈利·里森纳 172

Red Lion case 红狮案 172-173

Reflexivity 反身性 167, 189-192; of sociology 社会学的反身性 198, 201, 202

Reification 物化 59n, 63n, 132, 213-215

Reporters: advocate journalists 记者：鼓吹式记者 134; autonomy of 记者自主性 65, 74, 76, 78, 79, 106, 107; dispersion (placement) of 记者的排兵布阵（安排）18, 19, 21-31, 40-41, 63, 211; dispersion of, geographic territoriality 地理领地与记者排布 25-29; dispersion of, organizational specialization 组织专门化与记者排布 27-29; dispersion of, systematic 系统化的记者排布 18, 19; dispersion of, temporal synchronization with institutions 与机构的时间同步 42, 50; dispersion of, topical specialization 话题专门化与记者排布 29-30; glut of occurrences and 原材料过剩与记者 45; high-status 地位显赫的记者 43, 70; manipulation of 操纵记者 43n-44n, 144n; narrative-writing ability of, as accessible skill 记者的叙事能力作为一门手艺 105-109; organizational constraints on 对记者的组织限制 175-176; professionalism of, see Professionalism; senior 记者的专业度，参见专业主义；资深记者 68, 71; sharing of information by, see Sharing of information; as source, 97-98 (see also News analysis) 记者共享信息，参见信息共享；记者作为消息源, 97-98（亦可参见新闻分析）; sources of, see Sources; status of, 24, 68, 69, 74n (see also high-status above) 记者的消息源，参见消息源；记者的地位, 24, 68, 69, 74n（亦可参见地位显赫的记者）; stock of knowledge at hand of 记者手头的库存知识 57-59; television, *see* Television reporters; working hours of 电视台记者，参见电视记者；记者的工时 41-45, 50, 144-145; *see also* Allocation of resources *and entries starting with* Professional 亦可参见资源配置，以及与专业人士相关的索引条目

Reportorial cooperation (professional cooperation) 报道合作（专业协作） 77-80; *see also* Sharing of information 亦可参见信息共享

Reportorial culture 报道文化 71; *see also* Press room culture 亦可参见新闻室文化

Representation, conventions of 再现的惯例 108, 109; *see also* Codes; Symbols 亦可参见代码；符号

Representational temptation 具象的诱惑 107-108

Research methods, sociological 社会学研究方法 200-201

Reskin, Barbara F. 芭芭拉·F. 里斯金 168

Rhythm：of collective activity 节奏：集体活动的节奏 40; of daily life 日常生活的节奏 211; of newsmaking 新闻生产的节奏 40n, 41-45, 211; of newsmaking, daily tempo 新闻生产的日常节拍 41-44; of newsmaking, different technologies 技术与新闻生产的节奏 53-54; of newsmaking, planning across days 一段时间的规划 44-45; *see also* Routines 亦可参见常规

Right to know 知情权 165, 166, 174, 176

Riker's Island, riot at 里克斯岛监狱骚乱 70-71

Riots 骚乱 70-71, 94, 112n, 114; indexicality of news about 骚乱新闻的索引性 190-191; reification of 骚乱的物化 213-214

"Rip and read" "撕下去、读出来" 20

Robinson, John P. 约翰·P. 罗宾逊 39

Robinson, Michael, J. 迈克尔·J. 罗宾逊 3

Rokeach, Milton 米尔顿·罗克奇 3

Roles, social, news film and 新闻片与社会角色 115-121

Rosenblum, Barbara 芭芭拉·罗森布鲁姆 24

Roshco, Bernard 伯纳德·罗胥克 15n, 45, 51, 183

Roth, Julius 朱利叶斯·罗斯 39

Roth, Phillip A. 菲利浦·A. 罗斯 185n, 186n

Routines (routinization) 常规（常规化） 40n, 50n, 57, 58, 212; what-a-story and 惊天大新闻与常规 60, 62-63, 103

Ruby, Jack 杰克·鲁比 111

Ruby, Jay 杰伊·鲁比 122n

Ruckleshaus, Jill 吉尔·拉克尔肖斯 151

Rules, as resources 作为资源的规则 206-209; see also Norms 亦可参见规范

Ryan, Mary P. 玛丽·P. 瑞恩 17n

S

Schafly, Phyllis 菲利斯·施拉夫利 153

Scheduling 日程安排 42-44; typifications and 类型化与日程安排 50-52; women's movement and 妇女运动与日程安排 144-145; see also Nonscheduled events-as-news; Prescheduled events-as-news; Unscheduled events-as-news 亦可参见不定期的新闻事件；预先安排的事件；事先未安排的新闻事件

Schudson, Michael 迈克尔·舒德森 18n, 105n, 158-160, 162, 177, 180

Schutz, Alfred 阿尔弗雷德·舒茨 41, 50, 57, 58, 87n, 135, 136n, 138, 185-188, 192-195, 198, 207

Science, as model for newswork 科学作为新闻工作的模型 166-168, 173, 203-204; see also Natural science; Social science 亦可参见自然科学；社会科学

Scientific articles 科学论文 217

Seaboard City Daily (pseudonymous newspaper), description of 《滨海日报》（化名报纸）简况 10

Self-interest 自我利益 162, 166

Senate Watergate Committee 参议院水门事件委员会 95

Sevareid, Eric 埃里克·塞瓦赖德 98

Shanahan, Eileen 艾琳·沙纳汉 143, 144

Sharing of information by reporters 记者信息共享 23, 73-80; with competitors' reporters 记者与竞争对手的信息共享 75-78; within the organization 组织内的信息共享 78-80

Shaw, Donald L. 唐纳德·L. 肖 2

Shibutani, Tamotsu 涉谷保 2n, 93n

Shots, standard 标准镜头 120-124, 130

Sigal, Leon V. 利昂·V. 西格尔 16, 23, 33, 35-37, 79

Sigelman, Lee 李·希格尔曼 159n

Simon, Herbert 赫伯特·西蒙 45

Skills, professional: constructing narratives as accessible 专业技能：建构叙事作为可及的专业技能 105-109; feature stories and 特写报道与专业技能 101

Slow motion 慢动作 110-111

Slugs 嵌条 32

Smith, Anthony 安东尼·史密斯 83

Smith, Dorothy E. 多萝西·E. 史密斯 138-139, 178-181, 196-198, 208

Smith, Hedrick 赫德里克·史密斯 15

Snyder, David 大卫·斯奈德 22n

Social action, reflexive view of 社会行动的反身性观点 208-209

Social change 社会变迁 206; interpretive approach to 理解社会变迁的阐释路径 184

Social class, see Class 社会阶级，参见阶级

Social construction (of reality) （现实的）社会建构 6, 184, 217; see also Constructed reality, news as 亦可参见新闻作为建构的现实

Social distance 社交距离 116-118, 120; see also Talking distance 亦可参见谈话距离

Social institutions, see Institutions 社会机构，参见机构

Social meanings, see Meanings 社会意义，参见意义

Social movements 社会运动 114n, 134-136, 206, 207; see also Women's movement 亦可参见妇女运动

Social roles, news film and 新闻片与社会角色 115-121

Social science 社会科学 167; art and 艺术与社会科学 202-203; double hermeneutic of 社会科学的双重诠释 202, 205; natural science versus 自然科学与社会科学 199-205; news reports used as data in 新闻报道用作社会科学数据 191; see also Sociology 亦可参见社会学

Social structure: ideology and 社会结构：意识形态与社会结构 180; newswork and 新闻工作与社会结构 182-184; socialization and 社会化与社会结构 205-207; see also Class 亦可参见阶级

Socialization 社会化 205-206

Sociology: categorizing as theorizing in 社会学：分类作为社会学理论化 205; as ideology 社会学作为意识形态 208-209; as indexical and reflexive 社会学的索引性

和反身性 198; interpretive 阐释社会学 182-185; news reports used as data in 新闻报道作为社会学数据 191; phenomenological 现象学社会学 206-207; pre-theoretical formulations and 前理论论述与社会学 198, 201-202; reflexivity of 社会学的反身性 198, 201, 202

Soft news (feature stories) 软新闻（特写报道） 47-48, 98, 215; mode of presentation of 软新闻的呈现模式 100, 101; on television 电视软新闻 131-132; as typification 软新闻作为类型化 50-52; women's movement as 妇女运动作为软新闻 136, 138, 147, 148

Sorokin, Pitrim A. 皮特瑞姆·A. 索罗金 39-40

Sources: access to media and 消息源: 近用媒介与消息源 141; centralized 集中化消息源 18-23, 81, 94n, 210, 214; facts and 事实与消息源 83-89, 211; facts and, imputing 事实评估与消息源 93-95; facts and, legitimated 事实与拥有正当性的消息源 91-92; facts and, as mutually determinative 事实与消息源相互决定 81, 84, 90, 213; facts and, quotation marks 事实与消息源-引号 95-97; facts and, relocating facticity 事实与消息源-重置事实性 90-92; hoarding 囤积消息源 73-74, 78, 79; institutionalized 制度化消息源 93-95, 210; knowing 结识消息源 65n, 68-73; legitimated 拥有正当性的消息源 92, 210; proven reliability of 消息源得到证实的可靠性 93; as source 作为消息源 97-98; outlook of 消息源的轮廓 152

Soviet Union 苏联 15-16

Space: constitution of news and 空间: 空间与新闻的构造 23-31; Hall's categories of 霍尔的距离类别 116-120; news film's use of 新闻片的空间运用 109-115; public 公共空间 116, 119-120; and time, intertwining of 空间与时间相互交织 39-41, 210

Spatial anchoring of news net 新闻网的空间锚定 23

"Spatialized time" "空间化的时间" 39

Specialization: organizational 专门化: 组织专门化 27-29; topical 话题专门化 29-30

Specialties 专长 67-68, 72, 78, 124

Spock, Benjamin 本杰明·斯波克 164

Spokesperson, women's movement and 妇女运动及发言人 139-141

Sports news 体育新闻 110-111, 145

Spot news 突发新闻 47-50, 56, 102-103; as typification 突发新闻作为类型化 51, 53-54; see also Developing news 亦可参见发展中的新闻

Standard shots (news film) 标准镜头（新闻片） 120-124, 130

Stark, Rodney 罗德尼·斯达克 65n

State, the 国家 161-164; see also Government 亦可参见政府

Status quo: legitimation of 现状：正当代社会现状 5, 156, 158, 165, 211; news as reproduction of 新闻即现状再生产 209-216

Steffens, Lincoln 林肯·斯蒂芬斯 159

Stelling, Joan 琼·施特林 59n

Stereotyping 刻板印象化 188

Stern, Carl 卡尔·斯特恩 69

Stevenson Adlai 阿德莱·史蒂文森 113

Stinchcombe, Arthur 亚瑟·斯汀康比 65n

Stock-market news 股市新闻 163, 165

Stock of knowledge at hand, reporters' 新闻记者手头的库存知识 57-59

Story (-ies): forms, 100–103 (see also Narrative forms) 故事：故事形式 100-103（亦可参见叙事形式）; news as 新闻作为故事 5-7, 12

Storytelling 讲故事 217; as mode of newspaper writing 讲故事作为报纸写作方式 18n

Strikes 罢工 95, 122

Stringers 通讯员 22, 24, 25

Strips, frames as organizing 框架作为截片的组织 7, 8, 192-193

Student Nonviolent Coordinating Committee 学生非暴力协调委员会（SNCC） 92

Students for a Democratic Society 学生争取民主社会组织（SDS） 92

Subject-subject relationship: in newswork 主体-主体关系：新闻工作中的主体-主体关系 203-205; of social sciences 社会科学中的主体-主体关系 202

Subjectivity 主体性 199

Substantiation, see Verification of facts 证实，参见对事实的验证

Suburbs 郊区 22

Sudnow, David 大卫·苏德诺 46, 50n

Supreme Court 最高法院 169, 172-173, see also specific cases 亦可参见具体案件

Symbolic interactionism 符号互动论 194n, 202

Symbols 象征 213；news film's use of 新闻片对象征物的运用 121-124，130

Systematic location of reporters 记者的系统安排 18，19

Szalai, Alexander 亚历山大·绍洛伊 39

T

Talese, Gay 盖伊·特里斯 30，33，149

Talking distance 谈话距离 118，120，123

Talking heads 头部特写 118-120，123，129，130

Technology：perception and 技术：感知与技术 54-56；typifications and 类型化与技术 51，53-56

Television：advertisers 电视：广告商 105，176；advertising 电视广告 16；competition between newspapers and 报纸与电视之间的竞争 55n，76n，105，169-170；entertainment programs 电视娱乐节目 3；Fairness Doctrine and 公平原则与电视 171-174；First Amendment and 第一修正案与电视 170-176；licensing of 颁发电视执照 170-171；news film, see News film；professionalism and 电视新闻片，参见新闻片；专业主义与电视 174-176；see also Technology 亦可参见技术

Television budgets 电视预算 32n

Television networks，licensing and 执照与电视网 170-172；see also Television news and specific television networks 亦可参见电视新闻与特定电视网

Television news 电视新闻 104-105，169

Television news shows 电视新闻节目 98，163

Television reporters：allocation of 电视记者：电视记者的分配 54；news film and 新闻片与电视记者 124-125，132；news film and，filming of reporter 新闻片与记者的拍摄 116，118-121；working hours of 电视记者的工时 43

Television stations 电视台 170；allocation of resources by 电视台资源配置 54；consumer research (testing) by 电视台的消费者研究 26n，105n；evening coverage by 电视台晚间新闻报道 42n；New York City 纽约电视台 22n，126

Tempo，daily 每一天的节拍 41-44

Temporal concentration of reporters 记者在时间上的集中 41-45

Temporal synchronization of reporters' working hours 记者工时的同步 42，50

Territorial editors 领地编辑 30-33，35，150

Territoriality，geographic 地理领地 25-29，151，211

Theatre reviews 戏剧评论 145

Theoretic activity, news as 新闻作为理论活动 204-205

Thompson, James 詹姆斯·汤普森 53

Thorne, Barrie 巴里·索恩 11, 141

Time: glut of occurrences and 时间：原材料过剩与时间 44-47; news film's use of 新闻片对时间的运用 109-111, 115; objectification of 时间的客体化 40n; and space, intertwining of 时间与空间的相互交织 39-41, 210; "spatialized" 空间化时间 39; typifications as anchored in, see Typifications; see also Deadlines; Planning; Rhythm; Scheduling; and entries starting with Temporal 锚定在时间中的类型化，参见类型化；亦可参见截稿期限；规划；节奏；时间安排；以及与"时间的"相关的索引条目

Time measurement, social generation of 时间测量的社会生成 39-40

"Timeliness" "及时性" 51

Timing, television news shows and 电视新闻节目与时机 98

Topical specialists 话题领域的专家 29-35

Topical specialization (topical specialties) 话题专门化 29-30, 97, 101, 211

Topics, constitution of issues or occurrences as 将议题或事件建构为话题 133-136; women's, movement 妇女运动作为新闻话题 149-152

Touching distance 触摸距离 118-119, 123

Town crier 城镇公告员 1, 3-4, 17

Trained incapacity 训练导致的无能 215

Truth 真相 100; ideology and 意识形态与真相 177-178; scientific 科学真理 165-168

Truth-claims 事实陈述 90-92, 95

Tuchman, Gaye 盖伊·塔克曼 22n, 103, 133, 163, 170, 191

Tunstall, Jeremy 杰里米·滕斯托 23

Turner, Ralph 拉夫·特纳 107n, 137n

Typifications 类型化 46-47, 49-63, 65, 211-212, 215; consequences of 类型化的后果 58-63; continuing news 连续报道 56-58; developing news 发展中的新闻 54-56; hard news 硬新闻 51-53; as objectified 类型化的客体化 58-59; soft news 软新闻 51-53; spot news 突发新闻 53-54; what-a-story 惊天大新闻 59-63

U

United Nations reporter, *New York Times'* 《纽约时报》联合国条线记者　28

United Press International　合众国际社　20

Universities　大学　216-217

Unscheduled events-as-news　事先未安排的新闻事件　51-53，56，59；*see also* What-a-story　亦可参见惊天大新闻

Utterances, production of new　新的言辞的生产　207-208

V

Value judgments, distinction between facts and　事实与价值判断之间的区分　99-100

Van Gelder, Lindsy　琳赛·梵·格尔德　137-138，146，148

Variability of raw materials　原材料的多样性　62，65，81，107；typifications and reduction of, *see* Typifications; *see also* Idiosyncrasy of occurrences　类型化与降低原材料多样性，参见类型化；亦可参见事件的独特性

Variation in news film　新闻片中的变化　128；visual　视觉变化　129-131

Verification of facts　事实的验证　83-86

Vidmar, Neil　尼尔·维德马　3

Vietnam War　越战　43*n*，130；*see also* My Lai massacre　亦可参见米莱大屠杀

Visual language of news film　新闻片的视觉语言　107

Visual rendition of web of facticity, news film as　新闻片作为事实性网络的视觉演绎　107，109，110，123，124，130，132

Visual variation in news film　新闻片中的视觉变化　129-131

W

Washington Post　《华盛顿邮报》　33，34，85，153*n*，157；Sigal's study of page-one coverage in　西格尔对《华盛顿邮报》头版报道的分析　36-37

Watergate Committee, Senate　参议院水门事件委员会　95

Watergate scandal　水门丑闻　190，211；Bernstein-Woodward coverage of　伯恩斯坦-伍德沃德对水门事件的报道　85-88

Weekend scheduling　周末日程安排　42，145

Weeks　周　40

West，Candace 坎迪斯·韦斯特 104

What-a-story 惊天大新闻 59-63，103

White House Conference on Equal Opportunity（1965） 白宫平等就业机会会议（1965） 136，137

Whitman，Joan 琼·惠特曼 35，146-151

Wicker，Tom 汤姆·威克 65，78

Wilson，Thomas P. 托马斯·P. 威尔逊 194n，201-202，206

Wilson-Heath elections 威尔逊-希思竞逐首相 59

Wire-service editor 电讯编辑 32，33，43-44

Wire services 通讯社 20-24，32，37；facts and 事实与通讯社 159；see also Associated Press 亦可参见美联社

Wise，David 大卫·怀斯 152n

WITCH（Women's International Conspiracy from Hell） 女巫团体 137

Wolfe，Alan 阿兰·沃尔夫 162

Wolfe，Tom 汤姆·沃尔夫 204

Wolff，Kurt H. 库尔特·H. 沃尔夫 62n

Women，early American 美国早期女性 17n

Women's movement 妇女运动 10-11，92，136-155，188，192；constitution of, as topic 妇女运动建构为新闻话题 149-152；deadlines and coverage of 截稿期限与妇女运动报道 144-146；early coverage of 妇女运动的早期报告 136-138；institutionalization of 妇女运动的制度化 144，150，152-155；*New York Times* coverage of 《纽约时报》对妇女运动的报道 137，145-152；noticed by media 妇女运动受到媒体关注 138-144

Women's page 女性版 145-154；*New York Times* 《纽约时报》女性版 145-152

Women's Political Caucus 妇女政治核心小组 142，143

Wood，Houston 休斯顿·伍德 188n

Woodward，Robert 罗伯特·伍德沃德 34，74n，85，153

Work（work flow），control of 工作控制（工作流） 44，65，74；hard and soft news and 软硬新闻与工作控制 51-53；news film and 新闻片与工作控制 107；through prediction 通过预测展开工作控制 51，53，56-58；storytelling conventions and 叙事惯例与工作控制 105；typifications and 类型化与工作控制 46，51-53，56-58

Working hours of reporters 记者的工时 42-45，50，144-145

Worm's-eye perspective 虫眼式仰拍视角 114，131

Worth，Sol 索尔·沃思 107-108，125

Z

Zerubavel，Eviator 伊维塔·泽鲁巴维尔 40

Zimmerman，Don H. 唐·H. 齐默尔曼 46n，50n，97n，104，194n，202，207

Zukin，Clifford 克利福德·佐金 3

Making News: A Study in the Construction of Reality by Gaye Tuchman

Simplified Chinese Translation copyright © 2022 by China Renmin University Press.

Original English Language edition Copyright © 1978 by The Free Press, A Division of Macmillan Publishing Co., Inc.

All Rights Reserved.

Published by arrangement with the original publisher, Free Press, a Division of Simon & Schuster, Inc.

图书在版编目（CIP）数据

做新闻：现实的社会建构 /（美）盖伊·塔克曼（Gaye Tuchman）著；李红涛译. -- 北京：中国人民大学出版社，2022.1

（当代世界学术名著·新闻与传播学译丛·大师经典系列）

书名原文：Making News: A Study in the Construction of Reality

ISBN 978-7-300-29728-6

Ⅰ.①做… Ⅱ.①盖… ②李… Ⅲ.①新闻工作-研究 Ⅳ.①G210

中国版本图书馆 CIP 数据核字（2021）第 250447 号

当代世界学术名著
新闻与传播学译丛·大师经典系列
做新闻
现实的社会建构
［美］盖伊·塔克曼（Gaye Tuchman） 著
李红涛 译
Zuo Xinwen

出版发行	中国人民大学出版社			
社　　址	北京中关村大街 31 号		邮政编码	100080
电　　话	010-62511242（总编室）		010-62511770（质管部）	
	010-82501766（邮购部）		010-62514148（门市部）	
	010-62515195（发行公司）		010-62515275（盗版举报）	
网　　址	http://www.crup.com.cn			
经　　销	新华书店			
印　　刷	涿州市星河印刷有限公司			
规　　格	170 mm×240 mm　16 开本		版　次	2022 年 1 月第 1 版
印　　张	22.5 插页 2		印　次	2022 年 11 月第 2 次印刷
字　　数	317 000		定　价	79.80 元

版权所有　侵权必究　　印装差错　负责调换